MAYER/KUCH · DEUTSCHE CABRIOLETS

Hans W. Mayer / Joachim Kuch

DEUTSCHE CABRIOLETS
SEIT 1945

Motorbuch Verlag Stuttgart

Einband und Schutzumschlag: Johann Walenteck
Das Titelbild zeigt das Cockpit eines BMW Z1

ISBN 3-613-01439-4

1. Auflage 1992
Copyright © by Motorbuch Verlag, Postfach 1370, 7000 Stuttgart 10
Eine Abteilung des Buch- und Verlagshauses Paul Pietsch GmbH & Co. KG
Sämtliche Rechte der Verbreitung – in jeglicher Form und Technik – sind vorbehalten.
Druck: Rems Druck, 7070 Schwäbisch Gmünd
Bindung: Verlagsbuchbinderei Karl Dieringer, 7016 Gerlingen
Printed in Germany

Inhalt

Vorwort 7
Kleines Fachvokabular: Offenen Autos und ihre Bezeichnungen 9

Deutsche Cabriolets seit 1945 11
Amphicar 11
Audi 13
Automobilwerke Eisenach 18
Bazlen 25
Bitter 27
BMW 31
Borgward, Goliath, Lloyd 49
Champion/Maico 61
Daimler-Benz/Mercedes-Benz 65
DKW/Auto Union 93
Fiat 99
FMR/Messerschmitt 104
Ford 107
Glas 125
Gutbrod 129
Kleinschnittger 132
NSU 134
Isdera 137
Lorenz & Rankl 139
Opel 141
Porsche 165
Veritas 192
Treser 195
VEB Sachsenring 198
Verona 202
Victoria 204
VM 206
VW 208
VW-Porsche 231
Wiesmann 233

Karosseriefirmen 235
Autenrieth 235
Baur 236
Dannenhauer & Stauss 238

Deutsch   239
Drauz   240
Hebmüller   241
Karmann   242
Karosseriewerke Weinsberg   245
Reutter   247
Rometsch   248
Tropic   249
Voll   250
Wendler   251
Prototypen, Kleinserien- und Bausatzhersteller   253

Technische Daten   I

Lieber Leser,

irgendwann im Leben steigt fast jeder einmal in ein Cabriolet ein. Spätestens nach einer halben Stunde steht er am Scheideweg: Entweder er kauft künftig nur noch offene Autos und fährt auch an trockenen Novembertagen mit zurückgeklapptem Dach oder er betritt nie mehr ein solches Oben-Ohne-Mobil.

Cabriolets, Roadster, Spider – sie sind das Salz in der Suppe automobilen Einerleis, Autos für Individualisten. Die Masse der Limousinen-Fahrer nennt sie freilich nicht Individualisten, sondern Spinner, Angeber oder Playboys. Die jahrelang geheuchelte Sorge um die Sicherheit dieser Spinner hätte ums Haar Erfolg gehabt. In den 70er Jahren schien der Exitus der echten offenen Wagen (die Targa-Modelle klammern wir hier einmal aus) unmittelbar bevorzustehen. Die Gegner frohlockten: Hatten sie's nicht immer schon gewußt?

Aber wie es mitunter geht im Leben: Der schon totgesagte Patient genas wider Erwarten und kam plötzlich zu neuen Kräften. Ausgelöst hatten diese Trendumkehr kleine amerikanische Spezialfirmen, vor allem in Kalifornien, die Limousinen und Coupés in Cabriolets verwandelten. Und zwar in Cabriolets pur. Die neue Modewelle schwappte bald nach Europa über. Auch in Deutschland wagten zunächst nur einige Kleinbetriebe, Limousinen vom Blechdach zu befreien. Sie lösten schließlich bei den großen Herstellern die Erkenntnis aus, daß ein neuer Trend im Kommen war. Man trug wieder Cabriolet.

Vergessen waren über Nacht die Sicherheitsvorschriften (die in Wahrheit niemals existierten, auch in den USA nicht), die den Bau von Cabriolets angeblich zu einem aussichtslosen Unterfangen machten. Selbst in Zuffenhausen, wo man mit ähnlichen Argumenten die Targa-Mode kreiert hatte, nahmen die Marketingexperten plötzlich Witterung auf und beteiligten sich mit einer besonders wirksamen Waffe am allgemeinen Wettrüsten.

Ein offenes Auto erzeugt nicht von selbst Freude am Fahren, es setzt sie voraus. Nur wer diese Faszination kennt, wird auch bereit sein, die nicht zu leugnenden Nachteile in Kauf zu nehmen: Ein Cabriolet ist teurer, langsamer und beengter, klappert schneller und rostet früher als eine Limousine oder ein Coupé. Den Connaisseur läßt's kalt.

Zur Sache: Wir haben uns nach bestem Wissen bemüht, alle offenen Wagen in Wort und Bild zusammenzutragen, die nach dem Krieg von deutschen Automobilherstellern und Karosseriefirmen gebaut wurden, Einzelstücke und mancherlei Prototypen eingeschlossen. Ohne die tatkräftige Mithilfe von Firmen, Verbänden, Oldtimer-Clubs und vielen Privatpersonen hätte dieses Projekt nicht verwirklicht werden können. Ihnen gilt unser besonderer Dank.

Da niemand perfekt ist, mag es sein, daß sich allem redlichen Bemühen zum Trotz in die Fülle der Daten auch mal ein Fehler eingeschlichen hat. Für entsprechende Hinweise aufmerksamer Leser sind wir dankbar. In diesem Zusammenhang noch ein Wort zu den technischen Angaben. Die Verbrauchswerte sind Durchschnittswerte, wie sie im normalen Fahrbetrieb realisierbar sind, und liegen daher fast immer über den Werksangaben. Die Werte für Höchstgeschwindigkeit und Beschleunigung entsprechen in der Regel den Herstellerangaben. Wo diese nicht verfügbar waren, wurden die in der Fachliteratur angegebenen Zahlen übernommen. Die Preisangaben beziehen sich auf den Produktionsbeginn des jeweiligen Modells. Die redaktionelle Bearbeitung wurde im Dezember 1991 abgeschlossen.

Kleines Fachvokabular:
Offene Autos und ihre Bezeichnungen

Im Volksmund dient die Bezeichnung Cabriolet – oder eingedeutscht: Kabriolett – schlechthin für alles, was da mit mehr oder weniger offenem Dach daherkommt. Über die Herkunft des Wortes herrschen Zweifel, wenngleich das renommierte Nachschlagewerk 'Meyers Enzyklopädisches Lexikon' den Wortursprung im französischen 'cabriole' richtig geortet zu haben glaubt. 'Cabriole' heißt zu deutsch nichts anderes als Luftsprung. Wobei man darüber grübeln kann, ob dieses Wort nun Assoziationen zur luftigen Fortbewegungsart oder zur mangelhaften Verwindungssteifigkeit wecken soll.
Für den Kenner ist längst nicht jeder Wagen mit abnehmbaren Dach ein Cabriolet. Er differenziert vielmehr feinsinnig nach sechs Gruppen:
Cabriolet: Cabriolets sind zwei- oder viertürige Autos mit dicht schließendem gepolsterten Stoffverdeck, das in geöffnetem Zustand hinter den Rücksitzen sofalehnenartig auf der Karosserie aufliegt. Typische Vertreter dieser Kategorie: VW Käfer, VW Golf, Mercedes-Benz 170S und 220.
Cabrio-Limousine: Sie ist gewissermaßen ein Zwitter zwischen Limousine und Cabriolet. Türen und Seitenfenster mit Rahmen entsprechen dem Limousinen-Pendant, das Stoffverdeck kann nach Konservendosenart zusammengerollt werden und liegt hinten auf der Karosserie auf. Typische Vertreter: Opel Olympia und Opel Rekord.
Roadster: Der Roadster verfügt nur über ein ungefüttertes Verdeck, das in geöffnetem Zustand vollkommen hinter den Sitzen verschwindet. Die Türen sind tief ausgeschnitten, die Seitenfenster werden im Bedarfsfall aufgesteckt. Klassische Roadster wie die englischen MGA, Morgan oder Triumph TR3 gab es nach dem Krieg in Deutschland streng genommen gar nicht, obwohl mehrere Modelle, wie z.B. Mercedes-Benz 300S oder Auto Union 1000 Sp, werksseitig so bezeichnet wurden.
Spider: Ein Spider ist ein etwas kultivierterer Roadster. Sein ungefüttertes Verdeck verschwindet vollständig unter einer flachen Abdeckplane, die seitlichen Kurbelfenster sind voll versenkbar. Typische Vertreter dieser Bauart waren und sind die SL-Typen von Mercedes-Benz, Glas 1300GT und 1700GT oder NSU Wankel-Spider.
Speedster: Der Speedster ist das offenste aller offenen Autos. Sein Notverdeck besitzt eigentlich nur eine Alibifunktion, denn es vermag in geschlossenem Zustand die embryoähnlich darunter kauernden Insassen nur sehr unzulänglich vor Regen und Wind zu schützen. Ein Speedster-Verdeck sollte nach dem Willen

seiner Schöpfer samt der dazugehörigen Steckfenster möglichst ganzjährig im Kofferraum verbannt bleiben. Typisches Speedster-Kennzeichen ist die abgeflachte Windschutzscheibe. Einziger Vertreter dieser Spezies in Deutschland war der Porsche 356.

Targa: Ein Targa ist ein Kompromiß. Sein Dach ist eine abnehmbare Plastikplatte, die sich im Kofferraum verstauen läßt. Hinter dem in die Karosserie integrierten breiten Überrollbügel befindet sich entweder ein Faltverdeck oder eine fest installierte Heckscheibe. Vorteile dieser von Porsche initiierten Konstruktion sind vor allem wesentlich verbesserte Überschlag-Sicherheit und weitgehende Verwindungsfreiheit. Außerdem übersteht ein Targa auch problemlos eine Fahrt durch die Waschanlage. Anhänger der reinen Cabrio-Lehre finden ihn allerdings zu steril. Typische deutsche Vertreter sind Porsche 911 und der BMW-Modelle der alten 3er-Reihe. Im Ausland wurde die Targa-Mode vor allem von den Italienern kopiert (Fiat X 1/9, Lancia Beta Spider und Montecarlo, Ferrari 308 GTS u. a.).

Definitionsprobleme in der Cabrio-Terminologie gibt es nicht nur an Stammtischen, sondern offensichtlich auch bei manchen Herstellern. Da wurde – und wird noch heute – so mancher Spider als Roadster bezeichnet oder ein Targa mutiert in der offiziellen Diktion zum Cabriolet. Dem Kraftfahrtbundesamt freilich sind solche feinen Unterschiede fremd. Im Kraftfahrzeugbrief gibt es unter der Rubrik 'Aufbauart' nur zwei Sorten von Automobilen: geschlossene und offene.

Deutsche Cabriolets seit 1945

Amphicar

Zwei berühmte Namen standen Pate bei der Geburt des einzigen in Serie gebauten deutschen Nachkriegs-Schwimmwagens: Harald Quandt und Hanns Trippel. Quandt schloß 1960 als Vorstandsvorsitzender der Industriewerke Karlsruhe mit der Amphicar Corporation in New York einen Vertrag, der den Export deutscher Schwimmwagen in die USA vorsah. Konstrukteur war der Darmstädter Ingenieur Hanns Trippel, der bereits 1934 erste Versuche mit schwimmfähigen Geländewagen unternommen hatte. Ab 1941 lief unter seiner Regie im ehemaligen Bugatti-Werk in Molsheim der Schwimmgeländewagen SG 6 für die deutsche Wehrmacht vom Band. (Für die Franzosen Grund genug, Trippel im Frühjahr 1946 zu fünf Jahren Haft zu verurteilen).
Die Produktion des Amphicar begann im Juni 1961. Etwa ein Drittel der Fahrzeuge wurde im Werk Lübeck-Schlutup gebaut, die restlichen zwei Drittel entstanden bei der Deutschen Waggon- und Maschinenfabriken GmbH in Berlin. Im Oktober 1961 lief der Export in die USA an. 1962 demonstrierte ein Amphicar seine Seetauglichkeit mit der Überquerung des Ärmelkanals. Ab September 1962 erfolgte die Montage ausschließlich in Berlin, aus Lübeck kamen nur noch die Karosserien. Zum Jahresende wurde in Wuppertal die Amphicar-Vertriebs GmbH gegründet mit dem Ziel, das Fahrzeug auch in andere Länder zu exportieren. 1965 lief die Produktion aus. Rund die Hälfte aller Fahrzeuge war in die USA exportiert worden.

Amphicar Typ 770 (1961-1965)

Zweisitziges Cabriolet mit schwimmfähiger Ganzstahlkarosserie (Wasserantrieb durch zwei Heckschrauben) und Motor vom Triumph Herald 1200. Von Juni 1961 bis 1965 entstanden über 3000 Exemplare. Der Preis in Deutschland betrug zunächst DM 10500,– ab April 1963 DM 8385,–.

Schon 1959 hatte Amphicar-Konstrukteur Hanns Trippel diesen Prototyp namens 'Alligator' auf dem Genfer Automobilsalon vorgestellt.

Der Amphicar war das einzige deutsche Cabriolet, mit dem man auf Wunsch auch 'baden' gehen konnte. Die Höchstgeschwindigkeit im nassen Element lag bei 12 km/h.

Audi

Der Markenname Audi war in den dreißiger Jahren ein Synonym für technisch hochwertige und exklusive Autos, die vor allem von Individualisten gefahren wurden. 1909 von August Horch (1868-1951) gegründet – nachdem er unter unschönen Begleitumständen aus seiner gleichnamigen Firma ausgeschieden war –, ging Audi 1932 in der Auto Union auf, baute aber weiter eigenständige Wagen, vor allem auch große, luxuriöse Cabriolets, bis ins Kriegsjahr 1940.
Erst ein Vierteljahrhundert später, im September 1965, holte der VW-Konzern die renommierte Marke wieder aus der Versenkung hervor und präsentierte den ersten Nachkriegs-Audi, dessen Karosserie noch aus der Auto Union-Ära stammte (DKW F102) und dessen sogenannter Mitteldruckmotor bei Daimler-

Auf der IAA 1967 stellte Karmann dieses Cabriolet auf Basis des Audi Super 90 vor. Zu einer Serienfertigung kam es jedoch nicht.

Benz entwickelt worden war. (Das Ingolstädter Auto Union-Werk war im Herbst 1964 von Daimler-Benz an VW verkauft worden.) Der Aufschwung der neuen alten Marke setzte erst 1968 mit dem von Ludwig Kraus entwickelten Audi 100 ein. 1969 wurde die Auto Union in Ingolstadt mit den NSU-Motorenwerken Neckarsulm zur Audi NSU Auto Union GmbH verschmolzen. Seit 1976 erfolgt der Vertrieb sämtlicher Modelle ausschließlich über die Muttergesellschaft VW. Nach der Wiederbelebung des Namens Audi gewann die traditionsreiche Marke durch progressive Technik, z.B. den ersten serienmäßigen Reihenfünfzylinder-Benzinmotor (1977) oder den allradgetriebenen Audi Quattro (1980), zwar den alten Glanz zurück, auf exklusive Cabriolets oder Roadster dagegen warten die Freunde des Hauses lange vergeblich. Lediglich einige Karosseriefirmen – Karmann, Deutsch und Welsch in Mayen – zeigten in den sechziger und siebziger Jahren einige offene Einzelstücke auf Audi-Basis, die jedoch nie in Serie gingen. Auch die Audi-Coupé-Umbauten von ASB, Gelsenkirchen, aus dem Jahre 1986 blieben eine Randerscheinung. Am bekanntesten wurde der

Im Gegensatz zum Karmann-Prototyp verschwand bei diesem Audi-Super 90-Cabriolet das Verdeck nach Roadster-Art vollständig hinter den Sitzen. Es entstand 1968 bei der Kölner Karosseriefirma Deutsch.

In Zusammenarbeit mit der britischen Firma Crayford entwickelte Deutsch 1970 dieses 2/2 sitzige Cabriolet auf Basis des Audi 100 LS. Ein weiterer Prototyp (ohne störende Seitenfenster) steht im Karmann-Werksmuseum in Osnabrück.

Audi-Roadster von 1983: Der Quattro-Umbau der Firma Treser entstand in einer Auflage von 50 Einheiten, die in Deutschland nur über eine Handvoll V.A.G.-Händler angeboten wurden. Nahezu alle Roadster gingen in den Export.

Audi Cabrio (ab 1991)

In den achziger Jahren versuchte Audi mehr und mehr, in die Oberklasse vorzustoßen. Insbesondere sollte der Anschluß an BMW geschafft werden. Die Renaissance des Cabriolets, gerade auch der Erfolg des offenen 3er-BMW brachte die Ingolstädter in Zugzwang. Ihr Konter gelang 1989: Auf der Frankfurter IAA präsentierte Audi eine viersitzige Cabrio-Studie auf Basis der erfolgreichen Audi 80/90-Reihe. Auffälligstes Merkmal des sportiven Zweitürers war der fehlende Überrollbügel und ein voll versenkbares Verdeck, das ihn deutlich vom offenen Golf der VW-Verwandtschaft abhob. Technisch hielt sich das in Frankfurt gezeigte Audi-Cabrio alle Optionen offen, sowohl als Fronttriebler als auch mit Allrad-Antrieb. Der Prototyp war bei Lorenz & Rankl entstanden.
Besondere Aufmerksamkeit galt der Karosseriesteifigkeit. Da der flotte Viersitzer auf einen Überrollbügel verzichtete, wurden massive Verstärkungen ein-

Mit dem Quattro Spyder stahl Audi auf der IAA 1991 allen die Schau. Die Studie in Aluminium-Leichtbau verfügt über einen 2,8-Liter-V6-Mittelmotor.

Das Glasdach des Zweisitzers ist abnehmbar, die Türrahmen bleiben stehen. Eine Serienfertigung liegt im Bereich des Möglichen.

gebaut, hauptsächlich im Türbereich, in Front-, Mittel- und Heckteil. Zusätzliche Längsholme im Kardantunnel und eine massive Rückwand zum Kofferraum sicherten Stabilität auf Limousinen-Niveau. Dezente Chromleisten rundum und ein hochglanzpolierter Alu-Scheibenrahmen setzten optische Akzente. Die solide Verdeckkonstruktion, dem BMW-Mechanismus mit Übertotpunkt-Kinematik nachempfunden, ist einfach zu bedienen und verschwindet vollständig im Heckkasten. Das Kofferraumvolumen liegt mit rund 250 Litern (VDA-Norm) um rund 60 Liter unter dem des BMW-Cabrios. Die Serienausstattung läßt kaum Wünsche offen: Neben dem Sicherheits-System procon-ten, das im Falle eines Frontalaufpralls das Lenkrad nach vorne zieht und die Sicherheitsgurte strafft, gehören elektrische Fensterheber, Servolenkung, Zentralverriegelung und elektrisch einstell- und beheizbare Außenspiegel zum Lieferumfang des Ingolstädters Cabrios.

Das erste Werks-Cabriolet in der Audi-Nachkriegsgeschichte wurde von Presse und Publikum begeistert aufgenommen. Wenige Wochen später fiel die Entscheidung, das Modell in Serie zu bauen. Danach allerdings wurde es plötzlich still um den offenen Audi, der in aller Eile fertiggestellte IAA-Prototyp mußte erst noch zur Serienreife gebracht werden. Überdies stand für das Spätjahr 1991 eine umfassende Modellpflege der Audi 80/90-Familie an, die das Cabrio vorwegnahm. Der endgültige Serienstart erfolgte nach dem Genfer Salon, zu-

Der Prototyp des Audi-Cabriolets stand auf der IAA 1989, die Serienfertigung lief 1991 an, Basisfahrzeug ist das Audi Coupé. Die Leichtmetallräder gibt es nur als Sonderausstattung, serienmäßig sind Stahlfelgen der Dimension 5,5 J x 15 aufgezogen.

nächst nur mit dem schon bekannten 2,3-Liter-Fünfzylindermotor mit 98 kW/ 133 PS und Fünfganggetriebe. Ein Automatikgetriebe ist gegen Aufpreis lieferbar, ebenso die Lederausstattung mit Holzlenkrad (DM 3853,–) sowie ABS (DM 1800,–).

Preise: Audi Cabriolet: DM 51 950,–
         Audi Cabriolet Automatik: DM 54 350,–

Aufgrund der beengten Platzverhältnisse im Fond ist das Cabrio eher ein 2/2- als ein Viersitzer.

Automobilwerke Eisenach

Als die Autos laufen lernten, waren sie mit die ersten, die mitfuhren: Die Fahrzeugfabrik Eisenach wurde bereits 1896 gegründet, konnte aber im Gegensatz zu so vielen Betrieben der ersten Jahre, aus dem Vollen schöpfen. Ein Bankenkonsortium, unter Leitung des Geheimen Baurats Heinrich Ehrhardt (1840-1928) stattete die neugegründete Aktiengesellschaft mit 1,25 Millionen Reichsmark aus – in Goldwährung versteht sich –, um »Fahrräder, Räder, Fahrzeuge, Kesselschüsseln, Metallwaren und Maschinen aller Art« zu produzieren. Allerdings dürfte man dabei weniger an die gebrechlichen Automobile, sondern vielmehr an robuste Fahrräder und, besonders lukrativ, stabile Militärgüter gedacht haben. Der erste Großauftrag umfaßte denn auch 1000 Munitionswagen für das Kaiserliche Heer. Es spricht für den unternehmerischen Weitblick von Heinrich Ehrhardt, daß man bei aller Konzentration auf das Militärgeschäft auch die Möglichkeiten des Automobils klar erkannte. Um sich möglichst schnell in diesem Wachstumsmarkt festzusetzen, begann man bereits 1898 mit der Automobilproduktion und war damit die Nummer fünf im Deutschen Reich, die sich mit der neuen Technik beschäftigte. Nur Daimler, Benz, Dürkopp und Opel waren vorher eingestiegen.
Die ersten Thüringer Automobile entstanden nach französischen Lizenzen, der erste Wartburg-Motorwagen aus deutscher Fertigung erschien kurz vor der Jahrhundertwende. Der Katalog von 1903 weist bereits 31 Fahrzeugmodelle mit zwei-, drei- und vierrädrigen Kraftfahrzeugen auf. Die erste echte Eigenkonstruktion auf dem Pkw-Sektor erschien 1904 und erhielt den Markennamen Dixi. Bis zum Ende des Kaiserreichs war die Dixi-Palette auf fünf Pkw- und zwei Lastwagenreihen angewachsen. Die turbulente Nachkriegszeit ließ das Geld knapp werden. Auch der Einstieg der Gothaer Waggonfabrik und der Ende 1927 vorgestellte Dixi 3/15 konnten daran nicht viel ändern: Die Dixi-Werke standen vor dem Zusammenbruch, obwohl sich ihr Produkt, ein Lizenzbau des britischen Austin Seven, so gut verkaufte wie Regenschirme im Londoner Regen. Allein 9400 Dixis verließen im ersten vollen Produktionsjahr die Hallen unterhalb der Wartburg – und dennoch konnte nur die Übernahme durch BMW Ende 1928 den Konkurs abwenden. Der Dixi 3/15 erhielt jetzt das weiß-blaue Markenemblem und wurde so zum Urahn aller BMW. Bis zum Ende des Zweiten Weltkrieges stammte alles, was BMW hieß und auf vier Rädern fuhr, aus Eisenach. Sogar die Motorradfertigung der BMW R75 mit Seitenwagen wurde vom bombenbedrohten München in die thüringische Provinz verlegt. Die Vorsorge erwies sich als nutzlos Als die Rote Armee in Eisenach einrückte, waren 60 Prozent der Produktionsanlagen zerstört.
Auf der Leipziger Frühjahrsmesse 1946 war BMW Eisenach wieder da: mit dem Vorkriegs-Modell vom Typ 321 und dem Motorrad BMW R35. Kurz darauf wurde BMW Eisenach der russischen Awtowelo angegliedert und stellte im April 1948 die erste Eigenentwicklung der Nachkriegszeit vor: den BMW 340, die Weiterentwicklung des Vorkriegs-326. Bereits 1950 lief der Export an, ins-

besondere in die Benelux-Staaten und das deutschsprachige Ausland – wozu aus Sicht der neugegründeten DDR auch die Bundesrepublik gehörte. Den Bayerischen Motorenwerken in München war die Typbezeichnung BMW für die unter russischer Regie produzierten Wagen ein Dorn im Auge. Man zog vor Gericht: Schließlich sei die Firmenzentrale in München beheimatet, auch wenn bislang alle BMW-Automobile aus Thüringen stammten. Die Münchener erhielten Recht. Als Markenzeichen benutzten die Eisenacher nun nicht mehr den blau-weißen, sondern einen rot-weißen stilisierten Propeller und firmierten jetzt als »EMW«, als »Eisenacher Motorenwerke«. Kaum eine andere Automobilfabrik änderte übrigens innerhalb so kurzer Zeit so oft ihren Namen. Auf das Awtowelo-Intermezzo folgte 1952 »VEB IFA Automobilfabrik EMW Eisenach« und schließlich Ende 1955 die Umbenennung in »AWE«, den »VEB Automobilwerke Eisenach«.

Zu diesem Zeitpunkt hatten sich die Eisenacher von ihren ruhmreichen Vier- und Sechszylindermodellen getrennt, die aufwendigen Wagen paßten nicht mehr ins politische Gefüge. Die vom Staat verordnete automobile Hausmannskost hieß »IFA F9«, eine Vorkriegs-Konstruktion von DKW mit Dreizylinder-Zweitaktmotor und Frontantrieb. Aus dem F9 entstand dann der Wartburg 311, ein gefälliger Viertürer im typischen Design seiner Zeit. Da die politische Führung den Zweitaktmotor als völlig ausreichend erachtete, wurde ein von der Rennabteilung entwickeltes Viertakt-Boxeraggregat mit 1100 Kubikzentimetern Hubraum und 45 PS nicht eingesetzt. Teuere Devisen dagegen wurden in eine Wankel-Lizenz investiert – und mußten später als Fehlinvestition abgeschrieben werden. Daher mußte sich auch der 1966 präsentierte Wartburg 353, wieder traditionsgemäß ein Viertürer, mit dem in seinen Grundzügen aus den dreißiger Jahren stammenden Dreizylinder-Zweitaktmotor begnügen. Daß die Eisenacher Techniker durchaus in der Lage waren, Zukunftsweisendes auf die Räder zu stellen, bewiesen sie mit dem Wartburg 355, einer Schrägheck-Limousine mit Heckklappe, die mit einer bemerkenswerten Neuigkeit aufwartete: Der Coupé-Prototyp aus dem Jahre 1969 erhielt eine glasfaserverstärkte Kunststoffkarosserie und hätte sofort in Serie gehen können. So viel Kreativität war der politischen Führung suspekt, weder der Wartburg 355 noch die zahlreichen anderen in Eigeninitiative entwickelten Nachfolge-Typen Wartburg 360, 760 oder 610M durften: Laut Dekret des SED-Politbüros vom November 1979 hatte die weitere Konstruktion von Nachfolge-Modellen für Wartburg 353 und Trabant 601 zu unterbleiben. Beschlüsse hin oder her: Zwei Jahre später wurde mit einem Gewaltakt doch noch versucht, den Wartburg mit einem neuentwickelten Dreizylinder-Viertaktmotor auf Vordermann zu bringen. Zu spät allerdings, denn inzwischen zeichnete sich ab, daß die Automodelle aus DDR-Produktion auch in Osteuropa kaum mehr abzusetzen waren.

Den geeigneten Viertaktmotor steuerte schließlich das Wolfsburger Volkswagenwerk bei: Der 1,3 Liter-Vierzylinder leistete 43 kW/58 PS und wurde in Lizenz gefertigt. Den Maschinenpark stellte VW zur Verfügung. Im Gegenzug übernahmen die Eisenacher die Fertigung von Zylinderköpfen für den westdeutschen Automobilkonzern. Fast auf den Tag genau vier Jahre nach Abschluß der Verträge lief der erste Wartburg mit Vierzylindermotor vom Band. Der »Wartburg 1.3« von 1988 war der letzte Sproß der 1966 eingeführten Wartburg 353/353 W-Reihe, die bis dahin rund 1200000 mal gebaut worden war. Nach der politischen Wende in der DDR 1989 schien klar, daß die Eisenacher Automobilwerke vom VW-Konzern übernommen werden würden, zumal sich Wartburg noch 1989 der neugegründeten IFA-Volkswagen GmbH angeschlossen hatte. Das Rennen um den traditionsreichen Automobilhersteller machte dann die Adam Opel AG in Rüsselsheim: Ein Jahr und zwei Tage nach der Wende wurde der erste Opel Vectra aus Eisenacher Produktion vorgestellt. Weitere zwei Monate später, im Dezember 1990, lief die Fertigung des 1,8 Millionen mal gebauten Dreizylinder-Zweitaktmotors aus. Der Wartburg überlebte ihn nur um wenige Monate. Im April 1991 kam das »Aus« für die bislang letzte eigenständige Entwicklung der Automobilwerke Eisenach, der Wartburg 1,3 war nach rund 150000 hergestellten Exemplaren nur noch Geschichte. Im neugebauten Thüringer Autowerk, im Schatten der Wartburg, entstehen künftig Opel Corsa und Astra – allerdings nicht als Cabriolet.

BMW/EMW 327 (1948-1956)

BMW hatte 1937 einen der schönsten Sportwagen seiner Geschichte präsentiert, das Sport-Cabriolet 327, Höhe- und Endpunkt der sportlichen BMW-Vorkriegsentwicklungen. Das von Reutter karossierte Sechszylinder-Cabriolet – die Coupé-Aufbauten stammten von Autenrieth – basierte auf dem Chassis des BMW 320 von 1938, das wegen seiner verstärkten Vorderradaufhängung die Bezeichnung 321 erhalten hatte. In der Linienführung gab sich der neue BMW-Star völlig eigenständig, der Zweiliter-Sechszylindermotor leistete dank der auf 6,3 erhöhten Verdichtung mit 41 kW (55 PS) bei 4500/min fünf PS mehr als in der 326-Limousine, von der er übernommen wurde. Auch bei der Kraftübertragung, dem komfortablen Hurth-Getriebe – erster und zweiter Gang mit Freilauf, dritter und vierter synchronisiert –, stand der 326er-Pate; später kam das neuentwickelte, vollsynchronisierte Viergang-Getriebe von ZF zum Einsatz. Nach dem Zusammenbruch des Dritten Reiches und dem Rückzug der Amerikaner aus Thüringen kam, wie bereits erwähnt, das BMW-Werk der

EMW 327/28: Die Neuauflage des Vorkriegs-Klassikers unter Awtowelo-Regie war vor allem für den Export bestimmt. Im Unterschied zu den BMW-Sechszylindern besaßen die späteren EMW-Typen vorn angeschlagene Türen.

Lutherstadt Eisenach in den Besitz der sowjetischen Aktiengesellschaft Awtowelo, die schon 1945 die ersten BMW 321 herstellen ließ.

Auch der BMW 327 wurde wieder in das Lieferprogramm aufgenommen. Zwischen 1948 und 1956 entstand rund ein halbes Tausend der bildschönen Sportwagen. Der einzige Unterschied zu den Vorkriegsmodellen: Die Awtowelo-Zöglinge erhielten vorn angeschlagene Türen und Blinker. Die Aufbauten stammten vom VEB IFA Karosseriewerk Dresden, der ehemaligen Karosseriefabrik Gläser.

IFA F9 (1953-1956)

Beim IFA F9 handelte es sich im Grunde genommen um die letzte Friedens-Entwicklung der Auto-Union AG. Der Dreizylinder-Zweitakter war bereits 1940 von DKW konstruiert worden und sollte die erfolgreiche DKW F8-Meisterklasse ersetzen. Dazu kam es allerdings nicht mehr. Nach dem Zusammenbruch 1945 wurden die sächsischen Werke der Auto-Union (Horch, Audi, DKW, Wanderer) zu Volkseigenen Betrieben umgewandelt und in der »Industrieverwaltung Fahrzeugbau« (IFA) zusammengefaßt. IFA-Dachverband wurde der VVB Automobilbau, die Vereinigung Volkseigener Betriebe in Chemnitz. Die Eisenacher Werke gehörten anfänglich nicht dazu. Bis 1952 konnten sie unter Ägide der sowjetischen Awtowelo ihre Viertakt-Modellreihe weiterbauen, dann wurden die Eisenacher BMW-Werke wieder unter deutsche Verwaltung gestellt und der VVB angegliedert. Und deren Leitung beschloß, den F9 künftig in Eisenach montieren zu lassen. Die ersten F9-Prototypen – auch einige Vorkriegs-F8 wurden aus Restteilen noch zusammengesetzt – entstanden in Chemnitz und wurden auf der Leipziger Frühjahrsmesse 1948 vorgestellt. Die Serienproduktion in den Hallen des ehemaligen Audi-Werkes Zwickau lief im Oktober 1950 an. Zur Leipziger Frühjahrsmesse 1951 erschien der Dreizylinder-Zweitakter auch als Cabriolet; den Ganzstahl-Aufbau lieferte Gläser. 1953 – in Zwickau waren rund 2000 F9 entstanden – verlegte die Hauptdirektion der VVB die Fertigung des ehemaligen DKW-Kleinwagens nach Eisenach. Und damit hielt auch der Zweitakt-Motor in den ehemaligen BMW-Hallen Einzug – eine Ära, die erst am 17. Dezember 1990 endete: Dann nämlich wurden die letzten der rund 1,8 Millionen Dreizylinder-Motoren ausgeliefert. Nur 38000 Triebwerke

IFA F9 Cabriolet, 1949. Die Position der Fahrtrichtungsanzeiger (Winker) hinten wurde bei späteren Modellen nicht beibehalten.

wurden im F9 eingesetzt; der Rest machte Wartburg-Limousinen und Barkas-Lieferwagen mobil. Der in Düsseldorf gebaute DKW F89 sah seinem Eisenacher Bruder übrigens zum Verwechseln ähnlich, hatte allerdings den DKW-Zweizylinder-Zweitaktmotor mit Schnürle-Umkehrspülung.

Wartburg P-311 (1956-1961)

Der Wartburg P-311 geht auf die Initiative des Eisenacher Werksleiters Martin Zimmermann zurück, der den neuen Wartburg in eigener Regie auf die Räder stellte. Basis der Zimmermannschen Entwicklung war der bewährte F9, dessen Antrieb und Chassis praktisch unverändert übernommen wurden. Wie schon beim Vorgänger bedeutete das: Dreizylinder-Zweitaktmotor, Frontantrieb, Kastenrahmen und Starrachse hinten. Völlig neu dagegen war die viertürige Karosserie in Pontonform mit sauber gezeichneter Gürtellinie und zusätzlichem Fenster vor der C-Säule. Besonders adrett wirkte der neue P-311 in der Zweifarben-Lackierung der »de Luxe«-Ausführung.

Den passenden Rahmen für die Präsentation der neuen Modellreihe bildete traditionsgemäß die Leipziger Frühjahrsmesse 1956, Leistungsschau und Aushängeschild der Ostblockstaaten. Vorgestellt wurden Limousine, Kombi und Cabriolet, im ersten Jahr noch unter dem Markenzeichen AWE. Die Premiere im 'kapitalistischen' Ausland fand auf dem Genfer Salon im selben Jahr statt. Die Fachpresse lobte vor allem die geräumige Karosserie und die moderne Konzeption, die die bundesdeutschen DKW so alt aussehen ließen, wie sie

Blieb ein Einzelstück: Das bildschöne Wartburg-Cabriolet Bellevue, laut Werk »beliebt durch seine zahlreichen Vorzüge, die sich aus der vornehmen, zugleich zweckmäßigen Karosserie mit der blau getönten Piracryl-Oberlichtscheibe ergeben.«

waren. Im Folgejahr fanden die Anfang der fünftiger Jahre ausgebrochenen Streitigkeiten zwischen der westdeutschen Auto Union und dem Wartburg-Werk um die Rechte am Dreizylinder-Zweitaktmotor ein Ende. Die Wartburg-Wagen durften ihren Motor behalten und damit sogar in den Westen: Die Wartburg-Modellpalette, inzwischen um 'Reisecoupé' und 'Camping-Limousine' erweitert, wurde zwischen 1958 und 1961 von den Firmen Norred-Bauer in Braunschweig und Dr. Schneider in München angeboten. Die Cabrio- und Coupé-Typen markierten dabei mit 7100 Mark das obere Ende der Preisliste.

Wartburg-Sport 313 (1957-1965)

Der Wartburg 313-1 löste den betagten EMW 327 ab und war zum ersten Mal auf der Leipziger Frühjahrsmesse 1957 zu sehen. Der bildhübsche Roadster basierte ebenso wie der Prototyp »Bellevue« auf dem Wartburg-Fahrgestell. Eine flachere Motorhaube, eine grazilere A-Säule und Panorama-Windschutzscheibe ließen ihn auch auf internationalen Messen Schönheitspreise erringen. Der sportlichen Optik angemessen war das Dreizylinder-Triebwerk, das dank einer Doppelvergaser-Anlage nun 50 PS leistete. Europa-Premiere feierte der

Wartburg Sport Typ 313, im Vordergrund mit aufgesetztem Coupédach (Hardtop), im Hintergrund als Cabriolet.

313-1 auf dem Genfer Salon 1958; der westdeutsche Importeur verlangte für den schicken Flitzer 1958:9620,-, 1959:8625,-DM, das Hardtop kostete noch einmal 500 Mark mehr. Wieviele 313-1 hierzulande in den Verkehr gelangten, ist nicht bekannt. Insgesamt sollen 465 Exemplare der ersten Sport-Roadster-Serie bis 1961 gebaut worden sein.

Wartburg 1000 (1962-1966)

Im Januar 1962 liefen die verbesserten Wartburg-Typen mit der Typenbezeichnung P-312 vom Band. Der nunmehrige Wartburg 1000 unterschied sich vor allem durch seinen vergrößerten Hubraum und die höhere PS-Zahl von seinem Vorgänger. Zum Herbst 1965 erschien die überarbeitete 312/1-Version, die bis zum Sommer 1966 vom Wartburg 353 abgelöst wurde. Die technische Substanz der bisherigen Modelle wurde auch bei diesem Zwischentyp beibehalten, gleichwohl wies der letzte P-312 schon technische Merkmale des Nachfolgers auf. Das Augenmerk der Techniker aus Eisenach galt vor allem dem Fahrwerk, das mit Einzelradaufhängung rundum und kleineren 13-Zoll-Rädern spürbar gewonnen hatte. Die neuen Wartburg 1000-Typen unterschieden sich von ihren älteren Brüdern durch den neuen, glattflächigen Kühlergrill; beim Hardtop-Coupé 2/2 mit abnehmbaren Dach fielen die Modifikationen umfangreicher aus. Die neue, höhere Motorhaube und der große Rechteck-Kühlergrill standen dem letzten Wartburg-Cabriolet nicht besonders gut zu Gesicht. Gebaut wurden rund 200 Fahrzeuge.

Das Wartburg Typ 312-Cabriolet

Bazlen

Jahrelang waren offene Zweisitzer in Deutschland kein Thema – und dann debütierten auf der Frankfurter IAA 1991 gleich zwei Spezies dieser raren Gattung. Neben dem VM Nardo profilierte sich die Firma BC Automobilbau in Göppingen mit ihrem »Bazlen GT4«. Dahinter steckte der Kieferorthopäde Dr. Jörg Bazlen, der sich damit den Traum vom selbsttkonstruierten Sportwagen erfüllte. Erste Erfahrungen hatte er mit der Oldtimer-Restaurierung gesammelt, 1989 begannen die Vorarbeiten zu diesem Projekt. Das Wichtigste dabei war zunächt einmal, geeignete Großserienaggregate und Lieferanten zu finden. Einig wurden der Göppinger Zahnarzt und seine Crew schließlich mit Ford in Köln. Es dauerte rund ein Jahr, bis mit den eigentlichen Entwicklungsarbeiten angefangen werden konnte. Produziert wird der GfK-Flitzer mit Gitterrohrrahmen und Ford-Technik in Uhingen bei Göppingen. Pro Jahr sollen rund 50 Fahrzeuge gebaut werden.

Bazlen GT4

Der fliegengewichtige Zweisitzer – Leergewicht rund 700 Kilogramm – verspricht »Fahrleistungen wie der schon legendäre Shelby Cobra«, allerdings ohne dessen großvolumigen Ford-V8 zu besitzen. Gleichwohl stammt der Treibsatz aus dem Ford-Regal, entweder aus dem Ford Cosworth Turbo mit 220 PS Leistung oder in der etwas zahmeren Version mit dem Zweiliter-16V-Motor und moderateren 150 PS. Beide Ausführungen haben mit dem federleichten Zweisitzer leichtes Spiel. Selbst in der etwas schwächeren Version absolviert

Der Bazlen GT4 debütierte auf der IAA 1991. Bei dem hier abgebildeten Fahrzeug handelt es sich um den ersten fertiggestellten Prototyp.

der GT4 den Sprint zur 100 km/h-Marke immer noch in beeindruckenden sechs Sekunden, der Turbo geht noch etwas besser und unterbietet diesen Wert um eine Sekunde.
Auch die übrigen Komponenten wie Getriebe, Differential, Bremsen oder Türschlösser kommen von Ford, die Elektrik liefert Bosch. Der Gitterrohrrahmen mit doppelten Dreiecksquerlenkern vorn und hinten ist eine Eigenentwicklung und entspricht den Traditionen des klassischen Rennwagenbaus. Darüber spannt sich eine in aufwendiger Handarbeit aufgebrachte Kunststoff-Karosserie aus Vinylester, das die Erbauer als »hochwertiger und widerstandsfähiger als Polyester« bezeichnen. Ausgestattet ist der Bazlen GT mit elektrischen Fensterhebern, getönten Scheiben, und Wurzelholzarmaturenbrett. Lederausstattung, Metallic-Lackierung und Antiblockiersystem sind gegen Aufpreis zu haben.

Preis: Bazlen GT4: DM 79900,–

Bitter

'Deutschlands kleinste Automarke' nennt sich die Bitter GmbH & Co. KG in Schwelm. 1971 von Erich Bitter gegründet, verkörpert sie heute in geradezu klassischer Weise das Motto: Klein, aber fein. Ein bis zwei Wagen pro Tag werden in Schwelm montiert. Die Antriebsaggregate stammen traditionell aus den Serienproduktionen von Opel, früher vom Diplomat und Senator, heute vom Omega. Erich Bitter, früher ein bekannter Radrennfahrer, stieg in den sechziger Jahren auf vier Räder um und gewann auf NSU, Porsche und Abarth etliche Rennen und sogar die Deutsche Rennsportmeisterschaft. Als 'Rallye-Bitter' machte er sich zugleich einen Namen als Importeur von Abarth-Modellen und exclusivem Autozubehör. 1969 übernahm er zusätzlich die Vertretung der kleinen italienischen Marke 'Intermeccanica', die damals ein großes elegantes Cabriolet baute, das allerdings seine Käufer durch gravierende Verarbeitungsmängel nervte.

Auf Bitters Initiative baute Intermeccanica später den Indra, unter dessen Haube der bullige V8-Motor des Opel-Diplomat seine Arbeit verrichtete. Auch der Indra war ein zwar sehr schöner, aber nicht gerade solide verarbeiteter Traumwagen. 1971 hatte Bitter schließlich die Nase voll und beschloß, selbst Autos zu bauen. Das Ergebnis war das Bitter CD-Coupé, das auf der IAA 1973 in Frankfurt debütierte: ein großer Wagen mit zeitlos elegantem Design und problemloser Opel-Mechanik. Bitter kehrte von der IAA mit 176 Kaufverträgen heim. Ein Erfolg, an den er nicht im Traum gedacht hatte.

Rund 400 Exemplare des noblen Coupés mit der ruhigen, harmonischen Linienführung fanden betuchte Käufer, darunter Sportprominenz wie Paul Breitner, Rosi Mittermaier und Didi Thurau, aber auch Stars des internationalen Showgeschäfts wie Ireen Sheer und Howard Carpendale. 1981 lief der CD aus, weil abzusehen war, daß irgendwann einmal Nachschubprobleme auf dem Motorensektor auftreten würden. Schließlich hatte Opel den Diplomat bereits 1977 aus dem Programm genommen.

Im Dezember 1980 begann die Serienfertigung des Bitter SC, eines viersitzigen Coupés auf Basis des Opel Senator. Die Karosserie hatte wieder Erich Bitter selbst entworfen. Sie zeichnete sich durch den hervorragenden cw-Wert von 0,34 aus. Ab 1981 war das Coupé auf Wunsch auch mit Allradantrieb der britischen Firma Ferguson lieferbar (Typenbezeichnung: Bitter SC-4WD Ferguson).

Auf der Basis des SC baute Bertone nach Bitters Entwürfen ein viersitziges Cabriolet, das auf der IAA 1981 in Frankfurt präsentiert und ab 1982 in kleiner Serie gebaut wurde. Zur Serienausstattung gehörten u.a. Lederausstattung, Klimaanlage, elektrische Fensterheber, Zentralverriegelung und eine Stereoanlage.

Bitter-Autos zeichnen sich durch robuste Mechanik und gute Verarbeitung aus. Unter Kennern genießen sie einen ähnlichen Ruf wie die Produkte des Schweizers Peter Monteverdi: exklusive, elegante automobile 'Maßanzüge' für zahlungskräftige Kunden, die weniger Wert auf hochkarätige Technik als auf problemlosen Alltagsbetrieb legen. Dennoch geriet Bitter, Mitte der 80er Jahre in finanzielle Schwierigkeiten, der Konkurs konnte nur mit Mühe abgewendet werden. Mitte 1986 war die Firma über dem Berg, sowohl Bitter SC Coupé als auch Cabriolet waren weiterhin lieferbar. Allerdings war das Senator-A-Basisfahrzeug nicht mehr lieferbar, so daß ein Modellwechsel unvermeidlich wurde. Daher begannen die Vorarbeiten für ein neues Projekt auf Omega-Basis, das sowohl als Roadster wie auch als Limousine in Produktion gehen sollte. Der zeitgleich entwickelte kleine Roadster mit Manta-Technik und-Bodengruppe konnte nicht in Serie gehen, da das Produktionsende des Opel-Basismodells abzusehen war. Es blieb bei einem Prototyp, der heute noch in Firmenbesitz ist.

Ging leider nie in Serie: der Bitter-Roadster von 1984. Das Coupé mit herausnehmbaren Dachmittelteil entstand auf Manta-Basis und sollte rund 50000 Mark kosten.

Bitter SC Cabriolet (1982-1985)

Vorgestellt auf der IAA 1981 in Frankfurt. Viersitziges Vollcabriolet ohne Überrollbügel. Karosserie von Bertone. Das mit zwei Schnellverschlüssen fixierte, gefütterte Stoffverdeck verschwindet in geöffnetem Zustand in einem mit einer Lederplane abgedeckten Stahlblechfach. Durch Längs- und Querträger verstärkter Aufbau, dadurch 85 Kilogramm schwerer als das Coupé. Aufwendige Serienausstattung u.a. mit Klimaanlage, Lederausstattung, Zentralverriegelung und Stereoanlage. Rund 30 Fahrzeuge wurden gebaut, vier blieben in Deutschland, der Rest wanderte in den Nahen Osten und in die USA.

Preis: DM 115000,–

Bitter SC-Cabriolet 1982

Bitter Type 3 (ab 1990)

Das neue Bitter Type 3-Projekt feierte auf der IAA im September 1987 Premiere. Wie schon bei den Vorgängertypen CD und SC entstammte die Mechanik robuster Opel-Großserientechnik. In diesem Fall lieferte der Omega, das Auto des Jahres 1986, die Basis.

Wie bei Bitter üblich, sollte der neue Spider nicht nur gefällige Optik, sondern auch verschwenderischen Luxus bieten. Ledersitze und -ausstattung aus feinstem Nappa sowie E0inlagen aus afrikanischem Rosenholz setzten im Passagierabteil Akzente. Bei der Technik besorgten dies der neue Vierliter-Sechszylinder-Reihenmotor, ABS und 45%-Sperrdifferential.

Die überaus gefällig gezeichnete Stahlkarosserie des Zweisitzers sollte bei Bertone in Turin entstehen, die Endmontage bei der Würzburger Karosseriefabrik Voll erfolgen. Inzwischen sieht es allerdings so aus, als ob Steyr-Daimler-Puch in Österreich die Endfertigung übernehmen wird. Den weltweiten Vertrieb übernimmt voraussichtlich der japanische GM-Partner Isuzu. Der Produktionsbeginn wurde für Mai 1992 festgesetzt.

Preis: Bitter Type 3 Cabriolet: DM 115000,–

Der Bitter Typ 3 wurde 1987 vorgestellt, die Produktion wird frühestens 1992 anlaufen. Sowohl Coupé als auch Cabrio erhalten eine umfangreiche Serienausstattung.

Die geplante Jahresproduktion beträgt 5000 Fahrzeuge. Das Bitter-Cabriolet mit Omega-Technik soll überwiegend für den amerikanischen Markt gebaut werden. Hier ein Vorserienmodell von 1991.

BMW

Die 'Bayerische Motorenwerke GmbH' entstand am 20. Juli 1917 aus der Flugmaschinenfabrik Gustav Otto und der Rapp-Motorenwerke GmbH, die beide am 7. März 1916 in der Bayerischen Flugzeugwerke AG aufgegangen waren. Auf die flugtechnische Vergangenheit von BMW weist noch heute das Firmenzeichen hin: die blau-weißen Kreissegmente sind nichts anderes als zwei stilisierte rotierende Propellerflügel. Am 13. August 1918 erfolgte die Umwandlung in eine Aktiengesellschaft. Das Grundkapital betrug 12 Millionen Mark.
Der Flugmotorenbau verschaffte dem jungen Unternehmen schon bald einen guten Ruf. Bis zum Ende des Zweiten Weltkriegs gehörten BMW-Flugmotoren zu den bevorzugten Antriebsaggregaten im militärischen und zivilen Bereich. Die weltberühmte Ju 52 wurde ebenso von BMW-Motoren angetrieben wie zahlreiche Modelle von Dornier, Focke-Wulff, Messerschmitt und Heinkel. Als erstes Strahlturbinen-Flugzeug der Welt startete im September 1944 eine Arado 234 mit dem BMW-003-Einwellen-Triebwerk.
Ab 1923 tauchte das blau-weiße Markenzeichen auch auf der Straße auf. Das erste BMW-Motorrad, die 8,5 PS starke R32, wurde bereits von jenem Zweizylinder-Boxer angetrieben, der im Prinzip unverändert noch heute in den BMW-Zweirädern seinen Dienst versieht, wenn auch in fast sieben Jahrzehnten ständig verbessert und zu höchster Reife entwickelt.
1929 präsentierte BMW den nach Austin-Lizenz gebauten Kleinwagen 3/15. In den dreißiger Jahren erschienen dann in rascher Folge zahlreiche Sechszylinder-Modelle, deren Krönung der schon legendäre 328 mit zwei Litern Hubraum und 80 PS war. Von 1936 bis 1940 dominierte er auf den europäischen Rennstrecken. Überlebende Exemplare waren noch lange nach dem Krieg für vordere Plätze gut.
1951 wurde auf der Frankfurter Automobilausstellung mit dem 501 das erste Nachkriegsmodell, eine große, viertürige Reiselimousine, vorgestellt. Als Antrieb diente der gleiche Motor, der vor dem Krieg den Typen 326, 327 und 328 zu damals überdurchschnittlichen Fahrleistungen verholfen hatte. 1954 folgten die ersten Cabriolets von Baur und Autenrieth. Im selben Jahr erschien der BMW 502, der erste deutsche Achtzylinder-Personenwagen nach dem Krieg. Sein V8-Leichtmetallmotor zählt längst zu den Klassikern des Motorenbaus. In verschiedenen Leistungsstufen zwischen 95 und 160 PS trieb er die bis 1965 produzierten 'Großwagen' (so die interne Werksbezeichnung) an, ebenso die Cabriolets 502, 503 und 507.
Durch seine extreme Modellpolitik – einerseits technisch aufwendige und teure Achtzylinder, andererseits hubraumschwache Primitivmodelle (Isetta und BMW 600) geriet das Münchener Unternehmen Ende der fünfziger Jahre in eine schwere Krise. Auf der denkwürdigen Hauptversammlung vom 9. Dezember 1959 verhinderte nur der erbitterte Widerstand der Kleinaktionäre, ange-

führt von dem Frankfurter Rechtsanwalt Dr. Friedrich Mathern, daß BMW von Daimler-Benz geschluckt wurde.

Die auch danach noch prekäre Finanzlage besserte sich erst, als auf der IAA1961 der BWM1500 präsentiert wurde, ein viertüriger Mittelklassewagen, der exakt die Lücke füllte, die Borgwards Isabella TS hinterlassen hatte. Allen Kinderkrankheiten zum Trotz wurden der BMW1500 und seine späteren Schwestertypen 1600, 1800 und 1800 TI zum Rückgrat des Münchener Unternehmens. 1956 kam die 02-Serie hinzu, die maßgeblich dazu beitrug, das BMW-Image zu prägen: schnelle Wagen mit fortschrittlicher Technik für passionierte Fahrer. Am 1. Januar 1967 übernahm die BMW Hans Glas GmbH in Dingolfing. Die Unternehmensphilosophie hat sich im Laufe der Jahre etwas gewandelt: Priorität haben nicht mehr die Fahrleistungen – die immer noch überdurchschnittlich gut sind –, sondern hochwertige Technik in Verbindung mit Komfort und Eleganz. Nach wie vor sind BMW-Wagen typische 'Fahrerautos'.

Von der früheren Vielfalt an Oben-ohne-Modellen blieben bis 1985 als Relikt nur die Targa-Versionen der 3er-Reihe, die bei Baur in Stuttgart gefertigt wurden. Dann erschien das bügelfreie Vollcabriolet auf Basis der 3er-Reihe. Vier Jahre später lief die Produktion des lange angekündigten Roadsters Z1 an. Das erwartete Cabriolet auf Basis des 6er-Coupés dagegen wurde nie verwirklicht, ebensowenig wie ein offener 850i.

BMW 501 A, 501, 502 (1954-1955)

Ab Frühjahr 1954 begann bei Baur in Stuttgart die Produktion des 501A Cabriolets. Außer etwa 220 zweitürigen Exemplaren gab es rund 50 Stück mit vier Türen. Auch die Darmstädter Karosseriefirma Autenrieth stellte in geringer Stückzahl Cabriolets her, darunter auch ein Einzelstück, das große Ähnlichkeit mit dem Typ 503 aufwies. Der Aufbau bei Baur kostete damals rund 9000 Mark, bei Autenrieth etwa 12000 Mark. 1955 lief die Kleinserie aus. Autenrieth baute allerdings bis 1960 noch einige Einzelexemplare.

Preise:	501	Cabriolet zweitürig:	DM 17950,–
	501 A	Cabriolet zwei- oder viertürig:	DM 18200,–
	502	Cabriolet zwei- oder viertürig:	DM 21900,–

BMW 503 (1956-1959)

Das 503 Cabriolet, ebenso wie das Coupé ein Entwurf des deutsch-amerikanischen Designers Albrecht Graf Goertz, wurde auf der IAA1955 in Frankfurt vorgestellt. Die Karosserie bestand aus Aluminium, die Verdeckbetätigung erfolgte elektrisch. Von Mai 1956 bis März 1959 wurden insgesamt 122 Exemplare hergestellt. Der elegante Wagen mit der harmonischen Linienführung stand stets im Schatten des Vollbluts 507, nicht zuletzt auch deshalb, weil er 3000 Mark teurer war.

Preis: DM 29500,–

BMW 502 Cabriolet zweitürig (Karosserie Baur) 1954

BMW 501 A Cabriolet viertürig (Karosserie Baur) 1954

BMW 501 A/B
Cabriolet zweitürig
(Karosserie Baur) 1954

Das viertürige
BMW 502 Cabriolet
bot Platz für 5-6
Personen

Der sogenannte
'Vollschutzrahmen'
des BMW 501

BMW 502 Cabriolet zweitürig (Karosserie Autenrieth) 1955

BMW 502 Cabriolet zweitürig (Karosserie Autenrieth) 1960

BMW 502 Cabriolet zweitürig (Karosserie Autenrieth) 1955

BMW 501 Cabriolet zweitürig (Karosserie Wendler) 1954

BMW 503 Cabriolet
1956

Dieses 1962 gebaute BMW 3200 CS-Cabriolet war eine Sonderanfertigung für Herbert Quandt und blieb ein Einzelstück. Das Verdeck ließ sich elektrisch öffnen und schließen.

Der 1954 von Ernst Loof entworfene Vorläufer des BMW 507 ging nicht in Serie. Die Karosserie entstand bei Baur in Stuttgart.

BMW 507 (1956-1959)

Der von Albrecht Graf Goertz entworfene Roadster, für den es auch ein maßgeschneidertes Hardtop gab, wurde zusammen mit dem 503 auf der IAA 1955 in Frankfurt präsentiert. Im Gegensatz zu jenem wurde er auch bei Rennen und Rallies eingesetzt. Obwohl er sich dabei als ernstzunehmender Gegner des Mercedes-Benz 300 SL erwies und diesen mehr als einmal schlug, kam er nur auf sehr bescheidene Stückzahlen. Von November 1956 bis März 1959 wurden ganze 252 Exemplare gebaut (zum Vergleich 300 SL: 1858). Heute gehört der 507 zu den gesuchten und entsprechend hoch gehandelten Sportwagen-Klassikern wie Austin Healey 3000, Mercedes-Benz 300 SL oder Jaguar E-Type.
Parallel zum Entwurf des Grafen Goertz hatte der inzwischen in BMW-Diensten stehende ehemalige Veritas-Chef Ernst Loof ebenfalls einen Roadster gebaut, unter dessen handgearbeiteter Aluminiumkarosserie sich Motor und Fahrgestell des BMW 502 verbargen. Obwohl Loofs Prototyp 1954 bei einem Schönheitswettbewerb in Bad Neuenahr auf Anhieb eine Goldmedaille und den ›Goldenen Kranz‹ als höchste Auszeichnung für Linie, Form und Ausstattung errang, entschied die Unternehmensleitung, das Goertz-Modell zu bauen. Das von Loof gebaute Einzelstück existiert noch heute.

Preis: DM 26500,–

BMW 507, einer der großen deutschen Klassiker.

BMW 700 (1961-1964)

Von dem 1959 präsentierten Coupé, dessen Karosserie von Michelotti entworfen wurde, gab es ab September 1961 auch eine offene Version, die bei Baur in Stuttgart gebaut wurde. Das hübsche zweisitzige Cabriolet war mit dem 40 PS-Motor des Sport-Coupés ausgerüstet. Bis zur Produktionseinstellung im November 1964 wurden 2592 Exemplare hergestellt, von denen heute nur noch wenige existieren dürften.

Preis: DM 6950,–

BMW 700 Cabrio (Karosserie Baur) 1961-1964

1965 stellte Baur diese Studie eines BMW 2000 Cabriolets vor. Der Wagen sollte einen Gitterrohrrahmen mit Kunststoffkarosserie haben.

BMW 1600/2002 (1967-1975)

Eineinhalb Jahre nach der Vorstellung der zweitürigen Limousine 1600-2 wurde im September 1967 auch ein von Baur karossiertes Cabriolet mit voll versenkbarem Verdeck präsentiert. Die Freude an der hübschen Karosserie wurde jedoch durch den recht verwindungsfreudigen Aufbau getrübt. Insgesamt wurden 1938 Cabriolets vom Typ 1600 und 471 vom Typ 2002 gebaut. Der immer mehr in Mode kommende Trend zum integrierten Überrollbügel führte dazu, daß das Cabriolet im April 1971 durch das nicht gerade elegante, dafür aber verwindungssteifere Targamodell auf der Basis des 2002 ersetzt wurde. Mit der Einstellung der 02-Baureihe im Sommer 1975 entschlief auch dieses Modell, nachdem es rund 2000 mal gebaut worden war.

Preise: 1600-2 Cabriolet: DM 11 980,–
         2002   Cabriolet: DM 14 208,–
         2002   Targa: DM 14 985,–

Dieser Vorläufer des BMW 1600-Cabriolets war ein werkseigener Entwurf ('Studentenwagen').

BMW 1600 Cabriolet
(Karosserie Baur)
1967-1971

BMW 2002 Cabriolet
(Karosserie Baur)
1971-1975

Leider nur ein Einzelstück blieb dieser von der Kölner Karosseriefirma Deutsch gebaute Prototyp eines offenen BMW 2800 CS.

BMW 628, 633, 635 CSi (1976-1990)

Die großen Coupés haben bei BMW Tradition – leider auch die Angewohnheit, diese nicht als Cabriolet anzubieten. Zur Ehrenrettung der Münchener Autobauer muß aber gesagt werden, daß sie bei jeder Modellgeneration damit kokettierten. Besonders heftig war der Flirt mit dem von Tropic entwickelten 635 CSi Cabriolet, das im BMW-Werk Dingolfing vom Band laufen sollte. Das Cabriolet-Projekt wurde im letzten Augenblick gekippt, sehr zur Freude der zahlreichen Kleinserienhersteller, die in den folgenden Jahren die eleganten Coupés enthaupteten und in hinreißend schöne Cabriolets verwandelten.

Die bekannteste Firma war ABC-Exclusive Car in Bonn, die ihre Kreation mit einer neuentwickelten Bodengruppe versah sowie zusätzliche Verstrebungen einschweißte. Das Faltdach, natürlich mit elektrisch-hydraulischem Antrieb, ließ sich voll versenken und verschwand unter einem Stahldeckel. Der Umbau schlug mit 48950,– DM zu Buche.

Bei der von Piecha in Lauffen realisierten BMW-Variante türmte sich das Verdeck auf der Hutablage auf, was zwar von der Optik nicht ganz befriedigen konnte, aber den ohnehin nicht üppigen Kofferraum erhielt. Die Stahlblechverschweißungen stützen die gesamte Bodengruppe, den Fensterholmbereich und den Windschutzscheibenrahmen. Die Umbauzeit betrug rund fünf Wochen. Auch die Firma Gemballa in Stuttgart-Zuffenhausen bot ein geöffnetes 6er Coupe'an. Allerdings verfolgte Gemballa das Projekt nicht weiter, ähnlich wie Schulz in Korschenbroich, der ebenfalls ein 6er-Cabriolet auf die Räder stellte.

Ex-Tropic-Chef Jürgen G.Weber, der den BMW-Prototyp geschaffen hatte, kam übrigens später noch einmal mit dem 6er-Cabrio in Berührung. Nach der Tropic-Pleite gründete der rührige Werbekaufmann die Firma Hy-Tech, über die er nicht nur Ascona-Cabriolets, sondern auch offene 6er-BMW anbot. Gebaut wurden die Cabrios bei EBS in Belgien, Hy-Tech in Stuttgart übernahm den Vertrieb und die Zulassung. Der Umbau kostete rund 45000 Mark, die ersten zehn Exemplare wanderten sofort über den großen Teich. Ebenfalls in Stuttgart entstand eine weitere offene CSi-Variante. Unter dem Label RPM-Tuning offerierte der »Reifenmarkt am Pragsattel« ein Vollcabrio auf 6er-Basis. Der Umbau kostete mit TÜV-Segen 23700 Mark und dauerte sechs bis acht Wochen.

BMW 6er-Cabrio. Der Umbau stammt von der Firma Piecha.

Die Produktion des ursprünglich von Tropic entwickelten BMW 635 CSi Cabriolets sollte im BMW-Werk Dingolfing erfolgen, wurde aber nie aufgenommen.

BMW Baur-Cabriolet 315, 316, 318, 318i, 320, 320i, 323i (1978-1990)

Erst drei Jahre nach der Markteinführung der 3er-Reihe gab es wieder eine offene Version. Wie der 1975 ausgelaufene 2002 Targa entstand sie bei Baur in Stuttgart. Die Dachkonstruktion glich der des Vorgängermodells: ein abnehmbares Hartdach über den Vordersitzen und ein versenkbares Stoffverdeck über den Fondsitzen. Die Bezeichnung 'Cabriolet' stimmt genaugenommen nicht, denn es handelt sich um ein typisches Targa-Modell.
Ab 1978 waren die Modelle 316, 318, 320 und 323i als Cabriolet lieferbar. Die Preise lagen rund DM 6000,- über denen der entsprechenden Limousinen. Ab Frühjahr 1981 kam das 315 Cabriolet hinzu. Bis Ende 1982 stellte Baur etwa 5000 Cabriolets der 3er-Reihe her.
Auch vom neuen Modelljahrgang gab es seit Anfang 1983 eine offene Ausführung, die die Bezeichnung 'Top-Cabriolet' trägt. Im Unterschied zum alten 3er-Cabriolet lag bei den 83er Modellen das Faltverdeck flach auf der Hut-

ablage auf, wodurch die Sicht nach hinten verbessert wurde. Auch im geschlossenen Zustand wirkte das neue Modell wesentlich harmonischer.

Preise:
	BMW 315	Cabriolet	DM 21 990,–
	BMW 316	Cabriolet	DM 21 156,–
	BMW 318	Cabriolet	DM 22 164,–
	BMW 318i	Cabriolet	DM 25 120,–
	BMW 320	Cabriolet	DM 24 186,–
	BMW 323i	Cabriolet	DM 26 577,–
Modelle '83:			
	BMW 316	Cabriolet	DM 25 950,–
	BMW 318i	Cabriolet	DM 28 550,–
	BMW 320i	Cabriolet	DM 31 550,–
	BMW 323i	Cabriolet	DM 34 400,–

BMW 316-323i Cabriolet (Karosserie Baur) 1978-1982

BMW 316-323i Cabriolet (Karosserie Baur) 1983-1990

Die Styling-Garage in Pinneberg lieferte die 3er-Reihe von BMW (E21) auch als Vollcabriolet. Ein ähnlicher Wagen wurde bei Karmann als Prototyp gebaut, ging aber nicht in Serie. Er steht heute im Osnabrücker Werksmuseum.

BMW 318i, 320i, 325i, M3 Cabriolet (1985-1992)

Auf der Frankfurter IAA 1985 erlebte das Cabriolet bei BMW eine glanzvolle Auferstehung. Der offene BMW, ganz ohne Überrollbügel und mit voll versenkbarem Verdeck, basierte auf der bereits 1982 vorgestellten Dreier-Reihe. Presse und Publikum waren begeistert. Der offene Dreier ging weg wie die sprichwörtlichen warmen Semmeln, bis Mai 1991 waren rund 112000 Exemplare hergestellt worden.

Das 3er-Cabriolet zeichnete sich durch vorbildliche Karosserie-Steifigkeit aus. Verstärkungen im Bereich der Bodengruppe, der Seitenschweller und des Windschutzscheibenrahmens erhöhten das Leergewicht des offenen 325i um satte 90 Kilogramm auf 1255 Kilogramm. Ein Hardtop (Aufpreis DM 4950,–) verhalf zur uneingeschränkten Wintertauglichkeit.

Zur IAA 1987 erweiterte BMW die Cabrio-Baureihe um den BMW 320i. Eine reichhaltige Serienausstattung mit ABS, Leichtmetallrädern, Zentralverriegelung und Diebstahlsicherung entschädigten für die vergleichsweise mageren 129 Pferdestärken des Zweiliter-Sechszylinders. Noch einmal zwei Jahre später, im September 1989, rundete das BMW 318i Cabrio die Modellpalette nach unten ab. Der neue 1,8-Liter-Vierzylinder-Vierventiler leistete 83 kW/113 PS. Vier- und Sechszylinder waren in der Optik kaum zu unterscheiden. Ganz anders das BMW M3 Cabrio. Das Dreier-Flaggschiff entstand auf Bestellung bei der BMW Motorsport GmbH in liebevoller Handarbeit. Die typischen Kotflügelverbreiterungen machten es unverwechselbar. Unter der Karosserie ar-

Mit dem Modelljahr 1986 nahm das Werk wieder die Fertigung eines Vollcabriolets auf. Die Technik entsprach dem Sechzylinder-Modell BMW 325i.

Der bügellose Viersitzer wurde auch noch nach Ablösung des Limousinenmodells gebaut. Der Nachfolger basiert auf dem Ende 1991 vorgestellten 3er-Coupé.

Alles Handarbeit: das BMW M3-Cabriolet mit 2,3-Liter-Vierzylindermotor. Hier ein M3 von 1988, dem Jahr der Erstvorstellung.

beitete die rennerprobte M3-Technik, ein Vierzylinder mit 2,3 Liter Hubraum und 158 kW/215 PS. Der offene M3 erschien im Spätsommer 1988 und kostete 89 450 Mark. In diesem Preis war das elektrisch betriebene Verdeck bereits enthalten.

Preise: BMW 325i: DM 46 800,–
         BMW 320i: DM 43 100,–
         BMW 318i: DM 43 400,–
         BMW M3:   DM 89 450,–

Sonderkarosserien

Bevor das Werkscabriolet erschien (und neben dem Baur-Top-Cabrio) hatten diverse Automobilveredler den Dreier zum Cabrio umgebaut. Dem späteren BMW-Cabrio am nächsten kam die bügellose Version von Rappold in Wülfrath.

Das Rappold-Cabrio auf Basis der BMW 3er-Reihe (E30). Das Vollcabrio war als Fertigfahrzeug ab Oktober 1983 lieferbar.

Ein BMW-Cabrio der 3er-Reihe E21 (1975-1982). Der Umbau stammt von der Firma Reinhard Peters, Delbrück.

Der Karosseriespezialist fertigte ab Oktober 1983 2+2-sitzige Vollcabriolets, wobei der Verdeckkasten die Rücksitzbank verdrängte. Hinter den Vordersitzen blieb lediglich eine knapp dimensionierte Ablagefläche übrig, die auf Wunsch mit Kindersitzen versehen werden konnte. Zwischen 31000,– und 57050,– DM mußten für ein Rappold-Cabrio angelegt werden, je nachdem, welches Basisfahrzeug der Kunde anlieferte.

Die Styling-Garage, einer der Wegbereiter der Cabrio-Renaissance, skalpierte nicht nur die Untertürkheimer Nobelkarossen, sondern entwarf auch einen offenen Dreier. Der Viersitzer mit Überrollbügel und elektrischem Verdeck sollte preislich in der Nähe des Baur-Cabriolets angesiedelt sein, ging aber nicht in Serie.

Mehr Erfolg hatte die Firma Peters in Delbrück. Sie übernahm die Umbauarbeiten sowohl bei der ersten als auch der zweiten Dreier-Generation. Die Umrüstung kostete beim Modell bis 1982 10830,–, beim Nachfolger 13000,– Mark. Wer sparen wollte, konnte bei Peters für seinen BMW der E21-Reihe auch einen Cabriobausatz erhalten, der alles Notwendige enthielt.

BMW Z1 (1987-1991)

Der BMW-Messestand auf der Frankfurter IAA im September 1987 war stets dicht umlagert. Im Mittelpunkt des Interesses stand ein dunkelgrün-metallic lackierter, offener Zweisitzer von gerade mal vier Metern Länge. Der avantgardistisch gestylte Z1 verstand sich als zeitgenössische Interpretation des urenglischen Roadster-Gedankens mit langer Schnauze und kurzem Radstand, breiter Spur und tiefem Schwerpunkt.

Das Rückgrat des Z1 bildete ein tauchverzinktes Chassis mit eingeklebtem Kunststoffboden. Die Karosserie bestand aus zwei verschiedenen Kunststoffen: Thermoplaste fanden Verwendung bei den Wagenflanken, Bug und Heck; Kunststoff-Komponenten in Sandwich-Bauweise nutze man für Motorhaube, Verdeck- und Kofferraumklappe. Die Antriebseinheit, ausschließlich mit geregeltem Katalysator, stammte vom 325i. Der seidenweich laufende Sechszylinder beschleunigte den 1250 Kilogramm schweren Roadster in rund acht Sekunden aus dem Stand auf 100 km/h. Die Kraftübertragung erfolgte über ein Fünfgang-Schaltgetriebe an die Hinterachse.

Während man bei der Federbein-Vorderachse wieder auf Bewährtes zurückgegriffen hatte, konstruierten die Männer um Entwicklungschef Ulrich Bez eine neue Hinterachse aus Quer- und Längslenkern. Diese Konstruktion stand Pate bei der Zentrallenker-Hinterachse der neuen Dreier-Reihe, die Ende 1990 erschien. Zu diesem Zeitpunkt war das Ende des Z1 bereits programmiert: Die Ablösung des 2,5-Liter-Sechszylinders-Motors zum Sommer 1991 brachte auch das Aus für den offensten BMW der Neuzeit. Insgesamt wurden 8000 Einheiten produziert, 3000 mehr als ursprünglich geplant.

Preis: BMW Z1: DM 85000,–

Typisches Erkennungsmerkmal des Z1-Roadsters wurden die ungewöhnlich hohen Seitenschweller und elektrisch versenkbare Türen.

BMW 850 i (ab 1990)

Kurz vor der IAA 1991 stand fest, daß BMW auch beim 6er-Nachfolger, dem Zwölfzylinder-Coupé 850i, auf ein Cabriolet verzichten würde. Die zu geringen Stückzahlen schoben allen Produktionsplänen einen Riegel vor. Pfiffige Automobilveredler nutzten die Chance und vermarkteten mit bemerkenswertem Erfolg ihre BMW-Cabrio-Kreationen.

Das Cabriolet »Monte Carlo« entstand im Hamburg bei der Styling-Garage. Vom vollautomatischen Dachantrieb, bis zur Ausstattung mit Regensensor oder Hardtop statteten die Nordmänner ihr »Monte Carlo«-Cabriolet mit allem aus, was gut und teuer war. Eine mit mindestens 85 000 Mark gefüllte Brieftasche war Voraussetzung für den Erwerb des bayerisch-preußischen Luxuscabriolet – vorausgesetzt, man brachte einen 850i mit.

Auch Koenig-Specials in München wartete mit einem offenen 850er auf. Im Anbetracht des optischen und leistungsmäßigen Extrem-Tunings, das Willy Koenig seinen Umbauten sonst angedeihen ließ, war das weiß-blaue Cabriolet bemerkenswert dezent gestylt. Premiere war auf dem Genfer Salon 1991.

Das BMW 850i-Cabriolet »Monte Carlo« der Styling-Garage Hamburg. Ihre Deutschland-Premiere feierte die Design + Technik-Entwicklung auf der IAA 1991 in Frankfurt.

Nicht mehr als 50 Zwölfzylinder-Cabriolets sollen pro Jahr entstehen. Der Umbau kostet rund 85 000 Mark, ein elektrisches Verdeck mit Regensensor ist im Preis inbegriffen.

Borgward, Goliath, Lloyd

Carl. F.W. Borgward (1890-1963), passionierter Autobauer, Ingenieur und Stylist in einer Person, unternahm seine ersten Gehversuche in der Branche 1924 mit dem dreirädrigen 'Blitzkarren', der auf Anhieb ein Erfolg wurde. 1931 erwarben er und sein Kompagnon Wilhelm Tecklenborg die Aktienmehrheit der Hansa-Lloyd-Werke, womit Borgwards Traum, 'richtige Autos' zu bauen, greifbare Gestalt annahm. Bis zum Ausbruch des Krieges entstanden zahlreiche leistungsfähige und attraktive Modelle, z.B. Hansa 1100, 1700, 2000 und 3500, der Roadster Hansa 1700 Sport oder – schon mit dem Namen Borgward über dem Kühlergrill – die Cabrio-Limousine 2300.

1944 wurden die zum Rüstungsbetrieb umfunktionierten Borgward-Werke Hastedt und Sebaldsbrück durch Luftangriffe fast völlig zerstört. Trotzdem entstanden unter der Leitung des Treuhänders und späteren Verkaufsdirektors Wilhelm Schindelhauer schon 1946 aus unter den Trümmern liegenden Restbeständen und Ersatzteilen die ersten Lastwagen. Carl Borgward, von den Amerikanern jahrelang interniert, hatte seine Haftzeit dazu benutzt, einen völlig neuen Personenwagen mit Pontonkarosserie zu entwerfen, der 1949 auf dem Genfer Automobilsalon sein vielbeachtetes Debut gab.

Für Borgward, der mit 58 Jahren nochmals ganz von vorne anfing, begann damit erneut der Aufstieg. Im August 1948 hatte er die Goliath-Werke GmbH gegründet, wo schon bald darauf der gleichnamige Dreirad-Lieferwagen vom Band lief, im Februar 1949 die Lloyd Maschinenfabrik GmbH (1950 umbenannt in Lloyd Motoren Werke GmbH), die viele Jahre lang das Rückgrat der Borgward-Gruppe bildete (Lloyd lag von 1955 bis 1957 hinter VW und Opel an dritter Stelle der deutschen Neuzulassungen).

Carl Borgward, der hemdsärmelige Individualist, ließ seine Mitarbeiter – in der Blütezeit weit über 20000 – nie im unklaren, wer im Haus das Sagen hatte. Das galt auch – und besonders – für Fragen des Designs. Die meisten Borgward-, Goliath- und Lloyd-Karosserien hatte er selbst entworfen oder zumindest entscheidend mitgestaltet. Selbst seine zahlreichen Kritiker räumten ein, daß er ein untrügliches Formgefühl hatte. Modelle wie Isabella Coupé und Cabriolet bestätigen das noch heute. Daß Carl Borgward zeit seines Lebens Konstrukteur aus Passion, an kaufmännischen Fakten dagegen weit weniger interessiert war, dürfte wesentlich zu den Finanzierungsschwierigkeiten beigetragen haben, in die seine Firmengruppe im Herbst 1960 geriet. Hinzu kamen seine Experimentierfreudigkeit (neue Modelle kamen meist unausgereift auf den Markt), die große Modellvielfalt (neben drei Personenwagenmarken ein umfangreiches Nutzfahrzeugprogramm) sowie die wenig effiziente Dreiteilung in völlig autonome Firmen (Borgward, Goliath und Lloyd hatten bis 1960 jeweils eigene Konstruktions-, Forschungs- und Enwicklungs-, Vertriebs- und Verwaltungsbereiche. Eine Kooperation fand praktisch nicht statt). Ein weiteres Problem stellte der hohe Exportanteil – über 60 Prozent – dar, mit dem der Borgward-Gruppe wegen der damals vor allem in den USA herrschenden Absatz-Flaute immer höhere Autohalden beschert wurden.

Den Rest gaben dem in die Krise geschlitterte Konzern schließlich die dilettantischen Rettungsversuche des Bremer Senats, der den als Wundersanierer gepriesenen Wirtschaftsprüfer Dr. Johannes Semler – damals Aufsichtsratsvorsitzender bei BMW – zu Hilfe holte. Semler und das aus Bremer Beamten bestehende Führungsgremium der im Februar 1961 als Auffanggesellschaft gegründeten Borgward-Werke AG – den Eigentümer Carl Borgward hatte man durch die Hintertür enteignet – versetzten dem angeschlagenen Konzern innerhalb weniger Monate den Todesstoß: Im Herbst 1961 meldeten zunächst die Carl F. W. Borgward GmbH und die Goliath-Werke GmbH Konkurs an, wenige Wochen später gingen die Lloyd Motoren Werke GmbH und die neugegründete Borgward-Werke AG den gleichen Weg.

Unter der umsichtigen Leitung der Konkursverwalter lief die Produktion bei Borgward und Goliath in kleinen Stückzahlen bis 1962, bei Lloyd sogar bis 1963 weiter. Der Verkauf der Fertigungsanlagen, Werkzeuge und Gebäude sowie der Erlös aus den weiterproduzierten Ersatzteilen führten dazu, daß bis 1967 sämtliche Gläubigerforderungen zu 100 Prozent befriedigt werden konnten. Bitteres Fazit: Borgward war überhaupt nicht pleite. Die schon vorher kursierende Dolchstoß-Legende erhielt neue Nahrung. Nur allzu leicht wurde darüber vergessen, daß Borgwards verfehlte Unternehmenspolitik, vor allem seine fast pathologische Angst, von Banken abhängig zu werden, über kurz oder lang ohnehin das Ende seiner Firmengruppe eingeläutet hätte. Der Bremer Senat hatte das Desaster lediglich kräftig beschleunigt.

Die Marken-Geschichte war damit freilich noch nicht beendet. Ende 1967 lief im mexikanischen Monterrey die Produktion des Borgward 230 GL an. Dort hatte der millionenschwere Fuhrunternehmer Gregorio Ramirez mit Hilfe von Staatskrediten die Fabrica Nacional de Automoviles Borgward S.A. (FANASA) aus dem Boden gestampft. Schon etliche Jahre zuvor waren die für 14 Millionen DM erworbenen Produktionseinrichtungen aus Bremen nach Mexiko verschifft worden. Geldmangel und mexikanische Mentalität hatten jedoch dazu geführt, daß die Produktion des P100-Nachfolgers erst mit mehrjähriger Verspätung anlief. Einige Dutzend ehemaliger Borgward-Mitarbeiter leisteten dabei Geburtshilfe. Nach etwa zwei Jahren, in denen rund 2500 Fahrzeuge produziert worden waren, stellte man die Bänder wegen mangelnder Rentabilität ab. Die ebenfalls geplant gewesene Isabella-Produktion kam gar nicht erst zustande.

Carl F. W. Borgward war zweifellos ein hervorragender Konstrukteur, aber auch ein unbequemer und unnachgiebiger Unternehmer der alten Schule, der beim Bremer Senat sicher nicht viele Freunde hatte. Das tragische Ende seines Imperiums förderte noch die kultähnliche Verehrung, die Borgward-Fahrer damals wie heute den zeitlos schönen Wagen mit dem Rhombus im Kühlergrill entgegenbringen.

Borgward Hansa 1500 / Borgward Hansa 1800 (1950-1954)

Nur wenige Monate, nachdem mit dem Hansa 1500 die erste deutsche Ponton-Limousine vom Band lief, präsentierte die Karosseriefirma Hebmüller bereits ein viersitziges Cabriolet. Fahrgestell und 52 PS-Motor wurden unverändert von der Limousine übernommen. Zusätzlich gab es bald darauf eine Sportversion mit verkürztem Radstand, flacherer Karosserie und 66 PS-Motor. Ab Frühjahr 1953 erhielt dieses 2/2sitzige Hansa 1500 Sport-Cabriolet den sogenannten Carrera-Motor mit 80 PS, der für immerhin 165 km/h Spitze sorgte.
Ab Sommer 1952 lösten das Hansa 1800-Cabriolet und das Hansa 1800 Sport-Cabriolet die 1500er-Modelle ab. Die Karosserien blieben unverändert, als Antrieb diente bei beiden Versionen das normale 60 PS-Aggregat aus der Serienlimousine. Ein spezieller Hochleistungsmotor wurde nicht mehr angeboten. Im Mai 1954 lief die Produktion aus. Die genauen Stückzahlen liegen nicht vor.

Preise:		
	Hansa 1500 Cabriolet (Hebmüller)	DM 10500,–
	Hansa 1500 Sport-Cabriolet (66 PS)	DM 12300,–
	Hansa 1500 Sport-Cabriolet (80 PS)	DM 14950,–
	Hansa 1800 Cabriolet (Hebmüller)	DM 12400,–
	Hansa 1800 Sport-Cabriolet	DM 12950,–

Borgward Isabella / Isabella TS (1955-1961)

Die 1954 präsentierte Isabella gab es ab 1955 als 2/2sitziges Cabriolet (Karosserie Deutsch), kurze Zeit darauf auch wahlweise mit dem stärkeren TS-Motor. Von der zweiten Isabella-Serie ab August 1958 – kenntlich am kleineren Rhombus im Kühlergrill und an den schmalen Heckleuchten – gab es das Cabriolet nur noch in der TS-Version. Die Stückzahl ist nicht bekannt.
Zwischen 1957 und 1960 stellte Deutsch außerdem ca. 20 Cabriolets auf Isabella-Coupé-Basis her, nach Ansicht vieler Fachleute das schönste Borgward-Modell überhaupt. Bei Autenrieth entstanden ebenfalls ein oder zwei Exemplare.

Preise:		
	Isabella Cabriolet	DM 9950,–
	Isabella TS Cabriolet	DM 10950,–
	Isabella TS Cabriolet (Coupé-Basis)	DM 15600,–

Borgward 1500 RS (1958)

Eigentlich gehört dieser Wagen gar nicht in dieses Buch, da es sich um einen reinrassigen Wettbewerbswagen handelt, der nicht an private Kunden verkauft wurde. Da er jedoch in der Renngeschichte der 50er Jahre eine wichtige Rolle spielte, soll er hier kurz vorgestellt werden. Vorläufer waren der Hansa 1500 Typ 'Inka', der 1950 in Montlhèry zwölf internationale Rekorde brach, und der Rennsportwagen Hansa 1500 RS, mit dem Hans Hugo Hartmann 1953 um ein Haar die Carrera Panamericana gewonnen hätte.

Der 1957 vorgestellte Borgward 1500 RS hatte einen völlig neuen, von Karl Ludwig Brandt entwickelten Hochleistungsmotor mit zwei obenliegenden Nockenwellen, vier Ventilen pro Zylinder und Benzineinspritzung. Hans Herrmann und Joakim Bonnier wurden mit diesem Fahrzeug 1957 und 1958 jeweils europäische Vizebergmeister. Bonnier zusätzlich 1958 Zweiter in der Deutschen Sportwagenmeisterschaft. Drei Wagen wurden insgesamt gebaut, der letzte besaß eine Leichtmetallkarosserie aus Elektron. Alle drei existieren noch heute.

Borgward Hansa 1500 Sport-Cabriolet 2/2 sitzig 1950-1953

Borgward Hansa 1500 Cabriolet viersitzig (Karosserie Hebmüller) 1950-1952

Borgward Isabella Cabriolet 1955

Borgward Isabella Coupé-Cabriolet (Karosserie Deutsch) 1957

Borgward Isabella TS Cabriolet (Karosserie Deutsch) 1958-1961

Entwurf eines zweisitzigen Cabriolets auf Basis des Hansa 1800 (Zeichnung: Helmut Auschra, Borgward-Konstruktionsabteilung, 1953).

Entwurf für den 'LB 2000' (= Leichter Borgward), ein Cabriolet auf dem Fahrgestell und mit dem 2,5-Liter-Boxermotor des legendären 'Traumwagens', der 1956 auf einer Probefahrt in Bremen verunglückte (Zeichnung Helmut Auschra, Borgward-Konstruktionsabteilung 1954).

Mit diesem Wagen nahm der Borgward-Werksfahrer Karl Günter Bechem an mehreren Rennen teil. Auf das Fahrgestell des Borgward-Rennsportwagens hatte man eine – in Zusammenarbeit mit der BASF in Ludwigshafen entwickelte – Kunststoffkarosserie montiert. Als Antrieb diente das mit einer Einspritzanlage ausgerüstete, 110 PS starke Isabella-Triebwerk. Das 1954 gebaute Fahrzeug verbrannte zwei Jahre später bei einem Unfall auf dem Nürburgring.

Zur Gewichtserleichterung hatte man den Rohrrahmen des Borgward Hansa RS von 1952 mit mehr als 2000 Löchern versehen.

Ob bei der Carrera Panamericana oder beim Flugplatzrennen in Wien-Aspern (am Steuer Fritz Jüttner) – zwischen 1954 und 1958 machte der Borgward RS der Konkurrenz mehr als einmal das Siegen schwer.

Das Rucksack-Heck des letzten Borgward RS war von Prof. Henrich Focke entwickelt worden. Die Karosserie bestand aus Elektron. 1979 setzte ihn sein damaliger Besitzer, Karl E. Ludvigsen, bei einem Oldtimer-Rennen in Watkins Glen/USA ein, wo dieses Foto entstand.

Goliath GP 700 / GP 700 E (1951-1955)

Vom Goliath GP 700 gab es ab 1951 sowohl eine Cabrio-Limosine als auch den Prototyp eines viersitzigen Vollcabriolets. Ferner stellte die Berliner Karosseriefirma Buhne 1951 einen hübschen zweisitzigen GP 700 Roadster vor. Es blieb jedoch bei diesem Einzelstück. Ab 1953 gab es die Cabrio-Limousine wahlweise mit Vergaser- oder Einspritzmotor. Wieviele Exemplare zwischen 1951 und 1955 entstanden, läßt sich nicht mehr ermitteln.

GP 700	Luxus-Cabriolet	DM 8690,–
GP 700	Cabrio-Limousine	DM 6640,–
GP 700 E	Cabrio-Limousine	DM 7135,–

Goliath GP 700 Luxus-Cabriolet (mit serienmäßiger Lederausstattung) 1951

Ein Einzelstück blieb dieses 1951 bei der Berliner Karosseriefirma Heinrich Buhne gebaute GP 700-Cabriolet.

Goliath GP 900 E
Cabrio-Limousine
1957

Goliath Jagdwagen (1954-1960)

Der Goliat-Geländewagen Typ 31 (Werksbezeichnung: Jagdwagen) war seinerzeit – ebenso wie die Konkurrenzmodelle von DKW und Porsche – im Hinblick auf den kommenden Bedarf der Bundeswehr entwickelt worden. Das Rennen machte nach ausgiebigen Test- und Versuchsfahrten der Militärs bekanntlich der DKW, der den robustesten Gesamteindruck hinterließ. Schwachstellen des Goliath waren vor allem Getriebe und Achsantrieb. 1957 löste der Typ 34 den Typ 31 ab. Als Antriebsaggregat diente zunächst der 40 PS starke Viertaktmotor aus der 1100er Limousine. Schon nach wenigen Monaten ersetzte man ihn durch den stärkeren Coupé-Motor, der allerdings auf 50 PS gedrosselt wurde. Das selbstentwickelte Fünfganggetriebe machte einem ZF-Vierganggetriebe mit Vorgelege Platz. Trotz dieser Verbesserungen blieb der Verkaufserfolg aus. Nach einem guten Dutzend Vorserienwagen entstanden von 1956 bis 1960 ganze 95 Exemplare. Der Preis betrug DM 10075,– für die Normal- und DM 12025,– für die NATO-Ausführung.

1954 entstand dieser Prototyp eines Goliath-Geländewagens

Goliath-Jagdwagen 0,25 t gl (Typ 31) 1954-1956

Goliath 1100 / Hansa 1100 (1957-1959)

Vom Viertaktmodell Goliath 1100 gab es ab 1957 auch wieder eine Cabrio-Limousine, ebenso wie vom stilistisch überarbeiteten Nachfolgermodell Hansa 1100. Seltsamerweise waren die Offen-Versionen nur mit der 40 PS-Maschine erhältlich, während Limousine und Coupé wahlweise auch mit dem stärkeren 55 PS-Aggregat lieferbar waren.

Die Reutlinger Karosseriefirma und Goliath-Vertretung Herbert Wiesenfarth baute ab 1958 auf Basis des Hansa 1100 Coupé ein elegantes 2/2sitziges Vollcabriolet. Acht Exemplare entstanden zwischen 1958 und 1960.

Preise: Goliat 1100 Cabrio-Limousine   DM 6585,–
         Hansa 1100 Cabrio-Limousine   DM 6585,–
         Hansa 1100 Cabriolet (Kar. Wiesenfarth) DM 8900,–

Die Reutlinger Karosseriefirma Herbert Wiesenfarth baute ab 1958 dieses Hansa 1100-Cabriolet

Lloyd LC 400 / LC 600 (1955-1957)

Der spezielle Aufbau der kleinen Lloyd-Limousine in Schalenbauweise, der auch in der Ganzstahl-Ära fortgeführt wurde, erleichterte die Produktion von Sondermodellen ganz erheblich. Die im August 1955 vorgestellte Cabrio-Limousine LC 400 war im Grunde nichts anderes als die normale Limousine, bei der man das Stahldach durch ein Cabrio-Verdeck ersetzt hatte. Alle anderen Bauteile waren absolut mit den entsprechenden Limousinenteilen identisch. Das Ergebnis sah gar nicht mal schlecht aus und konnte aufgrund der simplen Konstruktion konkurrenzlos billig angeboten werden: DM 300,– mehr als die Limousine.

Der LC 600, der kurz darauf auf den Markt kam, unterschied sich vom Schwestermodell hauptsächlich durch das stärkere Viertakt-Aggregat. Trotz des günstigen Preises fand der offene Lloyd nicht allzu viele Käufer. Die genaue Stückzahl ließ sich jedoch nicht mehr ermitteln.

Preise: Lloyd LC 400   DM 3680,–
          Lloyd LC 600   DM 3980,–

Dieses zweisitzige Cabriolet auf Basis des Lloyd LP 600 war eine Sonderanfertigung für einen der Borgward-Söhne.

Lloyd LC 600 Cabrio-Limousine 1955-1957

Eigenbau eines hessischen Bastlers: Lloyd Arabella Cabriolet.

Champion/Maico

Der Urahn des Champion entstand bereits im ersten Nachkriegsjahr bei der renommierten Getriebefabrik ZF in Friedrichshafen. Der 1946 von Oberingenieur Albert Maier konstruierte winzige Roadster besaß vier Motorradräder und im Heck einen 200 cm^3-Zweitakter von Triumph. Für den Eigenbedarf von ZF wurden fünf Exemplare gebaut. Im Januar 1949 erwarb der frühere BMW-Versuchsingenieur Hermann Holbein von ZF die Lizenz zum Nachbau des Champion.
Nach einigen Vorserienwagen lief im März 1950 in Herrlingen bei Ulm die Serienproduktion des Typs 250 an. Im November desselben Jahres gründete Holbein gemeinsam mit der Bielefelder Stahlfirma Benteler die Champion Automobilwerke GmbH und siedelte nach Paderborn über.
Noch vier Monate lang wurde dort der Roadster weitergebaut, dann bereitete man den Start der Cabrio-Limousine Champion 400 vor. Erste Entwürfe waren bereits 1949 bei den Karosseriewerken Weinsberg entstanden. Die Produktion begann im Mai 1951. Die Karosserien kamen allerdings nicht aus Weinsberg, sondern von Drauz in Heilbronn. Querelen mit seinen Partnern führten dazu, daß sich Holbein im Sommer 1952 aus dem Unternehmen zurückzog und anschließend im Auftrag der Deutschen Fiat AG in Heilbronn maßgeblich an der Entwicklung des Topolino-Nachfolgers beteiligt war. Die Produktion des Champion lief im September 1952 aus, nachdem zuletzt ein Verlust von rund DM 400 pro Wagen entstanden war.
Diese Tatsache konnte freilich den größten deutschen Champion-Händler Hennhöfer & Co. in Ludwigshafen/Rhein nicht schrecken. Voller Optimismus gründete er die Rheinische Automobilfabrik Hennhöfer & Co. OHG, kaufte die Produktionsanlagen in Paderborn und begann im Dezember 1952 mit dem Bau einer neuen Vorserie. Im April 1953 lief dann die Serienproduktion an. Als Antriebsaggregat diente jetzt ein Heinkel-Motor. Obwohl der Champion zu diesem Zeitpunkt ein recht passabler Kleinwagen war, kam man bei weitem nicht auf die erhofften Stückzahlen. Der Trend ging eindeutig in Richtung Viersitzer. Schon im November 1953 mußte die Rheinische Automobilfabrik ihre Tore schließen.
Der nächste Wiederbelebungsversuch fand im Sommer 1954 statt. Der Däne Henning Thorndal ließ die Produktion wieder anlaufen und senkte den Preis. Dennoch war der Champion kaum billiger als ein VW Standard und noch teurer als der Lloyd LP 400 S. Im November standen in Ludwigshafen die Bänder abermals still.
Nun traten die Pfäffinger Maico-Werke auf den Plan. Im Juni 1955 übernahmen sie für rund DM 300 000 sämtliche Montageeinrichtungen, Werkzeuge und Lagervorräte. Die zweitsitzige Cabrio-Limousine trug jetzt die Typenbezeichnung Maico MC 400/H. Auf der IAA 1955 präsentierte man zusätzlich eine viersitzige Limousine, die bis August 1958 gebaut wurde. Auf deren Chassis baute 1957 die Schweizer Karosseriefirma Beutler in Thun vier Roadster mit Kunststoffkarosserie. Dieser Maico 500 Sport ging jedoch nicht mehr in Serie. Im Frühjahr

1958 mußte Maico Konkurs anmelden, überlebte aber bis Anfang der achziger Jahre als Motorradhersteller.

Champion 250 / 250S (1948-1951)

Zweisitziger Roadster mit Motorradrädern und gebläsegekühltem Triumph-Motor im Heck. Nach einigen Prototypen wurden von März 1950 bis März 1951 insgesamt 267 Stück gebaut. Der Preis betrug DM 2650,– für die 6-PS-Ausführung und DM 2750,– für das 10 PS starke Modell 250S, das von einem Triumph-Doppelkolbenmotor angetrieben wurde.

Champion 400 / Champion 400H / Maico MC400H (1951-1956)

Zweisitzige Cabrio-Limousine (Karosserie Drauz) mit relativ guter Ausstattung und annehmbaren Fahrleistungen. Als Antriebsaggregat dienten Motoren von Ilo (bis 1953), später von Heinkel. Trotz solider Konstruktion und relativ guter Verarbeitung kam der 400er vor allem wegen des vergleichweise hohen Preises nicht auf kostendeckende Stückzahlen. Von Februar 1951 bis Juni 1956 wurden in Paderborn, Ludwigshafen und Pfäffingen insgesamt 5247 Einheiten gebaut. Die Preise lagen zwischen DM 3750,– und 3995,–.

Champion 250 Roadster, 1948-1951

Oben: Bei der Firma ZF in Friedrichshafen entstanden einige Exemplare dieses Roadsters.
– Darunter: Maico MC 400/H, 1955-1956.

Champion-Entwurf der Karosseriewerke Weinsberg (Zeichnung: Karl Fischer) 1949

Oben: Ein Einzelstück blieb dieses 1958 bei Wendler gebaute Maico-Sportcabriolet. Die Karosserie bestand aus Aluminium, die Sitze (Mitte) erinnerten an Campingmöbel.

Die Schweizer Karosseriefabrik Beutler in Thun baute 1957 vier Exemplare des Maico 500 Sport. Eine Serienproduktion kam nicht zustande.

Daimler-Benz / Mercedes-Benz

Der Dreirad-Motorwagen, den Carl Benz (1844-1929) 1885 in Mannheim baute, gilt heute als der Welt erstes Automobil. Unabhängig und fast zeitgleich mit ihm stellte Gottlieb Daimler (1834-1900) in Cannstatt bei Stuttgart seinen ersten Prototyp fertig: eine herkömmliche vierrädrige Kutsche, die statt von Pferden von einem Verbrennungsmotor mit Glührohrzündung angetrieben wurde. Das Ziel von Daimler und Benz war das gleiche. Beide wollten ein Fahrzeug schaffen, das sich mit eigener Kraft fortbewegte. Ihre Konzeption dagegen war unterschiedlich: Während Benz um den in seiner Motorenfabrik gebauten Einzylinder herum ein völlig neues Fahrzeug konstruierte, ging Daimler den umgekehrten Weg und baute den von ihm konstruierten Motor in ein bereits vorhandenes Fahrzeug ein. Beide Firmen erlebten in den folgenden Jahren eine stetige Aufwärtsentwicklung. Die technisch fortschrittlicheren Wagen wurden um die Jahrhundertwende unter entscheidender Mitwirkung von Wilhelm Maybach bei Daimler gebaut. Die Bezeichnung 'Mercedes' tauchte erstmals 1899 auf, als der französische Daimler-Repräsentant, der Generalkonsul Emil Jellinek aus Nizza, unter dem Pseudonym 'Monsieur Mercedes' mit Daimler-Wagen erfolgreich an Rennen teilnahm. Auf den spanischen Mädchennamen Mercedes war auch seine 1889 geborene Tochter getauft worden. Ab 1900 verkaufte Jellinek die Daimler-Wagen unter der Bezeichnung Mercedes, zwei Jahre später ließ er sie sich als Markennamen schützen.

Im Jahr 1924 gründeten die Daimler-Motoren-Gesellschaft AG und die Benz&Cie. Rheinische Automobil- und Motorenfabrik AG eine Interessengemeinschaft. Am 29. Juni 1926 fusionierten beide Unternehmen zur Daimler-Benz AG mit Sitz in Berlin. Ihre Produkte trugen künftig die einheitliche Markenbezeichnung Mercedes-Benz.

Von 1926 an begann die Blütezeit der Hochleistungs- und Kompressor-Sportwagen (SSK und SSKL), eine Epoche, die ihren Höhe- und Schlußpunkt in den letzten Jahren vor Kriegsausbruch erlebte. Unvergessen bleiben der Grand Prix-Rennwagen W125 mit 646 PS und der 736 PS starke Zwölfzylinder-Weltrekordwagen, mit dem Rudolf Caracciola 1938 auf der Autobahn Frankfurt–Darmstadt mit 432,7 km/h einen noch heute gültigen internationalen Klassenrekord fuhr. Wahre Dinosaurier waren auch die sogenannten 'Großen Mercedes' mit 7,7 Litern Hubraum und Kompressor, die bis 1943 als Dienstwagen für die obersten Nazigrößen in geringer Stückzahl gebaut wurden. Hitler, Göring und Himmler bevorzugten bei ihren Propagandaauftritten den siebensitzigen offenen Tourenwagen mit gepanzerter Karosserie. Der Reihenachtzylinder mit zwei Roots-Gebläsen und rund 400 PS verhalf dem fast 5 Tonnen schweren Monstrum zu immerhin 180 km/h Spitze.

Wesentlich weniger spektakulär präsentierten sich auf der Berliner Automobil-Ausstellung von 1936 der 260D als erster Personenwagen mit Dieselmotor und der 170V, der in den Nachkriegsjahren fast unverändert weitergebaut wurde. Im Verlauf des Krieges wurden die Werke Untertürkheim und Sindelfingen, wo inzwischen Lastwagen und Flugzeugmotoren gebaut wurden, ebenso wie die übrigen Daimler-Benz-Werke schwer beschädigt.

Als erster Personenwagen lief 1947 wieder der 170V vom Band, den es zwei Jahre später auch als Cabriolet zu kaufen gab. Mit Beginn der fünfziger Jahre knüpfte Daimler-Benz mit zahlreichen offenen Varianten wieder an die ruhmreiche Vorkriegszeit an, in der Cabriolets und Roadster wie Pilze aus dem Boden geschossen waren. Den Typ 230 beispielsweise hatte es nicht nur als zweisitziges und viersitziges Cabriolet sowie zusätzlich als Roadster, sondern auch noch als sechssitzigen offenen Tourenwagen und als Landaulet gegeben. Diese Vielfalt hatte das schwäbische Unternehmen schon Ende der zwanziger Jahre zu einer firmeneigenen Nomenklatur veranlaßt, die bis Anfang der sechziger Jahre beibehalten wurde. Danach gab es 5 Arten von Mercedes-Benz-Cabriolets:

Cabriolet A:	2 Türen	2 Fenster	2 Sitze + 1 Notsitz
Cabriolet B:	2 Türen	4 Fenster	4-5 Sitze
Cabriolet C:	2 Türen	2 Fenster	2 Sitze + 2 Notsitze
Cabriolet D:	4 Türen	4 Fenster	4-5 Sitze
Cabriolet F:	4 Türen	6 Fenster	6-7 Sitze

Auch im Motorsport setzte Daimler-Benz in den fünfziger Jahren seine erfolgreiche Tradition fort. Juan Manuel Fangio wurde 1954 und 1955 mit dem W196 zweimal hintereinander Weltmeister. 1955 gewann das Werk zusätzlich die Europa-Tourenwagenmeisterschaft und mit dem 300SLR auch die Markenweltmeisterschaft der Konstrukteure.

Zu den technischen Meilensteinen gehörten die serienmäßige Benzineinspritzung beim 300SL und vor allem zahlreiche Sicherheitsdetails, die entweder selbst von Daimler-Benz entwickelt oder zumindest dort in die Serie übernommen wurden, so das bereits 1949 eingeführte Sicherheitstürschloß, die zehn Jahre später präsentierte Sicherheitskarosserie mit vorderer und hinterer Knautschzone, das Sicherheitslenkrad mit gepolstertem Pralltopf oder das ABS-Bremssystem, um nur einige Beispiele zu nennen. Trotz dieses beispielhaften Sicherheitsdenkens bewies man in Untertürkheim Augenmaß und produzierte selbst dann noch unverdrossen Roadster ohne Überrollbügel, als alle Welt schon vom bevorstehenden Exitus offener Autos orakelte.

Mitte der achziger Jahre begann eine tiefgreifende Umstrukturierung, die das Ziel hatte, das Stuttgarter Traditionsunternehmen auf eine breitere Basis zu stellen. Innerhalb weniger Monate akquirierten die Konzernmanager die Münchner Maschinen- und Turbinen-Union (MTU), die Dornier GmbH in Friedrichshafen und den Elektrokonzern AEG. Zwei Jahre später gehörte auch Messerschmitt-Bölkow-Blohm (MBB) zum größten deutschen Industriekonzern, der nun als Daimler-Benz AG firmierte. Die Sparte Fahrzeugbau hieß nun nicht mehr Daimler Benz, sondern Mercedes-Benz AG. Im neuen High-Tech- und Rüstungskonzern ist das Auto jetzt nur noch Teil einer Produktpalette, die von der Waschmaschine bis zur Weltraumrakete reicht.

Mercedes-Benz 170V, 170 DA OTP (W 136) (1949-1952)

Schon 1946 stellte Daimler Benz wieder die ersten Cabriolets her: Auf dem Fahrgestell des 170V gab es einen viersitzigen offenen Polizei-Streifenwagen, der statt der Türen Segeltuchvorhänge besaß. Etwas komfortabler war der ab 1949 gebaute 170 DA OTP (D für Diesel, A für A-Cabriolet, OTP für Offener Tourenwagen Polizei), der vier normale Türen hatte, mit 100 km/h Höchstgeschwindigkeit zur Verfolgung flüchtiger Bankräuber aber nur bedingt geeignet war. An heißen Tagen konnte man die vier seitlichen Steckscheiben abnehmen und die Windschutzscheibe umklappen. Vom 170 DA OTP wurden bis 1952 insgesamt 530 Stück gebaut, anfangs ausschließlich für die Polizei, später auch für zivile Kunden.

Mercedes-Benz 170S (W 136) (1949-1951)

Im offiziellen Verkaufsprogramm erschien als erstes Mercedes-Cabriolet nach dem Krieg 1949 der Typ 170S. Sowohl das zweisitzige A-Cabriolet als auch das viersitzige B-Cabriolet entsprachen stilistisch weitgehend ihren Vorgängermodellen aus der Vorkriegszeit. Von Mai 1949 bis November 1951 wurden insgesamt 820 A- und 1633 B-Cabriolets gebaut. Die Preise lagen zwischen DM 15800,- und DM 16100,- beim A-Cabriolet und zwischen DM 12500,- und DM 12800,- beim B-Cabriolet.

Mercedes-Benz (W 187) (1951-1955) / 220 OTP

Fahrwerk und Karosserie des auf der IAA 1951 vorgestellten Typs 220 waren bis auf Scheinwerfer und Rückleuchten identisch mit dem 170S, neu war dagegen der Sechszylindermotor. Das B-Cabriolet lief von Juli 1951 bis Mai 1954 insgesamt 997 mal vom Band, das A-Cabriolet wurde bis August 1955 in einer Stückzahl von 1278 hergestellt. Ferner entstanden 41 viertürige Cabriolets für den Polizeieinsatz (Typenbezeichnung: 220 OTP). Preise: A-Cabriolet DM 18300,- bis 21500,- B-Cabriolet DM 14600,- bis 15150,-.

Mercedes-Benz 300 (W 186 / W 189) (1951-1962)

Der Typ 300 war die erste echte Neukonstruktion von Daimler-Benz nach dem Krieg. Das damalige Untertürkheimer Flaggschiff war viele Jahre lang das Standardfahrzeug hoher Regierungsbeamter und erfolgreicher Unternehmer. Vom D-Cabriolet (wie auch von der Limousine) gab es vier verschiedene Serien:
300 und 300 b (W 186): Von November 1951 bis Juli 1955 entstanden insgesamt 591 D-Cabriolets. Die Preise betrugen zwischen 22900 und 24700,- DM.
300 c (W 186): Von September 1955 bis Juni 1956 liefen 51 D-Cabriolets vom Band. Preis: 24700,- DM.
300 d (W 189): Leistungsstärkstes und letztes Modell dieser Baureihe. Von Juli 1958 bis Februar 1962 wurden 65 D-Cabriolets gebaut. Preis: 37000 DM.
1960 wurden außerdem zwei Landaulets mit verlängertem Radstand (3600 mm) gefertigt, eins davon für Papst Johannes XXIII.

Mercedes-Benz 170
DA OTP, 1949-1952

Mercedes-Benz 170 S
Cabriolet A,
1949-1951

Mercedes-Benz 170 S
Cabriolet B,
1949-1951

Mercedes-Benz 300 S (W 188) (1952-1958)

Der 300S stellte den Höhe- und Schlußpunkt der klassischen A-Cabriolets mit Sturmstangen und langgezogenen Kotflügeln dar. Als einziger Mercedes nach dem Krieg war er nicht nur als Cabriolet, sondern auch als Roadster lieferbar (außerdem als Coupé). Neben dem 300SL gehört der 300S heute zu den teuersten Mercedes-Raritäten.
Von Juli 1952 bis April 1958 enstanden 252 A-Cabriolets und 194 Roadster. Die Preise waren für beide Versionen gleich. Juli 1952 bis August 1955: 34500,– DM; September 1955 bis April 1958: 36500,– DM.

190 SL (W 121), 300 SL (W 198) (1955-1963)

Der 300SL, von Rudolf Uhlenhaut, dem damaligen Leiter der Pkw-Entwicklung, anfangs der fünfziger Jahre zunächst als Rennsportwagen konzipiert, ist zweifellos der Mercedes-Klassiker schlechthin. Die Buchstaben SL, ursprünglich Abkürzung für 'superleicht', sind noch heute das Synonym für sämtliche Mercedes-Roadster. Der 300SL allerdings war zunächst ausschließlich als Coupé lieferbar, dessen Türen sich nach oben öffneten.
Nachdem der Flügeltüren-SL schon 1952 auf Anhieb mehrere internationale Rennen gewann, z.B. die 24 Stunden von Le Mans und die Carrera Panamericana, machte sich der amerikanische Daimler-Benz-Generalvertreter Max Hoffmann in New York für den Verkauf in den USA stark und orderte spontan eine größere Stückzahl. Gleichzeitig regte Hoffmann, der eine untrügliche Spürnase für vierrädrige Bestseller besaß, in Untertürkheim den Bau eines kleineren offenen Sportwagens an. Das Ergebnis war der 190SL, der im Februar 1954 gemeinsam mit dem 300SL auf der International Motor Sports Show in New York debütierte.
Während der 300SL ein echter Wettbewerbswagen war, der je nach Hinterachsübersetzung bis zu 260 km/h lief, eignete sich der 190SL mit seinem vom Typ 180 abgeleiteten anspruchslosen Triebwerk eher zum Boulevard riding und stand deshalb vor allem bei der Damenwelt (und -halbwelt) in hoher Gunst. Im Februar 1957 löste der 300SL Roadster das Flügeltürencoupé ab. In den folgenden sechs Jahren wurden insgesamt 1858 Exemplare dieses hinreißend schönen und schnellen Wagens gebaut, bevor im Februar 1963 die Produktion auslief. Gleichzeitig ging auch die Ära des seit Januar 1955 gebauten 190SL zu Ende, von dem 25881 Exemplare hergestellt worden waren.

Preise: 190SL   DM 16500,–
           300SL   DM 32500,–

Mercedes-Benz 220
Cabriolet A,
1951-1955

Unten: Mercedes-Benz
220 Cabriolet B,
1951-1954

Mercedes-Benz 220 / 220 S (W 180), 220 SE (W 128) (1955-1960)

Ein völlig neues Modell brachte Daimler-Benz im September 1955 mit dem A/C-Cabriolet des Typs 220 auf den Markt. Sturmstangen und ausladende Kotflügel suchte man vergebens, die Karosserie war der Pontonform der Limousine angeglichen worden. Vom Vorgängermodell übernommen wurde lediglich der in der Leistung geringfügig gesteigerte Sechszylinder.

Ab Juli 1956 stieg die Motorleistung auf 100, ein Jahr später auf 106 PS. Die Typenbezeichnung lautete jetzt 220 S. Im Oktober 1958 kam das Einspritzer-Modell 220 SE (W 128) mit 115 PS hinzu. Die letzte Serie ab August 1959 erhielt bereits die 120 PS-Maschine des Nachfolgemodells W 111.

Von Juli 1956 bis November 1960 wurden 2178 Cabriolets 220 S (W 180) und 1112 Cabriolets 220 SE (W 128) gebaut. Die Preise lagen zwischen DM 21 500,– und 23 200,–.

220 SE, 250 SE, 280 SE / 280 SE 3.5 (W 111), 300 SE (W 112) (1960-1971)

Die zehn Jahre lang gebaute Modellreihe W 111 war durch Cabriolets von zeitloser Schönheit gekennzeichnet. In den großen und geräumigen Wagen (Länge: 4,88 m) fanden 4 bis 5 Personen bequem Platz. Das unaufdringlich elegante Fahrzeug bestach vor allem durch die ruhige, harmonische Linienführung, in den hubraumstärkeren Versionen auch durch die Fahrleistungen. Topmodell dieser Baureihe war das sogenannte Flachkühler-Cabriolet 280 SE 3.5, das ab August 1969 gebaut wurde und dank seines V8-Motors mühelos die 200 km/h-Marke überwand.

Produktionsdauer:		
	220 SE	September 1960 bis Oktober 1965
	250 SE	August 1965 bis Dezember 1967
	280 SE	November 1967 bis Mai 1971
	280 SE 3.5	August 1969 bis Juli 1971
	300 SE	Februar 1962 bis Dezember 1967

Die genauen Stückzahlen sind nicht mehr zu ermitteln. Insgesamt wurden 35 931 Coupés und Cabriolets der aufgeführten Modellreihen gebaut, davon 1232 Flachkühler-Cabriolets und 708 Cabriolets des Typs 300 SE.

Preise:			
	220 SE	Cabriolet	DM 25 500,–
	250 SE	Cabriolet	DM 26 350,–
	280 SE	Cabriolet	DM 28 500,–
	280 SE 3.5	Cabriolet	DM 30 750,–
	300 SE	Cabriolet	DM 34 750,–

Mercedes-Benz 300 c
Cabriolet D,
1955-1956

Mercedes-Benz 300 S
Roadster, 1952

Mercedes-Benz 300 Sc
Roadster, 1955

Mercedes-Benz 300 SL Roadster 1957-1963. Auch mit Hardtop büßte der 300 SL nichts von seiner Faszination ein.

Der Gitterrohrrahmen des 300 SL-Roadsters weist auf seine Abstammung vom reinrassigen Rennsportwagen hin.

Mercedes-Benz 190 SL Roadster, 1955-1962

Das Hardtop der ersten Serie wirkte noch etwas hausbacken. Ab 1959 war das Heckfenster weiter ausgeschnitten, wodurch der Wagen wesentlich schnittiger und eleganter wirkte.

Mercedes-Benz 220 S/220 SE Cabriolet A/C, 1956-1960

Das Mercedes-Benz 600-Landaulet (1965-1981) war 70 Zentimeter länger als die Normal-Version des 'Großen Mercedes'.

Mercedes-Benz 220 SE/250 SE/280 SE Cabriolet, 1961-1969

Mercedes-Benz 300 SE Cabriolet, 1962-1967

Mercedes-Benz 280 SE 3.5 Cabriolet (Flachkühler-Modell), 1969-1971

Mercedes-Benz 230 SL/250 SL/280 SL, 1963-1971

Mit Hardtop ('Pagodendach')

Mercedes-Benz
350 SL, 1971-1980

Mercedes-Benz
500 SL, 1980-1989

Die Styling-Garage in Hamburg baute das Mercedes-Benz 280 CE-Coupé zum Cabriolet um (Typenbezeichnung: 280 SGS-CE Convertible). Das Verdeck wurde elektrohydraulisch betätigt.

Ebenfalls von der Styling-Garage stammte dieser 500 SGS-Convertible auf Basis des Mercedes-Benz 500 SEC-Coupés.

Mercedes-Benz 230 SL, 250 SL, 280 SL (W 113) (1963-1971)

Der im März 1963 präsentierte 230 SL trat ein schweres Erbe an. Zwar war er im Gegensatz zum eher verspielten 190 SL ein echter Sportwagen mit durchaus angemessenen Fahrleistungen, konnte aber dem verblichenen 300 SL weder leistungsmäßig noch von der Erscheinung her das Wasser reichen. Die anvisierte Käufergruppe war freilich auch eine andere: Daimler-Benz peilte mit ihm einen breiteren Kundenkreis an, der hinsichtlich seiner finanziellen und fahrerischen Potenz deutlich unterhalb der 300 SL-Zielgruppe lag.
Ökonomisch gesehen ging diese Rechnung zweifellos auf. Der bis Januar 1967 gebaute 230 SL fand immerhin 19331 Käufer, die DM 20600,- zuzüglich DM 1600,- für das pagodenähnliche Hardtop für angemessen hielten. Der Nachfolger 250 SL (DM 22800,-) wurde von November 1966 bis Januar 1968 insgesamt nur 5196 mal gebaut. Vom 280 SL dagegen liefen zwischen November 1967 und März 1971 immerhin 23885 Exemplare vom Band. Preis: DM 24300,-.

Mercedes-Benz 600 Landaulet (W 100) (1965-1981)

Der auf der Frankfurter IAA im September 1963 vorgestellte Typ 600 war ein Wagen der Superlative, mit dem Daimler-Benz die ruhmreiche Serie der 'Großen Mercedes' – zuletzt verkörpert durch das Vorkriegsmodell 770 – fortsetzte. Prestigemäßig nur noch mit Rolls-Royce oder Bentley vergleichbar, war dieses Monument auf Rädern seinem britischen Pendant in den Disziplinen Leistung, Komfort und Fahrverhalten eindeutig überlegen – und das zu einem vergleichsweise wie ein Discount-Angebot wirkenden Einstandspreis.
Der 600 setzte nicht nur neue Maßstäbe in der automobilen Spitzenklasse, sondern war auch in einer ungewöhnlichen Karosserievariante lieferbar: Als einziges deutsches Automobil nach dem Kriege konnte man ihn als Landaulet bestellen. Ein Landaulet ist gewissermaßen ein Zwitter: halb Limousine, halb Cabriolet. Vor dem Krieg, als die besseren Kreise noch mit Chauffeur reisten, waren Landaulets häufiger anzutreffen. Während jener unterm Blechdach am Volant drehte, genoß sein im Fond sitzender Arbeitgeber das Privileg, bei schönem Wetter mit heruntergeklapptem Stoffverdeck durch die Lande zu rollen. Das 600er Landaulet, mit 6,24 Metern Länge und an die 3 Tonnen Eigengewicht ein wahres Monster, zierte – und ziert noch heute – so manchen Fuhrpark der Großen dieser Welt. Von 1965 bis 1981 entstanden 59 Exemplare dieses komplett in Handarbeit gefertigten Fahrzeugs. In der offiziellen Preisliste wurde das Landaulet nicht angeführt. Gepanzerte und mit vielerlei Sonderzubehör ausgestattete Wagen kamen mühelos auf einige hunderttausend Mark.

Mercedes-Benz 280 SL, 300 SL, 350 SL, 380 SL, 420 SL, 500 SL (R 107) (1971-1989)

Als Roadster gilt ein zweisitziger offener Wagen, dessen Türen tief ausgeschnitten sind. Die Seitenfenster werden bei Bedarf aufgesteckt, das Verdeck ist ungefüttert. Mit dieser Elle gemessen, hat Mercedes-Benz in den letzten 40 Jahren nicht einen einzigen Roadster gebaut, obgleich die SL-Typen in der Baureihenbezeichnung das »R« für »Roadster« führen. Auch die Pagoden-Nachfolger der Reihe 107 segelten so gesehen unter falscher Flagge – was sie allerdings nicht hinderte, zur erfolgreichsten SL-Baureihe zu werden.

Als Nachfolger des ziemlich kantigen 280 SL präsentierte Daimler-Benz im Frühjahr 1971 den wieder etwas rundlicheren 'Roadster' 350 SL. Als Antriebsaggregat diente der 200 PS starke V8-Motor, der schon seit 1969 auf Wunsch für das 280 SE-Cabriolet (und einige andere Modelle) lieferbar war. Nur wenige Monate später erschien der 450 SL, der zwar kaum schneller war, dessen Motor aber dank des bulligen Drehmoments die harmonischere Antriebsquelle darstellte. Daß diese Charakteristik ganz im Sinne der Kunden war, belegten eindeutig die Verkaufszahlen.

Der 350 SL wurde zwischen April 1971 und März 1980 insgesamt 15304 mal verkauft, der 450 SL zwischen Juli 1971 und November 1980 dagegen 66298 mal. Die Preise lagen zwischen DM 29970,– und DM 43143,– (350 SL) bzw. zwischen DM 36630,– und DM 48092,– (450 SL).

Zu dem bereits seit 1974 angebotenen 280 SL mit dem altgedienten Reihensechszylinder kamen im Frühjahr 1980 als Nachfolger des 350 SL/450 SL die Modelle 380 SL und 500 SL hinzu, die von einem neu entwickelten Leichtmetall-V8-Motor angetrieben wurden. Nach der Vorstellung der neuen S-Klasse (Baureihe W126) rüstete Daimler-Benz auch die traditionsreichen offenen Zweisitzer mit den weiterentwickelten Achtzylinder-Triebwerken aus. Das 3,8-Liter-V8-Aggregat des 380 SL leistete 150 kW/204 PS, der gleichzeitig vorgestellte 500 SL mobilisierte 170 kW/231 PS. Beide Modelle waren serienmäßig mit einer neuen Wandler-Viergang-Automatik mit Overdrive ausgerüstet, während der Sechszylinder ein mechanisches Fünfgang-Getriebe erhielt. In der Optik unterschied sich die zweite R107-Generation kaum von der Vorgängern, am leichtesten war die Identifizierung des neuen Mercedes-Spitzentyps: Der 500 SL hatte Leichtmetallfelgen und schmückte sich mit einem dezenten Heckspoiler aus schwarzem Kunststoff, der nicht recht zu der eleganten Linie passen wollte.

Die letzte R107-Generation erschien zur Frankfurter Automobilausstellung 1985. An der schon klassischen äußeren Erscheinung der immerhin 14 Jahre alten Baureihe wurde so gut wie nichts geändert. Wie üblich steckten die Neuheiten unter dem Blech: Das Augenmerk der Untertürkheimer Techniker galt vor allem Motoren und Fahrwerk. Neu war das Sechszylinder-Triebwerk des 300 SL, der den 280 SL ablöste. Der Dreiliter-Motor mit Leichtmetall-Zylinderkopf und hydraulischem Ventilspiel-Ausgleich stammte vom Mittelklasse-Modell W124 und war Ende 1984 vorgestellt worden. Die beiden Achtzylinder blieben von größeren Eingriffen verschont, sieht man von der Hubraumerhöhung von 3,8 auf 4,2 Liter einmal ab. Der nunmehrige 420 SL leistete 160 KW/218 PS und war bereits für den Katalysator-Betrieb vorbereitet. Der große Fünfliter-V8, jetzt 245 PS stark, markierte zumindest für deutsche SL-Fahrer nach wie vor das Ende der Fahnenstange. Der neue 5,6 Liter-Motor, der die 560 SEC- und SEL-Typen bis zu 250 km/h schnell machte, war in Verbindung mit der R107-

Karosse nur für den Export vorgesehen. Bei allen drei Varianten wurde das Fahrwerk modifiziert. Insbesondere die geänderte Vorderachse mit reduziertem Lenkrollradius sorgte für eine spürbare Steigerung der Lenkpräzision.

Produktionszahlen:
280 SL (1974-1985): 25 436 Stück
350 SL (1971-1980): 15 304 Stück
350 SL (1971-1980): 66 298 Stück
380 SL (1980-1985): 53 200 Stück
500 SL (1980-1989): 11 812 Stück
300 SL (1985-1989): 13 742 Stück
420 SL (1985-1989): 2 148 Stück

Preise:
DM 32 445,–
DM 29 970,–
DM 36 630,–
DM 54 014,–
DM 61 924,–
DM 65 473,– (mit Katalysator)
DM 83 220,– (mit Katalysator)

Zum Modelljahr 1985 präsentierte Mercedes-Benz wieder einen 300 SL, der den bisherigen 280 SL ersetzte. Gemeinsames Merkmal der SL-Modelle nach 1985 war der breitere Frontspoiler und Leichtmetallräder im neuen Design.

Der Kofferraum faßte 260 Liter, weiterer Stauraum stand durch die Ablage hinter den Vordersitzen zur Verfügung. Auf Wunsch konnten im Fond auch zwei Kindersitze eingebaut werden.

Das GfG-Cabrio auf Basis des Mercedes-Benz-Coupés der Baureihe W 123, das zwischen 1977 und 1985 produziert wurde. Auf Wunsch mit elektrohydraulischem Verdeck lieferbar.

Mercedes-Benz 230 CE, 280 CE (W 123) (1977-1985)

Umbauten auf Basis der W123-Coupés waren eher die Ausnahme denn die Regel. Die Styling-Garage in Pinneberg bot unter dem Label SGS ein luxuriös ausgestattetes 280 CE-Cabrio an. Das Komplettfahrzeug kostete rund 85000 Mark, wobei sich diese Summe durch Sonderwünsche fast unbegrenzt in die Höhe treiben ließ. Das zweite W123-Cabrio kam von GFG in Gronau. Wer dort arbeiten ließ, zahlte für den Umbau mit mechanischem Dach 32775,– DM, die elektrisch-hydraulische Dachbetätigung schlug mit knapp 5000 Mark zu Buche. Für den kompletten Spoilersatz, in Wagenfarbe lackiert, mußten weitere 3600 DM überwiesen werden. Fast noch seltener als diese Vollcabriolets war der Landaulet-Umbau der Firma Klostermann in Kamen, bei der die feste Heckscheibe durch eine herausnehmbare ersetzt wurde. Nicht im Preis mit inbegriffen, weder bei SGS noch bei GFG oder einem anderen der zahlreichen Mercedes-Tuner, war der Mercedes-Stern auf dem Kühlergrill. Bis heute ist es den Cabriolet-Schneidern untersagt, ihre Erzeugnisse mit dem Stuttgarter Emblem zu schmücken.

Mercedes-Benz 380, 420, 500, 560 SEC/SEL (W 126) (1979 – 1991)

Die Spitzenmodelle im Mercedes-Benz-Angebot feierten auf der IAA 1979 Premiere. Die neue S-Klasse erschien in vier Leistungsstufen, die Palette reichte vom 2,8-Liter-Sechszylindermotor bis zum neuen Fünfliter-V8-Alumotor mit 177 kW/240 PS. Das SEC-Coupé, das die Nachfolge des auf dem SL basierenden C107 antrat, war erst ab 1981 lieferbar. Die völlig neue Karosserie mit der charakteristischen Motorhaube und der um 85 Millimter kürzere Radstand schlossen jede Verwechslung mit den viertürigen SE- und SEL-Limousinen aus. Im Rahmen der Modellpflege wurde die W126-Baureihe mehrfach überarbeitet.

Auf der IAA 1985 präsentierte die Firma Schulz Korschenbroich, ein Mercedes-Benz SEC-Cabrio (W 126).

Sonderkarosserien

Wie immer, wenn von umgebauten Mercedes-Cabriolets die Rede ist, tauchen dieselben Namen auf. Pionier des Cabrio-Umbaus der S-Klasse war die Styling-Garage in Hamburg. Die von Chris Hahn favorisierte Lösung auf SEC/SEL-Basis nannte sich »Marbella«, wurde fast 400 mal realisiert (vor allem für den Export) und kostete in der limitierten »Marbella II«-Ausführung 75 000 Mark – ohne Extras und Mehrwertsteuer.

ABC in Bonn hatte selbstverständlich sowohl SEC- als auch SEL-Cabriolets im Programm. Die »Phoenix«-Umbauten rollten als Classic-, Prestige- und Sport-Breit-Versionen zu den gut betuchten Kunden, wobei die preisgünstigste Normal-Version 78 660,– DM kostete. Spoiler, Innenraummodifikationen oder die extrabreiten Umbauten ließen den Preis mühelos sechsstellig werden. Auch im bayerischen Wolfratshausen bei Lorenz und Rankl entstanden W126-Cabrios. Grundlage bildeten die Limousinen 300SEL, 420SEL, 500SEL und 560SEL. Der Umbau zum Vollcabriolet mit elektro-hydraulisch betätigtem Verdeck umfaßte zahlreiche Karosserieversteifungen, Lackierung und TÜV-Abnahme. Preis: 150 000 Mark.

Cabrio-Vergnügen auf SEC-Basis bot auch die Firma GFG in Gronau. Der Umbau enthielt die üblichen Verstärkungen und das obligatorische Automatikverdeck. Zierat wie Spoiler, Sportfahrwerk oder eine 24-Karat-Hartvergoldung für Zierleisten, Kühlergrill und Schriftzug kosteten üppigen Aufpreis. Je nach Umfang der Sonderausstattungen dauerte der Umbau sechs bis acht Wochen.

Die Spezialität der Firma Bennemann – in Herzogenrath neben der Offenlegung der SEL- und SEC-Modelle – war der Umbau eines SEC-Modells zum Landaulet: Für 350 000 Mark erhielt der Kunde einen 6,22 Meter langen SEC mit vier Türen, festem Stahldach für den Chauffeur und Klappverdeck für die Herrschaften im Fond. Eine ungewöhnliche Cabriolet-Lösung präsentierte bb Auto, Frankfurt, auf dem Genfer Automobilsalon 1985. Das »Magic Top« genannte Cabriolet erinnerte an den amerikanischen Ford Skyliner »Retractable« von 1957, bei dem das Stahldach komplett im Kofferraum verschwand. Im geschlossenen Zustand ähnelte das Cabriolet dem Coupé, beim Öffnen schob sich das Dachteil nach hinten, bis die Vorderkante die Höhe der C-Säule erreicht hatte. Die C-Säulen verschwanden dann nach innen, und das Stahldach senkte sich sanft auf den Gepäckraumdeckel.

GfG: Mercedes-Cabrio auf Basis des S-Klasse Coupés der Baureihe W126.

Mercedes-Benz SEL-Cabriolet (Karosserie Lorenz & Rankl) mit elektrohydraulischem Verdeckantrieb.

Der bb Magic Top 7: Basis war ein Mercedes SEC-Coupé, dessen Dach sich ganz nach hinten schieben ließ. Hatte die Dachvorderkante ihre Endposition erreicht, fuhren die C-Säulen ein und das Dach lag auf dem Kofferraum auf.

Mercedes-Benz 190 (W 201) (ab 1982)

Seit dem Modelljahr 1983 hat Mercedes die W201-Klasse im Programm. Der 190er wurde ausschließlich als Viertürer geliefert, was beim Umbau zum Cabriolet erhebliche Eingriffe erforderte. Dennoch wurden Cabriolet-Prototypen in Untertürkheim gesichtet. Das Cabriolet zur Serienreife zu bringen hätte allerdings zu lange gedauert, da der Nachfolger bereits in Sicht war. Bei der nächsten Generation ist eine offene Variante bereits so gut wie beschlossen. Beim W201 jedoch hatten die Automobilveredler noch freie Fahrt.

Sonderkarosserien

Wie bei den W124- und W126-Baureihen engagierten sich hier vor allem die Firmen ABC und Schulz. Die ABC-Version mit den Namen »Papillon« (Schmetterling) erhielt eine neuentwickelte Bodengruppe und einen verstärkten Scheibenrahmen. Das Verdeck verschwand unter einer lackierten Stahlklappe im Heck.

Den Schutz des Faltdaches beim Schulz-Cabriolet übernahm dagegen eine konventionelle Persenning. Wie bei ABC erhielt der kleine Mercedes eine komplett neu entwickelte Bodengruppe, hinzu kamen verstärkte Schweller und A-Säulen. Auch der Verdeckkasten im Heck diente zur Stabilisierung der Karosserie. Der komplizierte Umbau verschlang 47700,– DM. Auf Wunsch installierten die Aufschneider aus Korschenbroich den Fünfliter-Achtzylinder aus der 560SEL/SEC-Baureihe. Schulz gebührt übrigens des Verdienst, das erste Mercedes-190-Cabriolet geschaffen zu haben. Der Prototyp wurde bereits im Herbst 1983 fertig, offizielle Premiere war auf dem Genfer Automobilsalon im folgenden Frühjahr.

SEC-Technik steckte auch beim Mercedes 190-Cabrio unter der Haube, das 1986 von Bremer Veredler »Professional Car-Styling« vorgestellt wurde. Noch weiter oben im Norden, in der Rosenstadt Eutin, rückte die Firma AHK dem Blechdach des Mercedes 190 zum Leibe. Wie üblich fanden die hinteren Türen Verwendung bei der Herstellung der neuen Seitenteile und bei der Verlängerung der Vordertüren. Dieser Umbau kostete 38760,– DM und unterschied sich von den Lösungen der anderen Hersteller durch den etwas höheren Verdeckaufbau. Ein weiteres MB190-Cabriolet entstand bei HWS in Aachen.

Deutlich volkstümlicher gaben sich die Cabrio-Limousinen von SVK (Worms), AHK/Caro (Hamburg) und Catori (Dortmund). Alle drei Hersteller ließen die Seitenteile mit kompletten Türen, Türrahmen sowie einem Dachsteg in Höhe der B-Säule stehen. Darüber spannte sich ein Stoffverdeck. Das Dachteil über den Vordersitzen konnte entweder ganz herausgenommen werden oder auch nur hochgestellt werden. Der Vorteil dieser Lösung: Wenn die Sonne hoch am Himmel stand, saßen Pilot und Copilot im Schatten. Das heruntergeklappte Faltverdeck sorgte dennoch für genügend Frischluft. Rund 14000 Mark waren für den Umbau anzulegen. Die Exklusivität der Kleinserie gab's gratis dazu.

Eine ganze Reihe von Automobilveredlern beschäftigt sich mit dem Umbau der viertürigen Mercedes 190-Limousine in zweisitzige Cabriolets. Hier die Version der Firma ABC, Bonn.

Die Cabrio-Limousine von Catori auf Basis des Mercedes 190 (Baureihe W 201).

Mercedes-Benz 230 CE, 300 CE, 300 CE-24 (W 124) (ab 1987)

Vier Jahre vor dem Werkscabriolet gab es bereits viersitzige Mercedes-Cabrios auf Basis des 1987 präsentierten Mittelklasse-Coupés. Vier renommierte Blechschneider hatten W124-Cabrios im Programm: Der Bonner Tuner ABC öffnete zwar vor allem die W201- und die W126-Modelle, offerierte aber auch W124-Umbauten.

Ebenso die Firma Design und Technik: Chris Hahn und seine Mannschaft rüsteten vor allem S-Klasse-Coupés um, stellten aber mit dem Modell Biarritz auch ein Mittelklasse-Modell vor. Der komplette Umbau kostete rund 60000,– DM, die Verdeckbetätigung auf Knopfdruck verschlang noch einmal 3500 Mark. Für ein mit ferngesteuertem Verdeckantrieb und Regensensor voll ausgestattetes Biarritz II-Cabrio mußten 73000,– DM angelegt werden. Das Coupé war mitzubringen. Vom Biarritz I »Classico« entstanden rund 110 Stück, die Auflage des Biarritz II war auf 20 Exemplare limitiert. Der Prototyp von 1986 war übrigens noch auf Basis der viertürigen Limousine entstanden. Auf Mercedes-Umbauten hat sich auch Lorenz und Rankl in Wolfratshausen spezialisiert. Neben den obligatorischen S-Klasse-Cabriolets entstehen in Kleinserie auch Cabriolets auf Basis der 230/300 CE Coupés. Der Umbau kostete 65000 Mark, inklusive des elektro-hydraulischen Verdeckantriebs.

Das erste Mercedes-Cabriolet der Styling-Garage auf W 124-Basis hieß »Biarritz« und wurde noch aus der viertürigen Limousine entwickelt. Der späteren Kleinserie lag das zweitürige Coupé zugrunde.

Das W124-Cabriolet von Lorenz & Rankl, Wolfratshausen. Der Cabrioumbau kostete ungefähr noch einmal so viel wie das vom Kunden anzuliefernde 230 CE- oder 300 CE-Coupé.

Mercedes-Benz Cabriolet 300 CE-24 (W124) (ab 1991)

Was die Freunde des Untertürkheimer Sterns immer wieder forderten, machte der Großkonzern zur IAA 1991 endlich wahr: Mit dem 300 CE-24 Cabriolet nahm Mercedes wieder ein viersitziges Cabriolet ins Programm. Die technische Basis dafür bildete die Mittelklasse-Baureihe W124. Auf Basis des zweitürigen Coupés entstand schließlich der gleichnamige offene Viersitzer mit dem 162 kW/220 PS starkem Vierventil-Sechszylindermotor. Das gefütterte Stoffverdeck läßt sich trotz der Heckscheibe aus Sicherheitsglas voll versenken; ein elektrisch-hydraulischer Verdeckantrieb kann als Sonderausstattung geordert werden. Die Fahrleistungen des Cabriolets unterscheiden sich nur unwesentlich von denen des Coupés. Mit mechanischem Fünfganggetriebe dauert der Sprint

Mercedes-Benz Cabriolet 300 CE-24, 1991. Das Werkscabriolet besitzt ein voll versenkbares, gefüttertes Stoffverdeck mit beheizbarer Heckscheibe und ausfahrbare Kopfstützen hinten. Die Motorisierung entspricht der des Coupés.

zur 100-km/h-Marke 8,7 Sekunden. Die Höchstgeschwindigkeit wird mit 230 km/h angegeben. Der offene 300 CE-24 soll Mitte 1992 verfügbar sein, die Jahresproduktion ist auf 5500 Einheiten begrenzt.

Preis: Mercedes-Benz 300 CE-24: DM 99636,–

Mercedes-Benz 300 SL, 300 SL-24, 500 SL (R 129) (seit 1989)

Mit der fünften Generation der legendären SL-Baureihe, die 1989 in Genf enthüllt wurde, signalisierte der Stuttgarter Konzern unmißverständlich, daß er trotz W124-Problemen und BMW 7er-Konkurrenz immer noch eine erste Adresse für feine Automobile war. Der neue Zweisitzer, dessen Entwicklung 1982 begonnen wurde, überzeugte nicht nur durch optische, sondern auch durch vielfältige technische Raffinessen. Neben dem elektrisch versenkbaren Verdeck – natürlich in bewährter »Sonnenland«-Qualität – gehört dazu ein serienmäßig installierter Überrollbügel, der im Falle eines Überschlags blitzartig aus der Versenkung auftaucht und die Insassen schützt. Neuartig auch das sportliche Gestühl für Fahrer und Beifahrer: Der vollelektrisch verstellbare Sitz integriert das 3-Punkt-Gurtsystem mit Gurtstraffer, -höhenverstellung und Kopfstützenverstellung.
Weltpremiere hatte im neuen SL das mit einer Niveauregulierung gekoppelte adaptive Dämpfungssystem. Außerdem erwähnenswert: ABS, Antriebsschlufregelung und automatisches Sperrdifferential. Serienmäßig ist das am Überrollbügel zu befestigende Windschott. Der luxuriöse Zweisitzer wog in der Grundausstattung rund 1,7 Tonnen – kein Gedanke also mehr an das Ur-Konzept »super-leicht«, dem die SL ihren Namen verdanken.

Mercedes-Benz 300 SL-500 SL (1989): Gelungene Synthese aus Sportlichkeit und Komfort.

Zur Serienausstattung gehören der vollautomatisch ausfahrende Überrollbügel, der elektrohydraulische Verdeckmechanismus sowie das abnehmbare Coupédach.

Für den R129 standen zunächst drei Motoren zur Verfügung. Der 300SL erhielt den bereits bekannten drei Liter großen Sechszylinder mit 140 kW/190 PS. Daraus abgeleitet wurde der 300SL-24 mit Vierventiltechnik, der eine Leistung von 170 kW/231 PS hatte. Topmodell der Reihe blieb der 500SL mit 240 kW/ 326 PS, dessen Achtzylindermotor ebenfalls über Vierventiltechnik verfügte. Die Krönung der Baureihe stellt der 600SL mit Zwölfzylindermotor dar, der nicht vor Ende 1992 erscheinen wird. Nicht nur die Fachpresse war vom R107-Nachfolger begeistert, der zeitlos-elegante Zweisitzer überzeugte auch die Kunden: Der neue SL hat anfangs Lieferfristen von fünf bis sechs Jahren, Kaufverträge wurden mit fünfstelligen Zuschlägen gehandelt. Ende 1991 verließ der 50 000. SL die Produktionsbänder des Bremer Mercedes-Werkes.

Preise: 300SL: DM 89 490,–
         300SL-24: DM 99 180,–
         500SL: DM 125 400,–

Mercedes-Benz 230 G, 230 GE, 280 GE, 240 GD, 250 GD, 300 GD (1979-1989)

Die G-Modelle von Daimler-Benz erwarben sich schon bald nach Produktionsaufnahme einen ausgezeichneten Ruf. Nach Ansicht vieler Fachleute stellen sie einen hervorragenden Kompromiß zwischen einem leistungsfähigen Off-Road-Fahrzeug und einem alltagstauglichen Gebrauchswagen dar. Bis September 1981 wurde die G-Reihe von der Geländefahrzeug-Gesellschaft mbH (DFG) in Graz gebaut, einer gemeinsamen Tochter von Daimler-Benz und Steyr-Daimler-Puch. Seit Oktober 1981 werden die Fahrzeuge bei Steyr-Daimler-Puch im Lohnauftrag montiert.

Mercedes-Benz 230 G mit kurzem Radstand und Stoffverdeck, 1979-1982

Neu zur IAA 1987 kam der Mercedes-Benz 250 GD, mit dem 2,5 Liter großen Dieselmotor aus den Limousinen 250 D und 190 D 2.5. Hier der neue Geländewagen mit kurzem Radstand.

Zunächst gab es nur die offenen Ausführungen der Typen 230 G und 240 GD. Stufenweise kamen weitere Modelle hinzu. Zu den offenen Geländewagen (nur mit kurzem Radstand erhältlich) gesellten sich ein geschlossener viertüriger Stationswagen mit langem Radstand sowie zwei Kastenwagen-Modelle mit kurzem oder langem Radstand. 1983 waren insgesamt 25 verschiedene Varianten lieferbar. Für das Modelljahr 1988 nahm Mercedes-Benz den bisherigen 240 GD aus dem Programm und ersetzte ihn durch den 250 GD mit Fünfzylinder-Dieselmotor, der aus 2,5 Litern Hubraum eine Leistung von 84 PS holte. Die Kraftübertragung besorgte ein neu entwickeltes Fünfganggetriebe. Gleichzeitig wurde bei allen Modellen die Serienausstattung aufgewertet. Bremsbelag-Verschleißanzeige, beheizte Scheibenwascherdüsen und ein. Stufenlos regulierbare Instrumentenbeleuchtung waren Standard.

Konstruiert und entwickelt wurden die G-Modelle bei Daimler-Benz. Auch die Antriebsaggregate mit Ausnahme des von Steyr-Daimler-Puch hergestellten Verteilergetriebes stammen aus Untertürkheim. Zur Zusammenarbeit mit dem österreichischen Unternehmen entschloß man sich einmal aus Kapazitätsgründen, zum anderen aber auch, weil Steyr-Daimler-Puch zu den ältesten und renommiertesten Geländewagenherstellern gehört. Die Grazer Firma vertreibt die G-Modelle unter eigenem Namen in Österreich, der Schweiz, Jugoslawien und in Osteuropa, während sie in den restlichen Ländern mit dem Mercedes-Stern am Kühlergrill verkauft werden.

Preise:
- 230 G: DM 29 736,–
- 230 GE: DM 40 454,–
- 280 GE: DM 36 217,–
- 240 GD: DM 31 192,–
- 250 GD: DM 53 295,–
- 300 GD: DM 32 984,–

Mercedes-Benz 230 GE, 300 GE, 250 GD, 300 GD (ab 1989)

Die IAA 1989 nutzte Mercedes zur grundlegenden Renovierung der Allrad-Palette. Unbestritten galten die G-Modelle als hochwertige, aber sehr teuere Geländewagen, denen die Konkurrenz aus Fernost mächtig zusetzte. Äußerlich war das G-Modell des Jahrgangs 1990 am neuen, in Wagenfarbe lackierten Kühlergrill und den ebenfalls lackierten Scheinwerferblenden zu erkennen. Weitere Merkmale sind neu geformte Stoßfänger und modifizierte Heckleuchten. Den Trend zum Geländewagen mit Limousinen-Fahrkomfort unterstrich die jetzt deutlich bessere Innenausstattung mit neu konturierten Sitzen, Armaturenbrett mit Edelholz-Einlage und Teppichboden.

Die G-Modelle der zweiten Generation erhielten permanenten Allrad-Antrieb. Der neue Antriebsstrang war die logische Konsequenz aus der Forderung, auch im Geländewagen ein (aufpreispflichtiges) Antiblockiersystem anbieten zu müssen. Dazu wurde ein neues Verteilergetriebe entwickelt. Mitteldifferential sowie Hinter- und Vorderachsdifferentiale können nun durch Knopfdruck gesperrt werden. Neu im Programm sind die beiden Sechszylindermotoren im

Das G-Modell mit neuer Optik und permanentem Allradantrieb erschien 1989.

300 GD und GE, die neben dem bewährten 2,3 Liter-Benzineinspritzer und dem Fünfzylinder-Diesel für alle drei Karosserie-Varianten zur Verfügung stehen. Der 300 GE leistet 126 kW/172 PS, der G mit dem neuen Diesel-Aggregat bringt es auf 83 kW/113 PS.

Preise: 230 GE: DM 51 072,–
              300 GE: DM 83 790,–
              250 GD: DM 54 264,–
              300 GD: DM 53 238,–

DKW/Auto Union

Wohl kaum ein anderer Markenname wurde so häufig fehlinterpretiert wie die drei Buchstaben DKW, jahrzehntelang ein Synonym für den Zweitaktmotor. 'Dampfkraftwagen', 'Deutscher Kraftwagen' oder auch 'Das kleine Wunder' waren die gängigsten Deutungen, die alle eins gemeinsam haben: Sie sind falsch. DKW stand ursprünglich für 'Des Knaben Wunsch' und war eine Bezeichnung für Spielzeugmotoren, die der Däne Jörgen Skafte Rasmussen (1878-1964) in den zwanziger Jahren in Sachsen produzierte. Später baute er Fahrradhilfsmotoren und Motorräder. Den eingeführten Markennamen DKW behielt er bei. Im Dezember 1923 gründete er die Zschopauer Motorenwerke J.S.Rasmussen AG und legte damit den Grundstein zu seinem späteren Zweitakt-Imperium.

Bereits vier Jahre später verfügte Rasmussen über einen Konzern mit 15000 Beschäftigten in 12 Unternehmen, die sich vor allem im Erzgebirge konzentrierten. Für die Herstellung der schon damals berühmten DKW-Motorräder benötigte Teile wurden von der ersten bis zur letzten Schraube in eigener Regie produziert. 1928 präsentierte DKW auf der Leipziger Messe das erste Automobil: einen Zweizylinder-Zweitakter mit 16 PS und selbsttragender Sperrholzkarosserie. Im selben Jahr schluckte Rasmussen die Zwickauer Audi-Werke. Am 29. Juni 1932 fusionierten DKW und Audi sowie die Firmen Horch und Wanderer zur Auto Union AG. Das Aktienkapital der neuen Gesellschaft betrug 14,5 Millionen Reichsmark. Initiator des Zusammenschlusses war Dr. Richard Bruhn, der zusammen mit J.S.Rasmussen, William Werner (Horch), Claus-Detlof von Oertzen (Wanderer) und Dr. Carl Hahn (DKW) den Vorstand der Auto Union AG bildete. Das Modellprogramm wurde folgendermaßen festgelegt: Horch stellte weiterhin Fahrzeuge der Luxusklasse her, DKW preisgünstige Kleinwagen, Wanderer und Audi produzierten die Mittelklassetypen. Im Sport sorgten der von Ferdinand Porsche konstruierte Auto Union-16-Zylinder-Rennwagen für weltweite Popularität der sächsischen Marke.

Die neue Unternehmenskonzeption erwies sich als erfolgreich. Innerhalb von vier Jahren erhöhte sich die Gesamtzahl der Arbeitsplätze von 4300 auf über 20000. Um die Mitte der dreißiger Jahre erlebte die Auto Union ihre Blütezeit. 1934 hielt sie in Deutschland 22 Prozent Marktanteil, 1936 stieg der Umsatz auf 222 Millionen Reichsmark. Die Verwaltungen der vier Werke wurden am neuen Hauptsitz Chemnitz konzentriert. Bis Kriegsende baute DKW fast zwei Millionen Fahrzeug-Zweitaktmotoren.

Die trotz der Kriegsereignisse weitgehend betriebsfähig gebliebenen Produktionsanlagen in Zschopau, Chemnitz und Zwickau wurden bis Frühjahr 1946 demontiert. 1948 folgte die offizielle Enteignung durch die Landesregierung Sachsen, 1949 wurde der Name Auto Union im Chemnitzer Handelsregister gelöscht. Der volkseigene Betrieb IFA führte die Produktion von DKW-Automobilen weiter. In der Bundesrepublik scharten noch 1945 die ehemaligen Vorstandsmitglieder Dr. Richard Bruhn und Dr. Carl Hahn frühere Auto Union-Mitarbeiter um sich und gründeten in Ingolstadt die 'Zentraldepot für Auto Union-Ersatzteile GmbH' zur Versorgung der in Westdeutschland und im Ausland noch laufenden rund 60000 DKW-Wagen. Aus dieser Keimzelle entstand am 3. September 1949 die Auto Union GmbH. Noch im selben Jahr wurden die ersten DKW-Motorräder und -Lieferwagen gebaut.

1950 pachtete die Auto Union in Düsseldorf ein Werk der Rheinmetall-Borsig AG und begann dort mit der Personenwagenproduktion. Im Mai 1953 lief in Düsseldorf bereits der 50000. Nachkriegs-DKW vom Band, der Firmensitz wurde von Ingolstadt an den Rhein verlegt. Ein Jahr später war genug Geld in der Kasse, um das bisher nur gepachtete Werk zu kaufen. Die Besitzerfreude dauerte allerdings nicht lange: 1958 erwarb Daimler-Benz 88 Prozent des Auto Union-Kapitals, ein Jahr darauf auch die restlichen 12 Prozent. 1961 wurde die DKW-Produktion in Ingolstadt konzentriert. Auf den freiwerdenden Düsseldorfer Bändern produzierte Daimler-Benz den eigenen Kleinlaster.

Anfang 1965 verkauften die Untertürkheimer die Auto Union an VW (mit Ausnahme des Düsseldorfer Werkes). Damit war das Ende der berühmten Zweitakter gekommen. Die Modelle F11 und F12 liefen im Juni 1965 aus, der F102 wurde noch bis zum Frühjahr 1966 gebaut und lebte anschließend mit Viertaktmotor und modifizierter Karosserie als Audi weiter. Im Munga-Geländewagen überlebte der Zweitakter noch bis Dezember 1968. Dann wurde der Schlußstrich unter ein Stück Motorengeschichte gezogen, das jahrzehntelang erbitterte Gegner wie passionierte Fürsprecher auf den Plan gerufen hatte.

DKW Meisterklasse (1950-1952)

Vom Typ F89P, dem ersten Nachkriegsmodell der wiedergegründeten Auto Union, gab es von August 1950 bis Dezember 1952 ein viersitziges Cabriolet von Karmann sowie von April 1951 bis Ende 1952 ein zweisitziges Cabriolet, das bei Hebmüller gebaut wurde. Zwischen 1950 und 1955 entstanden bei Karmann insgesamt 6560 viersitzige Meisterklasse- und Sonderklasse-Cabriolets.

Preise: DKW Meisterklasse Cabriolet viersitzig   DM 7730,–
DKW Meisterklasse Cabriolet zweisitzig   DM 9100,–

DKW Sonderklasse (1953-1955)

Die Karosserie des Typs F91 war, von einigen kleinen Retuschen abgesehen, mit der des Vorgängermodells identisch. Eine wesentliche Neuerung verbarg sich dagegen unter der Motorhaube, wo jetzt ein Dreizylinder mit 34 PS für bessere Fahrleistungen sorgte. Von März 1953 bis September 1955 war sowohl das viersitzige Cabriolet lieferbar, dessen Preis von anfangs DM 7800,– später auf DM 7440,– gesenkt wurde, als auch das zweisitzige Cabriolet für DM 8800,–. Von letzterem entstanden bei Karmann 622 Exemplare.

DKW Meisterklasse Cabriolet viersitzig (Karosserie Karmann), 1950-1952

DKW Sonderklasse Cabriolet zweisitzig (Karosserie Karmann), 1953-1955

DKW 3=6 Cabriolet zweisitzig (Karosserie Karmann), 1955-1956

DKW 3=6-Roadster mit Wendler-Karosserie (Einzelstück), 1954

Auto Union 1000 Sp Roadster (Karosserie Baur), 1961-1965

DKW 3=6 (1955-1956)

Der Typ 3=6 war länger, breiter und höher als die Sonderklasse-Baureihe, in der Karosserieform jedoch fast identisch. Mit der Gleichung 3=6 suggerierte die DKW-Werbung, der Dreizylinder-Zweitakter komme in bezug auf Laufruhe und Leistungsentfaltung einem Sechszylinder-Viertakter gleich – in der Praxis eher ein frommer Wunsch. 1956 liefen die 3=6 Cabriolets (interne Typenbezeichnung: F93) aus, nachdem über 600 offene Viersitzer und 40 Zweisitzer gebaut worden waren.

Preise: 3=6 Cabriolet viersitzig DM 7455,–;   zweisitzig DM 8055,–

Auto Union Munga (1954-1968)

Daß die Bundeswehr 1956 unter drei Konkurrenten den DKW F91/4 gl. zum künftigen Standardfahrzeug dieser Klasse auserkor, wurde viele Jahre lang diskutiert – nicht nur in Militärkreisen. Technisch gesehen waren die Geländewagen von Goliath und Porsche sicher nicht schlechter, ganz abgesehen davon, daß ein Zweitakter mit seinem ungünstigen Drehmomentverlauf nicht der ideale Antrieb im Off-Road-Betrieb war. Und seine permanente Abgasfahne trug auch nicht gerade dazu bei, das Kolonnenfahren angenehmer zu machen. Einer der Hauptgründe für die Entscheidung zugunsten der Auto Union war sicher die Tatsache, daß sie allein eine ausreichende Fertigungskapazität anbieten konnte.

Die Leistung des Munga (Abkürzung für: Mehrzweck-Universal-Geländefahrzeug mit Allradantrieb), wie er seit 1962 hieß, kletterte im Laufe seiner 14jäh-

Auto Union Munga, 1954-1968

rigen Bauzeit von 38 über 40 auf 44 PS. Neben dem viersitzigen Bundeswehrmodell gab es auch sechs- und achtsitzige Pritschenwagen für zivile Zwecke. Von 1954 bis Ende 1968 wurden rund 55000 Einheiten gebaut, davon etwa 50000 für die Bundeswehr. Der Preis betrug DM 9500,–.

Auto Union 1000 Sp (1961-1965)

Ab September 1961 gab es das bereits 1957 auf der Frankfurter IAA vorgestellte 1000 Sp Coupé auch als Roadster. Die Karosserien für beide Modelle kamen von Baur in Stuttgart. Bis April 1965 wurden von dem offenen Zweisitzer, der deutliche Anklänge an amerikanisches Sportwagen-Styling erkennen ließ, 1640 Stück gebaut. Preis: DM 10750,–

DKW F 12 Roadster (1964-1965)

Der F 12 Roadster unterschied sich von der Limousine, die 1963 den DKW Junior abgelöst hatte, nicht nur durch das Stoffverdeck und ein reduziertes Platzangebot, sondern auch durch einen 5 PS stärkeren Motor. Der Zweisitzer wurde von Anfang 1964 bis Anfang 1965 in kleiner Stückzahl gebaut und kostete DM 7250,–.

DKW F 12 Roadster, 1964-1965

Fiat

Die Tatsache, daß die italienische Marke Fiat als einziger ausländischer Importeur in diesem Buch erscheint, verdankt sie neben der zeitweise recht engen Verflechtung mit deutschen Unternehmen in erster Linie der Nachkriegsproduktion von rund 400000 Wagen auf schwäbischen Fließbändern. So gesehen zählt auch Fiat, damals repräsentiert durch die Markennamen NSU-Fiat und Neckar, zu den deutschen Automobilherstellern. Der Anteil der offenen Modelle an der deutschen Produktion blieb allerdings – verglichen mit der Vielfalt von Cabriolets und Spidern aus Turin – recht bescheiden und spielte stückzahlmäßig, abgesehen vom NSU-Fiat 500C, keine große Rolle.
Die Aktivitäten des Turiner Konzerns in Deutschland reichen bis 1914 zurück. Damals wurde in Berlin die Deutsche Fiat GmbH als Vertriebsorganisation gegründet. 1920 folgte die Bayerische Fiat-Vertriebs GmbH in München, wo auch Karosserien gebaut wurden. Daraus entstand zwei Jahre später die Deutsche Fiat-Automobil-Verkaufsaktiengesellschaft, die heute als eigentliche Fiat-Keimzelle in Deutschland gilt.
1926 wurde der Firmensitz von München nach Berlin verlegt. 1928 kaufte die Fiat S.p.A., Turin, neben der Dresdner Bank einer der Großaktionäre der NSU Vereinigte Fahrzeugwerke AG, für zwei Millionen Reichsmark deren Heilbronner Automobilwerk und gründete im Januar 1929 die NSU Automobil AG. Unter dem Namen NSU-Fiat wurden in Heilbronn bis in die ersten Kriegsjahre hinein verschiedene Turiner Modelle montiert.
Nach dem Krieg verlegte die deutsche Fiat-Tochter ihren Unternehmenssitz von Berlin nach Heilbronn und begann 1947 mit der Auslieferung der ersten Fiat 500B an die Besatzungsmacht. 1948 entstanden ganze sieben NSU-Fiat 500-Kombi (mit Holz-Stahl-Karosserie), 1949 kletterte die Produktion auf 65 Stück. Jetzt wurde auch wieder die deutsche Kundschaft beliefert, zunächst nur mit dem Kombi, ab 1950 auch mit der zweisitzigen Cabrio-Limousine. Die Karosserien kamen teilweise aus Turin, teilweise aus dem 1938 erworbenen Karosseriewerk Weinsberg.
Bedingt durch die neuerlichen Aktivitäten der NSU-Werke AG im Personenwagengeschäft – ab 1958 lief in Neckarsulm der NSU Prinz vom Band – wurde eine Trennung der Markennamen notwendig. Im Oktober 1959 änderte deshalb die NSU-Werke AG, Neckarsulm, ihren Namen in 'NSU-Motorenwerke AG Neckarsulm', während die zur Fiat-Gruppe gehörende NSU Automobil AG jetzt als 'Neckar Automobil-Werke AG Heilbronn (vormals NSU Automobil AG', firmierte. Die in Heilbronn hergestellten Fiat-Wagen trugen weiterhin die Markenbezeichnung NSU-Fiat und ab 1966 den Namen 'Neckar'. Neben den geringfügig modifizierten Turiner Modellen entstanden in den fünfziger Jahren auch in geringer Stückzahl einige eigenständige Typen, z.B. ein Fiat 1400 Cabriolet mit Rometsch-Karosserie und ein von Wendler gebautes Cabriolet auf Basis des Fiat 1100 TV bzw. des NSU-Fiat Neckar.

Gegen Ende der sechtiger Jahre ging die Produktion in Heilbronn immer weiter zurück und sank 1972 auf einen Tagesausstoß von 80 Wagen, so daß man sie schließlich aus Rentabilitätsgründen ganz einstellte. Seitdem fungiert die Deutsche Fiat AG, 1980 abermals umbenannt in Fiat Automobil AG, als reine Import- und Vertriebsgesellschaft des Turiner Konzerns.

NSU-Fiat 500C (1950-1955)

Neben dem aus Turin importierten Original-'Topolino' gab es ab 1950 auch den in Heilbronn aus angelieferten Teilen montierten NSU-Fiat 500C. Die genaue Stückzahl der zwischen 1950 und 1955 hergestellten zweisitzigen Cabrio-Limousine ist nicht mehr zu ermitteln, es dürften aber einige tausend Exemplare gewesen sein.

Der Preis fiel von DM 4900,– im Jahr 1950 auf DM 4610,– bei Produktionsende.

NSU-Fiat 500C,
1952-1955

NSU-Fiat Neckar Sport (1954-1956)

Die Reutlinger Karosseriefirma Wendler baute von 1954 bis 1956 zunächst auf dem Fahrgestell des Fiat 1100 TV, dann auf der Basis des NSU-Fiat Neckar eine kleine Serie zweisitziger Sportcabriolets. Auch hier ist die Stückzahl nicht mehr festzustellen (vermutlich einige Dutzend Exemplare). Der Preis betrug anfangs DM 11 200,– später DM 10 700,–

NSU-Fiat Neckar Sport (Karosserie Wendler) 1954-1956

Dieses Holzmodell (Maßstab 1:10) eines NSU-Fiat 1400-Cabriolets entstand bei den Karosseriewerken Weinsberg. Zu einer eigenständigen Produktion kam es jedoch nicht.

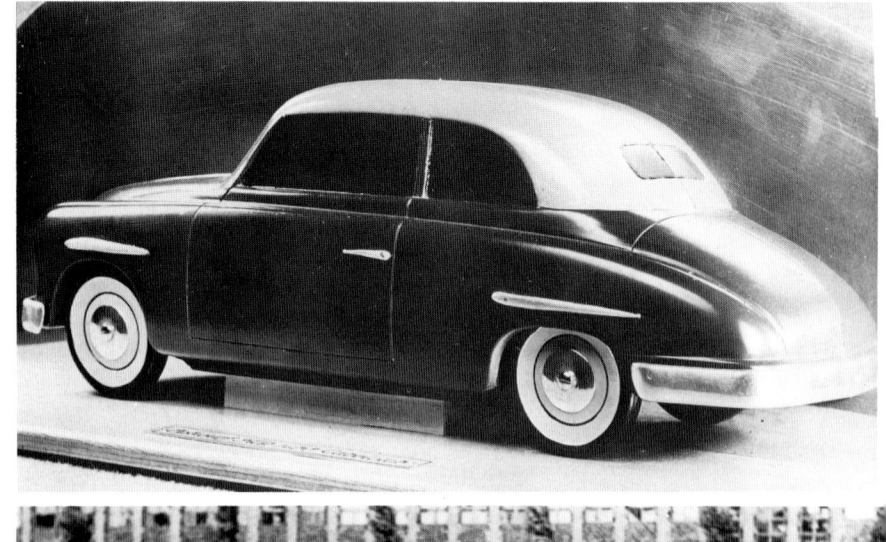

NSU-Fiat 1400 Cabriolet (Karosserie Rometsch)

NSU-Fiat 1400 Cabriolet (1951/52)

Das Fiat 1400-Cabriolet debütierte zusammen mit der Limousine im März 1950 auf dem Genfer Salon. In Deutschland baute zunächst Rometsch, vermutlich 1951, ein eigenständiges Cabriolet auf Fiat 1400-Basis, später stellten auch die Karosseriewerke Weinsberg einen eigenen Entwurf vor. Es blieb jedoch beim Holzmodell. Dafür wurde 1952 in Weinsberg eine Anzahl NSU-Fiat 1400-Cabriolets aus angelieferten Teilen montiert, die sich vom Turiner Original nicht unterschieden. Nach Angaben eines ehemaligen Weinsberg-Mitarbeiters dürften ca. 50 Cabriolets in Deutschland montiert worden sein.

Preis: NSU-Fiat 1400:   DM 13850,–
(Das Rometsch-Cabriolet war billiger. Der genaue Preis ist jedoch nicht bekannt.)

NSU-Fiat 1400 Cabriolet, 1951/52

FMR/Messerschmitt

Im April 1947 eröffnete der junge Flugzeugingenieur Fritz M. Fend in Rosenheim einen technischen Fertigungsbetrieb. Neben mancherlei kleineren Lohnaufträgen bastelte Fend an einer dreirädrigen Eigenkonstruktion, einem Fahrrad mit Witterungsschutz sozusagen. Dieser frühe Vorläufer des Kabinenrollers wurde per Muskelkraft über Pedale angetrieben. Für beinamputierte Kriegsversehrte baute Fend seine Dreiradfahrzeuge auch mit Handhebelantrieb (Holländer-System). Als nach der Währungsreform die ersten Fahrradhilfsmotoren auf den Markt kamen, verpflanzte er im September 1948 ein solches Aggregat ins Heck seines in kleiner Stückzahl produzierten 'Flitzers', wie er das Dreirad getauft hatte. Die ursprünglich verwendeten Fahrradräder wurden bald darauf durch Schubkarrenräder ersetzt.

In den folgenden Monaten verbesserte Fend seine Konstruktion laufend weiter. Im April 1949 präsentierte er auf der Technischen Messe in Frankfurt/Main seinen Flitzer mit einem 4,5 PS starken Riedel-Motor. Der entscheidende Durchbruch gelang ihm allerdings erst drei Jahre später, als er mit dem Flugzeugbauer Prof. Messerschmitt übereinkam, seinen Kabinenroller in dessen Regensburger Werk in Serie zu bauen. Nach den Modellen KR 175 und KR 200, beide mit Plexiglas-Kuppeldach ('Menschen in Aspik' nannte man spöttisch die hintereinander sitzenden Insassen), präsentierte Fend im Januar 1957 das Modell KR 201 mit Roadster-Verdeck.

Im selben Monat gründete er nach der Ausgliederung der Kabinenrollerproduktion aus dem Messerschmitt-Werk zusammen mit seinem Zulieferer für Bremsen und Radnaben, Valentin Knott, die Fahrzeug- und Maschinenbau GmbH Regensburg (FMR). Im September 1957 präsentierte die FMR auf der Frankfurter IAA erstmals den vierrädrigen ›Tiger‹, der wahlweise mit 400 cm^3 oder 500 cm^3-Motor geliefert werden sollte. Auf den Einspruch der Firma Krupp, die sich den Namen Tiger für ihr damaliges Lkw-Programm vorsorglich hatte schützen lassen, verzichtete Fend auf diese Modellbezeichnung und nannte die Vierrad-Version fortan ›Tg 500‹. Die Fans freilich nannten und nennen sie heute noch 'Tiger'.

Trotz überdurchschnittlicher Fahrleistungen und Anhebung der Garantiezeit auf ein Jahr ohne Kilometerbegrenzung – 1961 eine kleine Sensation – ging die Nachfrage Jahr für Jahr immer mehr zurück. Die Zeit für Kabinenroller war Anfang der sechziger Jahre zu Ende, daran konnte es keinen Zweifel mehr geben. Wachsende Probleme mit den Zulieferern führten schließlich 1964 zur Produktionseinstellung.

FMR KR 201 Roadster (1957-1964)

Dreirädriger Kabinenroller mit Roadsterverdeck und zwei hintereinanderliegenden Sitzen. Gebaut von Februar 1957 bis Januar 1964 in nicht bekannter Stückzahl. Der Preis betrug anfangs DM 1998,–, ab Mai 1958 DM 2395,–

FMR Tg 500 Roadster ('Tiger') (1959-1964)

Vierrädriger Kabinenroller mit Roadsterverdeck und zwei hintereinanderliegenden Sitzen. Leistungsmäßig allen damals gebauten Kleinwagen weit überlegen. Gebaut von Januar 1959 bis Januar 1964 in nicht bekannter (maximal dreistelliger) Stückzahl. Der Preis betrug DM 3455,–

Ein früher Vorläufer des 'Tiger' war dieser Prototyp, den Fritz Fend mit aufblasbarem Dach nach Art einer Luftmatratze versehen hatte.

FMR Roadster KR 201, 1957-1964

FMR Roadster Tg 500 ('Tiger'), 1959-1964

Ein Haifischmaul und Heckflossen nach Art amerikanischer Straßenkreuzer zierten diesen dreirädrigen Protot von 1962, der nicht mehr in Serie ging.

Ford

Die ersten Automobile hatten gerade mühsam das Laufen gelernt, als Henry Ford I. bereits zwei Brückenköpfe im Deutschen Reich errichtete. 1903 gründete er in Berlin und in Stolp/Pommern Generaldirektionen, die für Import und Vertrieb von Ford-Wagen in Deutschland zuständig waren. Die deutsche Tochtergesellschaft Ford Motor Company AG in Berlin entstand erst 1925. Ganze 37 Mitarbeiter verzeichnete die Firmenchronik zu jener Zeit.

Der 8. April 1926 war für Ford ein historisches Datum: An diesem Tag rollte die erste in Deutschland montierte Tin Lizzie aus der Montagehalle im Berliner Westhafen. Knapp 9000 Exemplare dieses Evergreens wurden produziert, bevor 1928 das neue A-Modell auf die Berliner Bänder kam. Schon bald stieß man an die Kapazitätsgrenze von 60 Fahrzeugen pro Tag und hielt deshalb nach einem größeren Betriebsgelände Ausschau. 1929 entschied man sich für Köln als neuen Standort. Am 2. Oktober 1930 legte Henry Ford I. den Grundstein. Schon ein halbes Jahr später lief das erste Fahrzeug, ein Ford-Lkw, in Köln vom Band. Der Berliner Betrieb war einige Wochen zuvor geschlossen worden. Die Heilbronner Karosseriefirma Drauz, seit 1929 Hauptlieferant von Ford, schaltete schnell und errichtete 1932 ein eigenes Zweigwerk in der Domstadt.

Die Wirtschaftskrise zu Beginn der dreißiger Jahre ging auch an Ford nicht vorbei. Im August 1931 wurde die Produktion vorübergehend völlig eingestellt und die Beschäftigtenzahl sank von 1000 auf 250. 1932 betrug die Tagesproduktion ganze 30 Einheiten, Personen- und Lastwagen zusammengerechnet. Zu den wirtschaftlichen Schwierigkeiten gesellten sich politische Querelen: Der Reichsverband der Automobilindustrie erwirkte gegen Ford eine einstweilige Verfügung, wonach die Bezeichnung 'Deutsche Ford-Wagen' unterbleiben mußte, da bei der Montage überwiegend importierte Fahrzeugteile verwendet wurden.

Ab 1935 war dieses Thema vom Tisch. Ford Köln hatte voll auf eigene Teilefertigung umgestellt, was von nun an durch ein Kühlerschild mit der Aufschrift 'Deutsches Erzeugnis' auch nach außen hin dokumentiert wurde. Gebaut wurden jetzt die Typen 'Köln', 'Rheinland'. 'Eifel' und 'V8', die beiden letztgenannten auch als attraktive Cabriolets mit Gläser-Karosserie. In den folgenden Jahren stiegen die Produktionszahlen kräftig an und erreichten 1938 mit 23969 Personenwagen das beste Vorkriegsergebnis. Damals ahnte noch niemand, daß vier Jahre später die Pkw-Produktion auf 42 Einheiten absinken und danach ganz eingestellt werden würde. In den restlichen Kriegsjahren wurden im Kölner Ford-Werk ausschließlich Lastwagen für die Wehrmacht gebaut, darunter sinnigerweise auch rund 1500 Stück aus amerikanischen Teilesätzen.

Noch in den letzten Kriegstagen erhielt die Ford-Werke AG, wie die deutsche Tochter seit 1939 firmierte, als erstes deutsches Automobilwerk von den Besatzungsbehörden die Genehmigung zur Wiederaufnahme der Produktion. Am 8. Mai 1945, einen Tag vor der deutschen Kapitulation, lief am Rhein bereits der erste Dreitonner vom Band. Bis zum Jahresende 1945 wurden 2846 Stück produziert.

1948 begann die Wiederproduktion des bereits 1939 vorgestellten 'Taunus'. Die ersten Taunus-Karosserien wurden übrigens mangels eigener Kapazität im Lohnauftrag vom Volkswagenwerk produziert. Im selben Jahr trafen Henry Ford II., VW-Chef Heinrich Nordhoff und hohe britische Militärs in Köln zusammen. Anlaß des Treffens: Die Briten hatten Ford das VW-Werk zum Kauf angeboten, aber der lehnte dankend ab.

Als erste echte Novität erschien dann im Januar 1952 der Taunus 12M (das 'M' stand für Meisterstück), unter dessen Haube freilich das altbekannte seitengesteuerte Vorkriegsaggregat am Werke war – und das bis 1962! 1954 entwickelte Ford in eigener Regie ein zweisitziges Cabriolet auf Basis der 12 M-Limousine.

1955 wurde der Taunus 15M präsentiert, der bald auch als zwei- und viersitziges Cabriolet lieferbar war. Die Personenwagen-Produktion war so stark angestiegen, daß man zwecks Kapazitätsausweitung Verhandlungen mit Borgward aufnahm, die allerdings ergebnislos verliefen. Stattdessen kaufte Ford im Januar 1956 das Wülfrather Werk des verstorbenen Karosserieherstellers Hebmüller von dessen Söhnen. Im Ford-Werk Wülfrath Zulieferteile produziert.

Am 23. Mai 1961 lief der einmillionste deutsche Ford seit Kriegsende vom Band. Dank des 17 M-Erfolgsmodells ('Badewanne') kletterte Ford auf den dritten Platz der deutschen Zulassungsstatistik und steigerte den Marktanteil auf mehr als 10 Prozent. Die Qualität der Ford-Produkte demonstrierte 1963 recht spektakulär ein Taunus 12M auf der südfranzösischen Rennstrecke Miramas, indem er mit einem Motor 358271 Kilometer zurücklegte und dabei 145 Weltrekorde aufstellte. Im selben Jahr lief die Produktion im neuen Zweigwerk Genk/Belgien an.

Der Ford-Marktanteil in Deutschland kletterte zügig nach oben. 1965 erreichte er beachtliche 18,5 Prozent und verdrängte den Erzrivalen Opel vom zweiten Platz der Zulassungsstatistik. Einen beträchtlichen Imagegewinn versprach man sich auch, sicher nicht zu Unrecht, von der im Juni 1968 gegründeten Rennsportabteilung, die zunächst den 20M RS, später die Modelle Escort und Capri bei Rallyes und Rennen einsetzte. Mit gutem Erfolg: 1971 wurde Jochen Maas auf Capri RS Deutscher Rundstreckenmeister, während Dieter Glemser, ebenfalls auf Capri RS, die Tourenwagen-Europameisterschaft gewann. 1972 wiederholten Hans-Joachim Stuck und Jochen Maas diesen Erfolg. 1973 und 1974 wurde Dieter Glemser auf Escort Deutscher Rennsportmeister. Ab 1974 übernahm die Tuningfirma Zakspeed Vorbereitung und Einsatz der Ford-Wettbewerbswagen – mit großem Erfolg, wie man weiß.

Auf dem Cabriolet-Sektor hielt man sich in Köln bis vor wenigen Jahren zurück. Als ersten Versuchsballon nach jahrelanger Abstinenz startete man 1981 auf der Frankfurter IAA den offenen Escort XR3. Das positive Echo und wohl auch die zunehmenden Aktivitäten der Konkurrenz in dieser Marktnische gaben schließlich den Ausschlag für die Entscheidung, wieder ein offenes Auto anzubieten. Seit Herbst 1983 läuft bei Karmann das Escort-Cabriolet vom Band.

In dieser Form lieferte Ford den Taunus an verschiedene deutsche Karosseriefirmen, die ihn dann zu individuellen Cabriolets komplettierten.

Ford Taunus (1949-1951)

Kein anderes Nachkriegsmodell einer deutschen Marke rief so viele Karosseriebauer auf den Plan wie der Ford Taunus. Neben bekannten Firmen wie Karmann, Deutsch und Drauz wetteiferten Migö in Köln-Ehrenfeld (der Firmeninhaber Christian Mittelgöker war ein ehemaliger Deutsch-Mitarbeiter) und Drews in Wuppertal mit mehr oder weniger gelungenen Kreationen um die Gunst des Cabriolet-Käufers. Die Spezial- und de Luxe-Versionen des Taunus gab es als zwei- und viersitzige Cabriolets, teils mit zwei, teils mit vier Seitenscheiben (siehe Übersicht). In Serie gebaut wurden allerdings nur die von Deutsch karossierten Cabriolets, von allen übrigen gab es jeweils nur wenige Einzelstücke. Von 1949 bis 1951 war der Ford Taunus in folgenden Ausführungen lieferbar:

Deutsch-Cabriolet	(2 Sitze, 2 Seitenfenster)
Deutsch-Cabriolet	(4 Sitze, 4 Seitenfenster)
Deutsch-Cabriolet	(4 Sitze, 2 Seitenfenster)
Karmann-Cabriolet	(4 Sitze, 4 Seitenfenster)
Drauz-Cabriolet	(4 Sitze, 4 Seitenfenster)
Migö-Cabriolet	(4 Sitze, 4 Seitenfenster)
Migö-Cabriolet	(4 Sitze, 2 Seitenfenster)
Drews-Cabriolet	(4 Sitze, 2 Seitenfenster)

Die Stückzahlen sind nicht bekannt. Bei den Preisen ließen sich nur die der in Serie hergestellten Deutsch-Cabriolets ermitteln:

Ford Taunus Cabriolet zweisitzig (Kar. Deutsch)	DM 8490,–
Ford Taunus Cabriolet viersitzig (Kar. Deutsch)	DM 8590,–

Ford Taunus de Luxe Cabriolet viersitzig (Karosserie Karmann), 1951

Ford Taunus de Luxe Cabriolet viersitzig (Karosserie Migö), 1951

Ford Taunus Spezial Cabriolet viersitzig (Karosserie Karmann), 1950

Ford Taunus de Luxe
Cabriolet viersitzig
(Karosserie Karmann),
1951

Ford Taunus de Luxe
Cabriolet viersitzig
(Karosserie Deutsch),
1951

Ford Taunus de Luxe
Cabriolet viersitzig
(Karosserie Migö),
1951

Ford Taunus Spezial Cabriolet zweisitzig (Karosserie Deutsch), 1949

Ford Taunus Spezial Cabriolet zweisitzig (Karosserie Deutsch), 1950

Ford Taunus de Luxe Cabriolet zweisitzig (Karosserie Migö), 1951

Ford Taunus de Luxe Cabriolet zweisitzig (Karosserie Drews), 1951

Ford Taunus 12M
Cabriolet viersitzig
(Polizei-Ausführung),
1953/54

Ford Taunus 12M (1953-1954)

Der 12M war die erste Neuentwicklung von Ford Köln nach dem Krieg. Für den Antrieb des G13, so die interne Modellbezeichnung, sorgte nach wie vor das seitengesteuerte Vorkriegsaggregat, das bis 1962 im Programm blieb. Von 1953 bis 1954 gab es eine kleine Serie zwei- und viersitziger Cabriolets. Die genaue Stückzahl ließ sich nicht feststellen.

Preise: Ford Taunus 12M Cabriolet zweisitzig   DM 8860,–
           Ford Taunus 12M Cabriolet viersitzig   DM 8935,–

Ford Taunus 12M
Cabriolet viersitzig
(Karosserie Deutsch),
1953-1954

Ford Taunus 15 M
Cabriolet viersitzig
(Polizei-Ausführung),
1955-1957

Ford Taunus 15M (1955-1957)

In die mit Ausnahme des Kühlergrills unveränderte 12 M-Karosserie baute Ford ab Ende 1954 den neuentwickelten 1,5 Liter-Kurzhuber ein und präsentierte dieses Modell als 15M (interne Bezeichnung: G4B). Von 1955 bis 1957 wurde es in geringer Stückzahl auch als zwei- und viersitziges Cabriolet hergestellt.

Preise: Ford Taunus 15M Cabriolet zweisitzig   DM 8765,–
           Ford Taunus 15M Cabriolet viersitzig   DM 8840,–

Ford Taunus 15M
Cabriolet viersitzig
(Karosserie Deutsch),
1955-1957

Ford Taunus 12 M Cabriolet zweisitzig (Karosserie Deutsch), 1959-1962

Ford Taunus 12 M Cabriolet zweisitzig (Karosserie Deutsch), 1963-1966

Ford Taunus 12M (1959-1962)

Die im August 1959 vorgestellte Neuauflage des 12M unterschied sich vom alten Modell hauptsächlich durch einige Karosserie-Retuschen (z.B. neuer Kühlergrill, farblich abgesetzter Seitenstreifen). Der seitengesteuerte 12 M-Motor und der modernere 1,5 Liter-Kurzhuber wurden unverändert beibehalten. Die Karosseriefirma Deutsch baute eine kleine Anzahl Limousinen zu zweisitzigen Cabriolets um. Der Verkaufspreis betrug etwa DM 9000,–

Ford Taunus 17M (P2) (1957-1960)

Der völlig neuentwickelte 17M, den Ford im August 1957 vorstellte, wirkte wie ein amerikanischer Straßenkreuzer im Taschenformat und entsprach damit dem damaligen Zeitgeschmack. Noch mehr amerikanisches Flair als die Limousine strahlte das von Deutsch gebaute, zweifarbig abgesetzte de Luxe-Cabriolet aus, dessen Verdeck in geöffnetem Zustand vollständig hinter der Rückenlehne verschwand. Die Stückzahl ist nicht bekannt. Der Preis belief sich auf rund DM 10500,–

Ford Taunus 17M (P3), 17 M/20M (P5 und P7), 26M (1960-1971)

Die 'Linie der Vernunft' die Ford 1960 mit dem neuen 17M P3 vorgestellt und 1964 mit der Baureihe P5 weiterentwickelt hatte, stand auch den bei Deutsch gebauten 2/2sitzigen Cabriolets nicht schlecht zu Gesicht. Für den 17M P3 ('Badewanne') lieferte Deutsch auf Wunsch auch ein hübsches Hardtop. Mit der Einführung der Baureihe P7 im August 1967 wandte sich Ford von der zeitlosen, harmonischen Karosserielinie ab und präsentierte die 17 M/20 M-Baureihe mit stark zerklüfteter, eckiger Karosserie, die wie der größere Bruder des 12M wirkte. Deutsch brachte dennoch das Kunststück fertig, auf dieser gewiß nicht idealen Basis ein recht ansehnliches Cabriolet zu bauen.

Ford Taunus 12M (P4) (1963-1966)

Das Modell P4, Fords erster Wagen mit Frontantrieb, war ursprünglich unter der Projektbezeichnung 'Cardinal' für den amerikanischen Markt entwickelt worden, wurde dann jedoch ab 1962 in Köln und ab 1963 auch in Genk/Belgien gebaut. Der neuentwickelte V4-Motor war ein recht rauhes und unkultiviertes Triebwerk. Die zweitürige Limousine wurde ab 1963 in geringer Stückzahl von der Firma Deutsch zum 2/2sitzigen Cabriolet umgebaut. Der Preis für das Grundmodell mit 1,2-Liter-Motor betrug rund DM 9200,–

Ford Taunus 17M Cabriolet zweisitzig (Karosserie Deutsch), 1957-1960

Ford Taunus 17M Cabriolet zweisitzig (Karosserie Deutsch), 1960-1964

Mit dem formschönen Hardtop verwandelte sich das Ford 17M Cabriolet in ein Coupé.

Auch von der 1968 erneut geänderten zweiten Serie der Baureihe P7 und dem etwas klobig wirkenden Ford 26M gab es einige 2/2sitzige Deutsch-Cabriolets.

Preise: Ford Taunus 17M (P3) Cabriolet   ca. DM 11000,–
         Ford Taunus 17 M/TS (P3) Cabriolet ca. DM 12000,–
         Ford Taunus 17M (P5) Cabriolet   DM 11150,–
         Ford Taunus 20M (P5) Cabriolet   DM 12200,–
         Ford Taunus 20 M/TS (P5) Cabriolet   DM 13000,–

(Die Preise der Cabriolets auf Basis der P7-Baureihe und des Ford 26M sind nicht bekannt).

Ford Taunus 17 M/20M Cabriolet zweisitzig (Karosserie Deutsch), 1964-1967

Ein Cabriolet in vier Variationen präsentierte 1961 die Kölner Karosseriefirma Peter Bauer unter dem Namen 'Sportolet' auf Basis des Ford Taunus 17 M: 1.) viersitziges Coupé (Dach geschlossen), 2.) zweisitziger Spider (Bild oben), 3.) Schiebedachlimousine (darunter), 4.) viersitziges Cabriolet (Dach liegt auf dem Kofferraum auf und gibt die Fondsitze frei).

Ford 20 M/20 M TS Cabriolet zweisitzig (Karosserie Deutsch), 1967-1968

Ford 26 M Cabriolet zweisitzig (Karosserie Deutsch), 1970/71

Ford Capri I (1970-1972)

Mit dem 1969 vorgestellten Capri gelang Ford ein großer Wurf. Er war einer der typischen Vertreter jener familientauglichen Sportwagen, die in den siebziger Jahren die bis dahin vorherrschenden reinen Zweisitzer ablösten. Daß

Ford Capri 1500
Cabriolet zweisitzig
(Karosserie Deutsch),
1969-1972

er über seine Alltagstauglichkeit hinaus echte Sportwagenqualitäten besaß, demonstrierten schon bald seine zahlreichen Erfolge bei in- und ausländischen Motorsportveranstaltungen. Etwa 15 Capri – Vier- und Sechszylinder – wurden bei Deutsch zum Cabriolet umgebaut, bevor das traditionsreiche Kölner Unternehmen 1972 den Karosseriebau aufgab. Die Preise sind nicht bekannt.

Ford Capri III (1978-1985)

Ein Capri-Cabriolet war kein Thema – weder für das Werk, noch für Tuner. Eigentlich schade, wußte doch der langschnauzige Manta-Konkurrent durch sportliche Optik zu überzeugen und hätte auch auch »Oben ohne« eine gute Figur abgegeben. Den besten Beweis lieferte die Firma GFL Autotechnik + Design im schwäbischen Eislingen. Der Automobilveredler hatte neben optischen Tuningteilen kurzzeitig auch ein Capri III-Cabriolet im Programm, das allerdings nicht in Serie ging. Durch Wegfall des Daches büßte die Karosserie zuviel an Verwindungssteifigkeit ein, und da es nicht gelang, dieses Problem zu lösen, endete das Experiment nach der Fertigstellung des zweiten Fahrzeugs. Erst seit kurzem bietet Bausatz-Spezialist Ostermann-Germer auch einen Umbausatz für Capri II und III an. Die Umrüstung folgt dem bereits an zahlreichen Fahrzeugtypen bewährten Muster und bewegt sich auch preislich im üblichen Rahmen.

Kein Erfolg: Das Capri-III-Cabriolet der Firma GFL in Eislingen büßte durch den Umbau zum Cabriolet soviel Stabilität ein, daß der Bau nach zwei Prototypen eingestellt wurde.

Ford Fiesta Cabriolet (Prototyp der Karosseriefirma Tropic in Crailsheim), 1979

Ford Fiesta (seit 1976)

Vom kleinsten Ford-Modell wurde werksseitig nie ein Cabriolet angeboten, diese Marktnische füllten rührige Kleinserienhersteller. Das Fiesta-I-Cabriolet, das die Crailsheimer Firma Tropic zur IAA 1979 präsentierte, blieb allerdings ein Einzelstück. Ungleich bekannter wurde ein Umbau, den die Firma Bieber-Cabrio in Borken offerierte. Der Bausatz kostete 3450 Mark. Wer seinen Fiesta in Borken anlieferte, mußte für den Umbau 3950 Mark berappen, den Segen des TÜV inbegriffen. Anfang 1984 versuchte die Berliner Firma »S&P« ein Fiesta-Cabriolet englischer Provenienz im Mutterland des Autos einzubürgern. Trotz der moderaten Preise – zwischen 18 900,– DM und 24 900,– DM – konnte sich der Fiesta »Fly« nicht durchsetzen. Vom Fiesta der dritten Generation – ab 1989 – gibt es inzwischen auch ein Cabriolet, vorgestellt von der Firma Sollath aus Egelsbach. Der schmucke Flitzer entstand nach einer Entwicklungszeit von noch nicht einmal 20 Monaten und wurde Ende 1991 der Öffentlichkeit vorgestellt.

Das Fiesta-Cabriolet stammt von der Firma Bieber-Cabrio in Borken. Basis des Umbaus war ein Ford Fiesta der zweiten Generation (1983-1989).

Ford Barchetta (1983)

Zeitgleich mit dem neuen Escort-Cabriolet stellten die Kölner auch eine bildhübsche Roadster-Studie vor, die bei Ghia in Turin entwickelt worden war. Der Barchetta (ital:Boot) basierte auf dem Fiesta XR2 und traf genau den Geschmack des Publikums. Zum anvisierten Preis von unter 20 000 Mark wäre der kleine Flitzer mit Sicherheit ein Verkaufsrenner geworden, doch das Ford-Management konnte sich nicht zur Produktion entschließen. So verschwand der Prototyp alsbald wieder in der Versenkung, und es blieb Mazda vorbehalten, mit dem MX-5 die Roadster-Idee wieder zum Leben zu erwecken.

Der Ford Barchetta auf Fiesta-Basis von 1983 blieb leider nur eine Styling-Studie.

Ford Escort (1981-1990)

Gut Ding will Weile haben: Als das Escort-Cabriolet auf der IAA im September 1983 Premiere feierte, war es schon zweieinhalb Jahre alt. Bereits 1981 hatte Ford in Frankfurt eine Cabrio-Studie gezeigt, die in nur fünf Monaten entwickelt worden war. Das Konzept, vom damaligen Ford Styling-Chef Patrick le Quément initiiert, überzeugte in jeder Beziehung und machte den offenen Escort zu einem der meistgebauten deutschen Großserien-Cabriolets.

Obwohl die Abmessungen denen der Limousine entsprachen, wirkte es wesentlich gestreckter und eleganter, ein Verdienst des thermogefütterten Verdecks. Darüber hinaus hatte es nicht nur optische, sondern auch praktische Vorzüge: Durch die weit öffnende Kofferraumklappe ließ sich das Gepäckabteil – 291

Ford Escort XR3 Cabriolet viersitzig (Prototyp 1981, vorgestellt auf der IAA in Frankfurt).

Liter nach VDA – ungleich besser beladen als beim Konkurrenten aus Wolfsburg. Die Karosserie war, obwohl auf den ersten Blick nicht zu erkennen, im wesentlichen eine Neuentwicklung. Rund 80 Prozent aller Blechteile mußten modifiziert oder neu konstruiert werden. Gebaut wurde der schmucke Kölner bei Karmann in Osnabrück – wo auch Volkswagen seine »Henkelmänner« schneidern läßt und seit neuestem das Renault 19-Cabrio entsteht. Kein Wunder also, daß sich beide in der Fertigungsqualität in nichts nachstanden.

Angeboten wurde das Escort-Cabriolet zunächst in zwei Ausstattungsvarianten und drei verschiedenen Leistungsstufen: 1,3 Liter mit 51 kW (69 PS), 1,6 Liter mit 58 kW (79 PS) und 1,6-Liter-Einspritzmotor mit 77 kW (105 PS). Alle Varianten wurden ausschließlich mit Fünfgang-Getriebe ausgerüstet. Die umfassende Modellpflege vom Februar 1986 brachte dem Escort, neben dem modifizierten Vorderwagen, auch den neuen 1,4 Liter-Motor mit 55 kW (75 PS), der

Das Ford Escort-Cabriolet gab es bei Produktionsbeginn 1983 in zwei Ausstattungs- und drei Motorversionen. Die Heckleuchten stammten übrigens vom Kombimodell Escort Turnier, was den Einbau einer bis zur Stoßstange reichenden Kofferraumklappe erlaubte.

Das Escort-Cabrio nach der Modellpflege 1986. Das hier gezeigte XR3i-Modell erhielt serienmäßig Halogen-Zusatzscheinwerfer, 5-Gang-Getriebe und ABS. Ein elektrisches Verdeck gab es ab August 1987 gegen Aufpreis.

den betagten 1,3-Liter-Motor ersetzte. Der 1,6-Liter-Motor war weiterhin im Programm, mit Doppelvergaser-Anlage oder Bosch-KE-Jetronic jetzt 90 PS stark (Einspritzer mit Katalysator-Option) und als »XR3i« mit unveränderten 105 PS. Kurz vor Ablösung der Modellreihe lief bei Karmann in Rheine am 11. Mai 1990 das 100000. Escort-Cabriolet vom Band.

Preise:
- Ford Escort Cabriolet 1,3 GL   DM 21 885,–
- Ford Escort Cabriolet 1,6 GL   DM 22 485,–
- Ford Escort Cabriolet 1,6i XR3   DM 23 435,–

Preise ab Februar 1986:
- Ford Escort Cabriolet Ghia (1,4)   DM 24 685,–
- Ford Escort Cabriolet Ghia (1,6)   DM 25 275,–
- Ford Escort Cabriolet Ghia Kat (1,6i)   DM 27 575,–
- Ford Escort Cabriolet XR3i   DM 28 225,–

Ford Escort (ab 1990)

Nach fünfjähriger Entwicklungszeit brachte Ford im Oktober 1990 die neue Generation von Escort und Orion auf den Markt. Stattliche 2,5 Milliarden Mark waren in das Projekt »CE-14« investiert worden, das mit sechs Karosserieversionen antrat. Eine komplett neuentwickelte Karosserie, längerer Radstand bei gleichen Dimensionen und ein am Computer entwickeltes Fahrwerk zeigten, daß Ford ein rundum neues Fahrzeug auf die Räder gestellt hatte – auch wenn dies auf den ersten Blick nicht so aussah. Herbe Kritik ernteten die Kölner für die praktisch unverändert übernommenen Motoren. Die betagten Triebwerke, durchzugsschwach, unkultiviert und laut, gehörten zu den unerfreulichen Seiten des Neulings. Erfreulich dagegen war die Typenvielfalt. Neben der zwei- und viertürigen Schrägheck-Limousine standen der Stufenheck-Orion und die beiden Kombi-Versionen Turnier und Express bereit.

Die bislang letzte Auflage des Escort-Cabriolets wurde im August 1990 vorgestellt – zunächst nur mit dem 1,6-Liter-Motor (77 kW/105 PS) des XR3i, der auch beim Vorgänger am meisten gefragt war.

Das Verdeck gibt es zunächst in drei Farben. Die beheizbare Heckscheibe besteht, wie schon beim Vorgänger, aus Glas.

Von Anfang an dabei war auch das neue Cabriolet, wieder mit Überrollbügel und bei Karmann gebaut. Zunächst einzige für das Cabrio lieferbare Motorisierung war der im Prinzip aus dem Vorgänger bekannte 1,6-Liter-Vierzylinder mit Benzineinspritzung, der bei 6000/min 77 kW/105 PS leistete. Die serienmäßige Ausstattung umfaßte 185/60 R14H Reifen auf Sechs-Zoll-Stahlfelgen und ein vollelektronisches Anti-Blockier-System, ebenso wie zwei Nebelschlußleuchten, elektrisch einstellbare und beheizbare Außenspiegel, beheizbare Frontscheibe und Scheibenwaschdüsen, Sportsitze und -lenkrad mit höhenverstellbarer Lenksäule. Seit Ende 1991 gibt es das Escort-Cabriolet auch mit dem 1,4 Liter-Motor.

Nicht serienmäßig, aber unbedingt empfehlenswert war die leichtgängige Servolenkung (795 Mark Aufpreis) und das Komfortpaket für 1280 Mark, bestehend aus elektrischen Fensterhebern vorn und hinten, Zentralverriegelung und Alarmanlage. Das Verdeck, gegen 1750 Mark Mehrkosten mit elektrischer Betätigung, ließ sich mit wenigen Handgriffen fast vollständig in der Karosserie versenken. Überdies, auch das ein Fortschritt zum Vorgänger, konnten die hinteren Seitenscheiben jetzt ganz heruntergekurbelt werden.

Preise: Ford Escort Cabrio 1,6: DM 34 450,–
              Ford Escort Cabrio 1,4: DM 32 690,–

Glas

Während man ein Goggomobil mit einigem Glück noch heute im Straßenverkehr entdecken kann, gehören die übrigen Modelle des ehemaligen niederbayerischen Landmaschinenherstellers Glas bereits zu den Raritäten, besonders die nur in kleinen Stückzahlen produzierten offenen Versionen: Die 1304 TS-Fahrer von einst sitzen heute im Golf GTI, die 1700 GT-Fahrer im Alfa Spider.
Mit dem 250 cm^3 Goggomobil hatte 1954 der Einstieg des Landmaschinenfabrikanten Hans Glas aus Dingolfing ins Automobilgeschäft begonnen. Vorausgegangen waren Experimente mit dem unförmigen Goggo-Motorroller und einem Lastenroller. Die im Dezember 1954 fertiggestellten 50 Vorserienwagen – Konstrukteure: Karl Dompert und Glas-Sohn Andreas – hatten einen vorderen Einstieg nach Isetta-Art. Das robuste Zweitakt-Aggregat war das Werk des früheren Adler-Oberingenieurs Felix Dozekal. Im Frühjahr 1955 lief die Serienproduktion an (jetzt mit konventionellen seitlichen Türen), im Dezember war die Tagesproduktion bereits auf 80 Stück geklettert. Im März 1958 rollte das 100000. Goggomobil vom Band. Der Marktanteil von Glas bei den Kleinwagen bis 500 cm^3 Hubraum hatte 50,6 Prozent erreicht.
Das 'Große Goggomobil T600', später Isar T600 genannt, war der Versuch, in eine größere Klasse vorzustoßen. Erfolgreicher als dieser erste Anlauf war der zweite, der 1961 mit dem S1004 begann und eine ganze Palette sportlicher Familienlimousinen, Coupés und Cabriolets hervorbrachte. 1964 erschien der von Frua karossierte 1300 GT, ein Jahr später präsentierte Glas auf der Frankfurter IAA sein Flaggschiff, den 2600 V8, von spöttischen Zungen flugs 'Glaserati' getauft. Der V8 schloß das inzwischen aus 32 Typen bestehende Modellprogramm nach oben ab.
1966 erschienen dunkle Wolken am niederbayerischen Horizont. Das Dingolfinger Unternehmen mußte einen beträchtlichen Umsatzrückgang und einen Verlust von 15 Millionen DM verbuchen. Im November übernahm BMW die Hans Glas GmbH für 9,1 Millionen DM und führte die Produktion einiger Modelle unter strenger Qualitätskontrolle zunächst weiter. 1967 wurde aus dem Glas-Werk das 'BMW-Werk Dingolfing'. Vom Band liefen zu jener Zeit noch der auf 3 Liter aufgebohrte BMW-Glas 3000 V8, der aus dem 1300/1700 GT-Coupé entwickelte BMW 1600 GT, der Glas 1304 CL und das Goggomobil T250, das bis zum Sommer 1969 überlebte. Im selben Jahr starb Hans Glas, nach Carl F. W. Borgward der letzte Patriarch der deutschen Automobilindustrie.

Glas S 1004, S 1004 TS, S 1204, S 1204 TS, S 1304 (1963-1967)

Die Glas-Cabriolets der Baureihen 1004 bis 1304 boten überdurchschnittliche Fahrleistungen für wenig Geld und waren ein Geheimtip für Freunde des Offenfahrens. Daß sie dennoch nur eine Außenseiterrolle spielten, lag einerseits an mancherlei technischen Problemen, zum anderen aber sicher auch am

Glas S 1004/S 1004 TS/S 1204/S 1204 TS/S 1304 Cabriolet, 1963-1967

Glas 1300 GT/1700 GT Cabriolet, 1965-1967

Dieses Goggomobil-Cabriolet ging nie in Serie.

Unter dem Namen 'Dart' bot der australische Glas-Importeur diesen Kunststoff-Roadster auf Goggomobil-Basis an.

Dieses Goggomobil-Cabriolet blieb ein Einzelstück. Es wurde auf Initiative des amerikanischen Importeurs in Dingolfing gebaut.

Image-Defizit der Dingolfinger Marke. Das Modell S1004 wurde von Frühjahr 1963 bis Ende 1967 gebaut, die übrigen Modelle der Baureihen 1004 und 1204 nur bis Sommer 1965. Von September 1965 bis Ende 1967 gab es ferner das Cabriolet S1304 (nur in Normal-, nicht in TS-Version).

Preise: Glas S1004 Cabriolet   DM 6500,–   Produktionszahlen:
        Glas S1004 TS Cabriolet DM 7630,–   1733
        Glas S1204 Cabriolet   DM 6800,–
        Glas S1204 TS Cabriolet DM 7930,–   47
        Glas S1304 Cabriolet   DM 7070,–   300

Glas 1300 GT, 1700 GT (1964-1967)

Mit den Modellen 1300 GT und 1700 GT versuchte das niederbayerische Unternehmen, in der Klasse der ernstzunehmenden Sportwagen Fuß zu fassen. Die äußeren Voraussetzungen dafür waren zweifellos vorhanden: Die elegante Karosserie lieferte Pietro Frua aus Turin, die Fahrleistungen lagen deutlich über dem Durchschnitt. Als größtes Verkaufshandicap erwies sich auch bei diesen Modellen die Goggomobil-Hypothek, die den Herstellernamen belastete. Von März 1964 bis Dezember 1967 wurden 364 Spider gebaut.

Preise: Glas 1300 GT Cabriolet DM 12500,–   Produktionszahlen: 242
        Glas 1700 GT Cabriolet DM 14750,–   122

Gutbrod

Der Ingenieur Wilhelm Gutbrod und der Kaufmann Gustav Rau gründeten 1926 mit einem Stammkapital von 30000 Reichsmark die Standard Fahrzeugfabrik GmbH. Bis 1933 baute man in Ludwigsburg, später in Stuttgart-Feuerbach, Motorräder, dann präsentierte man auf der Internationalen Automobil- und Motorrad-Ausstellung in Berlin den von Dipl.-Ing. Joseph Ganz entwickelten Standard Superior, einen Zweisitzer mit Sperrholzkarosserie und Rolldach für 1620 Reichsmark. Im Heck saß ein wassergekühlter Zweitakter mit 400, später 500 cm^3 Hubraum.

Nachdem einige hundert Exemplare des 70 km/h schnellen Winzlings verkauft worden waren, stellte man die Produktion 1934 wieder ein. An seine Stelle trat der Vierradlieferwagen 'Merkur' mit dem gleichen 500 cm^3-Aggregat. 1937 zog Gutbrod nach Plochingen um und änderte am 1. Januar 1938 den Firmennamen in Gutbrod Motorenbau GmbH. Bis zum Kriegsausbruch wurden nur noch Dreiradlieferwagen und Motormäher gebaut. 1946 nahm Gutbrod die Produktion eines Dreivierteltonner-Pritschenwagens auf, in dessen Heck ein Zweitakter mit 492 cm^3 Hubraum für Vertrieb sorgte. 1949 wurde er von dem stärker motorisierten 'Atlas 800' abgelöst. Ein Jahr später präsentierte die Firma ihren ersten Nachkriegspersonenwagen, den Gutbrod Superior 600. Der beim 'Atlas 800' im Heck installierte Zweitakter trieb bei der zweisitzigen Cabrio-Limousine die Voderräder an. Im selben Jahr gründete Walter Gutbrod, der Sohn des Firmengründers, in Bübingen/Saar die Moto Standard GmbH, die Stationärmotoren und Motormäher herstellte.

In Plochingen bastelte währenddessen Chefkonstrukteur Dr.-Ing. Hans Scherenberg an einer Benzineinspritzung für den Superior und hatte schließlich auch Erfolg. 1952 wurde der auf 663 cm^3 aufgebohrte Zweitakter mit Benzineinspritzung und 30 PS angeboten. Im selben Jahr kehrte Scherenberg wieder zu Daimler-Benz zurück und übernahm dort die Leitung der Pkw-Konstruktion.

Neben der Cabrio-Limousine wurde auch ein Kombiwagen in Kleinserie gebaut. Der Aufbau stammte von Westfalia in Rheda-Wiedenbrück, wo auch die Montage erfolgte. Eine geplante viersitzige Limousine ging nicht mehr in Serie, denn am 23. September 1953 stellte Gutbrod die Zahlungen ein. Das Unternehmen, das zwischenzeitlich in Calw noch ein weiteres Werk errichtet hatte, war mit 2,4 Millionen DM überschuldet.

Obwohl formal und technisch gleichermaßen gelungen, hatte der Superior, seit 1952 wahlweise als Vergaser- oder Einspritzversion lieferbar, aufgrund des hohen Preises keine Überlebenschancen. In den letzten Produktionsmonaten war beispielsweise der VW Standard über 1500 DM billiger. Und der hatte vier ausgewachsene Sitze, was das Publikum zunehmend zu schätzen wußte. Im April 1954 wurde die Superior-Produktion eingestellt. 1955 wurde das Werk Calw verkauft, später auch das Werk Plochingen. Die Gründerfamilie zog sich nach Bübingen/Saar zurück und baute dort eine florierende Land- und Gartenmaschinen-Produktion auf.

Gutbrod Superior (1950-1954)

Formal gelungene Cabrio-Limousine mit Pontonkarosserie (Karosseriewerke Weinsberg). Komfortabler Kleinwagen mit reichlichem Innenraum und guten Fahreigenschaften, der auch im sportlichen Einsatz eine gute Figur machte. Einer der ersten deutschen Personenwagen, die serienmäßig mit Einspritzmotor angeboten wurden.

Von März 1950 bis April 1954 wurden 6860 Cabrio-Limousinen gebaut, davon etwa 1000 mit Einspritzmotor. Die Preise lagen zwischen DM 4280,- für den 600 Standard und DM 5725,- für den 700 Luxus mit Einspritzmotor.

Bei der Karosseriefabrik Wendler in Reutlingen entstand im März 1950 der Prototyp eines Roadsters, der aber nicht in Serie ging. Im April 1951 stellte Gutbrod erneut einen von Wendler karossierten Roadster vor, der wesentlich attraktiver war als sein Vorgänger. Bis Ende 1952 wurden insgesamt 10 Exemplare gebaut und zum Preis von DM 7800,- verkauft.

Gutbrod Superior,
1950-1954

Dieses Holzmodell des Gutbrod Superior entstand 1949 bei den Karosseriewerken Weinsberg

Prototyp eines
Gutbrod
Sport-Roadsters
(Karosserie Wendler),
1950

Gutbrod Superior
Sport (Karosserie
Wendler), 1951-1952

Prototyp eines
Gutbrod
Superior-Cabriolet
(Karosserie Wendler),
1951

Kleinschnittger

Den ersten Prototyp seines Kleinwagens hämmerte der Ingenieur Paul Kleinschnittger Anfang 1949 im holsteinischen Ladelund zusammen. Dieser 'Typ 98' besaß nur einen einzigen Frontscheinwerfer (wie weiland der Hanomag 'Kommißbrot') und verzichtete auf Fahrtrichtungsanzeiger (diese Funktion übernahm der Arm des Fahrers). Der auf vier Lastenfahrrad-Rädern durch die Lande rollende Winzling wog ganze 110 Kilogramm und trug im Heck den Zweitaktmotor der DKW RT100.

Noch im Sommer desselben Jahres gründete Kleinschnittger gemeinsam mit dem Hamburger Kaufmann Paul Lembke die Kleinschnittger-Werke GmbH und zog nach Arnsberg im Sauerland um. Dort entwickelte er den Nachfolgetyp F125 (F stand für Frontantrieb), der von einem 125 cm^3-Einzylinder von Ilo angetrieben wurde. Am 25. April 1950 rollten die ersten fünf Wagen aus der Werkhalle. Der 4,5 PS starke Motor wurde mit einem Seilzug links unterhalb des Armaturenbretts angeworfen, ein Rückwärtsgang war nicht vorhanden. Immerhin besaß der F125 bereits zwei Frontscheinwerfer und seitliche Blinker. Das weiße Lenkrad ließ gar einen Hauch von Luxus aufkommen. Der »Zwerg unter den Zwergen« (»auto, motor und sport«) verkaufte sich trotz seiner Winzigkeit nicht schlecht. Selbst im Sport war er für beachtliche Leistungen gut. So belegte 1953 ein F125 hinter einem Porsche 356 bei der Rallye Lissabon–Madrid den zweiten Platz in der Klasse bis 1100 cm^3. Kleinschnittger selbst rührte mit einem 150 cm^3-Monoposto kräftig die Werbetrommel. Rund die Hälfte der Monatsproduktion von etwa 70 Einheiten wurde exportiert.

Schon 1954 hatte Kleinschnittger, dem Zug der Zeit folgend, den Prototyp eines etwas größeren Coupés mit 250 cm^3 Hubraum auf die Räder gestellt. Aus diesem F250 entstand 1955 der viersitzige F250C, der jedoch ebensowenig in Serie ging wie ein projektiertes dreisitziges Coupé. Die aufkommende Konkurrenz, vor allem Lloyd und Goggomobil, blies schließlich auch dem F125 das Lebenslicht aus. Im August 1957 mußten die Kleinschnittger-Werke Konkurs anmelden.

Kleinschnittger F125 (1950-1957)

Zweisitziger Roadster mit Zentralrohrrahmen und Aluminiumkarosserie. Der »Kleinwagen für Beruf, Sport und Reise« – so die Hersteller-Werbung – erwarb sich allen Unkenrufen zum Trotz den Ruf, ein robustes Fahrzeug von beachtlichem Durchhaltevermögen zu sein. Schwachstellen waren die Radaufhängungen und die Gummibandfederung. Von April 1950 bis August 1957 wurden insgesamt 2980 Exemplare hergestellt. Der Preis betrug anfangs DM 1995,– und stieg später auf DM 2450,–

Kleinschnittger F125, 1950-1957 (oben und Mitte links)

Dieser Vorläufer des F125 hatte nach Art des Hanomag 'Kommißbrot' nur einen einzigen Hauptscheinwerfer

Straßenkreuzer-Look à la mode: Entwurf für den nie gebauten Nachfolgetyp F250 Super.

NSU

Die Entwicklung von NSU zum Automobilhersteller verlief nach dem schon beinahe klassischen Muster, das auch für etliche Mitbewerber typisch war: erst Fahrräder, dann Motorräder und schließlich Autos. 1880 etablierte sich der Mechaniker Christian Schmidt mit seiner 1873 in Riedlingen/Donau gegründeten Strickmaschinenwerkstatt in Neckarsulm. Sechs Jahre später begann die 'Neckarsulmer Strickmaschinenfabrik' mit der Produktion von Fahrrädern und firmierte nun als Neckarsulmer Fahrradwerke AG. Die Stahlrösser liefen so gut, daß man 1901 den Schritt zum Motorrad wagte und 1906 das erste Automobil produzierte. In den nächsten beiden Jahrzehnten entwickelte sich das Unternehmen – 1911 umbenannt in Neckarsulmer Fahrzeugwerke AG (abgekürzt: NSU) – zu einer der bedeutenden deutschen Motorrad- und Automobilfabriken.

Auf Betreiben ihres Großaktionärs und Karosserielieferanten Jakob Schapiro fusionierten die Neckarsulmer Fahrzeugwerke AG und die Schebera Automobilwerke AG, Berlin, am 2. November 1926 zur NSU Vereinigte Fahrzeugwerke AG Neckarsulm. 1929 verkaufte NSU das Automobilwerk Heilbronn an die Fiat S.p.A. in Turin und legte das Karosseriewerk Berlin still. Der 7/34 PS NSU 405 wurde von Fiat und NSU noch eine Zeitlang gemeinsam weitergebaut. Ab 1932 konzentrierte sich NSU nach Einstellung der Automobilproduktion voll auf den Motorradbau. Mit den zur Deutschen Industriewerke AG in Berlin gehörenden D-Rad-Werken gründete man eine Verkaufsgemeinschaft und änderte wieder einmal den Firmennamen. Er lautete jetzt 'NSU-D-Rad Vereinigte Fahrzeugwerke AG'.

1933 entstanden in Neckarsulm drei von Ferdinand Porsche konstruierte Prototypen mit stromlinienförmiger Karosserie und luftgekühltem Boxermotor im Heck. Dieser Porsche Typ 32 war der Vorläufer des VW-Käfers. 1937 übernahm NSU die Fahrradproduktion von Opel, 1938 wurden die Karosseriewerke Weinsberg an die Fiat-Tochter NSU Automobil AG in Heilbronn verkauft. Um die Namensverwirrung komplett zu machen, hatte man einige Monate zuvor wieder einmal den Firmennamen geändert und nannte sich jetzt schlicht NSU-Werke AG Neckarsulm.

Obwohl die Neckarsulmer Werksanlagen in den letzten Kriegswochen schwer beschädigt worden waren, gelang es NSU nach 1945 schon bald, wieder an die erfolgreiche Vorkriegszeit anzuknüpfen. Die folgenden Jahre sahen das traditionsreiche Neckarsulmer Unternehmen mit großen Rennerfolgen und zahlreichen Weltrekorden auf der Höhe des Ruhms. Mitte der fünfziger Jahre war NSU die größte Motorradfabrik der Welt.

1957 stellte NSU mit dem von Oberingenieur Albert Roder konstruierten Prinz erstmals seit 1929 wieder einen Personenwagen vor. Noch im selben Jahr absolvierte in Neckarsulm der Wankelmotor seinen ersten Prüfstandslauf. Sechs Jahre später präsentierte man auf der Frankfurter IAA mit dem Wankel-Spider das erste Automobil der Welt mit Kreiskolbenmotor. Der Wankel-Spider blieb das einzige offene NSU-Modell der Nachkriegszeit.

In den kommenden 15 Jahren vergaben NSU und die Wankel GmbH in München an 27 Automobilhersteller Lizenzen zum Bau von Kreiskolbenmotoren, darunter an Daimler-Benz, Rolls-Royce, General Motors, Ford, Porsche, Toyo Kogyo (Mazda) und Toyota.

Die sechziger Jahre brachten für NSU zunehmend Probleme. Die Kleinwagenära ging unaufhaltsam ihrem Ende entgegen, der 1967 erschienene Ro 80 – zweifellos ein technisch avantgardistisches Fahrzeug – kämpfte jahrelang mit motorischen Kinderkrankheiten und verschlang Unsummen an Garantie- und Kulanzkosten. Die kleinen TT- und TTS-Modelle fuhren zwar bei Wettbewerben häufig der Konkurrenz um die Ohren, nicht aber in der Verkaufsstatistik. Auch Gemeinschaftsgründungen mit Citroën – Comobil S.A. in Genf (1964) und Comotor S.A. in Luxembourg (1967) – brachten nicht den erwarteten Erfolg. 1969 übernahm VW zunächst die Aktienmehrheit des Neckarsulmer Unternehmens. Wenige Monate später wurde es mit der Auto Union in Ingolstadt zur Audi NSU Auto Union AG verschmolzen. Der bereits serienreife NSU K70 kam eineinhalb Jahre später als VW auf den Markt. Letzter Überlebender mit dem NSU-Emblem blieb der Ro 80, zugleich Flaggschiff des VW-Konzerns. 1977 schlug auch ihm die Stunde.

NSU Wankel-Spider (1964-1967)

Der Wankel-Spider, vorgestellt 1963 auf der Frankfurter IAA, brachte NSU zwar das Verdienst, als erster Automobilhersteller der Welt den Kreiskolbenmotor in einen Serienwagen eingebaut zu haben, aber keinen kommerziellen Erfolg. Statt der geplanten Serie von 5000 Einheiten liefen von September 1964 bis Juli 1967 lediglich 2375 von den Neckarsulmer Bändern. Die letzten Exemplare wurden erst lange nach Produktionsauslauf mit erheblichen Nachlaß losgeschlagen. Mangels Nachfrage hatte man bereits im Dezember 1966 den Preis des zweisitzigen Spiders von DM 8500,– auf DM 7000,– gesenkt.

Eine Münchener Firma baute diesen Kunststoff-Roadster namens 'Comtesse' auf Basis des NSU Prinz.

NSU Wankel-Spider, 1964-1967. Auf Wunsch war auch ein Hardtop lieferbar.

Isdera

Er schuf das berühmte Pirelli-Rad und die bb-Turbo-Felge, das Experimental-Motorrad BMW-Futuro und die Verkleidung für die 1981er Kreidler-Rennmaschine, die Buchmann-928-Cabrios und den Bitter-Roadster auf Manta-Basis: Eberhard Schulz, als Designer und Aerodynamikexperte ebenso bekannt wie als Schöpfer extremer Hochleistungs-Sportwagen. Als seine spektakulärste Kreation gilt der CW311 auf Mercedes-Basis. Einige der Stilelemente, die Schulz bei dieser Mittelmotor-Studie mit Flügeltüren verwirklicht hat, griff er bei den Imperator- und Spyder-Typen seiner eigenen Firma Isdera später wieder auf.

»Isdera« steht für »Ingenieurbüro für Styling, Design und Racing« und umfaßt all das, was die Sportwagen mit dem Falken im Wappen ausmacht: Extravagantes Styling und Fahrleistungen, die jedem Rennwagen zur Ehre gereichten.

Isdera Spyder 033i, 033i-16, 036i (seit 1982)

Seinen ersten Isdera-Spyder 033i, noch mit einem getunten 1,8 Liter-Motor des Golf GTI, stellte Schulz bereits 1982 vor. Der Entwurf des rund vier Meter langen und 1,13 hohen Mittelmotorsportwagens stammte von seinem Zeichenbrett, für die Technik kamen nur bewährte Großserienaggregate in Frage. Und da Isdera in Leonberg vor den Toren Stuttgarts Domizil bezogen hatte, mußte er nach geeigneten Komponenten nicht lange suchen: Die Motoren, sowohl vom 033i-16 als auch vom Nachfolger 036i, steuerte Mercedes bei, ebenso wie die Raumlenker-Hinterachse. Die vorderen Radführungen fanden sich im Teileregal der Porsche-Vierzylinder-Serie und das Fünfgang-Getriebe bei ZF. Diese Bauteile installierte Schulz in einen leichten Gitterrohrrahmen und versah ihn mit einer kompromißlosen GfK-Karosserie. Besonders spektakulär: die Flügeltüren, die von einem Lamborghini stammen könnten. Beim Öffnen schwenkt auch die niedrige Plexiglasscheibe mit in die Höhe. Eine Persenning ist lediglich als Sonderausstattung zu 3000 Mark lieferbar.

Der Mittelmotor Sportwagen Isdera Spyder 033i, Modell 1983.

Pilot und Kopilot sitzen ungewöhnlich weit vorne plaziert. Unmittelbar hinter ihrem Rücken gehen die Mercedes-Triebwerke zur Sache, beim Spyder 033-16 der 2,3-Liter-Vierventiler aus dem Mercedes 190E, beim 036i der Dreiliter-Sechszylinder mit 231 PS, der auch im 300 CE-24 Cabriolet für genügend Schwung sorgt. Als Höchstgeschwindigkeit nennt Isdera für den aktuellen 036i 252 km/h, der 033-16 ging »nur« 232 km/h. So oder so: Wer einen sieht, betrachtet ihn meist von hinten – und denkt gleich an S-Klasse oder SL. Kein Wunder, stammen doch auch die Heckleuchten von Mercedes...

Preis: Isdera Spyder 036i: DM 199500,–

Der äußerlich nicht zu unterscheidende Nachfolger Isdera 036i von 1989 erhielt den 300-E-Motor. Bislang wurden rund 20 Exemplare gebaut.

Lorenz & Rankl

Am Anfang war der Ruhestand: Friedrich Peter Lorenz hatte sich ein Leben lang mit Autos beschäftigt – und immer noch nicht genug. Gleich nach dem Krieg hatte er eigene Autos gebaut, alte Wehrmachtskübelwagen bildeten die Basis für seine Rennwagen. Sogar Huschke von Hanstein war damit unterwegs. Besonders zukunftsträchtig schien das aber nicht, deshalb studierte Lorenz Maschinen- und Fahrzeugbau in München und Dortmund. 1955 heuerte er bei Ford in Köln an, wurde Leiter der Entwicklungsabteilung und wechselte 1970 zum Bremsenhersteller Teves. Nach sieben Jahren als General Operation Manager kehrte er der Industrie den Rücken und widmete sich dem Bau von Cobra-Replikas – ein Produkt, das Lorenz & Rankl auch heute noch im Programm hat. Ebenfalls in der Lieferliste: Ferrari Vollcabriolets (308/328, 400/412; Testarossa) und das viertürige Mercedes SEL-Cabriolet – ein Modell mit Folgen. Heiner Rankl, durch den Verkauf seiner Firma Etienne Aigner gerade im Besitz des notwendigen Kleingelds hatte Lorenz den Auftrag erteilt, das Flaggschiff aus Untertürkhcim vom lästigen Blechdach zu befreien. Die saubere Arbeit überzeugte ihn so sehr, daß er Teilhaber wurde. Die beiden Autonarren schlossen sich zur Firma Lorenz & Rankl zusammen und bereicherten die automobile Welt um ein Highlight: den Silver Falcon.

Der Silver-Falcon von Lorenz & Rankl, wie er 1985 vorgestellt wurde.

Silver Falcon (seit 1986)

Ein Hauch Ferrari California, ein kräftiger Schuß Mercedes 300SLR, und der schönste Lufteinlaß seit dem seligen E-Type: Der Silver Falcon, 1987 vorgestellt, ist ein Bilderbuch-Klassiker aus den fünfziger Jahren mit der vollendeten Technik der späten achziger Jahre. Der Meister zu seinem Werk: »Ich habe mein Auto im Stil der fünfziger Jahre konstruiert, damals wurden die schönsten Autos gebaut«. Schon allein deswegen kam keine schnöde selbsttragende Karosserie in Frage. Die harmonisch gezeichnete Karosserie – nach Wahl aus Kevlar oder Aluminium – sitzt nach alter Väter Sitte auf einem stabilen Gitterrohrahmen aus rostfreiem Edelstahl, dessen Dimensionen ahnen lassen, daß hier für die Ewigkeit gebaut wurde. In den armdicken Streben verlaufen die Brems- und Kraftstoffleitungen, unangreifbar für die unheilige Dreieinigkeit aus Schmutz, Rost und Alter. Lorenz: »Das Auto ist so gebaut, daß es die Kunden überlebt«. Auch bei der Technik haben die Falkner aus Wolfratshausen an nichts gespart: Motor, Kraftübertragung und Radaufhängung stammen aus dem Mercedes-Baukasten für die S-Klasse, Federung und Dämpfung übernimmt ein rennerprobtes Koni-Fahrwerk. Serienmäßig wird der Silver Falcon mit dem Mercedes-Fünfliter-V8-Motor und Getrag-Fünfgang-Getriebe ausgerüstet. Wer mehr Leistung und weniger Schaltarbeit wünscht, läßt den größeren Achtzylinder mit 5,6 Litern Hubraum und Automatikgetriebe installieren.

Preis: L&R Silver Falcon: DM 342000,–

Silver-Falcon Nr. 7, im Gegensatz zu seinem Namen im klassischen Ferrari-Rot. Die Stoßstangenecken vorn und hinten mit integrierten Blinkern werden nur auf Wunsch montiert. Bislang wurden 15 Fahrzeuge gebaut.

Opel

Die fünf Opel-Brüder Carl, Wilhelm, Heinrich, Fritz und Ludwig waren nicht nur begeisterte Radsportler, sondern betrieben auch mit ihrem fünfsitzigen Velozipid schon Ende des vorigen Jahrhunderts das, was man heute sales promotion nennt. Entsprechend gut florierte die von ihrem Vater 1862 gegründete Nähmaschinen- und Fahrradfabrik. 1897 lernten Carl und Wilhelm Opel auf einer Ausstellung des soeben gegründeten Mitteleuropäischen Motorwagen-Vereins in Berlin den Automobilkonstrukteur Friedrich Lutzmann aus Dresden kennen. Schon bald kam man überein, Lutzmanns Vehikel in Lizenz zu bauen. Im Herbst 1898 erblickte der erste 'Opel-Patent-Motorwagen, System Lutzmann' das Licht der Welt. Von 1899 an wurde der 4 PS starke Einzylinder in bescheidenen Stückzahlen verkauft. Nähmaschinen- und Fahrradproduktion liefen unverändert weiter, die Motorwagenherstellung war vom restlichen Betrieb streng abgeteilt.

Schon 1900 trennten sich die Opel-Brüder wieder von Lutzmann und stellten die Produktion ein, weil sie klug genug waren, zu erkennen, daß ihr Produkt den Konkurrenzmodellen weit unterlegen war. 1901 begann man, Motorräder zu bauen, die sich leidlich gut verkauften. 1907 wurde die Produktion wieder eingestellt. Neue Anläufe auf diesem Sektor unternahm man nochmals nach dem Ersten Weltkrieg und 1928, aber den Opel-Motorrädern gelang nie der rechte Durchbruch.

Trotz des Lutzmann-Abenteuers wollten die Opel-Brüder nicht mehr vom Auto lassen. 1902 übernahmen sie die Renault- und Darracq-Vertretung für Deutschland und präsentierten im selben Jahr in Hamburg ihr erstes eigenes Modell, den Opel 10/12 PS. Der kleine Zweizylinder wurde wie sein Darracq-Vorbild über eine Kardanwelle angetrieben. 1906 löste man die Lizenzverträge mit Darracq und präsentierte im folgenden Jahr einen selbstkonstruierten Vierzylindermotor.

Von nun an entwickelte die Motorwagenabteilung im Opel-Werk eine Eigendynamik, die die anderen Aktivitäten bald verdrängte. Fritz Opel nahm auf einem Opel-Rennwagen an der Targa Florio teil und 1909 erschien der Opel-Doktorwagen 4/8 PS. Ein Großbrand ließ im Jahr 1911 die Fahrrad- und Nähmaschinenfertigung in Schutt und Asche aufgehen, die Automobilabteilung dagegen unversehrt und löste auf diese Weise die Frage, auf welche Branche man sich künftig konzentrieren solle. 1913 erschien der Opel 5/14 PS, bekannter unter dem Namen 'Puppchen'. Im selben Jahr lehrte ein Opel-Rennwagen mit 12 Litern Hubraum und 260 PS der Konkurrenz das Fürchten. Carl Jörns setzte das vierventilige Monstrum noch 1926 mit Erfolg ein.

1924 markierte das Rüsselsheimer Unternehmen mit der Einführung der Fließbandproduktion des 'Laubfrosch' einen fertigungstechnischen Einschnitt in der deutschen Automobilgeschichte. 1928 wurde die Adam Opel KG in eine Aktiengesellschaft umgewandelt, ein Jahr darauf erwarb General Motors für 25,9 Millionen Dollar 80 Prozent der Aktienanteile1931 den Rest. 1935 machte Opel abermals mit einer technischen Pioniertat von sich reden: Als erster deutscher Serienwagen mit selbsttragender Ganzstahlkarosserie lief der Opel Olympia vom Band. 1937 trat man die Fahrradproduktion – nach Herstellung von insgesamt 2,5 Millionen Stück – an NSU ab.

Im Oktober 1940 – die magische Zahl von einer Million Personenwagen war längst überschritten – wurde die Pkw-Produktion eingestellt. In den Werken Rüsselsheim und Brandenburg, die im Laufe des Krieges großenteils zerstört wurden, stellte man Flugzeugteile und den Dreitonner-Wehrmachts-Lkw her. Nach Kriegsende wurden die Kadett-Bänder demontiert und gingen im Juni 1946 als Reparationsleistung in die Sowjet-Union, wo der Kadett dann ab 1947 als Moskwitsch 400 wiederauferstand und bis 1956 gebaut wurde.

Trotz der schweren Zerstörungen lief in Rüsselsheim bereits 1946 die Produktion des Opel-Blitz-Lkw an. 1947 erschien der Olympia in nahezu unveränderter Vorkriegsgestalt, 1948 folgte der Kapitän, der seinem Vorgänger von 1939 ebenfalls wie ein Ei dem anderen glich. Parallel zum Wirtschaftswunder wuchsen in den fünfziger und sechziger Jahren die Produktionszahlen: 1956 lief der zweimillionste Opel vom Band, 1960 wurde die dritte, 1962 die vierte Million erreicht. Im selben Jahr wurde das Werk Bochum eingeweiht, 1966 das Werk Kaiserslautern in Betrieb genommen. Heute zählt die Adam Opel AG längst wieder zu den führenden Automobilherstellern Europas.

Die frühere Cabriolet-Tradition wurde nach dem Krieg nur halbherzig wieder aufgenommen und werksseitig 1956 mit der Rekord Cabrio-Limousine zunächst beendet. Die danach hergestellten Cabriolets waren Kleinserien von Deutsch und Autenrieth oder Einzelanfertigungen von Karmann. Kein großer Erfolg beschieden war dem Kadett Aero, einem bei Baur in Stuttgart produzierten Targa-Modell, das nach zweijähriger Produktionsdauer wieder eingestellt wurde. Die Renaissance des Cabriolets in Rüsselsheim begann 1987 mit dem offenen Kadett E, der bei Bertone in Turin entstand. Zu diesem Zeitpunkt allerdings hatten sich Golf- und Escort-Cabriolet schon etabliert, und dem Bertone-Cabrio ist es nie so recht gelungen, aus dem Windschatten der beiden ungleichen Karmann-Brüder zu fahren. Gleichwohl hält Opel am Cabriolet fest. Beim Kadett-Nachfolger Astra ist für 1993 eine offene Variante beschlossene Sache. Ein Cabriolet auf Calibra-Basis ist ebenfalls im Gespräch. Das Coupé verkauft sich allerdings auch im geschlossenen Zustand glänzend, so daß für ein Cabriolet derzeit keine Produktionskapazität frei ist.

Opel Olympia (1950-1952)

Schon 1950 präsentierte Opel eine offene Version des stilistisch überarbeiteten Olympia. Es handelte sich um eine typische Cabrio-Limousine mit vier Sitzen, die nur DM 200 mehr kostete als die entsprechende Limousine. Gebaut wurden 3114 Stück. Auch das ab Februar 1951 erneut retuschierte Olympia-Modell mit größerem Heckfenster und von außen zugänglichem Kofferraum war als Cabrio-Limousine lieferbar und wurde 6036 mal produziert. Der Preis beider Modelle betrug DM 6600,-.

Opel Olympia Rekord (1954-1956)

Im Frühjahr 1953 brachte Opel den völlig neu entwickelten Rekord heraus. Er war das erste Rüsselsheimer Modell mit Pontonkarosserie und gewissermaßen ein Amerikaner im Taschenformat. Ein Jahr später gab es den Rekord auch als Cabrio-Limousine. Sie machte den damals noch üblichen alljährlichen Modellwechsel mit und wurde – jeweils stilistisch leicht überarbeitet – bis Juli 1956 produziert. Insgesamt wurden 12504 Cabrio-Limousinen des Typs Rekord gebaut.

Preise:	Opel Olympia Rekord Cabrio-Limousine 1954	DM 6710,–
	Opel Olympia Rekord Cabrio-Limousine 1955	DM 6710,–
	Opel Olympia Rekord Cabrio-Limousine 1956	DM 6560,–

Opel Olympia Rekord (1959-1963)

Erst 1959 gab es für die Freunde offener Autos wieder ein entsprechendes Opel-Modell. Die Darmstädter Karosseriefirma Autenrieth baute die zweitürige Rekord P-Limousine zum zweisitzigen Cabriolet um. Auch das 1960 vorgestellte Nachfolgermodell Rekord P II war bei Autenrieth als zweisitziges Cabriolet erhältlich. Als Basismodell für den Umbau diente jetzt jedoch das Coupé. Genaue Stückzahlen sind nicht mehr festzustellen.

Preise:	Opel Olympia Rekord P Autenrieth Cabriolet (1,5 l)	DM 11180,–
	Opel Olympia Rekord P Autenrieth Cabriolet (1,7 l)	DM 11255,–
	Opel Olympia Rekord P II Autenrieth Cabriolet 1700	SDM 11635,–

Opel Rekord A (1963-1965)

Der Opel Rekord A war das letzte Cabriolet, das bei Autenrieth entstand. Nachdem das Darmstädter Unternehmen 1964 seine Tore schloß, übernahm die Kölner Karosseriefirma Karl Deutsch den Umbau des Rekord A-Coupé s. Die genaue Stückzahl ist nicht bekannt.

Preise:	Opel Rekord A Deutsch-Cabriolet (1,7 l)	DM 11765,–
	Opel Rekord-6 Deutsch-Cabriolet (2,6 l/6-Zyl.)	DM 13060,–

Opel Rekord C/Opel Commodore A (1967-1971)

Die Karosseriefirma Karl Deutsch bot ab 1967 sowohl den Rekord C als auch den Commodore A als 2/2sitziges Cabriolet an. Als Basismodell diente jeweils die zweitürige Limousine, die Umbaukosten betrugen rund DM 4000,–. Auch Karmann in Osnabrück baute insgesamt 4 Commodore-Cabriolets. Der Preis ist nicht bekannt.

Opel Olympia Cabrio-Limousine, 1950

Opel Olympia Cabrio-Limousine, 1951-1952

Opel Olympia Rekord
Cabrio-Limousine,
1954

Opel Olympia Rekord
Cabrio-Limousine,
1956

Opel Olympia Rekord
P Cabriolet
(Karosserie
Autenrieth), 1959

Opel Olympia Rekord
P II Cabriolet
(Karosserie
Autenrieth), 1963

Opel Rekord A
Cabrio-Limousine
(Karosserie
Autenrieth), 1963/64

Opel Rekord B
Cabriolet (Karosserie
Deutsch), 1966

Opel Kapitän Cabriolet zweisitzig (Karosserie Hebmüller), 1952/53

Opel Kapitän Roadster (Karosserie Tettner), 1951

Für die britische Militärpolizei baute die Firma Autenrieth 1953 fünf Exemplare dieses Opel Kapitän-Cabriolets

Ebenfalls bei Autenrieth entstand 1953 dieses Opel Kapitän-Cabriolet

Opel Kapitän Cabriolet (Karosserie Autenrieth), 1957

Opel Diplomat Cabriolet (Karosserie Karmann) auf Basis des Diplomat Coupé, 1967

Vier Exemplare diess Cabriolets auf Basis des Opel-Diplomat E dienten der Rüsselheimer Firma als Repräsentationswagen für besondere Anlässe.

Opel Commodore Cabriolet (Karosserie Karmann) mit elektrohydraulischer Verdeckbetätigung, 1967.

Ein Einzelstück blieb dieses 1973 von Karmann gebaute Cabriolet auf Basis des Opel Manta A 1900 S. Die später von verschiedenen Umbaufirmen angebotenen Cabriolets sahen der Karmann-Lösung zum Verwechseln ähnlich.

Auf der IAA 1969 präsentierte Opel den Aero GT. Es blieb bei zwei Prototypen.

Einzelstücke auf Kadett- und Olympia-Basis: Oben ein Opel Kadett B-Cabriolet (Karosserie Welsch), darunter ein Opel Olympia-Cabriolet von Karmann, ganz unten ein Opel Kadett A-Cabriolet mit Deutsch-Karosserie.

Opel GT (1968-1973)

Der Umbau eines Klassikers zum Cabriolet ist immer eine heikle Angelegenheit, Originalitätsfanatiker wenden sich mit Grausen ab. Die Tuningbranche dagegen kennt bekanntlich kein Tabu. So gibt es auch vom Opel GT Varianten ohne Dach. Die »Baby-Corvette«, ab 1968 in Produktion, entstand auf der Bodengruppe des Kadett Olympia und wurde in einer Auflage von 103463 Exemplaren gebaut. Vom Aero GT, vorgestellt auf der IAA 1969, wurden zwei Prototypen hergestellt.

Opel GT-Cabrios gab es erst lange nach Produktionsende des Coupés. Bekannt sind die Umbauten der Firma Convertible Cars im fränkischen Neustadt/Aisch. Den GT Convertible gibt es in zahlreichen Aus- und Aufbaustufen. Der Bogen spannt sich vom neu aufgebauten Fertigfahrzeug mit einjähriger Garantie für 36000 Mark über diverse Roadster- und Speedster-Versionen bis hin zum Aero GT-Bausatz für 5550 Mark. Sonnenhungrige GT-Fahrer kommen auch bei der Firma Lumma auf ihre Kosten. Der Komplettumbau zum Targa schlägt mit 8000 Mark zu Buche, der Bausatz inklusive Targadach aus Gfk und TÜV-Segen mit moderaten 4000 Mark. Die Umrüstung zum Vollcabrio beinhaltet ein Verdeck aus Sonnenland-Verdeckstoff sowie eine passende Persenning. Das Cabrio-Vergnügen für Bastler beginnt bei 4600 Mark. Wer vor Ort montieren läßt, zahlt 12500,- DM.

Opel Manta A (1970-1975)

Die erste Manta-Generation, die Coupé-Version des Ascona, avancierte in den späten Achzigern fast schon zum Klassiker. Der Flügelrochen aus Rüsselsheim – in der Optik sportlicher als in der Technik – war werksseitig nie als Cabriolet im Programm. Ein 1973 bei Karmann gebauter Prototyp ging nicht in Serie. Erst lange nach Produktionsende halfen verschiedene Tuningbetriebe diesem Manko ab, zum Beispiel die Firma Hintermeier Power im bayerischen Kolbermoor. Der Umbau kostet als Bausatz DM 4850,- und umfaßt zahlreiche Verstärkungen. Sie sind so großzügig dimensioniert, daß der Vorderwagen auch den Dreiliter-Sechszylinder mit 180 PS und extrem breite 345/35-15er Reifen verkraftet. Überdies gibt es den Manta A bei Hintermeier auch als Targa.

Opel Manta B (1975-1989)

Die zweite und letzte Manta-Generation wurde zum Star – allerdings erst, als sie schon nicht mehr gebaut wurde. Manta-Witze, -Filme und -Spiele nahmen Fahrer und Beifahrer auf die Schippe; Manta-Clubs und -Treffen bewiesen die Beliebtheit des familienfreundlichen Coupés, das von zahlreichen Tunern mit Spoilern traktiert, durch eigentümliche Kühlergrills verfremdet und durch Kotflügelverbreiterungen gnadenlos entstellt wurde. Die Steigerung der Manta-Manie: der Umbau zum Cabriolet. Pionier bei der Offenlegung des Rüsselsheimer Kultobjekts war die Firma Klostermann in Kamen. Der Umbau zum

Targa mit zwei herausnehmbaren Dachhälften (wobei der Mittelsteg erhalten blieb) dauerte einen Tag und kostete rund 3000 Mark. Der Florida genannte Targa erschien 1979, blieb allerdings ohne Glück und Nachahmer. Ein halbes Jahrzehnt nach dem Florida stellte Convertible Cars ein Manta-Vollcabriolet vor. Auch Hintermeier trat in Erscheinung, griff aber, wie schon beim Manta A, auf CC-Bausätze zurück. Im Gegensatz zu diesen Anbietern bietet Piecha-Automobildesign sein Cabriolet nicht als Bausatz an. Wer im Schwäbischen schneidern läßt, erhält dafür eine sechsmonatige Werksgarantie auf den Cabrioumbau, der DM 10 800,– kostet.

Opel Kadett Aero (1976-1978)

Der Aero-Kadett war Opels halbherziger Versuch, wieder an die Cabriolet-Tradition früherer Zeiten anzuknüpfen. Das im März 1976 vorgestellte Targa-Modell wurde bei Baur produziert und glich in seiner Konzeption den dort zuvor hergestellten Cabriolets der BMW-Baureihe 02. Als Basis diente die zweitürige Kadett C-Limousine. Als Antriebsquelle wurde zunächst nur der 1,2 Liter-Motor, ab 1977 auch das 1,6 Liter-Aggregat angeboten. Der bis Juli 1978 gebaute Aero-Kadett erwies sich als ziemlicher Flop, nicht zuletzt wegen seines überhöhten Preises. Er kostete anfangs DM 15 500,–, ab August 1977 versuchte man der mangelnden Nachfrage durch eine Preissenkung auf DM 14 500,– zu begegnen. Der 1,6 Liter-Motor kostete DM 655,– Aufpreis. Gebaut wurden insgesamt 1332 Exemplare, heute gesuchte Liebhaberstücke. Besonders exklusiv: der Bitter Aero Kadett. Diese Top-Version des Baur-Cabriolets entstand in Zusammenarbeit mit der Firma Bitter und zeichnete sich durch Lederausstattung, Irmscher-Kotflügelverbreiterungen, Breitreifen und einen leistungsgesteigerten 1,6 Liter-Motor mit Doppelvergaseranlage aus. Zehn dieser Edel-Cabrios wurden gebaut.

Der Opel GT Spider, eine Kreation der Firma Convertible Cars.

Der Opel GT entwickelte sich in den späten achziger Jahren immer mehr zum Kultobjekt. Einige Spezialisten bauten ihn auch zum Cabrio um: hier der offene GT der Firma Lumma, Winterlingen.

Das Manta-B-Cabriolet der Firma Piecha.
Dieses Manta-Cabrio entstand aus einem Umbausatz der Firma Cabrio-Design. Der Kit wird in dieser Form inzwischen nicht mehr angeboten.

Diese Studie eines Opel Manta Targa entstand 1972 in der Design-Abteilung von Opel.

Dieses hübsche Cabriolet stammt aus der Werkstatt von Ostermann-Germer und basiert auf dem Opel Commodore B-Coupé, gebaut zwischen 1972 und 1975.

Opel Kadett Aero, 1976-1978

Das Kadett-C-Cabriolet von Cabrio-Design Ostermann-Germer. Das Foto zeigt die Version I mit hinteren Seitenscheiben aus Kunststoff. Die Version II mit geändertem Verdeckgestänge und Seitenscheiben aus Glas ist rund 800 Mark teurer.

Sonderkarosserien

Ende der achziger Jahre entstand eine überaus rührige Opel-Fangemeinde, die vor allem die Kadett-C-Coupés favorisierte. Die logische Konsequenz: der nachträgliche Umbau zum Cabriolet. Dabei tat sich vor allem Convertible Cars in Neustadt/Aisch hervor. Dort kommen die zweitürigen C-Typen unter die Trennscheibe, bevorzugt natürlich das Coupé. Der Umbaukit zum Vollcabrio ohne Überrollbügel hat den Segen des TÜV und kostet 4850 Mark. Wer sich den Umbau nicht zutraut, liefert ein Fahrzeug an, bezahlt 11990,- DM und erhält dafür einen kompletten Cabriolet-Umbau. Daneben bietet CC auch einen Targa mit herausnehmbaren Dachmittelstück an. Kadett-Cabrios kommen neuerdings auch aus Kürten-Dürscheid. Die Firma Cabrio-Design Ostermann-Germer offeriert zwei Bausatzvarianten, die sich insbesondere durch die Verdeckkonstruktion unterscheiden.

Opel Kadett D (1979-1984)

Vom D-Typ wurde werksseitig kein Cabrio angeboten. Daß Enthusiasten dennoch Frischluft schnuppern konnten, machte ein Opel-Händler in der Eifel möglich. In Zusammenarbeit mit einem benachbarten Karosseriebauunternehmen realisierte Opel-Sürth in Mayen eine Kadett-D-Kombination mit Hard- und Softtop, das an den Kadett Aero von Baur erinnerte. Wie bei ihm blieben die vorderen Fensterführungen erhalten, die B-Säule mutierte zum Überrollbügel. Das beeinträchtigte zwar die Optik, hielt aber die Umrüstkosten in Grenzen: 8500 Mark kostete der komplette Umbau. Nach fünf Kadett-D-Cabrios kam der Modellwechsel zum E-Typ und damit das Ende dieser bemerkenswerten Schöpfung.

Von vornherein auf Gebrauchtfahrzeuge ausgerichtet sind die Umrüstsätze der Firma Bieber-Cabrio in Borken. Der Kadett-Fan hat zwei Möglichkeiten, seinen D-Typ in ein Cabriolet zu verwandeln. Die einfachste Möglichkeit: Er liefert seine zweitürige Limousine in Borken ab und läßt den Rohumbau dort erledigen. Das dauert einen Tag und ist rund 500 Mark teurer als der Kauf des Do-it-yourself-Bausatzes, der auf 3450 Mark kommt.

Die Baumgärtner-Variante verzichtet gleichfalls auf den Überrollbügel. Der badische Newcomer, der erst im Sommer 1991 in Erscheinung trat, verwendet soweit wie möglich die originalen Blechteile. Ein stabiler Rahmen aus Rechteckrohren, mit dem Aufbau fest verschweißt, sorgt für den nötigen Halt. Der Bausatz kostet 6900 Mark, Komplettfahrzeuge sind ab DM 20000,– erhältlich.

Mit dem Bausatz der Firma Bieber-Cabrio in Borken läßt sich auch ein Kadett der D-Serie (1979-1984) in ein Cabriolet verwandeln.

Opel Kadett »Aero« 1984: Eine Kreation des Opel-Vertragshändlers Sürth in Mayen.

Opel Ascona C (1981-1989)

Der unbestrittene Star des Opel-Messestandes in Frankfurt 1981 war ein schneeweißes Ascona-Cabriolet. Dieses Einzelstück, von der renommierten American Sunroof Corporation im Auftrag von General Motors gebaut, verfügte über elektrische Fensterheber und ein elektrisches Verdeck. Die Stylingstudie wurde nach der Messe verlost und ging später in den Besitz eines Hannoveraner Lebensmittel-Unternehmers über.

Sonderkarosserien

Trotz der positiven Resonanz dachte Opel nicht an eine Serienproduktion des Ascona-C-Cabriolets. Das übernahm der Dettinger Opel-Händler Keinath, der sein Keinath KC3-Cabriolet in einer Kleinserie von 325 Exemplaren zu Preisen zwischen 39950 und 42000 Mark auf den Markt brachte. Später bot auch der Münchner Opel-Händler Häusler ein Ascona-Cabrio an. Nachdem mehrere Subunternehmer, darunter Michelotti in Italien und Tropic in Crailsheim – bei dem zwei Prototypen entstanden –, gescheitert waren, übernahm schließlich die Würzburger Karosseriefabrik Voll unter dem Markennamen Hammond&Thiede die Produktion des viersitzigen Vollcabriolets. Der Vertrieb lief über das Opel-Händlernetz. Zwischen 1984 und 1988 entstanden rund 3000 Fahrzeuge. Mit einer dritten Cabrio-Variante versuchte auch Jürgen G. Weber, ehemaliger Chef der Crailsheimer Firma Tropic, ein Comeback. Unter Verwendung von Komponenten der nur in den USA verkauften GM-Cabrios Chevrolet Cavalier und Pontiac J2000 wollte seine neue Firma Hy-Tech den Ascona »Playa« ab November 1983 für 29995 Mark in Deutschland anbieten. Ob außer dem Prototyp noch weiter Fahrzeuge gebaut wurden, ist nicht bekannt.

Opel Monza (1984-1987)

Ermutigt durch den Erfolg des Ascona-Cabriolets nahm sich Keinath auch das Monza-Coupé vor. 18 Exemplare des KC5 wurden gebaut, die Preise für den Umbau schwankten je nach Ausstattung zwischen 33000 und 50000 Mark. Ein neu gestalteter Kühlergrill und eine neu geformte Heckpartie mit Kofferraumdeckel aus Kunststoff waren im Preis enthalten, ebenso wie die echt lederbezogene Instrumententafel mit LCD-Anzeigen. Ein Einzelstück blieb die Creation von Piecha. Der Cabrio-Spezialist hatte neben diversen Einzel- und Kleinserienexemplaren auch ein Monza-Cabriolet fertiggestellt.

Opel Corsa Spider (1985-1990)

Der Corsa-Spider entstand auf Initiative des Opel-Haustuners Irmscher in Remshalden-Grunbach und wurde auf dem Genfer Salon 1982 erstmals gezeigt. Die überraschend große Nachfrage ermutigte das schwäbische Unternehmen, eine kleine Serie aufzulegen, die zunächst als Irmscher-Corsa ins Opel-Programm aufgenommen wurden. Ab Spätjahr 1985 wurde der Spider als Corsa-Spider offiziell unter dem Opel-Markenzeichen vertrieben. Über 1000 Spider

Prototyp eines Opel Ascona-Cabriolet zur IAA 1981, gebaut bei ASC in den USA.

Opel Ascona-Cabriolet Keinath KL-3

Schön und selten: Das Monza-Cabrio KC5 der Firma Keinath in Dettingen/Teck. 18 Fahrzeuge wurden gebaut.

Styling-Studie eines Opel Corsa Spider zum Genfer Automobilsalon 1982. Das Fahrzeug ging später als Irmscher Spider in Serie.

Der Corsa-Spider von Irmscher in Remshalden-Grunbach wurde ab 1985 über Opel-Vertragshändler vertrieben.

Der Michalak-Spider, ab Herbst 1984 lieferbar, war im Gegensatz zum Irmscher-Spider ein reinrassiger Zweisitzer mit voll versenkbarem GfK-Hardtop. Charakteristisch sind die Höcker auf der Heckklappe.

haben bislang die Werkshallen in Remshalden verlassen, von denen 120 sogar nach Portugal exportiert wurden. Inzwischen fertigt Irmscher den Corsa nur noch auf Bestellung.

Wer auf die schmale Rücksitzbank des Irmscher-Corsa verzichten wollte, wandte sich an die Konkurrenz: die gefällige Spider-Kreation der Wiesbadener Firma Michalak gab es nur als Zweisitzer. Der Corsa-Spider mit versenkbarem Hardtop war in verschiedenen Motorisierungsvarianten erhältlich und kostete mindestens 24 685 Mark.

Preis: Opel Irmscher Corsa 1,3 S: DM 24850,–

Opel Senator B (1987)

Zur IAA 1987 präsentierte Opel als attraktives Schaustück eine Cabriostudie auf Basis der zweiten Senator-Generation. Der Nobel-Opel entstand wiederum im schwäbischen Dettingen bei Keinath und blieb leider ein Einzelstück.

Blieb ein Einzelstück: Senator Cabriolet, das von Keinath für Opel gebaute Ausstellungsstück zur IAA 1987.

Opel Kadett E (1987-1991)

Nach der Bruchlandung des Aero-Kadett verzichtete Opel vorerst auf weitere Cabrio-Experimente – und fand sich damit in guter Gesellschaft. Mit Cabrios war damals kein Geschäft zu machen, und sowohl Mercedes als auch VW hielten nur noch aus Tradition daran fest. Nur wenige Jahre später sah die Sache ganz anders aus. Der Erfolg von Golf- und Escort-Cabriolet hatte die deutsche General-Motors-Tochter in Zugzwang gebracht: Die Cabrio-Welle rollte, und Opel hatte in der wichtigen Kompakt-Klasse nichts vorzuweisen.

Abhilfe schuf das Kadett-Cabriolet, das seit 1987 seinen Platz im Werksprogramm hatte. Wie die Konkurrenten von VW und Ford entschied man sich für eine Lösung mit Überrollbügel, was neben dem Sicherheitsaspekt auch Kostenvorteile hatte. Für das Design zeichnete der italienische Karosserie-Schneider Nuccio Bertone verantwortlich, der auch die Produktion übernahm. Opel lieferte den kompletten Kadett nach Turin, Bertone besorgte den Umbau, wobei das Cabriolet rund 85 Kilogramm schwerer geriet als das Basis-Modell. Lieferbar war das Cabriolet in zwei Versionen , wobei das Basis-Modell mit dem 55 kW-1,6-i-Aggregat und Katalysator ausgerüstet war. (Den 60 kW starken 1,6 Liter S-Motor ohne Katalysator gab es im Cabrio nur kurze Zeit.) Das Top-Modell GSi erhielt den neuen Zweiliter-Motronic-Motor mit 85 kW/ 115 PS. Die Serienausstattung entsprach den jeweiligen Limousinen-Pendants.

Preise: Opel Kadett Cabrio 1,6 S: DM 26870,–
          Opel Kadett Cabrio 1,6i Kat: DM 26870,–
          Opel Kadett Cabrio 2,0i GSi Kat: DM 30920,–

Made in Italy: Das Opel Kadett E-Cabriolet wird bei der Karosseriefirma Bertone in Grugliasco bei Turin gebaut. Hier ein Modell mit 1,6-Liter-Einspritzmotor aus dem Jahr 1989.

Überzeugt auch im geschlossenen Zustand: Opel Kadett Cabriolet GSi.

Sonderkarosserien

Mit dem Erscheinen des Werkscabriolets war das Thema Kadett E für die Tuner vom Tisch – sollte man meinen. Dennoch stellte die Firma Baumgärtner in Karlsdorf/Nordbaden 1991 den Prototyp eines bügelfreies Vollcabriolets auf Basis des zweitürigen E-Typs vor. Wie beim D-Umbau fanden auch hier weitgehend die originalen Blechteile Verwendung, dazu kam ein massiver Rahmen zur Versteifung der Bodengruppe, der dem Fahrzeug zu einer beeindruckenden Stabilität verhalf. Beim Verdeck hatte das Alles-oder-nichts-Prinzip der englichen Roadster Pate gestanden: Verdeckspiegel und -hülle ließen sich komplett abnehmen und im Kofferraum verstauen.

Das erste bügelfreie E-Cabrio, 1991 vorgestellt, stammt von der Firma Baumgärtner aus Karlsdorf/Baden.

Opel Calibra (seit 1990)

Mit dem Manta-Nachfolger landete die deutsche General-Motors-Tochter einen Volltreffer. Das schnittige Coupé bietet eine adrette Optik, gute Fahrleistungen und jede Menge Fahrspaß zum günstigen Preis – all das, was deutsche Autofahrer inzwischen fast nur noch bei den Japanern finden. Kein Wunder also, daß ellenlange Lieferzeiten und voll ausgelastete Produktionsstraßen keine Kapazität mehr freiließen für den Traum vom Cabrio – obgleich in Rüsselsheim auch eine offene Variante im Gespräch war.

Eineinhalb Jahre nach Lieferbeginn des Coupés erschien endlich der lang ersehnte offene Calibra – allerdings nicht ab Werk. Die Offenbarung für Calibra-Fans kam diesmal von Automobilveredler Piecha. Drei Monate später schob Piecha zur Essener Motor Show das Calibra-Vollcabrio nach – praktisch zeitgleich mit dem Vollcabrio der Firma Hornstein in Volkertshausen. Die Arbeiten am offenen Calibra hatten im Sommer 1991 begonnen, kurz vor der Motor Show in Essen wurde der Prototyp präsentiert. Auf einen Überrollbügel konnte dank umfangreicher Verstärkungen verzichtet werden. Bei der Verdeckkonstruktion griff Hornstein auf das Audi-Gestänge zurück, das Verdeck verschwindet unter einer GfK-Abdeckung. Der Umbau verringert das Kofferraumvolumen um etwa 40% gegenüber dem Coupémodell. Die hinteren Seitenscheiben lassen sich elektrisch heben und senken. Für den Umbau stellt Autostyling Hornstein 18000,– DM in Rechnung.

Der Opel Calibra macht auch als Cabrio eine gute Figur. Nahezu zeitgleich präsentierten Autostyling Hornstein...

...und die Firma Piecha im Oktober 1991 ihre Umbauten.

Porsche

Um Autos kreisen die Gedanken des ideenreichen Konstrukteurs Dr. Ing. h.c. Ferdinand Porsche schon lange, bevor er sein erstes eigenes Modell baute. Nach Gastspielen als Chefkonstrukteur bei Austro-Daimler, Steyr und Daimler-Benz gründete er am 25. April 1931 in der Stuttgarter Kronenstraße die Dr. Ing. h.c. F.Porsche GmbH, als deren Geschäftszweck 'Konstruktion und Beratung für Motoren und Fahrzeuge' ins Handelsregister eingetragen wurde.

Noch im selben Jahr entwickelte er gemeinsam mit seinem Ingenieur-Team für Zündapp den Prototyp eines Kleinwagens. Zwei Jahre später arbeitete er an einem ähnlichen Auftrag für NSU. Das Ergebnis war ein früher Vorläufer des Volkswagens. Zur selben Zeit entwickelte er in eigener Initiative jenen 16-Zylinder-Heckmotor-Rennwagen, den dann die Auto Union übernahm und der von 1934 bis 1937 auf den europäischen Rennstrecken zahlreiche Siege errang.

Im Auftrag des Reichsverbandes der Deutschen Automobilindustrie begann Porsche 1934 mit der Entwicklung des Volkswagens. Ende 1935 waren bereits die ersten Prototypen fertig, der weitere Ablauf wird im Kapitel "VW" geschildert. Ebenfalls noch vor dem Krieg entstanden Kleinschlepperkonstruktionen sowie Entwürfe für Flugmotoren und Windkraftanlagen, während des Krieges eine Reihe von Panzern und Schleppern.

Aufgrund dieser Tätigkeit wurde er nach Kriegsende zunächst von den Amerikanern interniert und anschließend von den Franzosen verhaftet. Fast zwei Jahre verbrachte er als Gefangener in Paris und Dijon. Erst 1947 ließen die Franzosen ihn und seinen ebenfalls verhafteten Schwager Dr. Piëch gegen eine Kaution von einer Million Dollar frei.

In Gmünd/Kärnten, wohin 1944 der Betrieb ausgelagert worden war, hatte unterdessen sein Sohn Ferry mit der Produktion von Skibindungen und Barakkenbeschlägen die Arbeit wieder aufgenommen. Gemeinsam mit Chefkonstrukteur Karl Rabe arbeitete er seit 1946 aber auch an seiner Lieblingsidee: der Entwicklung eines Sportwagens. Auf der Basis des VW-Käfers entstand im Juni 1948 der erste 356 (die 356. Porsche-Konstruktion), ein zweisitziger Roadster mit Aluminiumkarosserie.

Bis zum März 1951 wurden in Gmünd insgesamt 46 Alu-356 – 23 Cabrios und 23 Coupés – gebaut, dann erfolgte der Umzug nach Zuffenhausen. Dort mietete Porsche von der Karosseriefabrik Reutter 600 Quadratmeter an und begann mit der Serienfertigung des 356, von jetzt ab mit Stahlkarosserie. Niemand ahnte damals, daß bis zur Produktionseinstellung im April 1965 über 76000 Einheiten gefertigt werden würden.

Die Grundkonzeption des ersten 356 blieb bis zum Schluß unverändert. Im Zuge der Modellpflege wurden die Nachfolgertypen 356A, 356B und 356C systematisch verbessert und verfeinert. Auch das äußere Erscheinungsbild wurde im Laufe der Jahre zusehends ansehnlicher. Die Leistung des luftgekühlten Boxermotors eskalierte von 40 auf 130 PS in den Carrera-Versionen des B- und C-Typs.

Nur für den militärischen Gebrauch vorgesehen war ein Porsche-Cabriolet ganz anderer Art: der Gelände- und Jagdwagen Typ 597. Es handelte sich um einen für die Bundeswehr entwickelten Kübelwagen (Nato-Bezeichnung: Lkw 0,25 t gl.), dessen vom Porsche 1500 ('Dame') entliehener Motor traditionsgemäß im Heck seine Arbeit verrichtete. Von 1954 bis 1958 wurden 71 Vorserienwagen gebaut. Obwohl der Porsche 597 optisch und technisch unter den drei damaligen Bewerbern (außer Porsche noch Goliath und Auto Union) die beste Figur machte, scheiterte der Bundeswehr-Großauftrag schon aus Kapazitätsgründen, denn die Porsche-Bänder waren mit der normalen Sportwagenproduktion voll ausgelastet.

Cabriolets spielten bei Porsche immer eine besondere Rolle. Schon 1935 präsentierte der Firmengründer ein VW-Cabriolet auf der Basis der Limousinen-Versuchsserie. Zwei Jahre später folgte der erste offene Wagen der VW-Typenreihe 60, von dem nur 30 Stück gebaut wurden. Auch der Urahn der Typenreihe 356 war wieder ein Cabriolet. Und der allerletzte 356C, der vom Band lief, war ebenfalls offen.

Neben den 356-Cabriolets entstand 1952 auf Anregung des damaligen Porsche-Importeurs Maximilian Hoffmann eine Exklusivserie von 15 Exemplaren des 'American Roadster' (Typ 540). Er besaß ein Notverdeck, Steckfenster und leichte Schalensitze und wog ganze 605 Kilo. Der 70 PS starke 1500-S-Motor verhalf ihm zu beachtlichen Fahrleistungen.

Als Nachfolger des American Roadster kam 1954 der 356 Speedster auf den Markt. Seine äußeren Merkmale: 35 mm niedrigere Türen, stark gerundete, niedrige Windschutzscheibe. Steckfenster statt versenkbarer Seitenscheiben und ein flaches Notverdeck, unter dem nur Kleinwüchsige ausreichende Kopffreiheit hatten. Schalensitze und ein geändertes Armaturenbrett vermittelten sportliches Flair. Der Speedster war wahlweise mit 55 oder 70 PS, ab 1955 als 356A mit 60 oder 70 PS, später auch mit dem Carrera-Triebwerk lieferbar. Er blieb bis 1958 im Programm. Abgelöst wurde er durch den im selben Jahr auf dem Pariser Salon vorgestellten 'Convertible D' (D stand für den Heilbronner Karosseriehersteller Drauz), der bis 1959 gebaut wurde. Sein Nachfolger trug die Bezeichnung 'Roadster' und blieb – wahlweise mit 60, 75 oder 90 PS erhältlich – bis Sommer 1961 im Programm. Im Gegensatz zum Speedster besaß er seitliche Kurbelfenster und wog nur noch knapp 30 Kilo weniger als das Cabriolet. Bis Februar 1961 wurde der Roadster bei Drauz gebaut, danach noch einige Monate bei der belgischen Firma D'leteren in Brüssel.

Eine ganz spezielle Art offener Porsche stellte der 550-Spyder dar, werksintern als 1500 RS bezeichnet. Der 550-Spider ging auf den 1949 von dem Frankfurter VW-Händler Walter Glöckler und dem Ingenieur Ramelow gebauten Rennsportwagen zurück, mit dem Glöckler 1950 die Deutsche Meisterschaft gewonnen hatte. Der Wagen besaß einen superleichten Rohrrahmen und eine Leichtmetallkarosserie des Frankfurter Karosseriebetriebs C.H. Weidenhausen. Er wog weniger als 450 Kilo, sein 1100er Porsche-Motor leistete alkoholbeflügelt (das war damals zulässig) 58 PS.

Der 550-Spyder wurde erstmals bei der Mille Miglia 1954 eingesetzt. Als Antrieb diente der von Professor Dr. Fuhrmann konstruierte Viernockenwellen-Motor (Werksbezeichnung: Typ 547), der später auch in den 356er Carrera eingebaut wurde. Die Typenbezeichnung 550 war mit dem Gewicht identisch: 550 Kilo. Die Maschine leistete zunächst 110 PS, später – beim RS 61 Spyder – bis zu 180 PS.

Das letzte 356 C-Cabriolet war kaum vom Band gelaufen, da machte Porsche mit einem völlig neuartigen offenen Wagen Schlagzeilen: dem 911 Targa, vorgestellt im September 1965 auf der Frankfurter IAA und von seinen Erbauern stolz apostrophiert als »erstes serienmäßiges Sicherheits-Cabriolet der Welt«. In einer Pressemitteilung wurden vor allem die verschiedenen Variationsmöglichkeiten des neuen Modells gelobt: Man konnte völlig geschlossen, halb offen oder ganz offen fahren. Der von Puristen als störend empfundene Überrollbügel freilich blieb in jedem Fall stehen, was der Optik nicht unbedingt guttat. Andererseits gewann der Targa dadurch an Verwindungssteifheit und außerdem lag er genau im Trend des wachsenden Sicherheitsbewußtseins, das gelegentlich leicht hysterische Züge annahm. Die Targa-Modelle 911 und 912 wurden ab Frühjahr 1966 ins Verkaufsprogramm aufgenommen. Die Heckscheibe war wahlweise fest installiert oder – als flexibles Plastikfenster – ausknöpfbar. Seit 1968 gibt es nur noch die Ausführungen mit fest eingebauter Heckscheibe.

Unter den internationalen Sportwagenmarken ist der Name Porsche heute einer der berühmtesten. Die außergewöhnliche Kreativität des Firmengründers und seiner Nachfolger, aber auch die intensive Forschungs- und Entwicklungstätigkeit der in der Weissacher 'Denkfabrik' tätigen Ingenieure haben etwas vollbracht, was kaum jemals einem anderen Hersteller dieser Autospezies gelang: dem Sportwagen ein positives und seriöses Image zu geben.

Porsche 356 (1950-1955)

Noch in Gmünd/Kärnten gebauter Roadster (später auch Coupé) mit Leichtmetallkarosserie und geteilter Frontscheibe. Im Prototyp war der Motor vor der Hinterachse eingebaut, bei der folgenden Kleinserie von 23 Roadstern und 23 Coupés hinter der Hinterachse. Einige Roadster wurden bei Beutler in Thun/Schweiz karossiert. Die Alu-356 wurden von Juni 1948 bis März 1951 gebaut.

Ab April 1950 entstanden bei Reutter in Stuttgart die ersten 1100er Cabriolets mit Ganzstahlkarosserie. Preis: DM 12 200,–. Ab April 1951 gab es zum gleichen Preis auch das 1300er Cabriolet. 1952 wurde der sogenannte American Roadster in einer Kleinserie von 15 Exemplaren gebaut. Das normale Cabriolet gab es nun bereits in drei Versionen: mit 55, 60 oder 70 PS. 1953 kam als vierte Ausführung das Modell 1300 Super hinzu. Der Preis war inzwischen auf DM 15 500,– geklettert.

Ab 1954 gab es neben dem Cabriolet noch den Speedster (wahlweise mit 44, 55, 60 oder 70 PS), der im Preis deutlich niedriger lag. Die stärkste Ausführung kostete Ende 1954 lediglich DM 13 300,–. Von April 1950 bis August 1955 wurden insgesamt 2239 Cabriolets (1100, 1300, 1300 Super, 1500, 1500 Super) und 1900 Speedster (1300, 1300 Super, 1500, 1500 Super) produziert.

Porsche 356 A (1955-1959)

Technisch und formal weiterentwickelter Wagen, vorgestellt im September 1955. Das Cabriolet gab es nun in den folgenden Leistungsvarianten: 1300 (44 PS), 1300 Super (60 PS), 1600 (60 PS) und 1600 Super (75 PS), ferner als 1500 GS Carrera mit dem 100 PS starken Viernockenwellen-Motor. Die Preise lagen je nach Modell zwischen DM 12600,– und 19700,–. Den Speedster gab es jeweils DM 2000,– billiger als 1600, 1600 Super und Carrera. Ab September 1957 verschwanden die Modelle 1300 und 1300 Super. Die stärkste Version hieß nun 1500 GS Carrera de Luxe und leistete 105 PS. Die Auspuffrohre wurden durch die Stoßstangenhörner geführt. Die Spindellenkung wich einer ZF-Einfingerlenkung. Beim Cabriolet sorgten vordere Ausstellfenster für zugfreie Belüftung, die Heckscheibe wurde nochmals vergrößert. Für Cabriolet und Speedster war jetzt auch ein schnell demontierbares Hardtop lieferbar.
Ab August 1958 ersetzte der Convertible D die Modelle 1600 Speedster und 1600 Super Speedster. Er war wahlweise mit einem oder zwei Lüftungsgittern in der Motorhaube erhältlich. Zwischen Mai 1957 und August 1958 konnte man den Speedster auch als 1500 GS Carrera Gran Turismo mit 110 PS kaufen. Ab September 1958 wurde die Carrera-Maschine auf 1588 cm^3 aufgebohrt.
Zwischen September 1955 und August 1959 wurden vom Typ 356A insgesamt 3367 Cabriolets, 2922 Speedster und 1330 Convertible D ergestellt.

Porsche 356 B (1959-1963)

Erneut karosserie- und ausstattungsmäßig weiterentwickeltes Modell, ausgeliefert ab September 1959. Höhergelegte Stoßstangen, ovale Lufteinlässe in der Frontschürze zur Kühlung der jetzt querverrippten Trommelbremsen. Rückfahrscheinwerfer unter der Stoßstange, Einbaumöglichkeit für Nebellampen unter der vorderen Stoßstange, Lenkrad mit versenkter Nabe und drei Signalspeichen, kürzerer Schalthebel.
Der Convertible D hieß jetzt Roadster und war als 1600 und 1600 Super, ab März 1960 auch als Super 90 lieferbar. Als neue Karosserievariante kam ab Sommer 1960 das Modell 'Hardtop' hinzu. Im Gegensatz zum weiterhin lieferbaren Cabriolet mit abnehmbarem Stahldach war bei diesem Modell (gebaut bei Karmann) das Dach fest mit der Karosserie verschweißt. Es handelte sich also um eine Coupé-Variante.
Folgende Motoren waren für Cabriolet und Roadster lieferbar: 1600 (60PS), 1600 Super 75 (75 PS) und 1600 Super 90 (90 PS), außerdem ab 1961 auch der neue Carrera-Motor mit zwei Liter Hubraum (2000 GS Carrera 2). Alle Modelle hatten seit 1961 die sogenannte T6-Karosserie mit zwei hinteren Lüftungsgittern.
Die Preise für das Cabriolet lagen zwischen DM 13900,– und 24850,– für den Roadster zwischen DM 12650,– und 15200,–. Von September 1959 bis Juli 1963 wurden 6194 Cabriolets und 2653 Roadster (Produktionseinstellung im August 1961) hergestellt.

Die ab 1948 in Gmünd/Kärnten gebauten Porsche 356 besaßen eine handgearbeitete Aluminium-Karosserie.

Porsche 356 Cabriolet, 1949

Porsche 356 Cabriolet (1500 'Dame'), 1952-1955

rsche 356 A
briolet, 1955-1959

rsche 356 B
briolet, 1959-1963

rsche 356 C
briolet, 1963-1965

Die 'Nummer 1' von 1948 steht heute im Porsche-Werksmuseum

Porsche 356 C (1963-1965)

Der 356 C unterschied sich von seinem Vorgänger äußerlich praktisch nur durch die neugestalteten Felgen und Radkappen. Hinter ihnen verbargen sich Scheibenbremsen (System Dunlop) an allen vier Rädern. Im Innenraum gab es einige Modifikationen an Armaturenbrett und Heizungsbetätigung. Der Schalthebel wurde nochmals verkürzt. Das Verdeck erhielt ein abnehmbares Heckfenster, das mit Hilfe eines speziellen Reißverschlusses rasch demontiert werden konnte. Es gab nur noch ein offenes Modell. Der Roadster, schon 1961 eingestellt, erlebte trotz vieler Anfragen keine Neuauflage.

Als Antriebsaggregate dienten der unverändert gebliebene 1600 Super-Motor, der jetzt 1600 C hieß (75 PS), und der auf 95 PS gesteigerte 1600 SC-Motor sowie die ebenfalls unveränderte Carrera 2-Maschine. Die 1600er 'Dame' mit 60 PS wurde nicht mehr angeboten.

Die Preise für das Cabriolet lagen je nach Motorenbestückung zwischen DM 15950,– und 24700,–. Gebaut wurden von Juli 1963 bis April 1965 insgesamt 3165 Cabriolets.

Porsche 356 A Speedster, 1955-1958

Ein Notverdeck schützte notdürftig vor Regen und Wind

Porsche 356 B Roadster Super 90, 1960-1963

Porsche 550 Spyder (1953-1955)

Basierend auf dem Eigenbau des Frankfurter VW-Großhändlers Walter Glöckler entstanden zwischen 1953 und 1955 der 550 Spyder (Karosserie Wendler) und von 1956 bis 1962 die Nachfolgertypen 550A, 718, RS60 und RS61. Es handelte sich um offene Rennsportwagen, die sowohl werksseitig als auch von Privatfahrern bei zahlreichen Wettbewerben eingesetzt wurden. Einige Exemplare besaßen auch eine Straßenzulassung. Als Antriebsaggregat diente der von Prof. Ernst Fuhrmann entwickelte Carrera-Motor mit anfangs 110, später bis zu 180 PS.
Vom 550 Spyder wurden 78 Exemplare hergestellt, der Preis betrug DM 24600,–. Vom 550A gab es 37 Stück, vom 718 (Preis: DM 33600) die gleiche Anzahl. Vom RS60 und RS61 wurden zwischen 1960 und 1962 insgesamt elf Stück gebaut.

Porsche 597 (Geländewagen) (1954-1958)

Der Typ 597 war 1954 im Hinblick auf einen Bundeswehr-Großauftrag entwickelt worden, den dann freilich die Auto Union an Land zog. Formal wie technisch war der Porsche-Kübelwagen sicher nicht die schlechteste Lösung unter den drei Bewerbern. Die bei Baur entwickelte und gebaute Karosserie war schwimmfähig, der Vorderradantrieb konnte abgeschaltet werden. Mit dem auf 50 PS reduzierten Motor aus der 1500er 'Dame' stand ein robustes, problemloses Triebwerk zur Verfügung. Im Gegensatz zur ersten Serie hatte die 1957/58 gebaute zweite Ausführung auch Türen mit Steckfenstern, so daß die Insassen weitgehend witterungsgeschützt saßen. Nach der Herstellung von 71 Wagen wurde 1958 die Produktion eingestellt. Der Preis lag mit DM 7500,– erstaunlich niedrig.

Prototyp des Porsche-Geländewagens, 1954

Porsche-Jagdwagen Typ 597 (erste Serie), 1954-1956

Der Glöckler-Spyder von 1950 war ein Vorläufer des späteren Porsche Spyder

Porsche 550 Spyder, 1953

Porsche 550 Spyder (Karosseriewerke Weinsberg), 1954

Porsche 550 A Spyder (Karosserie Wendler), 1956

Modifizierter Porsche 550 Spyder (Karosserie Wendler), 1954

Der Porsche 550 Spyder im Renneinsatz: Richard von Frankenberg beim 1000-Kilometer-Rennen auf dem Nürburgring 1956.

Porsche Spyder RS 60 von 1960

Porsche 912 Targa (1966-1969)

Wie sein Schwestertyp 911 Targa wurde auch der 912 Targa im September 1965 auf der Frankfurter IAA präsentiert und ging ab Frühjahr 1966 in Serie. Angetrieben wurde er vom 1,6-Liter-Vierzylinder des 356SC, dessen Leistung im Interesse besserer Laufkultur und Elastizität auf 90 PS reduziert worden war. Für DM 340,– Aufpreis konnte ein Fünfganggetriebe geordert werden.
Bis zur Produktionseinstellung des Typs 912 im August 1969 liefen 2562 Targa vom Band. Die Preise lagen zwischen DM 18400,– und 19320,–

Porsche 911, 911L, 911T, 911S, 911E, Carrera Targa (1966-1977)

Der Porsche 911 Targa war das erste Cabriolet der Welt mit fest integriertem Überrollbügel. Die von Porsche kreierte Bezeichnung 'Targa' erinnerte an die traditionsreiche Targa Florio, die das Zuffenhausener Unternehmen mehrfach siegreich beendet hatte. 'Targa' wurde bald zum neuen Gattungsbegriff für Cabriolets mit abnehmbaren Hartdach und integriertem Überrollbügel. Ursprünglich gab es zwei Targa-Versionen: mit fest eingebauter Heckscheibe und mit ausknöpfbarem Stoffverdeck. Die zweite Ausführung wurde 1968 aus dem Programm genommen.

Obwohl von Puristen als Pseudo-Cabriolet geschmäht, zeigten die steigenden Verkaufszahlen schon bald, daß Porsche eine Marktlücke entdeckt hatte. Der Targa war und ist das ideale Fahrzeug für jene, die zwar den Himmel über sich sehen, aber nicht unbedingt Windstärke 12 im Cockpit haben möchten. Das im Oktober 1972 eingeführte Porsche-Spitzenmodell Carrera mit dem neuen 2,7 Liter-Motor gab es zunächst ausschließlich als Coupé. Erst ab August

Porsche 912 Targa (Polizeiausführung), 1966-1968

Porsche 911 Targa, 1966-1968

1973 war der Carrera auch als Targa lieferbar. Ab September 1975 erhielten die Carrera-Modelle den 3 Liter-Motor mit 200 PS. In dieser Ausführung wurden sie bis Herbst 1977 gebaut, als die neuen SC-Modelle sowohl den bisherigen Elfer als auch den Carrera ablösten.

Porsche 911 SC / 911 Carrera/ 911 Targa (1977-1989)

Die Kombination der Elfer-Modelle mit dem leistungsreduzierten 3 Liter-Motor des Carrera zum 911 SC verlief anfangs nicht ohne Probleme. Der um 20 PS schwächer gewordene Carrera-Motor, dem Zug der Zeit folgend auf Normalbenzin-Konsum gedrillt, ließ den alten Biß vermissen und erwies sich nicht gerade als kultiviertes Triebwerk. Wirksame Besserung brachte erst die Umstellung auf Superkraftstoff und eine Leistungserhöhung auf 204 PS im September 1980. 1983 wuchs der Hubraum auf 3,2 Liter und die Leistung auf 231 PS, hinzu kam der bis 1986 ausschließlich als Coupe lieferbare 911 Turbo mit 3,3 Litern Hubraum und 300 PS.

Porsche 911 S Targa, ab 1968

Porsche 911 SC Targa, 1981

Prototyp des 911 SC-Cabriolets, 1981

Nach 18 Jahren Abstinenz endlich wieder ein klassisches Cabriolet: Porsche 911 SC, 1983.

Porsche 911 SC / 911 Carrera / 911 Cabriolet (1982-1989)

Erstmals nach 16 Jahren stellte Porsche auf der Frankfurter IAA 1981 wieder ein klassisches Cabriolet vor. Der mit Allradantrieb ausgerüstete Prototyp sollte nach offizieller Diktion demonstrieren, welche Möglichkeiten noch in der immerhin 17 Jahre alten 911er-Konstruktion steckten. In Wahrheit sollte er natürlich das Käuferpotential für ein Vollcabriolet testen. Nach dem überaus positiven Echo war die Produktion beschlossene Sache. Im Spätherbst 1982 liefen die ersten Elfer-Cabriolets vom Band, die Auslieferung an die Kunden begann im Januar 1983. Zum Serienanlauf erhielt das Cabriolet einen rechten Außenspiegel und Vordersitze mit Lederbezügen. Der Verdeckstoff war nur in Schwarz lieferbar. Bereits im Spätjahr präsentierte Porsche den neuen Carrera mit 3,2 Liter-Sechszylinder-Boxermotor und 170 kW/231 PS. Das Cabriolet erhielt die

Porsche 911 Carrera Cabrio, Modelljahr 1986.
Der Porsche 911 Carrera Targa wurde auch nach der Präsentation des Vollcabriolets noch gut verkauft. Der Anteil dieses Modells an der 911-Gesamtproduktion blieb nahezu unverändert.

neue Carrera-Innenausstattungen und konnte nun auch mit blauem oder braunem Verdeck geordert werden. Zwei weitere Verdeckfarben – weinrot und graugrün – waren die markantesten Neuerungen des Modelljahres 1985, das außerdem verbesserte Sitze, eine automatische Heizungsregelung und eine geänderte Fahrwerksabstimmung bereithielt.

1985 bot Porsche erstmals einen Katalysator-Motor an. Er leistete 152 kW/207 PS. Die nächste Triebwerkgeneration erschien zwei Jahre darauf, die Leistung stieg auf 160 kW/217 PS. Die Höchstgeschwindigkeit der abgasentgifteten Version stieg dadurch auf 240 km/h. Komfortbewußte Fahrer konnten nun ihren offenen Carrera für 3950,– DM Aufpreis mit elektrischem Verdeck bestellen. Die Kunststoff-Heckscheibe ließ sich weiterhin mit einem Reißverschluß separat öffnen. Bei der ein halbes Jahr später, im Februar 1987, vorgestellten Cabrio-Variante des legendären 911 Turbo, war das elektrische Verdeck bereits serienmäßig installiert. Der offene Turbo, 300 PS stark und 260 km/h schnell, markierte mit einem Preis von 145000 DM das obere Ende der Sechszylinder-Modellpalette.

Preise: Porsche 911 SC: DM 64500,–
          Porsche 911 Carrera Cabrio 3,2:   DM 68990,–
          Porsche 911 Carrera Cabrio Kat: DM 78030,–
          Porsche 911 Carrera Cabrio Turbo: DM 145000,–

Sonderkarosserien:

Die Wartezeit bis zum Erscheinen des Werkscabriolets verkürzten findige Blechschneider aus Esslingen, Umkirch bei Freiburg und Idstein. Dem Zuffenhauser Original am nächsten kam die Lösung der Firma Mayer KFZ-Technik in Esslingen. Zum Umbau eignen sich alle Targa-Modelle ab Baujahr 1974, der passende Bausatz kann für 7490 Mark erstanden werden und bietet laut Hersteller eine »dem Original-Werkscabrio entsprechende Ausführung«. Auch das 911-Cabrio aus dem südbadischen Umkirch basierte auf dem 911 Targa, wobei Modelle aller Baujahre verwendet werden konnten. Die Firma FVD-Brombacher lieferte keine Bausätze, sondern führte den Umbau selbst durch. Im Preis von 13680 Mark war Lackierung, Montage und TÜV-Abnahme enthalten.

Die langen Lieferzeiten des Elfer-Vollcabrios überbrückte auch die Sigmund Kurzweil GmbH in Idstein mit dem Umbau von Targas. Als sie ihren Cabriolet-Erstling 1983 vorstellte, kostete der Komplettumbau weniger als 10000 Mark und dauerte 14 Tage. Das Werkscabriolet war schon erschienen, als Härtel & Deeg, Bad Friedrichshall, einen Speedster präsentierten. Das zweisitzige

Die Firma Sportcar-Service präsentierte dieses umgebaute 911-Cabriolet auf der Essener Motor Show 1986.

Die Firma Eller in Dieburg stellte zur IAA 1987 ihren 911 Roadster vor. Als Basis diente das 911-Cabriolet oder die Targa-Version. Front- und Heckschürze wurden neu gestaltet und der Frontscheibenrahmen gekürzt. Der Roadster war rund 100 kg leichter und laut Hersteller auch 15 km/h schneller als das Basismodell.

Vollcabriolet führte sein festes Dach nach Art des Treser-Quattro ständig unter der Heckklappe mit sich. Für den Umbau eines Targas berechneten H&D 29 000 Mark.
Der Eller-Roadster aus Dieburg basierte auf dem Werkscabriolet. Die optische Annäherung an den Ur-Speedster aus der 356er-Familie erfolgte über Modifikationen an Front- und Heckpartie, insbesonders durch die flachgestellte Frontscheibe. Der Roadsterumbau erschien zur IAA 1987 und kostete üppige 68 000 DM.

Porsche 911 Speedster (1987-1989)

Der erste Porsche Speedster feierte 1955 Premiere und wurde besonders in den USA ein Erfolg. Er steigerte den Bekanntheitsgrad der jungen Marke auf diesem wichtigen Exportmarkt ganz beträchtlich. 32 Jahre später präsentierte Porsche wieder einen Speedster-Typ, offiziell deklariert als Studie zur Frankfurter IAA 1987.
Ausgangsbasis der Speedster-Studie war Porsches Traditionsmodell, der 911, in seiner aktuellsten Fassung mit dem 170 kW/231 PS-Sechszylinder. Im Unterschied zum 911-Cabriolet war der Speedster als reiner Zweisitzer ausgelegt. Der Raum, der bei Coupé und Cabriolet als Notsitze-Alibi diente, wurde von der ungefütterten Speedster-Regenhaube ausgefüllt. Im aufgeklappten Zustand verschwand sie vollständig unter dem in Wagenfarbe lackierten Kunststoff-Buckel, der die Kopfstützen von Fahrer- und Beifahrersitzen optisch weiterführte. Fast noch charakteristischer als die eigenwillige Verdeckpersenning wurde die kleine, flache Frontscheibe mit Alurahmen. Sie war gegenüber der Serie um fünf Grad flacher geneigt und mit Bordmitteln leicht demontierbar. In der

Die Fortsetzung einer Legende: Der Porsche 911 Speedster von 1987, hier in der schmalen Straßenversion, wie er auf der IAA zu sehen war.

Sitzt wie angegossen: Das ungefütterte Notverdeck, das im zusammengefalteten Zustand unter einer GfK-Klappe verschwindet.

Clubsport-Version ließ sich stattdessen ein kleiner Windschutz anbringen. Zudem konnte auch der Beifahrersitz abgedeckt werden. In der Rennversion erhielt der Speedster keine Straßenzulassung. Keinen TÜV-Ärger gab es dagegen bei einer anderen Besonderheit, die den Speedster von seinen 70 Kilo schwereren offenen Brüdern unterschied: Die Seitenscheiben – natürlich nur über Kurbeln von Hand zu betätigen – kamen ohne Dreieckfenster aus.

In Frankfurt wurde nur die sogenannte »schmale« Version vorgestellt, die ausschließlich für den Export vorgesehen war. Der »breite« Speedster mit Turbo-Optik (ohne Heckspoiler) gelangte dagegen auch zu deutschen Kunden. Insgesamt wurden rund 1900 »breite« und 160 »schmale« Speedster gebaut.

Preis: Porsche 911 Speedster: DM 111575,–

Porsche 911 Carrera 2/4 (ab 1988)

Neue Optik, neuer Motor, neues Fahrwerk, Allradantrieb: Das Debut im Herbst 1988 wurde zu einem Triumph für den Porsche 911 Carrera 4. Schlagzeilen wie »Der beste 911 aller Zeiten« oder einfach »Das beste Auto der Welt« bestätigten den Sprung nach vorne, den die Traditionsbaureihe zum 25jährigen Jubiläum machte.

Trotz umfangreicher Karosseriemodifikationen immer noch unverkennbar ein Porsche 911: das Carrera 2-Cabriolet, Modell 1990, mit automatisch ausfahrendem Heckspoiler.

Der Porsche Panamericana basierte auf dem allradgetriebenen 911 Carrera 4 und diente als Blickfang für die IAA 1989. Das Unikat war zugleich ein Präsent zum achtzigsten Geburtstag von Prof. Dr. Ferry Porsche.

Das Bremssystem wurde serienmäßig mit einem eigens entwickelten Anti-Blokkier-System kombiniert. Die Optik erinnerte an den vertrauten Elfer, dennoch war der Carrera 4 zu 85 Prozent neu konstruiert. Geblieben waren der Heckmotor und die Karosserie-Grundform. Die sichtbarsten Änderungen betrafen den Bug- und Heckbereich, was vor allem der Aerodynamik zugute kam. Der neue Carrera glänzte mit einem Luftwiderstandsbeiwert von 0,32, sein Vorgänger lag noch bei 0,395. Der Clou beim neuen Modell war der ausfahrbare Heckspoiler, der bei einer Geschwindigkeit von 80 km/h automatisch ausfuhr und so die Fläche des Lufteintritts fast verdoppelte. Im Heck werkelte der klassische Sechszylinder-Boxermotor, jetzt mit 3,6 Litern Hubraum und einer Leistung von 184 kW/250 PS bei 6100/min.

Im Carrera 4 verwirklichte Porsche eine Form des Allradantriebs, die auf der weiterentwickelten Technik des Imageträgers 959 beruhte: den Allradantrieb mit Mittel-Differential, das bei Reibungsunterschieden zwischen den Rädern sofort mittels hydraulische Sperren eingriff. An der 911-typischen heckdominaten Kraftverteilung von 2 zu 1 auf die Hinterräder änderte sich dadurch nichts.

Zum Modelljahr 1990 stellten die Zuffenhausener dem Allradsportler Carrera 4 den heckgetriebenen Carrera 2 zur Seite, mit identischem 250 PS-Triebwerk, ABS, Servolenkung und unveränderter Vierer-Karosserie. Auch von dieser Version gab es alle drei Karosserievarianten, das Cabriolet wiederum mit elektrischem Verdeck. 1992 erschien ein Carrera-Cabrio mit Turbo-Optik.

Preise: Carrera 4 Cabriolet: DM 131 100,–
Carrera 2 Cabriolet: DM 118 000,–
Carrera 4 Targa: DM 121 800,–
Carrera 2 Targa: DM 108 700,–

Porsche 924/944 (1976-1991)

Die Vierzylinder-Porsche hatten zwar stets Imageprobleme, was jedoch deren Attraktivität für Tuner nicht minderte. Im Gegenteil: Für vergleichsweise wenig Geld konnte man einen Sportwagen mit dem springenden Pferd im Wappen erwerben – und hatte noch etwas übrig, um ihn bei einem Tuner verwandeln zu lassen.

Leinwather & Blazek in Recklinghausen baute alle 924/944-Typen zum Cabrio um. Die Modifikationen umfaßten die Verstärkung der Bodengruppe, die Neugestaltung des Heckteils und das komplette Verdeck. Der Preis variierte je nach Ausführung und Ausbaustufe von 6840,- bis rund 11000,- DM.

Frost's Speedster Center, ursprünglich nur auf Käfer spezialisiert, bot ab Ende 1990 auch den Umbau der Porsche-Vierzylinder an. Wo Autos geöffnet werden, darf Bieber aus Borken nicht fehlen: Der Bausatz wurde dem Cabriofreund frei Haus geliefert und ermöglichte die Offenlegung sowohl des Porsche 924 als auch des 944. Auch für die wichtigsten europäischen Export-Länder – außer Italien und Frankreich – lag eine Produktfreigabe vor. Während sich die oben angeführten Umbausätze dank ihrer volkstümlichen Preise einer gewissen Verbreitung erfreuten, konnten sich weder das Cabriolet von SKV, Worms, noch

Vier Jahre bis zur Serienreife: Schon 1985 wurde der Prototyp des Porsche 944-Cabrio vorgestellt, doch erst mit dem Modelljahr 1989 rollten bei der Heinz Prechter GmbH in Heilbronn die ersten offenen Vierzylinder vom Band.

Porsche 944 S2 Cabrio, 1989.

der Umbau von Hoffmann, Kulmbach, durchsetzen. Ausschlaggebend dafür dürften vor allem der frühe Zeitpunkt – Mitte der achziger Jahre – sowie die vergleichsweise hohen Preise gewesen sein.

Porsche 944 S2 Cabriolet (1989-1992)

Als das Porsche 944 Cabriolet endlich erschien, war es zur Imagepflege fast schon zu spät: Die Vierzylinder-Modelle, deren Entwicklung 1970 begann, wurden nie als echte Porsche akzeptiert. Den Startschuß hatte VW gegeben, Projekt EA 425 sollte zum Nachfolger des Mittelmotor-Mischlings 914 werden. Als Folge der Ölkrise stieg VW recht bald aus. Porsche, auf der Suche nach einem preiswerten Einstiegsmodell, machte allein weiter und brachte Anfang 1976 den Typ 924 auf den Markt. Um die Preise volkstümlich zu halten, kam der Zweiliter-Motor mit 125 PS aus dem Audi 100 zum Einsatz. Die Produktion des 2+2-Sitzers erfolgte auf den Audi-Bändern in Neckarsulm. Der 1981 erschienene Porsche 944, vom schwächeren Typ 924 durch seine Kotflügelverbreiterungen zu unterscheiden, verfügte über einen hauseigenen 2,5-Liter-Porsche-Vierzylinder (den halbierten V8 des 928ers), hatte aber immer noch Image-Probleme. Erst das S2-Cabriolet, Höhe- und Endpunkt der 924/944-Entwicklung, sollte das ändern.

1985 war ein 944-Cabriolet der Star in Frankfurt – das Publikum war begeistert. Dennoch dauerte es noch vier Jahre bis zur Serienreife, andere Projekte wie der Carrera 4 und der Speedster genossen Priorität. Auch war lange unklar, wer das Cabriolet bauen sollte. Porsche entschied sich schließlich für die »American Sunroof Corporation«. ASC, eine Gründung des Deutschen Heinz Prechter, hatte sich als Kleinserien- und Prototypenhersteller mit einem Ausstoß von rund 30000 Fahrzeugen pro Jahr Porsche legte Wert darauf, die Cabrio-Produktion so nah wie möglich beim Werk zu haben. ASC erstellte für die Cabrioproduktion in Heilbronn ein Karosseriewerk mit rund 150 Beschäftigten. Büro und Verwaltung übernahmen die rund sechs Kilometer entfernt liegenden Karosseriewerke Weinsberg, an denen Heinz Prechter eine Anteilsmehrheit von 95% hält.

Das SKV-Vollcabriolet von 1985 hatte ein festes Dachmittelteil und einen klappbaren Überrollbügel, der sich zusammen mit dem hinteren Stoffdach separat umlegen ließ. Diese Lösung fand sich auch beim Toyota Celica Cabrio. In beiden Fällen handelte es sich um eine Entwicklung von Heinz Peter Schwan, Würzburg.

Das Porsche 924-Cabriolet von Hofmann, das ab Januar 1985 als Kleinserie aufgelegt werden sollte.

Kaum vom Werkscabriolet zu unterscheiden: Porsche 944 Cabriolet von Leinwather & Blazek.

Bei ASC wurde die von Audi in Neckarsulm angelieferte Rohkarosse im Bereich der vorderen und und hinteren Türholme verstärkt, der Unterboden erhielt ein Korsett in Form von zwei Längsträgern. Darunter wurde dann eine zweite Bodenplatte eingeschweißt. Diese Umbauten machten das Cabriolet zwar etwas schwerer – 1416 Kilogramm gegenüber 1360 des Coupés – sorgten aber für eine beispielhafte Karosseriesteifigkeit. In Technik und Ausstattung entsprach das neue Cabriolet dem S2-Vierzylindercoupé. Als Richtpreis waren 76700 Mark im Gespräch, doch diese Summe wurde bis Auslieferungsbeginn kräftig nach oben korrigiert. Die exklusivsten Cabriolets entstammten der auf 500 Exemplare limitierten Sonderserie mit Turbo-Motor, elektrischem Verdeck, Klimaanlage und Scheinwerfer-Reinigungsanlage. Insgesamt wurden rund 7500 S2-Cabrios gebaut.

Preise: Porsche 944 S2-Cabriolet: DM   89900,–
               Porsche 944 Turbo-Cabriolet: DM 103725,–

Porsche 968 (ab 1992)

Mit neuem Namen, neuer Optik und modifizierter Technik startete Porsches Kleinster zur IAA1991 noch einmal durch. Die voraussichtlich letzte Vierzylinder-Baureihe sollte nach Firmen-Selbstverständnis »in Design und Technik innovative Akzente« setzen.

Die markantesten Änderungen gegenüber dem Vorgänger betrafen die Front- und Heckpartie des Transaxle-Sportwagens. Die neue Optik signalisierte jetzt die Verwandtschaft mit dem großen Bruder 928. Unter dem Blech gab es einen verbesserten Dreiliter-Vierventil-Saugmotor mit nunmehr 177 kW/240 PS. Variable Ventilsteuerzeiten und längere Saugrohre sorgen für eine verbesserte Leistungscharakteristik und machen das 968-Aggregat zum drehmomentstärksten Dreiliter-Triebwerk der Welt. Bei der Kraftübertragung fand ein neuentwickeltes Sechsganggetriebe von Getrag Verwendung. Wahlweise ist der Vierzylinder auch mit der vielgerühmten Porsche-Tiptronic lieferbar. Die Rohkarossen der neuen Modellgeneration werden bei Karmann in Rheine produziert, die Cabriomontage erfolgt wiederum bei ASC.

Preise: Porsche 968 Cabriolet: DM 99 800,–
Porsche 968 Cabrio Tiptronic: DM 105 650,–

Premiere 1991: Porsche 968 Cabriolet. Wer allerdings beim Oldtimer-Grand Prix auf dem Nürburgring war, konnte den neuen Porsche schon Anfang August in voller Fahrt erleben.

Im Gegensatz zum Vorgänger wird der Porsche 968 nicht mehr auf den Audi-Bändern in Neckarsulm, sondern bei Karmann in Osnabrück gebaut. Das 968-Cabriolet dagegen wird nach wie vor in Heilbronn montiert.

Porsche 928 (ab 1977)

In den frühen achziger Jahren gehörte b&b Auto Exclusiv in Frankfurt zu den Adressen, die ein millionenschwerer Wüstensohn unbedingt kennen mußte: Nur dort gab es ein 928 S-Cabrio, ganz sicher die exklusivste Möglichkeit, frische Luft zu schnappen. Wieviele 928 S-Cabrios entstanden sind, ist unbekannt, sieben Exemplare waren es mindestens. Der 1979 vorgestellte 928 Targa blieb ein Einzelstück.

Die Buchmann-Pleite 1986 bedeutete keineswegs das Aus für die offenen 928er. Noch im selben Jahr stellte der Kfz-Meister Heribert Jurinek aus Alling bei München den Prototyp seines Cabriolets vor. Die Karosserie war mit einem Hilfsrahmen aus Vierkantrohrrahmen versteift, die Heckpartie völlig neugestaltet. Das Soft-Top verschwand vollständig hinter den Sitzen, die Notsitze blieben erhalten. Der Umbau dauerte rund zwei Monate, der Preis stieg von ursprünglich 65000 Mark auf über 90000,- DM für den Umbau eines 928 S4. Geplante Produktion: Fünf Stück pro Jahr.

Dach ab hieß es für den 928er auch bei Gemballa, dem Autoveredler aus Stuttgart-Zuffenhausen. Das luxuriöse Vollcabriolet entstand bei Voll in Würzburg und erhielt eine vollautomatische Verdecksteuerung: Auf Knopfdruck öffnete und schloß sich das Sonnenland-Verdeck und verschwand unter einem Deckel im Heck. Der Komplettumbau kostete zwischen 168000 und 190000 Mark. Ingesamt entstanden drei S4-Cabriolets.

Nur für den Export bestimmt war das S4-Cabriolet von Caro, Hamburg. Auch dieses Luxusgefährt kam ohne Überrollbügel aus, die Verdeckbetätigung erfolgte über Knopfdruck. Wenig stilvoll: der unschöne Heckspoiler.

Seit 1986 lieferbar: Porsche 928 als Vollcabriolet (Umbau von Jurinek).

Bereits 1979 stellte der Frankfurter Autoveredler Rainer Buchmann diesen Porsche 928 Targa vor. Der Entwurf stammt von Eberhard Schulz, dem Erbauer des Isdera-Syders.

Ebenfalls von Buchmann stammte dieses Porsche 928-Cabriolet von 1981.

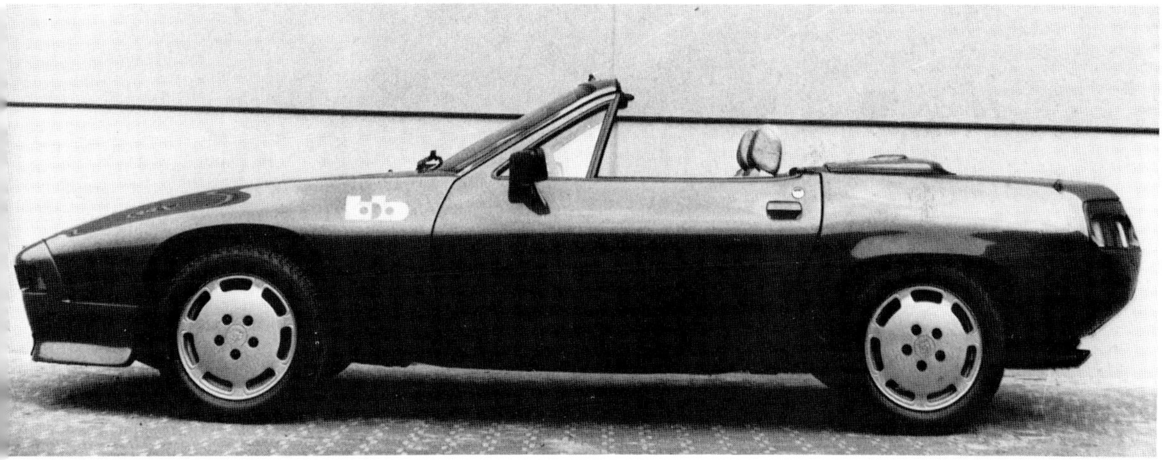

Veritas

Der ehemalige BMW-Rennleiter Ernst Loof baute nach dem Krieg auf der Basis des BMW 328 unter der Bezeichnung Veritas einige Rennwagen, die ab 1948 recht bemerkenswerte Erfolge einfuhren. In der Formel 2 errangen Veritas-Rennwagen bis 1953 sieben Siege, zehn zweite und neun dritte Plätze. 1949 gründete Loof gemeinsam mit Lorenz Dietrich in Meßkirch/Baden die Veritas Automobil GmbH und baute dort Straßensportwagen mit Motor und Fahrwerk des BMW 328. 1950 übernahm man ein Heinkel-Werk in Muggensturm bei Rastatt, wo noch im selben Jahr neue Modelle mit einem gemeinsam mit Heinkel entwickelten Leichtmetallmotor entstanden. Die Karosserien lieferte die Firma Spohn in Ravensburg. Veritas-Wagen waren für die damalige Zeit ungewöhnlich leistungsfähig, aber auch extrem teuer, so daß das Ende des kapitalschwachen Unternehmens programmiert war: Bereits im November 1950 ging die junge Firma nach der Fertigstellung von rund 80 Wagen in Konkurs.
Aber Loof gab nicht auf. Als Ableger entstand in Baden-Baden die Firma Dyna, die unter Leitung von Lorenz Dietrich das hübsche kleine Dyna-Veritas-Cabriolet vertrieb. Die Montage erfolgte bei Baur in Stuttgart.
Im Herbst 1951 mietete Loof die ehemaligen Auto Union-Boxen am Nürburgring, um dort in Einzelanfertigung den 2 Liter-Veritas weiterzubauen. In knapp zwei Jahren wurden 18 Wagen fertiggestellt, dann war Loof wiederum am Ende. Im August 1953 übernahm BMW die Werkstatt am Nürburgring samt Personal und technischen Unterlagen. Wieder bei seinem alten Arbeitgeber, baute Loof 1954 einen vielbeachteten Prototyp des BMW 507 mit einer selbstentworfenen Aluminiumkarosserie, die er auf das Chassis des 502 montiert hatte. In Serie ging dann allerdings der Entwurf von Graf Goertz. Loof starb 1956, erst 49 Jahre alt.

Veritas Scorpion (1950)

Der von Mai bis November 1950 gebaute Scorpion besaß das in Zusammenarbeit mit Heinkel entwickelte neue Leichtmetalltriebwerk. Die Karosserie des 2/2sitzigen Cabriolets wurde von der renommierten Karosseriefabrik Spohn in Ravensburg gebaut, die Montage erfolgte im ehemaligen Heinkel-Werk in Muggensturm bei Rastatt. Die Produktionszahl erreichte nur eine zweistellige Größenordnung. Der Preis betrug DM 18350,–

Veritas Nürburgring (1951-1953)

Nach dem Veritas-Konkurs baute Ernst Loof in den ehemaligen Auto Union-Boxen am Nürburgring gemeinsam mit einigen Mitarbeitern ab Herbst 1951 Coupés und Cabriolets mit dem unveränderten Heinkel-Aggregat und wahlweise kurzem oder langem Fahrgestell. Die Karosserien stammten wieder von Spohn. Auch einige Sportwagen mit leistungsgesteigerten Motoren bis zu 150 PS entstanden dort. Insgesamt wurden 18 Wagen hergestellt.

Preise:	Veritas Nürburgring Cabriolet Typ 3/52	DM 21 000,–
	(kurzer Radstand)	
	Veritas Nürburgring Cabriolet Typ 5/52	ca. DM 23 000,–
	(langer Radstand)	

Dyna-Veritas (1950-1952)

Unter dem Namen Dyna-Veritas hatte die Veritas GmbH 1950 ein kleines 2/2 sitziges Cabriolet auf Basis des französischen Dyna-Panhard vorgestellt, von dem auch die Antriebsaggregate übernommen wurden. Die Karosserie baute Baur in Stuttgart. Nach dem Veritas-Konkurs ließ die neugegründete Firma Dyna (Geschäftsführer: Lorenz Dietrich) den Wagen komplett bei Baur montieren. Bis 1952 wurden 176 Exemplare gebaut. Der Preis betrug DM 8300,–

Veritas Nürburgring RS 2/52 mit Spohn-Karosserie.

Dyna-Veritas,
1950-1952

Treser

»Wenn ich es mir recht überlege, habe ich mein ganzes Leben vom Autovergnügen geträumt«: Dieser Lebenstraum von Walter Treser, Jahrgang 1940, war vermutlich der Grund dafür, daß er nicht im Hotel- und Gaststättengewerbe heimisch wurde. Statt auf das familieneigene Hotel konzentrierte sich Treser auf den Motorsport, den er zuerst mit einer Grasbahn-Maschine, später auf DKW-Junior und Alpina-BMW bei Berg- und Rundstreckenrennen betrieb. Treser beließ es nicht beim herzhaften Gasgeben, sondern studierte Fahrzeug- und Flugzeugbau und heuerte als Entwicklungsingenieur bei Daimler-Benz an. 1963 wechselte er zu Veith-Pirelli, 14 Jahre später ging der begnadete Techniker zu Audi, wo er als Leiter der Vorentwicklung einstieg. Mit der Entwicklung des Quattro hat er dort Automobilgeschichte geschrieben. Sein größter Triumph wurde ihm allerdings auch zum Verhängnis. Fehlende Erfolge in der Rallye-Saison 1981 führten zu seiner Ablösung als Audi-Sportchef. Dennoch blieb man sich gewogen: Tresers neugegründete Automobil Technik und Design GmbH avancierte zum Audi-Haustuner.

Quattro Roadster (1983-1986)

Nach dem Audi-Ausstieg hatte Treser endlich Zeit für die Erfüllung seines alten Traumes: ein eigenes Auto zu bauen. Das erste greifbare Ergebnis stand auf der IAA 1983: der Audi Quattro Roadster. Auf der Basis des vierradgetriebenen Quattro war ein ungewöhnlicher Roadster mit versenkbarem Hardtop entstanden, dessen markantestes Merkmal die unförmige Kunststoff-Haube war, unter der sich das Hardtop verbarg. Die patentierte Dachkonstruktion ließ sich in Sekundenschnelle über einen Drehpunkt in Höhe der B-Säule nach oben ziehen und am Windschutzscheiben-Rahmen verriegeln. Den Abschluß hinten übernahm die eigentümlich hohe Heckhaube. Der Original-Kofferraum wurde nicht beeinträchtigt. Das Hardtop mit festen Scheiben machte sich dort breit, wo sonst die Rücksitzbank auf Gäste wartete. Das Abtrennen des Daches und das Einschweißen des Hilfsrahmens nahm ein VAG-Autohaus in Hannover vor, erst die Endmontage erfolgte bei Treser.

Der Audi Quattro Roadster, eine Entwicklung von Walter Treser, dem ehemaligen Chef der Audi-Sportabteilung. Unter der voluminösen Heckklappe verbarg sich das Hardtop.

Treser-Spezialität: die Verdeckkonstruktion. Die hintere Klappe öffnet sich auf Knopfdruck, das Festdach wird am Scheibenrahmen entriegelt und einfach nach hinten geklappt. Darüber schließt sich wieder die GfK-Haube.

Mitte 1986 wurde der letzte Roadster ausgeliefert. Rund 50 Stück waren entstanden, die allermeisten gingen in den Export. Das exklusive Vollcabriolet kostete mit dem 200 PS starken Serienmotor 142000,– DM, wobei Frontspoiler, Heckschürze, superbreite Leichtmetallräder der Dimension 230/45 VR 390 sowie elektrische Fensterheber, Sitzheizung, Sportsitze und Lederlenkrad zum Lieferumfang gehörten.

Treser T1 (1987-1988)

Im Oktober 1985 erwarb Walter Treser eine leerstehende Fabrik in Berlin. Der denkmalgeschützte Gebäudekomplex, 1932 im Bauhausstil als Maschinenfabrik errichtet, lag an der Lübarser Straße, inmitten eines 50 000 Quadratmeter großen Parkgeländes. In dieser stilvollen Umgebung sollten 200 Mitarbeiter bis zu sechs Treser-Coupés und Roadster pro Tag bauen. Die Pläne für den T1 lagen schon auf dem Tisch. Im Lastenheft las sich das so: »Der Treser-Sportwagen ist als zweisitziger, leichter Sportwagen mit Mittelmotor und Hardtop konzipiert. Bodengruppe und GfK-Karosserie werden neu entwickelt... Die technischen Aggregate, wie Motor, Getriebe, Vorder- und Hinterachse, Bremsen, Lenkung, Heizung usw. werden, soweit irgend möglich, aus dem VW/Audi-Baukasten übernommen.«
Bereits im Mai 1984 entstand ein erstes Holzmodell im Maßstab 1:5, mit dem Treser seinen Designskizzen vom November 1983 Leben einhauchte. Eineinhalb Jahre später war ein maßstabgetreues 1:1 Modell fertig, im März 1986 wurde die äußere Form verabschiedet. Seinen ersten offiziellen Auftritt absolvierte

Sportwagen aus Berlin: Der Treser T1 (Debüt auf der IAA 1987) mit VW-Technik, Klappscheinwerfern und GfK-Karosserie. Von diesem revolutionären Entwurf wurden 27 Exemplare gebaut. Das Projekt scheiterte an der unzureichenden Finanzierung.

»das Auto, das in vielem anders ist« (Treser) auf der IAA 1987: Design und technische Details machten deutlich, daß trotz Großserienteilen und VW-Motor ein innovatives Automobilkonzept verwirklicht worden war. Besonders auffällig: Mittelmotor, Kunststoff-Karosserie mit Scheinwerfern, deren Abdeckung nach unten wegklappte, Getriebebetätigung über Seilzug (bei VW erst in der dritten Passat-Generation eingeführt), zwei geregelte Katalysatoren und eine aerodynamisch gestaltete Bodengruppe aus Aluminium-Verbund-Struktur.

An den Qualitäten des Treser-Sportwagens kann es also nicht gelegen haben, daß der Sportwagen aus Berlin ein Wunschtraum bleiben sollte: Insgesamt wurden 27 T1 zum Stückpreis von rund 64000 Mark gebaut. Daß es nicht mehr wurden, lag an der unzureichenden Finanzierung. Investitionen in Höhe von 25 Millionen Mark hätte der Berliner Jung-Unternehmer gebraucht, um eine Serienfertigung aufzuziehen. Die Unterstützung des Berliner Senats allein reichte nicht aus, um das ehrgeizige Projekt am Leben zu erhalten. Banken und finanzkräftige Kapitalanleger waren nicht zu gewinnen, auch der größte unter den deutschen Automobil-Tunern, Gerhard Oettinger, ließ sich nicht ins Boot ziehen. So blieb nur noch der Gang zum Konkursrichter. Daß Treser mit seiner Idee, einen zweisitzigen Sportwagen in der Golfklasse für jüngeres Publikum zu bauen, goldrichtig lag, bewiesen später die Anbieter aus Fernost. Der Erfolg von Honda CRX oder Mazda MX-5 sind der Beweis...

Preis: Treser T1: DM 64000,–

VEB Sachsenring Automobilwerke Zwickau

Einigkeit macht stark: Eingedenk dieses Mottos schlossen sich 1932 die vier sächsischen Automobilhersteller Horch, Audi, DkW und Wanderer zu einem Großkonzern zusammen. Die neue Auto Union hatte ihren Sitz in Zwickau, wo sich Horch und später Audi angesiedelt hatten. Bis zum Ausbruch des Zweiten Weltkriegs entwickelte sich die Firma mit den vier Ringen im Markenzeichen neben Opel zum erfolgreichsten deutschen Automobilhersteller. Die Marktsegmente waren klar abgegrenzt: Horch war für die Luxusklasse zuständig, Audi profilierte sich in der Mittelklasse mit dem Frontantrieb, Wanderer-Fahrzeuge gefielen der eher konservativ eingestellten Kundschaft, und DKW machte mit seinen Zweizylinder-Kleinwagen die Motorrad-Aufsteiger mobil.

Nach dem Zweiten Weltkrieg war an eine Automobilproduktion zunächst nicht zu denken. Was die Bomben verschont hatten, nahmen die Sieger mit. Horch und Audi, die beiden Zwickauer Betriebe, wurden bis auf eine Reparaturabteilung vollständig ausgebeint. Statt Luxuswagen entstanden Schrotmühlen, Feuerzeuge, Küchenwaagen, Puppenwagen. Nach Beendigung der Demontage 1946 wurde ein Reparaturwerk eingerichtet und die Produktion von Ersatzteilen für alle Auto-Union-Typen aufgenommen. Auch der eine oder andere Vorkriegs-Horch wurden aus noch vorhandenen Lagerbeständen montiert. 1947 erteilte die Sowjetische Militär-Administration in Berlin den Auftrag zum Bau von 300 Lastwagen – und damit fing alles wieder an.

Im ehemaligen Audi-Werk erlaubten die neuen Machthaber Ende 1947 die Montage von einigen F8, die dann zur Frühjahrsmesse 1948 in Leipzig ausgestellt wurden. Die Serienfertigung allerdings bereitete erhebliche Probleme. Die aufwendige Fertigungsweise, fehlende Zulieferbetriebe und ein Handelsembargo im Zeichen des beginnenden kalten Krieges machten den Autobauern das Leben schwer. Allerorten regierte der Mangel. Fehlende Tiefziehbleche bei der Karosseriefertigung ließen die Planerfüllungsquote einiger IFA-Betriebe auf 40 Prozent absinken. Das zwang zur Kreativität: Im März 1951 machten sich die Zwickauer Techniker daran, einen geeigneten Kunststoff zu entwickeln, der sich für den Karosseriebau verwenden ließ. Oberstes Gebot: Die dafür benötigten Rohstoffe mußten in der DDR vorhanden sein. Nach nur einem Jahr war die Lösung in Form einer Mischschung aus Holzschliff, Baumwolle und PVC-Bindemittel gefunden, die bei 170 Grad Celsius in Form gepreßt wurde. F8-Motorhauben sowie Lkw-Türen waren die ersten Teile, die aus dem neuen Kunststoff entstanden. Im 1955 vorgestellten P-70, der den F-8 ablöste, kam ein weiterentwickelter Duroplast-Kunststoff auf Phenolharzbasis zur Anwendung. Im Grunde genommen handelte es sich dabei um einen Zwischentyp, der die Merkmale der kommenden Fahrzeuggeneration mit dem Erbe der vorangegangen kombinierte.

Mit dem auf der Leipziger Herbstmesse 1958 präsentierten Trabant P50 waren auch die letzten Zweifel an der Alltagstauglichkeit der neuen Kunststoff-Bauweise ausgeräumt. Im Gegensatz zum P-70, dessen Rückgrat ein modifiziertes F8-Fahrgestell mit tragendem Holzgerippe bildete, stützte sich der P-50 auf ein mit der Bodengruppe verschweißtes Stahlblechgerippe. Dieses Merkmal zeichnete auch alle folgenden Trabant-Generationen aus: Die Duroplast-Karosserie konnte zwar nicht rosten, von den tragenden Blechteilen darunter konnte man das allerdings nicht behaupten. Der neue Kleinwagen erhielt einen in Chemnitz hergestellten quer eingebauten 0,5-Liter-Zweizylindermotor mit Graugußzylindern und Drehschiebersteuerung. Das Chassis stammte von VEB Sachsenring, den ehemaligen Horch-Werken. Aufbau und Montage übernahmen die benachbarten Automobilwerke Zwickau, früher Audi. Am 1. März 1958 wurden beide Betriebe zusammengelegt, als Automobilhersteller firmierte nun der VEB Sachsenring, Automobilwerke Zwickau.

An der Modellpalette änderte sich nichts, zum Trabi gab es keine Alternative. Gleichwohl blieben die Zwickauer Techniker nicht untätig. Die revolutionären Prototyp-Entwürfe durften allerdings nicht verwirklicht werden und deswegen konzentrierte man sich darauf, den bewährten DDR-Volkswagen zu verbessern. Im Frühjahr 1960 zum Beispiel ersetzte ein standfesterer Aluminium-Eisen-Zylinder mit eingegossener Laufbüchse (Alfer-Zylinder) das bisherige Graugußaggregat. Gleichzeitig stieg die Verdichtung von 6,7 auf 7 und der Vergaserquerschnitt um zwei auf 28 Millimeter. Durch diese Maßnahmen wuchs die Leistung des Zweitakt-Motörchens von 18 auf 20 PS. Der nächste Schritt war eine Hubraum-Vergrößerung auf 600 cm^3, die aus dem P-50 den P-60 machte. Der letzte größere Modellwechsel fand zur Frühjahrsmesse 1964 statt. Der Trabant erhielt eine neue Karosserie, die er bei derProduktionseinstellung 26 Jahre später immer noch trug. Typbezeichnung: Trabant 601. Rund drei Millionen Trabant wurden produziert, die letzten mit dem Viertakt-Motor des VW Polo (ab 1988, Bezeichnung Trabant 1,1). Nach der Wiedervereinigung rettete der VW-Konzern die Zwickauer Autobauer und übernahm die Werksanlagen. Im Trabant-Werk Mosel, dem modernsten Betriebsteil, laufen heute VW Polo und Golf vom Band.

IFA F8 (1949-1955)

Der IFA F8 ging auf die überaus erfolgreichen Vorkriegs-DKW-Typen zurück. Eine relativ große Anzahl der kleinen Fronttriebler – rund 60 000 Stück – hatten den Zweiten Weltkrieg überlebt und wollten mit Ersatzteilen versorgt sein. Die Stammwerke lagen jedoch in der sowjetisch besetzten Zone. Da der Großteil der Wagen im Westen lief, richtete man im bayerischen Ingolstadt ein Auto-Union-Ersatzteildepot ein, das von den sächsischen Herstellern beliefert wurde. Daneben gelangten auch komplette Fahrgestelle in den Westen, die bei der

Die F8 Cabriolets blieben bis 1955 in Produktion. Dieses Fahrzeug stammt aus einer der letzten Bauserien. Durch die Verdeckkonstruktion mit Innenverspannung konnte auf die außenliegenden Sturmstangen verzichtet werden. Die Motorhaube war bereits aus Duroplast.

Karosseriefabrik Baur in Stuttgart mit Stahlkarosserien versehen wurden. Typisch für die DKW-Meisterklasse-Typen war die aufwendige Gemischtbauweise aus Holzgerippe und Kunstleder-Bespannung, was die Wiederaufnahme der Serienfertigung in Sachsen sehr erschwerte. Zwar wurden 1948, wie berichtet, einige F-8 Cabrio-Limousinen, Limousinen mit Holzkarosserie und Viersitzer-Cabriolets vorgestellt, von einer regulären Produktionsaufnahme war man jedoch weit entfernt. Die meisten Zulieferbetriebe der ehemaligen Auto-Union lagen in den drei westlichen Besatzungszonen. So mußten, unter den erschwerten Bedingungen des Kalten Krieges, erst neue Zulieferer gefunden werden. Da das Zschopauer DKW-Motorenwerk vollständig demontiert worden war,

F8 Luxus (1953) mit Ganzstahl-Karosserie von Gläser. Das Cabriolet gehörte Obering. Siegfried Rauch, damals Technischer Leiter im zentralen Entwicklungswerk in Chemnitz. Das F-8 Chassis fand er auf einem ehemaligen Wehrmachts-Schrottplatz im Wald. Das weiße Bakelit-Lenkrad hatte der spätere Motor-Journalist von einer Dienstreise aus dem Westen mitgebracht.

IFA F8 Front Luxus mit einer vom Karosseriewerk Dresden (Gläser) entwickelten Ganzstahlkarosserie. Bei diesem 1950 vorgestellten Cabrio sind die Scheinwerfer in die Kotflügel integriert.

entstanden die Zweizylinder-Zweitaktmotoren in Chemnitz im VEB Barkas-Werke. Die Karosserien hatte zu DKW-Zeiten das Auto-Union-Werk Berlin-Spandau geliefert. Es lag jetzt im Britischen Sektor und fiel als Zulieferer aus. Die Karosseriefertigung übernahm daher die ehemalige Firma Gläser in Dresden. Zunächst begnügte man sich mit dem originalgetreuen Nachbau der DKW-Front-Typen, das Luxus-Cabriolet wurde später an Motorhaube und Verdeckgestänge modifiziert. 1950 erschien das F8-Cabriolet mit einer völlig neu gezeichneten Karosserie. Markantestes Merkmal waren in die Kotflügel integrierte Scheinwerfer und die Ganzstahl-Karosserie. Der Mangel an Tiefziehblech verhinderte jedoch den Erfolg dieser Exportausführung. Die F8-Fertigung lief 1955 aus, in Dresden entstanden künftig Wartburg-Cabriolets, P-240-Sonderaufbauten und das Stahlblech-Korsett für die Duroplast-Karosserien.

P601 Trabant »Tramp« (1967-1991)

Vom DDR-Einheitswagen Trabant gab es neben der zweitürigen Limousine und dem Kombi ab 1967 auch eine offene Version mit Stahlblech-Karosserie für die Nationale Volksarmee. Der DDR-Kübelwagen war allerdings für den Geländeinsatz noch ungeeigneter als sein Gegenstück im Westen, der VW 181. Beiden, dem Jeep-West und dem Jeep-Ost, mangelte es an Bodenfreiheit, Allradantrieb und Leistung. In der zivilen Version hieß der Trabant-Kübel »Tramp«. Er wurde allerdings nicht im Inland verkauft, sondern in die sozialistischen Bruderländer exportiert. In den Westen gelangte der Tramp erst nach dem Fall der Mauer. Er konnte allerdings auch in seiner letzten Ausführung als Freizeit- und Spaßmobil mit schickem Outfit den Untergang der Zwickauer Werke nicht mehr aufhalten.

Trabant P 601 Tramp: Der kleine Kübelwagen wurde 1967 vorgestellt, bei den Grenztruppen eingesetzt oder in den Ostblock exportiert. Erst Jahre später konnten auch DDR-Bürger auf ziviles Cabriolet-Vergnügen hoffen.

Verona

Der Verona kommt ursprünglich von der anderen Seite des Atlantiks, gleicht dem britischen Morgan, trägt bayerische Technik unter der Kunststoff-Karosserie und wird im fränkischen Aschaffenburg gebaut.

Der automobile Globetrotter ist eine Entdeckung von Jürgen Warmuth, der die Verona-Karosserie in den USA aufspürte. Ein Amerikaner namens Milt Brown hatte sie kreiert. Mit den geschwungenen Kotflügeln und der langen Schnauze ist sie dem Roadster-Monument von der britischen Insel, dem Morgan, wie aus dem Gesicht geschnitten. Das amerikanische Plagiat gefiel Automobil-Enthusiast Warmuth so gut, daß er gleich fünf Exemplare kaufte und nach Aschaffenburg brachte. Dort entstand 1987 der erste Verona »Made in Germany«. Der gelernte Karosseriebauer und studierte Fahrzeugtechniker konstruierte einen eigenen Stahlrohr-Rahmen in Gitterbauweise und komplettierte die Veronas mit solider BMW-Technik – ganz im Gegensatz zum amerikanischen Original, das mit GM-Komponenten aufgebaut wird. Die aus den USA mitgebrachten Kunststoffhüllen sind längst schon verkauft, inzwischen läßt Jürgen Warmuth das GfK-Teil mit stabilisierenden Sandwich-Einlagen unter Lizenz in Deutschland erstellen.

Verona Roadster 2.5, 3.5 (seit 1987)

Wie beim Wiesmann-Roadster sorgen auch bei den Verona-Roadstern Reihensechszylinder aus dem BMW 325 oder und 535 für den Antrieb. Getriebe und Schräglenker-Hinterachse entstammen ebenfalls der Großserie. Das hat den Vorteil, daß jede BMW-Werkstatt die Wartung dieses Exoten übernehmen kann.

Verona-Roadster (ab 1987): In der Cabriolet-Ausführung sind die Türen nicht ausgeschnitten. Bislang entstanden rund 30 Fahrzeuge, die Hälfte ging in den Export.

Der Preis für den Verona bewegt sich in der Größenordnungen eines BMW Z1. Rund sechs Roadster und Cabriolets entstehen pro Jahr in aufwendiger Handarbeit.

Die ursprüngliche Angebotspalette der Verona Automobile GmbH in Aschaffenburg umfaßte vier Modelle. Neben den Roadstern mit 2,5- und 3,5-Liter-Maschine gab es die entsprechenden Modelle auch als Cabriolets, wobei sich letztere nur durch die etwas höheren Türen von ihren preisgünstigeren Brüdern unterscheiden. Ende 1991 wurde das Programm gestrafft. Lieferbar ist nur noch der Verona 3,5 in der Cabriolet-Version mit dem BMW-Reihensechszylinder mit 155 kW/211 PS. Als Hersteller fungiert nun die Firma E.S.W. Automobile mit Büro in München. Produziert wird weiterhin in Aschaffenburg. Der Verona des Jahres 1992 kostet stolze 149 500 Mark.

Preise:
- Verona Roadster 2,5: DM 81 300,–
- Verona Roadster 3,5: DM 95 700,–
- Verona Cabriolet 2,5: DM 83 600,–
- Verona Cabriolet 3,5: DM 98 000,–

Victoria

Als brennbarer Roadster ging der 'Spatz' in die Kleinwagengeschichte der Nachkriegszeit ein. Wenig bekannt ist allerdings, daß nur knapp die Hälfte der insgesamt über 1500 Spatzen von den Nürnberger Victoria-Werken, einem renommierten Motorradhersteller, gebaut wurde, der Rest dagegen von der Bayerischen Autowerke GmbH (BAG) in Nürnberg.
Begonnen hatte die Sache auf dem Pariser Automobilsalon 1954, wo der Stuttgarter Egon Brütsch sein dreirädriges Kunststoffmobil Brütsch 200 'Spatz' ausstellte. Harald Friedrich, ein Werkzeugmaschinenfabrikant aus Bayern, war von dem 'Spatz' derart angetan, daß er ihn sogleich in Lizenz zu bauen beschloß. Material und Konstruktionsmängel verzögerten jedoch den Serienanlauf. Schließlich heuerte Friedrich den berühmten früheren Tatra-Konstrukteur Prof. Hans Ledwinka an, der das Plastikdreirad zu einem vierrädrigen Mittelmotor-Roadster umfunktionierte. Aus dem Primitivmobil war ein vollwertiges kleines Auto geworden.
Um sich geeignete Vetriebswege zu erschließen, gründete Friedrich im Juli 1956 gemeinsam mit der Victoria-Werke AG die Bayerische Autowerke GmbH. Produziert wurde der Spatz im Traunreuter BAG-Werk, der Vertrieb erfolgte über das Victoria-Händlernetz. Lizenzrechtliche Auseinandersetzungen mit Brütsch führten dazu, daß Friedrich Ende 1956 aus der BAG ausstieg. In der Folgezeit wurde der Spatz von den Victoria-Technikern gründlich überarbeitet und verbessert. Im Juni 1957 erschien er als Victoria 250 in äußerlich kaum veränderter Gestalt. Großer Erfolg war ihm freilich nicht mehr beschieden. Im Februar 1958 lief das letzte Exemplar vom Band. Ein Jahr später verkaufte Victoria die Produktionseinrichtungen an die Firma Burgfalke im Bayerischen Wald, wo der ehemalige Spatz als 'Burgfalke 250 Export' auferstehen sollte. Es blieb bei der guten Absicht und einigen wenigen handgefertigten Exemplaren.

Victoria Spatz (1956-1957)

Dreisitziger Roadster mit Kunststoffkarosserie und Mittelmotor. Einige Exemplare wurden auch mit einem Flügeltüren-Hardtop versehen. Hübsch gestylte, aber leider brennbare Karosserie auws Polyesterharz. Von Februar 1956 bis Mai 1957 wurden 859 Stück gebaut. Der Preis betrug DM 2975,-.

Victoria 250 (1957-1958)

Technisch weiterentwickelter Nachfolgertyp mit stärkerem Motor und ausreichenden Fahrleistungen. Besonderheit: Elektromagnetisches Vorwählgetriebe mit Drucktasten und Wählhebel am Armaturenbrett, 5 Gänge. Von Juni 1957 bis Februar 1958 wurden 729 Exemplare produziert. Der Preis betrug unverändert DM 2975,–

Dieser dreirädrige Brütsch-Roadster vn 1954 war ein Vorläufer des vierrädrigen 'Spatz'

In dieser Version wurde der 'Spatz' 1956/57 von den Bayerischen Autowerken in Traunreut gebaut.

Die letzte Ausführung des 'Spatz'. Unter der offiziellen Bezeichnung 'Victoria 250' lief er ab Juni 1957 bei dem renommierten Nürnberger Motorradwerk vom Band.

VM

Die Firma VM Exklusiver Fahrzeugbau GmbH wurde Ende 1989 in Bergisch Gladbach gegründet. Klaus Vielhauer und die Brüder Robert und Uli Menschik, die Gesellschafter von VM, gehören zu jener Gruppe von Spezialisten, die auf dem Fahrzeugsektor so ziemlich alles möglich machen: Rahmenbau, Kunststoffertigung, Entwicklung von Edelstahlauspuffanlagen – was der Kunde wünscht, realisiert die 15-Mann-Crew von VM. Schwerpunkt der Aktivitäten ist allerdings der Bau und Vertrieb des »Seventy Seven«, eines Roadsters im Stil des legendären Lotus Super Seven. Rund 150 Stück werden pro Jahr hergestellt. Die dabei gewonnenen Erfahrungen kamen der Entwicklung eines eigenständigen offenen Zweisitzers zugute, der das zweite Standbein in der Fahrzeugfertigung werden soll.

VM Seventy Seven (seit 1989)

Der Super Seven entstand in den sechziger Jahren bei der englischen Sportwagenfirma Lotus. Als die Produktion 1971 auslief, sicherte sich die Firma Caterham Maschinen und Werkzeuge und bot, wie zuvor schon Lotus, den Wagen als Bausatz und als Fertigfahrzeug an. Der archaische Roadster-Entwurf wird bis heute unverändert produziert, inzwischen nicht mehr nur von Caterham, sondern auch von Donkervoort in den Niederlanden, dort allerdings auschließlich als Fertigfahrzeug. Auch in Deutschland gibt es Super-Seven-Nachbauten, einer der erfolgreichsten ist der Seventy Seven von VM. Der Bausatz wird in vier verschiedenen Ausbaustufen zu Preisen zwischen 7000 und 32500 Mark offeriert. Der Roadster mit GfK-Karosserie und Gitterrohrchassis bessert bei der Technik wie sein britisches Vorbild auf bewährten Ford-Aggregaten. Im Fertigfahrzeug kommt der Zweiliter-Vierzylinder aus dem Sierra mit 77 kW/ 105 PS zum Einsatz.

Preis: VM Seventy Seven: DM 45121,20

Ein Nachfahre des legendären Lotus Super Seven: der VM Seventy-Seven, Modelljahr 1991.

VM Nardo 200 GT, 200 GT Turbo (seit 1991)

Bereits 1989 präsentierte VM das 1:5-Modell eines offenen Roadsters, der den Namen Nardo erhielt. Zwei Jahre später stand der fertige Prototyp auf der IAA in Frankfurt. Der kompakte Roadster mit der klassisch geformten GfK-Karosserie soll nach dem Willen seiner Erbauer »eine der schönsten Zeiten der Automobilgeschichte wieder aufleben lassen«. Das Zeug dazu hat er. Die eigenständig Linie des Sportwagenentwurfs wird durch die originellen, schräg übereinander stehenden Doppelscheinwerfer unter einer Plexiglasabdeckung unterstrichen. Den Fahrzeugrahmen bildet ein selbsttragendes kunststoffbeschichtetes Gitterrohrchassis. Die Karosserie besteht aus glasfaserverstärktem Kunststoff – Kevlar- oder Kevlar-Carbonfaser als Sonderausstattung – und integriert auch die Bodenwanne in Sandwichbauweise. Im Tür- und Schwellerbereich verleiht ein seitlicher Aufprallschutz zusätzliche Stabilität. Der Nardo besitzt vorne und hinten doppelte Dreiecksquerlenker und mehrfach einstellbare Gasdruckfederbeine. Wie es sich für einen Neoklassiker gehört, erfolgt der Antrieb auf die Hinterräder, wobei ein Visko-Sperrdifferential zum Einsatz kommt. Wie beim Seventy Seven greift VM auch beim Nardo bei der Motorauswahl auf vertraute Ford-Triebwerke zurück, im Fall des 200 GT auf den Zweiliter-DOHC-Motor mit 110 kW/150 PS. Beim Nardo Turbo arbeitet unter der Haube der Cosworth-Reihenvierzylinder mit 163 kW/220 PS. Bei einem Leergewicht von rund 710 kg bedeutet das ein Leistungsgewicht von 4,7 kg pro PS, für rasante Beschleunigung ist also gesorgt.

Preise: VM Nardo 200 GT: DM 74 100,–
VM Nardo 200 GT Turbo: DM 85 300,–

Auf der IAA 1991 präsentierte die Firma VM ihr Sportwagenmodell Nardo. Der klassisch geformte Roadster mit Gitterrohrahmen und GfK-Karosserie basiert auf bewährter Ford-Großserientechnik.

Nardo 200 GT und 200 GT Turbo unterscheiden sich in Motorleistung, Bremsanlage und Preis. Der Turbo besitzt den 2-Liter-Cosworth-Motor mit Abgasturbolader und Vierventil-Zylinderkopf sowie ein drehzahlabhängiges Sperrdifferential.

VW

Die Entstehungsgeschichte des Wolfsburger Volkswagenwerkes geht auf die Synthese zweier Ideen zurück, einer technischen und einer politischen. Die technische stammte von Ferdinand Porsche, der 1934 dem Reichsverkehrsministerium ein »Exposé, betreffend den Bau eines deutschen Volkswagens« überreicht hatte, in dem alle wesentlichen Konstruktionsmerkmale des Käfers enthalten waren. Die politische Idee steuerte Adolf Hitler bei, der von der Massenmotorisierung des deutschen Volkes träumte. Noch im selben Jahr schloß der Reichsverband der Automobilindustrie (RDA) mit der Dr. Ing. h.c. F. Porsche GmbH in Stuttgart einen Vertrag, in dem Porsche sich verpflichtete, innerhalb von zehn Monaten den ersten Volkswagen-Prototyp fertigzustellen. Vorgegeben war ein Verkaufspreis von 1000 Reichsmark.

Porsche, der sich 1931 mit einem Konstruktions- und Entwicklungsbüro in Stuttgart selbständig gemacht hatte, konnte auf frühere Entwürfe zurückgreifen. 1932 hatte er für Zündapp drei Versuchsfahrzeuge (Porsche Typ 12) – darunter ein Cabriolet – bei Reutter bauen lassen, die bereits stromlinienförmige Karosserie und Heckmotor (allerdings einen wassergekühlten Fünfzylinder-Sternmotor) besaßen. Ein Jahr später wurden im Auftrag von NSU drei weitere Prototypen (Porsche Typ 32) fertiggestellt, die bereits verblüffende Ähnlichkeit mit dem späteren Käfer aufwiesen. Die drei Limousinen – zwei waren bei Reutter, eine bei Drauz gebaut worden – hatten schon einen luftgekühlten Boxermotor im Heck und Drehstabfederung. Eine Serienproduktion kam allerdings auch diesmal nicht zustande.

Trotz dieser Basis war der vereinbarte Termin nicht zu halten. Die beiden ersten Volkswagen, eine Limousine und ein Cabriolet, wurden erst im Februar 1936 fertiggestellt. Vom 10. Oktober bis 22. Dezember 1936 absolvierten dann drei Prototypen der sogenannten VW3-Serie (Porsche Typ 60) unter der Kontrolle des RDA sowie der Technischen Hochschulen Berlin und Stuttgart einen Großversuch über je 50000 Kilometer. Nach dem überwiegend positiven Ergebnis dieses Dauertests baute Porsche in Zusammenarbeit mit Daimler-Benz und Reutter eine Vorserie von 30 Fahrzeugen (VW30), die insgesamt 2,4 Millionen Versuchskilometer ohne wesentliche Beanstandungen zurücklegten.

1937 erteilte die Reichsregierung dem Leiter der Deutschen Arbeitsfront nicht nur den Auftrag zum Großserienbau des Volkswagens, sondern auch zur Errichtung des dazugehörigen Werkes sowie einer Stadt für die Betriebsangehörigen. Der manchen Zeitgenossen leicht größenwahnsinnig erscheinende Plan wurde rasch vorangetrieben. Am 26. Mai 1938 wurde in der Nähe von Fallersleben der Grundstein zum Volkswagenwerk gelegt. An den Feierlichkeiten nahm Adolf Hitler persönlich in einer offenen Sonderanfertigung 'KdF-Wagens' teil. KdF war die Abkürzung für die nationalsozialistische Organisation 'Kraft durch Freude', die den potentiellen Volkswagenfahrern das Ansparen des Kaufpreises von 990 Reichsmark in Wochenraten zu je 5 Reichsmark ermöglichte. Bis Ende 1939 waren bereits 170000 Sparanträge gestellt worden.

1938 begann auch der Aufbau der 'Stadt des KdF-Wagens' auf der grünen

Wiese. (Den Namen Wolfsburg erhielt sie erst nach Kriegsende). Mit der Gesamtplanung des Volkswagenwerks wurde Ferdinand Porsche beauftragt, der bis 1945 dessen Leiter blieb. Bis Kriegsende wurden allerdings lediglich 630 KdF-Wagen, aber dafür rund 52000 Kübelwagen (Typ 82) und 14276 Schwimmwagen (Typ 166) fertiggestellt.

Nach Kriegsende dienten die 1944 zu zwei Dritteln zerstörten Werksanlagen zunächst als Reparaturbetrieb für britische Militärfahrzeuge. Mit dem Auftrag zum Bau von 20000 Volkswagen, den die britische Militärregierung im September 1945 erteilte, fiel der Startschuß. Bis 1981 liefen 20 Millionen Käfer vom Band – und noch ist kein Ende abzusehen, wenn auch die Stückzahlen immer mehr zurückgehen. Schon 1947 wurden die ersten Volkswagen in die Niederlande exportiert, ein Jahr später entstand – wenn man von dem erwähnten KdF-Sondermodell und den frühen Porsche-Prototypen einmal absieht – das erste VW-Cabriolet. Es handelte sich um einen Polizeikübelwagen, der nicht nur oben, sondern auch an den Seiten offen war, um schnellstmögliches Aus- und Einsteigen zu gewährleisten. Bei schlechtem Wetter konnten sich die darin sitzenden Polizisten mit einknüpfbaren Segeltuchvorhängen notdürftig gegen Spritzwasser schützen. VW-Cabriolets dienten in mehreren Bundesländern bis weit in die fünfziger Jahre hinein als Streifenwagen – seit 1949, als bei Karmann die Produktion anlief, allerdings mit richtigen Türen wie das zivile Pendant.

Am 1. Januar 1948 übernahm Dipl.-Ing. Heinrich Nordhoff (1899-1968) die Leitung des Volkswagenwerkes. Unter seiner Ägide nahm es zwar einen beispielhaften Aufschwung, sein starres Festhalten am Heckmotor-Dogma war jedoch in späteren Jahren die Hauptursache für die immer deutlicher zutage tretenden strukturellen Probleme. Erst die unter Rudolf Leiding energisch vorangetriebene Erneuerung der Modellpalette (Passat 1973, Golf und Scirocco 1974) führte das zweitgrößte deutsche Industrieunternehmen wieder aus der wirtschaftlichen Talsohle heraus. Vor allem der Golf trat im In- und Ausland ziemlich rasch an die Stelle des Käfers als sparsamer, robuster Allerweltswagen. Das 1979 präsentierte Golf-Cabriolet hatte zunächst gegen das damals in höchster nostalgischer Gunst stehende Käfer-Cabriolet kaum eine Chance. Aber langfristig hatten die Wolfsburger Marketing-Strategen doch auf das richtige Pferd gesetzt, wie sich schon bald zeigte. Bereits kurze Zeit nach der endgültigen Produktionseinstellung des offenen Käfers kletterten die Absatzzahlen des als 'Henkelkorb' geschmähten Golf-Cabriolets steil in die Höhe. 1991 stellte der offene Golf den Produktionsrekord des Käfer-Cabriolets ein, das 331847 mal gebaut wurde.

Volkswagen Polizei-Cabriolet (Typ 18A) (1948-1951)

Die Polizeistreifenwagen der ersten Nachkriegsjahre – einerlei ob von VW, Daimler-Benz oder Ford – gaben sich recht martialisch und erinnerten in ihrer Konzeption stark an die ehemaligen Wehrmacht-Kübelwagen. Stoffverdeck und Segeltuchvorhänge statt Türen waren zunächst obligatorisch. Hebmüller

Volkswagen Polizei-Cabriolet (Typ 18 A, Karosserie Hebmüller), 1948-1949

Volkswagen Cabriolet zweisitzig (Typ 14, Karosserie Hebmüller), 1949-1950

und später Karmann bauten von 1948 bis 1951 immerhin 482 Stück jener spartanischen Einsatzfahrzeuge, die anfangs DM 5900,–, später nur noch DM 5600,– kosteten.

Volkswagen Cabriolet (Karosserie Hebmüller/Typ 14A) (1949-1950)

Die ersten drei Prototypen des zweisitzigen Hebmüller-Cabriolets (VW Typ 14A) wurden Ende 1948 der Wolfsburger Konzernleitung vorgestellt. (Die beiden hinteren Notsitze waren übrigens nur bei geschlossenem Verdeck zugänglich). Sie fanden soviel Anklang, daß VW einen Lieferauftrag über 2000 Exemplare erteilte. Schon bald nach Produktionsbeginn im Frühjahr 1949 wurde das Wülfrather Hebmüller-Werk von einem verheerenden Großbrand heimgesucht, so daß die Tagesproduktion von 17 auf 3 Einheiten absank. Das Hebmüller-Cabriolet war ausschließlich in Zweifarbenlackierung lieferbar: rot/schwarz oder elfenbein/schwarz. Von März 1949 bis April 1950 wurden insgesamt 696 Stück gebaut. Der Preis betrug DM 7500,–. Wenig bekannt ist, daß von 1952 bis 1955 nochmals zwölf Cabriolets des Typs 14A bei Karmann entstanden.

Volkswagen Cabriolet (Typ 1)-Sonderkarosserien (1949-1961)

Der Erfolg des bei Karmann gebauten viersitzigen Käfer-Cabriolets rief schon bald Konkurrenten auf den Plan. Die Wuppertaler Karosseriefirma Drews brachte 1949 ein ziemlich klobig wirkendes zweisitziges Cabriolet heraus. Mangels Nachfrage wurde die Produktion schon 1950 wieder eingestellt.
Erfolgreicher war das stilistisch gelungene Cabriolet von Dannenhauer & Stauss in Stuttgart, das deutliche Anklänge an den Porsche 356 zeigte. Zwischen 1951 und 1955 wurden 135 Stück gebaut und zum Preis von rund DM 9000,– verkauft. Formal recht ansprechend war auch das zweisitzige Rometsch-Cabriolet, von dem zwischen 1951 und 1954 rund 500 Stück entstanden. 1959 und 1960 stellte Rometsch nochmals Cabriolets auf VW-Basis vor, von denen jeweils nur geringe Stückzahlen gebaut wurden. 1961 gab die Berliner Firma den Karosseriebau auf.

Volkswagen Cabriolet viersitzig (Karosserie Karmann), 1949

Volkswagen Cabriolet (Karosserie Karmann/Typ 15) (1949-1980)

Die offene Version des legendären VW Käfers war bis 1991 das meistgebaute Cabriolet der Welt: 331 847 Exemplare liefen von März 1949 bis Januar 1980 in Osnabrück vom Band. Obwohl technisch und konstruktiv veraltet, nahm gerade in den letzten Produktionsjahren der Absatz wieder zu – trotz des überzogenen Preises.

Die Produktionszeit des Dauerbrenners läßt sich in sieben Perioden unterteilen:

1949-1953	Volkswagen Cabriolet	25 PS
1954-1960	Volkswagen Cabriolet	30 PS
1960-1965	Volkswagen 1200 Cabriolet	34 PS
1965-1966	Volkswagen 1300 Cabriolet	40 PS
1966-1970	Volkswagen 1500 Cabriolet	44 PS
1970-1972	Volkswagen 1302 LS Cabriolet	50 PS
1972-1980	Volkswagen 1303 LS Cabriolet	50 PS

Zu Beginn seiner Karriere kostete das Volkswagen-Cabriolet DM 7500,–. Am billigsten war es zwischen August 1955 und März 1962 mit einem Preis von DM 5990,–. In den letzten Produktionsmonaten kostete es DM 14 423,–. Spekulanten, die auf Vorrat gekauft oder sich eines der zuletzt nur noch für den US-Markt produzierten Exemplare gesichert hatten, forderten und erhielten Preise von DM 20 000,– und mehr.

Volkswagen Cabriolet viersitzig, (Karosserie Karmann), 1969

Das Volkswagen-Cabriolet in seiner letzten Ausführung: VW 1303 LS von 1979.

Volkswagen Cabriolet (Typ 15) – Sonderkarosserien

Der Käfer avancierte zum Liebling der Umbau-Branche. Die simple Konstruktion und sein solider Plattformrahmen machen den Umbau zu einer reizvollen Angelegenheit ohne allzu aufwendige Schweißarbeiten. Eine ganze Anzahl von Firmen wetteiferte um die Gunst der Käufer. Stellvertretend seien hier einige Vertreter vorgestellt.

Der erste, der nach Produktionsauslauf des Werkscabriolets zur Trennscheibe griff, war Philipp Eller in Dieburg. Er trennte beim Käfer das Dach samt B- und C-Säule ab und ließ lediglich die Frontscheibe stehen. Längs- und Querträger verstärkten die Bodengruppe, eine windige Zeltkonstruktionden diente als Wetterschutz. Wer den Auf- und Abbau, das Gewirr aus Stangen, Bügeln, dünner Verdeckhaut und Druckknöpfen überblickte, war auf jedem Campingplatz ein gerngesehener Helfer. 1983 kostete der Käfer mit Roadster-Ambitionen 16500 Mark, für den Umbau eines Gebrauchten waren 7150 Mark fällig.

»Mach was draus – schneid's Dach ab!« warb Frosts Speedster Center in Bretten-Bauerbach. Der Blechschneider aus dem Kraichgau vertrieb zuerst die Bausätze anderer Hersteller, entwickelte aber dann eine eigene Lösung in drei Ausbaustufen: Das »Topless«-Paket als einfachste Möglichkeit des Offenfahrens; das »Cabrio«-Paket mit einer Heckpartie aus GfK sowie den «Speedster» mit gekürzem Windschutzscheibenrahmen. Preislich müssen zwischen 990 und 3200 Mark angelegt werden, das Verdeck kostet rund 1000 Mark extra.

Auch Dannert in Solingen hatte sich auf den nachträglichen Käferumbau spezialisiert, von den drei angebotenen Bausatztypen Speedster, Cabrio und Topchop weiß vor allem letzterer optisch zu gefallen: Scheibenrahmen und Verdeck des viersitzigen Cabrios werden rund acht Zentimeter tiefer gesetzt und verleihen dem geschlossenen Fahrzeug ein dynamisches Aussehen. Die hinteren Seiten-Steckscheiben sind aus Glas. Die Preis bewegen sich im üblichen Rahmen von rund 2500 Mark, wozu für das Verdeck noch knapp 1600 Mark addiert werden müssen.

Daneben gab es, wie bereits erwähnt, eine ganz Reihe weiterer Anbieter. Bieber-Cabrio zum Beispiel offerierte den Käfer als 2+2-Sitzer oder als Viersitzer »Long-Top«. Die Preise: ab 3250,– DM aufwärts. In ähnlichen Regionen bewegte sich auch das Angebot von Cabrio-Design Ostermann-Germer, mit dem sich eine dem Werkscabriolet ähnliche Optik erreichen ließ.

H+L in Haßloch/Pfalz bot ebenfalls eine ganze offene Käfer-Flotte an, die Top-chop, Top-Chop-Cabrio, Speedster und Cabrio 2+2 umfaßte. Nomen est omen: Hoffmann Speedster in Viersen gehört zu den Pionieren im Umbau von Käfern und spezialisierte sich vor allem auf den Vertrieb eigener Speedster-Bausätze, auch Cabrio- und Topless-Versionen sind im Programm. Fertige Speedster wurden Ende der achziger Jahre über den Post-Shop vom Versandhaus Neckermann für 16900 Mark angeboten.

Der Speedster-Bausatz der Firma Auto Peters in Maisach bei München für 3450 Mark nebem den obligaten Heckteil aus GfK auch das Verdeck.

Ostermann, erst in Ibbenbüren, später in Osnabrück ansässig, stellte sein erstes

Eine eigenwillige Lösung: Mexiko-Käfer mit Heckleuchten vom Porsche 928 und dem Spoiler des 911 Turbo. Der Umbau wurde auf der IAA 1985 gezeigt und stammte von der Firma Cronos.

Der Hoffmann-Speedster wurde in Serie hergestellt und über den »Postshop« von Otto vertrieben. Der Postshop hatte Ende der 60er Jahre schon Fiat 500 mit Sonderkarosserien verkauft. Anfang der 80er Jahre konnte man restaurierte Austin Healey 3000 für rund 33000 Mark per Katalog ordern.

Kommt dem Werkscabriolet schon sehr nahe: VW 1303-Cabrio von Cabrio-Design, Kürten-Dürscheid.

Prototyp des VW Speedsters der Firma Ostermann.

VW Käfer-Cabriolet der Firma Bieber-Cabrio, Borken.

Der Prototyp des Karmann-Ghia-Cabriolets hatte eine Heckscheibe aus Hartglas. In Serie ging der Wagen dann jedoch 1957 mit flexiblem Kunststoff-Heckfenster (darunter).

Speedster-Modell 1982 vor und wurde damit zum Vorreiter jener Käfer-Umbauten, die sich sich das Hebmüller-Cabrio zum Vorbild genommen hatten. Trotz Golf-Cabriobausätzen und Karmann-Ghia-Replika sind die Speedster-Varianten (ab DM 2490,–) auch heute noch die Renner im Ostermann-Programm.

Volkswagen Karmann Ghia Cabriolet (Typ 14) (1957-1974)

Zwei Jahre nach der Präsentation des von Ghia entworfenen und bei Karmann produzierten Coupés wurde auf der IAA 1957 die offene Version vorgestellt. Die unkomplizierte, anspruchslose Mechanik und die hübsche, etwas verspielt wirkende Karosserie des Karmann Ghia rief Freund und Feind gleichermaßen auf den Plan. Während die ersten – darunter vor allem die Damen – ihn wegen seiner problemlosen Technik schätzten und mit dem bescheidenen Leistungsangebot zufrieden waren, taten ihn die Puristen als Talmi-Sportwagen ab. Die Stückzahlen sprechen jedoch eine deutliche Sprache: Von September 1957 bis Juli 1974 wurden 80881 Cabriolets gebaut.

Preise:		
	Karmann Ghia 1200 Cabriolet	DM 8250,–
	Karmann Ghia 1300 Cabriolet	DM 7690,–
	Karmann Ghia 1500 Cabriolet	DM 7995,–
	Karmann Ghia Cabriolet (1600)	DM 8790,–

Volkswagen Karmann Ghia Cabriolet, 1964

Dieses ebenfalls von Karmann gebaute Cabriolet auf Basis des Volkswagens Typ 3 stand 1961 auf der IAA. Nach dem Bau von zwölf Prototypen wurde die Serienfertigung vom VW-Vorstand verworfen.

Volkswagen 1500 Cabriolet (Karosserie Karmann/Typ 3) (1961-1963)

Nur zwölf Prototypen dieses Fahrzeugs entstanden zwischen 1961 und 1963. Kurze Zeit vor dem geplanten Serienanlauf – die Prospekte waren bereits gedruckt – stoppte die Konzernleitung das Projekt in letzter Minute, nachdem sich herausgestellt hatte, daß der Aufbau ziemlich verwindungsfreudig war. Zwei Exemplare haben bis heute überlebt: Eines steht im VW-Museum, ein weiteres bei Karmann.

Volkswagen 1500 Karmann Ghia Cabriolet (Typ 34) (1961-1963)

Das »große« Karmann-Ghia-Cabriolet (Typ 34) wurde 1961 auf der IAA vorgestellt und sollte DM 9500,- kosten. Es fiel jedoch wie das geplante viersitzige Cabriolet auf Basis des VW 1500 ebenfalls der Konzernvernunft zum Opfer. Dabei wäre dieses Cabriolet sicherlich eine interessante Alternative zum etwas kleineren Schwestermodell gewesen. Bemerkenswert die verbesserte Verdeckkonstruktion, bei der das zurückgeklappte Dach völlig hinter den Sitzen verschwand, im Gegensatz zur 'Sofalehnen'-Konstruktion z.B. des Käfer-Cabriolets. Von 1961 bis 1963 wurden 17 Prototypen gebaut.

VW 181 (1969-1978)

Der VW 181 war in erster Linie für militärische Zwecke entwickelt worden, da die Bundeswehr nach dem Auslaufen des Auto Union-Geländewagens ein geländetaugliches Kurierfahrzeug benötigte. Der 181 besaß zwar keinen Allradantrieb, konnte aber auf Wunsch mit Sperrdifferential geliefert werden. Ähnlich wie der berühmte VW-Kübelwagen Typ 82 der deutschen Wehrmacht zeichnete er sich durch beachtliche Geländegängigkeit aus. Nur unter ganz extremen Bedingungen mußte er sich allradgetriebenen Konkurrenten geschlagen geben. Der viertürige Wagen hatte ein Klappverdeck und Steckfenster, die Windschutzscheibe konnte nach vorne umgelegt werden. Eine Standheizung gehörte bis 1973 zum serienmäßigen Lieferumfang. Von August 1969 bis Ende 1978 wurden 70395 Stück gebaut. Die Preise lagen zwischen DM 8500,- und 14760,-

VW Iltis (1978-1981)

Der bei Audi in Ingolstadt entwickelte Iltis war ein kompromißloser Geländewagen mit spartanischer Ausstattung. Seine wahren Qualitäten offenbarte er erst im harten Off-Road-Betrieb. Als kleines Zugeständnis an das gestiegene Sicherheitsbewußtsein war er serienmäßig mit einem Überrollbügel aus Leichtmetall ausgestattet.
Der ab November 1978 gebaute Iltis wurde ab 1980 auch an zivile Kunden geliefert und fand bis zur Produktionseinstellung Ende 1981 insgesamt 1957 Käufer. Weitere 8800 Exemplare erhielt die Bundeswehr. Einige Jahre später baute die Firma Bombardier in Quebec/Kanada den Iltis in VW-Lizenz weiter. 1984 wurden 2500 Stück an die belgische Armee geliefert.

Preis: DM 33000,-

Auch auf Basis des VW 1500 (Typ 3) baute Karmann 1961 ein Cabriolet. Zur Serienfertigung kam es jedoch nicht. Bemerkenswert die große Panorama-Heckscheibe und das im Gegensatz zum VW-Käfer vollständig versenkbare Verdeck.

Wie der VW-Käfer bot auch der VW 1500 (Typ 3) vier bis fünf Personen Platz.

Die Firma Auto-Technik in Überlingen/Bodensee stellte 1950 dieses Cabriolet auf VW-Fahrgestell vor.

Volkswagen Cabriolet 2/2sitzig (Karosserie Dannenhauer & Stauss), 1951-1955

Volkswagen Cabriolet (Karosserie Rometsch), 1951-1954

Volkswagen Cabriolet (Karosserie Rometsch), 1960

Luigi Colani entwarf 1964 diesen Sportwagen auf VW-Fahrgestell

Die Firma Alpi baute in den sechziger Jahren diesen Roadster mit Kunststoffkarosserie auf VW-Käfer-Chassis.

Im Auftrag der Reifenfirma Metzeler baute das Delta Design-Team 1969 den Prototyp 'Delta V' auf VW-Käfer-Fahrgestell.

Der VW Country, ein offenes Mehrzweck-Fahrzeug, war vor allem zum Einsatz in Entwicklungsländern vorgesehen.

VW 181, 1969-1978

VW Iltis (Militärausführung), 1978-1981

VW Scirocco I (1974-1981)

Noch bevor die erste Golf-Generation auf den Markt kam, stellte VW dessen sportlich angehauchten Bruder vor, den Scirocco. Auf Anhieb erfreute sich das Schrägheck-Coupé mit Golf-Technik und -Bodengruppe regen Zuspruchs. Das galt besonders für die erste Auflage. Scirocco-Cabrios baute zunächst die englische Firma Wolfe in Westerham/Kent. Die »Tempest« getauften Modelle hatten für Deutschland allerdings keine Zulassung. Erst Ende der achziger Jahre entwickelten auch deutsche Firmen Cabriobausätze für die erste Scirocco Generation. Obwohl die Serie I bereits 1980 ausgelaufen war, animierte die relative große Zahl noch vorhandener Fahrzeuge zwei Firmen, das Stahldach des Coupés durch eine schicke Cabrio-Mütze zu ersetzen: Ostermann-Germer und Bieber-Cabrio. Beide Bausatzanbieter gingen allerdings optisch völlig verschiedene Wege.

VW Scirocco II (seit 1981)

Das bei Karmann karossierte Coupé erschien im Februar 1981 in der neuen, rundlicheren Form und basierte technisch wiederum auf der ersten Golf-Generation. Im Vergleich zum Vorgänger konnte sich der pummelige 2+2-Sitzer nie so recht durchsetzen, der Zugewinn an Aerodynamik ging zu Lasten seines Profils. Dennoch bildete der Scirocco II eine ausgezeichnete Basis für den Umbau zum Cabriolet. Bieber zum Beispiel bot neben dem bereits erwähnten Scirocco I-Bausatz auch eine Lösung für begabte Scirocco II-Besitzer an. Der etwas aufwendigere Umbau kostete mit 4450 Mark einen halben Tausender mehr als beim Vorgängermodell.

Eine gelungene Cabrio-Version entstand in Volkertshausen am Bodensee. Die Firma Hornstein stellte im Frühsommer 1991 ihren Drei-Stufen-Plan zur Offenlegung des Scirocco II vor. Der Bausatz für knapp 7000 Mark beinhaltete sämtliche Verstärkungsteile, das komplette GfK-Heckteil, ein vormontiertes Verdeckgestänge mit Verschlüssen (vom Escort-Cabriolet) sowie das obligatorische Sonnenland-Verdeck. Rund 3000 Mark teurer kommt der Rohumbau, der vom Besitzer einige Vorarbeiten erfordert: Sitze, Teppichboden, Türverkleidungen und Dachhimmel müssen entfernt werden, dann erst greifen die Techniker zur Flex. Die dritte Stufe ist die einfachste, zugleich aber auch die teuerste: Auto an den Bodensee bringen, in sechs bis acht Wochen wiederkommen, 11 980 Mark hinblättern, Verdeck aufklappen – und losfahren.

Das Grundmodell stammt von Karmann, der Umbau vom Bodensee: Das Scirocco II-Cabriolet von Autostyling Hornstein, Volkartshausen.

Auch die Firma Bieber-Cabrio bietet Cabriobausätze für den VW Scirocco an. Hier ein Modell der zweiten Generation, das seit 1981 auf der Bodengruppe des Golf I gebaut wird.

VW Golf GLS/GL/GLI Cabriolet (ab 1979)

Das 1979 herausgekommene Golf-Cabriolet wird – wie zuvor der offene Käfer – bei Karmann gebaut. Obwohl formal nicht gerade begeisternd, fand es doch rasch seinen Kundenstamm. Optisch ist es zweifellos weit weniger originell als sein Vorgänger, von dem es die einfache Bedienung des gepolsterten Verdecks und die hervorragende Wetterfestigkeit geerbt hat. Technisch gesehen ist das Cabriolet mit der Golf-Limousine der ersten Generation identisch, überzeugt durch angemessene Leistungen und problemloses Fahrverhalten. Wie der sportliche GTI wurde auch das Cabriolet zum Trendsetter und trug maßgeblich zur Cabriolet-Renaissance bei. Es dauerte fast vier Jahre, bis mit dem Escort-Cabriolet ein zweiter deutscher Vertreter in der Klasse der viersitzigen Großserien-Cabriolets erschien.

Das GLS-Cabriolet (Typenbezeichnung ab Juni 1981: GL) wurde ab April 1979, die GLI-Version seit September 1979 gebaut.

Während die Limousine 1983 erheblich überarbeitet wurde, blieb beim Cabriolet im Prinzip alles beim alten. Erst im Gefolge der dritten Golf-Generation wird auch ein neues Cabriolet-Modell vorgestellt werden. Obwohl während der langjährigen Bauzeit die technische Grundsubstanz beibehalten wurde, waren Designer und Techniker nicht untätig geblieben. Die erste Modellpflegemaßnahme fand bereits 1980 statt: Die beiden Cabrio-Versionen GLS (1,5 l//51 kW/70 PS) und GLI (1,6 l/81 kW/110 PS) erhielten neue Armaturenbretter. Ein Jahr darauf wurde aus dem GLS ein GL-Cabriolet. Mit der neuen

Golf Cabriolet, Modelljahr 1985.

Charakteristisch für die Golf-Cabrioversionen nach 1987 waren die in Wagenfarbe lackierten Kunststoff-Stoßfänger, -Radlaufverbreiterungen und -Schwellerleisten.

Modellbezeichnung erhielten GL und GLI ein geändertes Verdeckgestänge. Dadurch verschwand zwar nicht der oft kritisierte hohe Verdeck-»Rucksack«, doch lag er nun zehn Zentimeter tiefer, was die Sicht nach hinten erheblich verbesserte. Den Wechsel zum Golf II im August 1983 machte das Cabriolet, wie erwähnt, zwar nicht mit, doch profitierte es von der neuen Motoren-Generation. Das 1,5 Liter-Triebwerk wich dem 1,6-Liter-Motor mit 55 kW/75 PS Leistung. Als dritte Cabrio-Motorisierung erschien ein neuer 1,8-Liter mit 66 kW/ 90 PS.

Breitreifen der Dimension 175/70 R13 auf 5,5 Zoll-Felgen und Radlaufverbreiterungen charakterisierten die Cabriolets des Modelljahrganges 1985. Eine Servolenkung war jetzt gegen Aufpreis zu haben. Im August 1986 erschien der Golf mit 1,8 Liter-Triebwerk und geregeltem Katalysator. Für das Modelljahr 1987 brachte das Volkswagenwerk die »Quartett«-Reihe. Vier verschiedene Außenfarben, vier Verdeckfarben und vier Polsterbezüge machten den Cabrio-Kauf zur Qual: Aus 64 möglichen Kombinationen galt es, sein Wunsch-Cabriolet herauszufinden. Die Motorleistung der »Quartett«-Modelle blieb unverändert: Neben den drei Motoren ohne Katalysator mit 55, 66 und 82 kW gab es den 1,8 l-Motor wahlweise mit ungeregeltem (66 kW/90 PS) und geregeltem (70 kW/95 PS) Katalysator.

Die markanteste optische Modellpflege fand im August 1987 statt: Der Golf erhielt in Wagenfarbe lackierte Radlauf- und Schwellerverbreiterungen und voluminöse Kunststoff-Stoßfänger. Im Kühlergrill wurden zusätzliche Fernscheinwerfer eingebaut. Nach den Werksferien 1988 wurden die Motoren ohne Katalysator aus dem Programm genommen, 1989 verschwand auch der 53-kW-

Das Golf-Cabriolet überholte den offenen VW Käfer als meistgebautes Cabriolet der Welt. Im Juni 1991 lief bei Karmann die Nummer 331848 vom Band – neuer Weltrekord.

Motor mit ungeregeltem Katalysator. Der 70-kW-Motor gehörte nun ebenfalls zum alten Eisen, ein 72-kW-Triebwerk mit Digifant-Einspritzung ersetzte ihn.
Dank dieser vielfältigen Modifikationen gehört der einst so ungeliebte Käfer-Nachfolger fast selbst schon zu den Klassikern. Über 350000 Stück sind bis zum Jahresende 1991 bei Karmann vom Band gelaufen. Damit ist der Rekord des Käfers als meistgebautes Cabriolet gebrochen.

Preise: VW Golf GLS Cabriolet   DM 17 235,–
           VW Golf GL Cabriolet   DM 19 450,–
           VW Golf GLI Cabriolet   DM 20 052,–

VW Golf-Sonderkarosserien

Sowohl für den Golf I als auch für den Golf II gab und gibt es zahlreiche Umbaumöglichkeiten. Die Firma Bieber, ein Pionier unter den Bausatzanbietern und seit mehr als zwanzig Jahren im Geschäft, liefert ihren Cabrio-Bausatz für 3450 Mark. In der neueren Ausführung erhielt der Golf ein ausgeprägtes Stufenheck mit hinteren Seiten-Steckfenstern.

Bausätze für Golf-Cabriolets bot auch die Firma Speedster Cabrio Design in Fuldabrück. Besonders spektakulär: der Arrow-Targa mit GfK-Heckaufbau und Kofferraumdeckel. Der komplette Bausatz kam auf 3950 Mark. Der normale Targa-Satz, der die Silhouette nicht veränderte, kostete 1750 Mark.

Ungetrübte Cabriofreude versprachen auch Cabrio-Bausätze von Cabrio-Design Ostermann-Germer, der Firma Hoffmann-Speedster, Viersen, und der Firma Ostermann in Osnabrück. Die meisten der angeführten Firmen erweiterten ihre Programm auch um Bausätze für die zweite Golf-Generation; Hoffmann hatte nur den Golf II im Programm, der mit Verdeck 3100 Mark kostete.

Ausschließlich auf Umbauten von Golf II- und Jetta-Modellen spezialisierte sich die Firma Freier-Cabrio in Hamburg. Die Kfz-Werkstatt stellte 1984 ihr

Das Golf-Cabriolet der Firma Bieber-Cabrio in Borken. Die neugestaltete Heckpartie bestand aus GfK.

Noch ein Golf I-Cabriolet, entstanden aus einem Umbausatz von Ostermann, Osnabrück.

Was das Werk nicht liefern wollte, besorgten findige Bausatzhersteller. Für den Umbau eines Golf II gab es mehrere Anbieter. Einer davon war Speedster Cabrio Design in Fuldabrück, wo 1990 das erste Golf-Cabrio vorgestellt wurde.

Auch das Golf II-Cabrio von Ostermann-Germer verzichtete auf einen Überrollbügel.

Die Cabrio-Lösung der Firma Ostermann unterscheidet sich insbesondere durch die Verdeckkonstruktion mit festem Mittelteil über den Vordersitzen von den Mitbewerbern.

Ein Einzelstück blieb das Jetta-Cabriolet der Firma Luhof, Hagen. Das 1984 vorgestellte Fahrzeug basierte auf der ersten Jetta-Generation. Die Verdeckkonstruktion stammte vom VW Golf.

Im November 1986 erhielt die Firma Freier in Hamburg für ihr Jetta-Cabriolet die TÜV-Zulassung. Der Umbau paßte für alle Golf II- und Jetta II-Modelle und kostete rund 16 000 Mark.

Dieser Prototyp eines Jetta-Cabriolets steht im Karmann-Werksmuseum.

Jetta-Cabriolet vor, rund zwei Jahre später wurde ein Mustergutachten erstellt. Der Komplettumbau zum Vollcabriolet ohne Überrollbügel kostete 15500 Mark, das Verdeckgestänge stammte vom Karmann-Werkscabriolet. Das Golf-Cabriolet von Freier wurde auf der IAA 1989 vorgestellt. Nur ein Einzelstück blieb das Jetta I-Cabriolet des Kieler Autohauses Friedrichsort, ebenso wie der Kamei Golf II-Speedster, den der Wiesbadener Tuning-Spezialist 1984 präsentierte.

VW Polo (seit 1981)

Auch das kleinste VW-Modell zeigte sich recht offenherzig, lange bevor die große Kit-Car-Welle rollte.
Bereits 1985 entwickelte die Hamburger Stylinggarage (die später als Design und Technik firmierte) ihren »Marco Polo Four in One«. Zum Umbaupreis von rund 10 000 Mark präsentierte sich ein wahrer Verwandlungskünster, wahlweise als Cabriolet, Targa oder Hardtop-Coupé zu benutzen.
Weniger vielseitig, dafür ganz ohne Überrollbügel, war der Polo-Bausatz von Speedster Cabrio. Der Kit für den Polo II enthielt alle notwendigen Versteifungsteile, GfK-Heckklappe, Verdeckspiegel, -gestänge und -haut. Preislich bewegte er sich mit unter 4000 Mark im üblichen Rahmen.
Bügelfrei war auch der Polo von Bieber-Cabrio in Borken. Der Bausatz mit winterfestem Verdeck kam inklusive Anbauanleitung auf Video für 3250 Mark

Das Polo-Cabriolet der Firma Speedster Cabrio Design in Fuldabrück. Der Umrüstsatz paßt für alle Steilheck- und Coupé-Modelle der zweiten Generation. Der Kühlergrill stammt vom VW Derby.

Der Treser VW Polo »open air« feierte auf der IAA 1991 Premiere. Er soll über die VW-Organisation vertrieben werden.

ins Haus. Wer den 700 Mark teueren Rohumbau bei Bieber vornehmen ließ, mußte lediglich noch für Feinarbeiten im Innenraum und die Lackierung sorgen. Der Polo II war bereits abgelöst, als der dritte Bausatz-Anbieter mit seiner Version auf den Markt kam: Dietrich-Karosseriebau in Münster lieferte Hilfsrahmen, Dachgestänge und Verdeckhaut, Heckaufsatzteil und eine abgeänderte Heckklappe. Der Bausatz kostete 3650 Mark und paßte sowohl für den Steilheck-Polo als auch für das Coupé.

Mit dem Polo der dritten Generation beschäftigten sich sowohl Freier, Hamburg, als auch Treser in Ingolstadt. Während der Prototyp von Freier noch auf sich warten ließ, feierte der Treser »Open Air Polo« auf der IAA 1991 Premiere. Mit Hardtop, als Targa oder als Vollcabriolet – dank des umklappbaren Überrollbügels – soll der 2+2-Sitzer (Umbaukosten rund 17000 Mark) über das VAG-Netz Käufer finden.

VW Corrado (seit 1988)

Mit dem Corrado versuchte VW den Vorstoß ins Sportwagen-Segment. Die G-Lader-Technik mobilisierte aus 1,8 Liter-Hubraum 160 PS und sorgte für adäquate Fahrleistungen. Zu einer Cabrioversion konnte sich die Wolfsburger bisher allerdings nicht durchringen. Dennoch sah man den VW-Vorstandsvorsitzenden Carl H. Hahn auf dem Genfer Salon 1989 am Steuer eines offenen Corrado. Allerdings stand der nicht auf dem VW-Stand, sondern fungierte als Visitenkarte der Hamburger Design und Technik GmbH. Der viersitzige Prototyp entstand im Auftrag eines Berliner VAG-Händlers, bot vier Passagieren Platz und hatte ein elektrohydraulisches Verdeck. Das komplette Fahrzeug sollte rund 65000 Mark kosten. Aus der geplanten Kleinserie von zehn Corrado-Cabrios pro Monat wurde jedoch nichts.

Das Gerücht, VW werde selbst einen offenen Corrado anbieten, minderte auch die Chancen des Zender-Corrado. Seine Bodengruppe war mit Verstrebungen aus Kohlefaser verstärkt. Wesentlicher Vorteil dieser Lösung war – neben der Gewichtseinsparung – der Wegfall von Schweißarbeiten. Den neuen Kofferraumdeckel, der aus dem Schrägheck-Coupé ein Stufenheck-Cabriolet werden

Das Corrado-Cabriolet von Zubehörspezialist Zender, Mülheim-Kärlich. Der offene Sportwagen, rund 80000 Mark teuer, hat ein strafferes Koni-Fahrwerk mit Breitreifen 225 VR 16 auf 8"-Leichtmetallrädern.

Kofferraumdeckel mit integrierter Spoilerkante sowie Heckschürze, Kotflügelverbreiterungen und Schwellerleisten serienmäßig: Zender-Corrado, 1989.

ließ, modellierten die Schönheitschirurgen aus Mülheim-Kärlich aus GfK, den Verdeckkasten dagegen aus Blech. Die serienmäßigen Fondsitze landeten beim Zender-Cabrio wieder im Ersatzteilregal, hinter den lederbezogenen Sportsitzen befand sich eine glattflächige, stoffbezogene Gepäckablage. Das komplette Fahrzeug mit Koni-Sportfahrwerk und Leichtmetallfelgen sollte rund 80000 Mark kosten, die weniger spektakuläre Basisversion rund 20000 Mark weniger.

VW-Porsche

Sowohl Porsche als auch das Volkswagenwerk arbeiteten in den sechziger Jahren unabhängig voneinander an der Entwicklung eines Mittelmotor-Sportwagens. Folgerichtig schloß man sich zu einer Entwicklungsgemeinschaft zusammen, in deren Rahmen Porsche die Konstruktion übernahm. Im April 1969 gründeten beide Unternehmen die VW-Porsche Vertriebs-GmbH Stuttgart. Am Stammkapital von 5 Millionen DM waren beide Partner je zur Hälfte beteiligt. Am 1. Januar 1974 übernahm Porsche den 50-Prozent-Anteil von VW. In einem Vertrag wurde festgelegt, daß Porsche nach dem Rückzug von VW den Vertrieb des 914 übernahm.

Der damals mit Spannung erwartete 'Volksporsche' kam in Deutschland, vor allem wegen seiner nicht gerade attraktiven Karosserie, nie so recht an. Ungleich bessere Aufnahme fand er in den USA, wohin auch der größte Teil der Produktion exportiert wurde. Die Vierzylinder-Ausführung erhielt zunächst das Serienaggregat des VW 411 E, ab August 1973 das des 412 S. Im 914-6 sorgte der Sechszylinder-Boxer des 911 T für kräftigen Vortrieb. Trotz hervorragender Fahrleistungen und exellenter Straßenlage kam der 914-6 aufgrund des überhöhten Preises nur auf bescheidene Stückzahlen. Seine Produktion wurde im August 1972 eingestellt. Das Nachfolgemodell 914-2.0 erhielt einen von Porsche auf der Basis des 411 E-Motors entwickelten Zweiliter-Vierzylinder mit 100 PS. Ende 1975 wurde die Produktion endgültig eingestellt.

Der Vollständigkeit halber soll noch der Typ 916 erwähnt werden, von dem lediglich elf Prototypen gebaut wurden. Er hatte verbreiterte Kotflügel, einen neukonstruierten Frontspoiler, vier innenbelüftete Scheibenbremsen und das 190 PS starke 2,4 Liter-Aggregat des 911 S. Der 916 beschleunigte von 0 auf 100 km/h in weniger als 7 Sekunden und lief 230 km/h. Im Gegensatz zu den 914er-Typen besaß er ein fest mit der Karosserie verschweißtes Stahldach.

VW-Porsche 914, 914-6 (1969-1975)

Wie die Porsche-Targa-Modelle hatte der 914 serienmäßig ein abnehmbares Kunststoffdach, das im Kofferraum verstaut wurde. Die unkonventionelle, kantige Karosserieform fand in der Bundesrepublik verhältnismäßig wenige, in den USA dagegen zahlreiche Liebhaber. Sämtliche 914-Karosserien wurden bei Karmann produziert, wo der Vierzylinder-Typ auch montiert wurde. Der 914-6 wurde bei Porsche zusammengebaut.

Neben den drei Leistungsvarianten des Vierzylinders (80, 85 und 100 PS) gab es den 914-6 serienmäßig mit 110 PS und in Rallye-Ausführung sogar mit 210 PS zu kaufen. Der 914 kostete bei seiner Vorstellung DM 12560,–, bei Produktionseinstellung DM 19200,–. Der nur drei Jahre lang gebaute 914-6 kam zunächst auf DM 19000,–, später auf DM 20000,–. Die Gesamtproduktion aller 914'Typen belief sich auf 119300 Stück, davon 3300 Sechszylinder.

VW-Porsche 914, hier die Ausführung mit dem Porsche-Sechszylindermotor, 1969-1972.

Wiesmann

Die schönsten Cabrios der letzten Jahre waren auch die unpraktischsten. Ob BMW Z1 oder Mazda MX-5: Ablagefläche und Gepäckraum waren mit einer Aktentasche schon überfüllt, die Mitnahme eines Koffers wurde zum handfesten Problem. Auch die Roadster-Generation der fünfziger Jahre hatte dieses Problem gekannt, und deswegen gab es spezielle Koffer- und Taschensets, die die Hohlräume paßgenau ausfüllten. Früher wurde das ab Werk angeboten, den Roadster-Piloten von heute bleibt zumeist nur der Gang zum Zubehörspezialisten, beispielsweise der Wiesmann Auto-Sport GmbH in Dülmen. Die 1988 gegründete Firma bietet neben einem Taschensatz für den Z1 auch Spoiler, Felgen und sonstiges Zubehör an, wie Hardtops und Hardtop-Ständer für die BMW-3er-Cabrios und den BMW Z1.

Wiesmann-Roadster MF 25, MF 35

Den Schritt vom Tuner zum Automobilproduzenten vollzog Wiesmann mit seinen Roadster-Schöpfungen MF 25 und MF 35. Der knapp vier Meter lange und rund 850 Kilogramm schwere Zweisitzer war eine komplette Neukonstruktion im Stil britischer Roadster, mit deutlichen Anklängen an den Austin Healey 3000. Beide Versionen verfügen über eine Karosserie aus glasfaserverstärktem Kunststoff und aluminiumbeplanktem Gitterrohrrahmen mit zusätzlichem seitlichem Aufprallschutz. Unter der Haube des MF 25 tut der 125 kW/170 PS starke Reihensechszylinder aus dem BMW 325i Dienst, beim MF 35 sorgt das 535i-/735i-Aggregat mit 155 kW/211 PS für Vortrieb. Auch Getriebe- und Fahrwerksteile stammen von BMW. Weitere weiß-blaue Spezialitäten wie Sperrdifferential und Antiblockiersystem sind gegen Aufpreis lieferbar.

Wiesmann-Roadster MF 25/MF 35: Der Roadster ist eine eigenständige Entwicklung und basiert auf BMW-Mechanik.

Die Serienfertigung sollte schon Mitte 1990 aufgenommen werden. Die Auslieferung der ersten Fahrzeuge, die nur auf Bestellung gebaut werden, wird jedoch frühestens 1992 erfolgen.

Die Ausstattung der Roadster beschränkt sich laut Prospekt auf »das Wesentliche«, was in diesem Fall Sportsitze mit Stoffbezug, Colorverglasung, Lederlenkrad und einen ordentlichen Kofferraum bedeutet. Tachometer und Drehzahlmesser befanden sich zumindest im Prototyp noch in Höhe der Mittelkonsole, nach BMW-Manier leicht zum Fahrer geneigt. Darüber sitzen die Instrumente für Öldruck-, Öltemperatur-, Wassertemperatur- und Kraftstoffanzeige sowie eine Zeituhr.

Die Roadster werden nur auf Bestellung gebaut, die Kapazität ist trotz neuer Produktionsräume beschränkt. Obwohl mit einer – wenn auch bescheidenen – Serienproduktion erst 1992 zu rechnen ist, sind längere Lieferfristen zu erwarten.

Preise: Wiesmann MF 25:   DM 89 950,–
          Wiesmann MF 35:   DM 99 950,–

Karosseriefirmen

Autenrieth

Der Name Autenrieth hat noch heute, fast drei Jahrzehnte, nachdem die Darmstädter Firma ihre Tore schloß, einen guten Klang. Autenrieth-Cabriolets gehören zu den großen Raritäten, sind sie doch durchweg handgearbeitete Einzelstücke. Die Firma wurde 1921 von Georg Autenrieth unter dem Namen Erste Darnstädter Karosseriewerke gegründet. Zu ihren Kunden zählten NSU, Audi und Priamus, später auch Daimler-Benz und vor allem Röhr im benachbarten Ober-Ramstadt. Ab 1934 baute Autenrieth in kleiner Stückzahl Cabriolets für Adler, BMW und Opel.

Nach dem Krieg wurde das renommierte Karosseriewerk vor allem durch seine BMW-Cabriolets auf Basis der Typen 501 und 502 bekannt. Im Auftrag von Opel entstanden Cabriolet-Kleinserien der Rekord-Modelle P, P II und A. Vom letztgenannten Typ wurden zusätzlich auch etwa zehn Cabrio-Limousinen gebaut. Weniger bekannt ist, daß bei Autenrieth auch einige Cabriolets des Opel-Kapitän von 1953 bis 1956 entstanden. Jeweils ein oder zwei Cabriolets auf Basis des Borgward Isabella-Coupés und des Citroën DS19 sowie ein Porsche 550 Spyder, ein Polizeikübelwagen auf dem Fahrgestell des Mercedes-Benz 170V und eine Handvoll Trippel-Schwimmwagen ergänzen die bunte Palette.

Autenrieth fertigte jeden Wagen exakt nach den Wünschen des Kunden an und benannte ihn häufig nach dessen Wohnort, z.B. Typ 'Bochum' oder 'Marburg'. Selbst die Windschutzscheiben waren nicht austauschbare Einzelanfertigungen. Daß solche Exklusiv-Umbauten nicht billig sein konnten, liegt auf der Hand. Bei angelieferter Karosserie – bei den BMW V8 nur Fahrgestell mit Stirnwand und Motorhaube – schlug der Cabriolet-Umbau mit rund DM 4000,– (Opel) bis DM 15000,– (BMW) zu Buche. 1964 lief die Fertigung der handgearbeiteten Cabriolets und Coupés aus. Als letztes Modell verließ ein Rekord A-Cabriolet das Darmstädter Werk.

Baur

Der Stellmacher Karl Baur (1883-1978) gründete 1910 in der Stuttgarter Neckarstraße einen kleinen Karosseriebetrieb. Schon bald machte er sich durch erstklassige Qualität und verschiedene technische Eigenentwicklungen einen Namen. Bereits 1914 baute er ein Cabriolet mit abnehmbarem Hardtop. Der von ihm konstruierte und später patentierte Verdeckmechanismus wird noch heute im Cabrioletbau verwendet.

1917 erwarb er das Grundstück in Stuttgart-Berg, wo heute die BMW 3er-Umbauten entstehen. In den zwanziger und dreißiger Jahren baute Baur unter anderem 200 Pullman-Cabriolets für Horch, die Karosserien für den Kompressor-Roadster W25K von Wanderer, Taxis auf Wanderer- und Mercedes-Benz-Fahrgestellen, BMW-Cabriolets sowie diverse Kleinserien und Einzelstücke. Ein Großauftrag lief 1936 an: Auf Basis der DKW-Typen F5, F7 und F8 stellte Baur bis 1941 insgesamt 15000 zwei- und viersitzige Cabriolets her.

1948, nachdem die stark zerstörten Werksanlagen notdürftig instandgesetzt waren, präsentierte Baur sein erstes Nachkriegsmodell. Der Baur-DKW war nichts anderes als eine neue Ganzstahlkarosserie auf noch vorhandenen DKW-Vorkriegs-Fahrgestellen. Der viersitzige Wagen, als Limousine oder als Cabriolet lieferbar, sah recht hübsch aus. 1949 orderte die in Ingolstadt wiedererstandene Auto Union 250 Stück. Ab 1950 bot Baur auch ein zweisitziges Cabriolet an, kollidierte jedoch mit dem in DKW-Auftrag bei Hebmüller gebauten F89 P-Zweisitzer. Neuen Ärger gab es, als Baur seine Karosserien auch auf IFA-Chassis montierte. (Die IFA war der Auto Union-Nachfolger in der DDR). Bis 1952 entstanden insgesamt 1460 Limousinen und Cabriolets auf DKW- bzw. IFA-Chassis. Parallel dazu lief die Karosseriefertigung für den Dyna-Veritas.

Im Auftrag von BMW baute Baur 1951 die Nullserie des Typs 501 und ab 1953 auch einen Teil der Limousinenkarosserien. Daneben entstanden bis 1956 in kleiner Stückzahl die bildschönen Coupés und Cabriolets auf der Basis des 501 und später des 502. Von 1957 bis 1965 stellte Baur die Karosserien für den Auto Union 1000 Sp her, von 1961 bis 1964 wurde in Stuttgart das BMW 700 Cabriolet gebaut. Die jüngere Vergangenheit ist durch die zunehmende Konzentration auf BMW-Modelle gekennzeichnet. Nach Auslaufen der 1600- und 2002-Vollcabriolets spezialisierte sich Baur auf die – immer noch als Cabriolet apostrophierten – Targa-Ausführungen zunächst der 02er-Serie und ab 1978 der 3er-Reihe. Auch die Endmontage des M1 erfolgte in Stuttgart. Unterbrochen wurde die Symbiose mit BMW lediglich zwischen 1976 und 1978, als bei Baur der Opel Kadett Aero in einer Auflage von rund 1400 Exemplaren entstand. Daneben wurde ab 1974 der Bitter CD montiert.

Trotz der engen Bindung an BMW, die sich auch in einer Vertretung der Münchener Marke dokumentiert, hat sich das Stuttgarter Unternehmen bis heute seine Selbständigkeit bewahrt. Traditionelle Aufträge, wie der Bau von Prototypen für verschiedene Automobilhersteller, werden nach wie vor mit gewohnter Präzision neben dem Serienbau erledigt.

DKW Cabriolet zweisitzig (Karosserie Baur), 1948

Auf dem Fahrgestell eines Vorkriegs-Mercedes 230 baute Baur um 1949 dieses Cabriolet.

DKW Cabriolet zweisitzig (Karosserie Baur), 1950

Die Cabrio-Limousine von Baur, auf Basis der neuen BMW 3er-Reihe. Premiere 1992.

Dannenhauer & Stauss

Gottfried Dannenhauer, ein ehemaliger Mitarbeiter der Stuttgarter Karosseriefabrik Reutter, und sein Schwiegersohn Kurt Stauss gründeten Anfang 1950 in der Schwabenmetropole eine Karosseriewerkstatt. Im Frühjahr 1951 stellten sie ihre erste Eigenentwicklung vor, ein 2/2sitziges Sport-Cabriolet auf VW-Basis. Der Entwurf stammte von den Konstrukteuren Oswald und Wagner, zwei früheren Mitarbeitern des bekannten Aerodynamikers Prof. Wunibald Kamm. Der Prototyp und seine Nachfolger wurden Stück für Stück von Hand gefertigt, indem man Stahlblech über ein Hartholzmodell formte. Zwischen 1951 und 1955 entstanden insgesamt 135 handgearbeitete Cabriolets. Fünf davon existieren noch heute. Neben den Cabriolets wurden auch zwei verschiedene Coupé-Versionen gebaut. Weniger bekannt ist, daß 1956 bei Dannenhauer & Stauss auch der erste deutsche Serienwagen mit Kunststoffkarosserie entstand, nämlich das DKW-Monza-Coupé. Insgesamt dürften etwa zehn Monza hergestellt worden sein. Später erfolgte die Produktion bei der DKW-Vertretung Fritz Wenk in Heidelberg.

VW-Cabriolet von Dannenhauser & Stauss. Insgesamt wurden 135 Exemplare gebaut.

Deutsch

Die enge Geschäftsverbindung zu den benachbarten Ford-Werken war für das Karosseriewerk Karl Deutsch in Köln-Braunsfeld noch lange kein Grund, sich nicht auch nach anderen umbauwürdigen Limousinen und Coupés umzuschauen. Auf diese Weise entstand bis in die siebziger Jahre hinein eine bunte Palette von Cabriolets für Individualisten.

Firmengründer Karl Deutsch (1881-1957) hatte 1913 die Karosserie- und Wagenfabrik J.W. Utermöhle in Braunsfeld übernommen und sich drei Jahre später mit einer eigenen Firma etabliert, die Lastwagenanhänger für militärische Zwecke baute. Ab 1919 wandte er sich dann dem Personenwagenbau zu und stellte Einzelaufbauten und kleine Serien für verschiedene deutsche Marken her, mit denen er zahlreiche Schönheitswettbewerbe gewann. 1931 begann die Zusammenarbeit mit Ford, in deren Verlauf die Karl Deutsch GmbH rasch expandierte. 1938 waren in Braunsfeld an die 3000 Mitarbeiter beschäftigt, der Tagesausstoß lag bei 100 Karosserien.

In den ersten Nachkriegsjahren hatte man alle Hände voll mit der Beseitigung der schweren Schäden zu tun. 1951 lieferte Deutsch wieder die ersten Karosserien an die Ford-Werke. Später, als Ford ein eigenes Karosseriewerk in Betrieb nahm, spezialisierte Deutsch sich auf die Produktion von Coupés und vor allem Cabriolets auf der Basis von Serienlimousinen. Rund zwei Jahrzehnte lang gab es kaum ein Ford-Modell, das bei Deutsch nicht auch als Cabriolet erhältlich war: vom Buckel-Taunus über 12M, 15M, 17M und 20M bis zum Capri.

Daneben entstanden Einzelanfertigungen und Kleinserien anderer deutscher Marken, z.B. Cabriolets auf Basis des DKW Junior, Audi 100LS, Opel Kadett, Rekord und Commodore, BMW 2800CS, Borgward Isabella u.a. 1972 stellte Deutsch den Karosseriebau ein. Die Cabriolets aus Braunsfeld sind wegen ihrer soliden, handwerklich sauberen Verarbeitung und attraktiven Form heute gesuchte Liebhaberobjekte.

Drauz

Die Karosseriefabrik Gustav Drauz & Cie. verstand sich nicht nur auf die Fertigung bildschöner Cabriolets, sondern hatte auch von jeher im Werkzeug- und Maschinenbau einen guten Namen. Das 1900 von dem Wagnermeister Gustav Drauz (1872-1951) in Heilbronn gegründete Unternehmen lieferte zunächst Karosserien an NSU, später auch an Daimler-Benz und Adler. 1909 konstruierte Drauz eine Spezialmaschine, mit der man Lenkräder aus einem Stück fertigen konnte. Zwei Jahre später gewann ein Drauz-Cabriolet bei der Internationalen Kraftwagen-Konkurrenz in Monaco den Schönheitspreis.

1929 avancierte das Heilbronner Unternehmen, das inzwischen als Karosseriewerke Drauz AG firmierte, zum Hauptlieferanten der Ford Motor Company in Berlin. Nach Verlegung des Ford-Firmensitzes an den Rhein gründete Drauz 1932 ein Zweigwerk in Köln zur Montage und Instandsetzung von Ford-Karosserien. Der Transport der in Heilbronn produzierten Karosserien erfolgte auf dem Wasserweg. 1933 wurde in Heilbronn die Fließbandfertigung eingeführt. Der Tagesausstoß betrug jetzt 25 Ford-Cabriolets und 40 Fahrerhäuser für Liefer- und Lastwagen. Von 1934 bis 1941 baute Drauz auch die Cabriolet-Modelle von NSU-Fiat. 1936 führte man die damals neuartige Kunstharzlakkierung für Personenwagen-Karosserien serienmäßig ein.

Die enge Beziehung zu Ford hielt auch nach Beendigung des Krieges an. 1951 stellte Drauz einige Exemplare eines viersitzigen Taunus-Cabriolets her, ein Jahr später entwickelte man für Prototyp den des Kastenwagens FK 1000 eine selbsttragende Karosserie in Schalenbauweise. Auch die Serienfertigung der Transporterkarosserien erfolgte bei Drauz. Bis Juli 1965 wurden 250000 Stück gebaut. Die Karosserien für den DKW-Schnellaster F 89 L kamen ebenfalls von Drauz.

Im Personenwagenbau setzte sich Drauz mit dem von 1958 bis 1959 gebauten Porsche 356 A Convertible D (D stand für Drauz) ein Denkmal. Weniger bekannt ist, daß in Heilbronn auch die Karosserien des Champion 400 und 400 H gefertigt wurden.

1965 übernahm NSU die traditionsreiche Karosserieschmiede. Der Werkzeug- und Vorrichtungsbau verblieb bei Drauz und existiert noch heute.

Hebmüller

Wie die meisten Karosseriebaufirmen entstand auch die Firma Hebmüller in Wuppertal-Barmen aus einer Werkstatt für Kutschwagenbau. Joseph Hebmüller hatte sie 1889 gegründet. Nach seinem Tod im Jahre 1919 begannen seine Söhne mit der Fertigung von Automobilkarosserien und eröffneten 1925 in Wülfrath bei Wuppertal einen Zweigbetrieb. Ford, Opel, Hanomag und Hansa-Lloyd zählten in den nächsten Jahren zu den Auftraggebern des aufstrebenden Unternehmens. Eine Spezialität von Hebmüller waren zwei- und viersitzige Cabriolets sowie Pullman-Limousinen auf Ford- und Opel-Fahrgestellen.
Nach 1945 entstand in Wülfrath unter anderem ein rundes Dutzend Cabriolets auf Humber-Basis für die englischen Besatzungsbehörden. Große Hoffnungen setzte man auf das zweisitzige VW-Cabriolet, das im März 1949 in Produktion ging. Schon kurz darauf zerstörte jedoch ein verheerender Großbrand alle Zukunftsträume. Die VW-Produktion sank von vormals 17 auf drei Exemplare pro Tag und lief im Frühjahr 1950 ganz aus. Im selben Jahr begann Hebmüller mit dem Bau des viersitzigen Hansa 1500-Cabriolets, im Frühjahr 1951 kam die Fertigung der zweisitzigen DKW-Meisterklasse-Cabriolets und -Coupés hinzu. Auch für Veritas entstanden einige Sonderkarosserien.
1952 geriet das Wülfrather Unternehmen, das sich nach dem Großbrand nie mehr richtig erholt hatte, zunehmend in Schwierigkeiten und stellte zum Jahresende die Produktion ein. Sein Name lebt vor allem in den offenen VW-Zweisitzern fort, die längst gesuchte Sammlerstücke sind.

VW-Hebmüller Cabrio (bei Karmann bis 1955 montiert) steht heute im Karmann-Museum.

Karmann

Die Wilhelm Karmann GmbH ist nicht nur die größte deutsche Karosseriefabrik, sondern gleichzeitig auch eines der ältesten und renommiertesten Unternehmen dieser Branche. Firmengründer Wilhelm Karmann sen. (1871-1952) übernahm im Jahr 1901 die Osnabrücker Wagenbaufirma Christian Klages. 1902 baute er die erste Automobilkarosserie für Dürkopp. Ab 1921 entstanden bei Karmann Aufbauten für Aga, NAG und FN, fünf Jahre später begann die sehr erfolgreiche Zusammenarbeit mit Adler. Von Karmann karossierte Adler-Cabriolets gewannen in der Folgezeit zahlreiche internationale Schönheitspreise. In den dreißiger Jahren gab das Osnabrücker Unternehmen die Fertigung von Halbstahlkarosserien zugunsten der Ganzstahlkarosserien auf. Auch die Herstellung von Preßwerkzeugen übernahm man nun selbst und legte damit den Grundstein für das spätere zweite Bein der Firma, den Werkzeugbau. Nach Kriegsende produzierte Karmann zunächst Karosserieteile für Hanomag und Büssing. Der Aufschwung kam mit dem Prototyp eines viersitzigen VW-Cabriolets, das der greise Firmengründer im Mai 1949 eigenhändig dem damaligen VW-Chef Nordhoff präsentierte. Dieser orderte sofort 1000 Stück – und dachte sicher nicht im Traum daran, daß dieses Modell in den nächsten drei Jahrzehnten zum meistgekauften Cabriolet avancieren würde.

In Zusammenarbeit mit Ital Design (Giugiaro) in Turin baute Karmann 1970 den 'Cheetah' auf verkürztem VW-Käfer-Fahrgestell.

VW Gipsy, ein Strandwagen auf VW-Käfer-Fahrgestell.

1951 erteilte die Auto Union einen Großauftrag über 5000 viersitzige DKW-Cabriolets. Im selben Jahr begann man, den Werkzeugbau stärker voranzutreiben. Heute liefert Karmann an fast alle deutschen und zahlreiche ausländische Automobilhersteller Preßteile und Großwerkzeuge.

1955 landete das Osnabrücker Haus mit dem Karmann-Ghia-Coupé, dem 1957 das Cabriolet folgte, erneut einen großen Coup. 1961 begann die Karosseriefertigung für den Porsche 356B, ab 1965 baute Karmann das BMW-Coupé 2000 CS, seit 1969 lief der VW-Porsche 914 von den Osnabrücker Bändern. Später kamen verschiedene Porsche-Modelle, BMW-Coupés und vor allem der VW-Scirocco sowie das Golf-Cabriolet hinzu.

Neben dieser Großserienfertigung wurden immer wieder interessante Prototypen oder Kleinserien gebaut, z.B. einige Opel Commodore-Cabriolets, ein Manta A-Cabriolet, ein Cabriolet auf Basis des Opel Diplomat V8-Coupé oder die Buggies Karmann GF und AHS Imp. Pikanterweise entstand ab 1983 auch der schärfste Konkurrent des VW Golf, der offene Ford Escort, in Deutschlands größte Cabrioletschmiede. Insgesamt wurden rund 113000 Ford Escort der ersten Cabrio-Generation im Zweigwerk Rheine montiert. Als die Modellreihe auslief, kam das Escort IV-Cabriolet aufs Band. Nicht nur deutsche Fahrzeuge (seit 1988 neben dem VW Scirocco auch der Corrado, seit 1991 der Porsche 968) werden dort gefertigt. Auch Renault läßt in Osnabrück schneidern: Karmann verpaßt dem Renault 19, dem Bestseller der französischen Marke, eine schicke Kapuze. Dieser Typ feierte auf der Frankfurter IAA 1991 Deutschland-Premiere.

Dort präsentierte Karmann auch die erste echte Neuentwicklung unter eigenem Namen seit den Tagen des seligen Karmann-Ghia: Die Roadster-Studie namens Idea überzeugte durch gelungenes Design und pfiffige Detaillösungen.

Das Karmann-Projekt hatte allerdings zwei entscheidende Nachteile: Der knapp vier Meter lange Wagen war nicht fahrbereit – für einen Videoclip mit fahrendem Wagen hatten die Techniker einen Rasenmähermotor installiert – und eine Serienfertigung (zu Preisen um 40 000 Mark) ist fraglich. Schade, denn der Karmann Idea hätte alle Chancen, ein deutscher MX-5 zu werden.

Die wichtigsten technischen Daten:

Höhe: 1275 mm
Breite: 1675 mm
Länge: 3910 mm
Radstand: 2500 mm
Spurweite: 1450 mm

Ein Nachfolger für den unvergessenen Karmann Ghia? – Der Idea, wie er auf der IAA 1991 vorgestellt wurde, ist offiziell nur eine Stylingstudie.

Ideenträger Idea: Der Prototyp war zum Zeitpunkt der Messe nicht fahrbereit. Auf der technischen Seite hielt sich Karmann alle Möglichkeiten offen. Die Studie basierte nicht auf einem Großserienmodell eines bestimmten Herstellers.

Karosseriewerke Weinsberg

Im Gegensatz zu den meisten Unternehmern dieser Branche kamen die Gründer der Karosseriewerke Weinsberg aus einem völlig artfremden Gewerbe. Der Gipsermeister Gustav Alt und der Maurermeister Wilhelm Schuhmacher, beide aus Weinsberg bei Heilbronn, gründeten 1912 mit 80000 Mark Stammkapital eine Firma mit 35 Mitarbeitern, die Einzelkarosserien aus Holz herstellte. Schon zwei Jahre später übernahm der Hoteliersohn Franz Eisenlohr das Unternehmen, das während des Ersten Weltkrieges Pferdewagen für das Heer baute.

Ab 1920 begann die eigenständige Entwicklung von Karosserien, die von 1925 an in Stahlblech gefertigt wurden. Eine Vielzahl deutscher und ausländischer Autobauer zählte in den zwanziger und dreißiger Jahren zu den Kunden des aufblühenden Weinsberger Unternehmens: NSU, Adler, Hansa, Horch, Röhr, Ford, BMW, DKW, Citroën und vor allem die deutsche Fiat-Tochter in Heilbronn, die 1930 den ersten Großauftrag erteilte. Für den Berliner Kraftag, damals das größte Taxiunternehmen der Welt, wurden in Weinsberg 1500 Kraftdroschken auf Fiat-Basis gebaut. 1938 verkaufte Eisenlohr seine Firma an die Fiat-

Ein amerikanischer Soldat ließ sich 1946 bei den Karosseriewerken Weinsberg dieses Cabriolet auf einem Jeep-Chassis bauen.

Tochter NSU Automobil AG, die während des Krieges in Heilbronn Auto- und Flugzeugteile produzierte.

Nach Kriegsende begann man in Weinsberg zunächst mit dem Bau von Fahrerhäusern und Aufbauten für Nutzfahrzeuge, z.B. Ford und Büssing. Als erste Komplettfahrzeuge entstanden 1946 zehn Krankenwagen auf Steyr-Fahrgestellen aus alten Wehrmachtsbeständen. 1947 knüpfte man mit einem Cabriolet auf verlängertem Jeep-Chassis an die Vorkriegstradition der offenen Wagen an. 1950 begann die Fertigung der Gutbrod-Superior-Karosserien, die bis zur Produktionseinstellung im Jahr 1954 in Weinsberg hergestellt wurden. Eine ausgesprochene Rarität waren jene 15 Porsche-Spyder 550, die die Zuffenhausener Firma 1953 in Weinsberg bauen ließ.

1955 kam als neuer Geschäftszweig die Schiebedachfertigung hinzu, 1958 der Werkzeugbau. 1959 wurden zwei Eigenentwicklungen auf Basis des Fiat 500 vorgestellt: das Weinsberg-Coupé und die -Limousette, beide mit serienmäßigem Schiebedach. Bis 1963 wurden insgesamt 6190 Wagen produziert. Seit 1960 lief in Weinsberg außerdem der Fiat Neckar vom Band. 1970 verkaufte die Deutsche Fiat AG ihre Weinsberger Tochter an eine Bielefelder Treuhandfirma. Die Schiebedachfertigung und der Werkzeugbau wurden unverändert weitergeführt. Als neuer Zweig kamen 1969 der Bau von Wohnmobilen auf Basis von Fiat-, Mercedes-Benz-, Opel- und Peugeot-Transportern sowie Kleinserien von Notarzt- und Spezialrettungsfahrzeugen hinzu. Die Anfertigung von Präzisionsteilen sowie Versuche und Modellbau für verschiedene Autohersteller runden heute das Produktionsprogramm ab.

Porsche 550 Spyder (1954) Karosserie Wendler.

Reutter

1907 gründete der Sattler und Wagenschmied Wilhelm Reutter in der Stuttgarter Augustenstraße eine Karosserie- und Radfabrik. Zunächst wurden dort Limousinen und Phaetons auf Opel- und Benz-Basis gebaut. Zwei Jahre später trat Wilhelms Bruder Albert als kaufmännischer Geschäftsführer in das Unternehmen ein, das ab 1910 als Stuttgarter Karosseriefabrik Reutter & Co. firmierte. Bekannt wurde Reutter durch seine sportlichen 'Torpedo'-Karosserien, aber auch durch zahlreiche Einzelanfertigungen von Sportlimousinen, Phaetons und Landaulets und vor allem durch die selbstentwickelte 'Reform-Karosserie'. Hinter dieser Bezeichnung verbarg sich nichts anderes als das erste deutsche Cabriolet.
Von 1921 an wurde als Werkstoff ausschließlich Aluminium verwendet. Reutters Spezialität waren unlackierte Aluminiumkarosserien, teilweise mit eingeätzten Ornamenten. In den nächsten 15 Jahren entstanden Kleinserien von Wanderer-, BMW- und Opel-Cabriolets. 1937 eröffnete Reutter ein Zweigwerk in Zuffenhausen, wo im Auftrag von Porsche die ersten 30 VW-Prototypen hergestellt wurden. 1944 wurde dieses Werk bei einem Bombenangriff zerstört. Unter den Opfern befanden sich Albert Reutter und sein Schwiegersohn.
Nach dem Krieg begann die enge Zusammenarbeit mit dem benachbarten Porsche-Werk. In Ermangelung eigener Produktionsanlagen mietete Porsche die Reutter-Werkhallen an. Ab Mai 1950 entstanden dort zunächst die Cabriolet-Karosserien, später auch Coupés und Speedster. Bis 1955 stellte man insgesamt rund 13000 Karosserien für den Typ 356 her. Auch die ersten Musterkarosserien für den neuen BMW 501 wurden 1951 bei Reutter gefertigt.
1964 schluckte Porsche seinen Karosserielieferanten. Aus der Stuttgarter Karosseriefabrik Reutter & Co. wurde das Karosseriewerk Porsche GmbH. Ausgespart von der Übernahme blieb das Stammwerk in der Augustenstraße, wo Reutter bis 1973 unter dem Namen Recaro Fahrzeugsitze und Liegesitzbeschläge herstellte. Recaro, inzwischen zur Keiper-Gruppe gehörend und nach Kirchheim/Teck umgezogen, liefert noch heute die Seriensitze für sämtliche Porsche-Modelle und ist einer der führenden Hersteller von Spezialsitzen.

Rometsch

Als Friedrich Rometsch (1880-1959) im Jahr 1924 seine Karosseriewerkstatt in Berlin-Halensee eröffnete, bestand die Kundschaft in erster Linie aus Kraftdroschkenbesitzern, deren Gefährte er instandsetzte oder neu aufbaute. Nach dem Zweiten Weltkrieg öffnete die Firma Rometsch 1946 als Reparaturfabrik für Personenwagen wieder ihre Tore, später kam die Herstellung von Nutzfahrzeugaufbauten hinzu. Ab 1950 entstanden zweisitzige Coupés und Cabriolets auf Basis des VW-Käfers ('Banane') sowie ein gutes Dutzend Sportcoupés des Goliath GP700 und einige Hansa 1500-Coupés für Borgward.

Größere Stückzahlen (einige hundert) erreichte nur das bis 1954 gebaute VW-Rometsch-Cabriolet, das zahlreiche Schönheitskonkurrenzen gewann. 1951 versuchte sich die Berliner Firma auch an einer viertürigen Käfer-Limousine, die als Taxi vorgesehen war. Ein 1951 vorgestelltes Fiat 1400-Cabriolet wies große Ähnlichkeit mit dem Turiner Serienpendant auf. 1960 erregte nochmals ein völlig neugestaltetes zweisitziges VW-Cabriolet Aufsehen, das aber nicht mehr in Serie ging. 1961 stellte Rometsch den Karosseriebau ein. Der Taxifahrerzunft blieb man bis heute durch einen Schnellreparaturbetrieb verbunden.

VW Sport-Cabriolet Karosserie Rometsch.

Tropic

Die Tropic Automobildesign GmbH in Crailsheim wurde im Januar 1981 von dem Werbekaufmann Jürgen G. Weber aus Sindelfingen gegründet. Schon zuvor – im Herbst 1979 – hatten Weber und sein Team auf der Frankfurter IAA mit dem Entwurf eines Ford Fiesta-Cabriolets von sich reden gemacht. Anstelle des Fiesta ging dann im Sommer 1981 der Toyota Celica in drei verschiedenen Offen-Versionen in Serie. Innerhalb eines Jahres wurden rund 450 Stück gebaut.

Im Mai 1982 trat der Honda Prelude als Vollcabriolet an die Stelle des auslaufenden Toyota Celica. Im Herbst 1982 sollte eine kleine Exklusivserie des Opel Ascona-Cabriolets sowie die Produktion des bereits 1981 in Genf präsentierten BMW 635 CSi-Cabriolets mit elektrischem Verdeck anlaufen. Dazu kam es jedoch nicht mehr, weil die Crailsheimer Firma im Oktober 1982 Konkurs anmelden mußte. Ihrem Gründer kommt zumindest das Verdienst zu, mit seinen Creationen die Wiedergeburt des Cabriolets in Deutschland beschleunigt und einigen großen Herstellern gewissermaßen als Katalysator gedient zu haben.

Im Auftrag eines Opel-Großhändlers sollte Tropic eine Kleinserie des Opel Ascona-Cabriolets bauen. Der Auftrag ging schließlich an die Karosseriefabrik Voll.

1981 stellte Tropic den BMW 635 CSi als Vollcabriolet vor.

Voll

Die Karosseriefabrik Voll in Würzburg existiert bereits seit 1926. Zusammen mit einem Lehrling reparierte Firmengründer Josef Voll alle Arten von Automobilen und stellte Viehtransporter her. Das Geschäft florierte, und schon drei Jahre später machte sich der tüchtige Handwerksmeister daran, mit seiner inzwischen auf 20 Mitarbeiter angewachsenen Belegschaft Omnibusse mit Holzgerippe und Blechbeplankung zu bauen. Schon bald schuf sich die Würzburger Fabrik den Ruf, die richtige Adresse für Sonderaufbauten und Spezialanfertigungen zu sein. Bis 1959 machte der Bau von Omnibussen den Löwenanteil der Voll-Beschäftigung aus.

Danach schlug der »Blitz« ein: Opel beschloß, die Aufbauten der neuen Transporter-Generation in Würzburg bauen zu lassen. Das Rüsselsheimer Unternehmen lieferte lediglich die Chassis. Zeitweilig machte die Blitz-Produktion mehr als drei Viertel des Voll-Umsatzes aus. 1972, zwei Jahre vor Produktionsende, waren es immer noch 66 Prozent. Mehr und mehr rückte nun die Teilefertigung und die Herstellung von Sonderaufbauten auf verschiedenen Fahrgestellen in den Vordergrund. Über 3000 Kofferaufbauten für Bundeswehr, Bundespost und verschiedene Feuerwehrausrüster entstanden bis Mitte der achziger Jahre.

1984 übernahm Voll die Produktion des Ascona-Cabriolets. Ursprünglich war der offene Ascona auf Initiative des Opel-Händlers Häusler in München entstanden, allerdings gestaltete sich die Suche nach einem geeigneten Produktionspartner schwierig. Schließlich übernahm Opel den offenen Ascona in sein Vertriebsprogramm. Als Produzent zeichnete »Hammond & Thiede« verantwortlich. Dahinter verbarg sich die Firma Voll, die 1985 von der englischen »George Hammond Ltd.« übernommen worden war. Unter britischer Leitung wurde der Bau von Prototypen und Cabrios forciert, ganz im Sinne der Konzernleitung, die nach einem erneuten Besitzwechsel 1987 von Leventis, London ausgeübt wird. Vom Ascona-Cabriolet entstanden rund 3000 Stück, vom Celica-Cabriolet – einer Entwicklung der Firma H.P. Schwan – wurden rund 2000 Exemplare gebaut. Verschiedene Prototypen wie das Toyota-Corolla-Cabriolet und der Gemballa-Porsche 928 entstanden ebenso in Würzburg wie die Vorarbeiten für die Serienfertigung des Bitter Type 3. Inzwischen konzentriert sich Voll wieder mehr auf den Bau von Spezialfahrzeugen.

Das Porsche 928 GT 4-Cabriolet wurde für den Stuttgarter Automobilveredler Gemballa bei Voll gebaut. Drei Fahrzeuge entstanden insgesamt.

Wendler

Die 1840 von Erhard Wendler gegründete Reutlinger Karosseriefabrik ist wahrscheinlich das älteste deutsche Unternehmen dieser Branche. Der Übergang vom Kutschen- zum Karosseriebau erfolgte relativ spät – zu Beginn der zwanziger Jahre –, aber die formschönen und eleganten Wendler-Aufbauten erwarben sich sehr schnell einen ausgezeichneten Ruf. Großen Anteil daran hatte der Zeichner Helmut Schwandner, der jahtzehntelang als Designer und Betriebsleiter bei Wendler beschäftigt war.

In den dreißiger Jahren waren im Reutlinger Werk bereits über 100 Mitarbeiter beschäftigt. Berühmt wurden die 1937 von Wendler karossierten Stromlinienwagen auf Basis des BMW 328 und Ford V8 sowie der Hanomag-Diesel-Rekordwagen, alle drei konstruiert von Helmut Schwandner und Reinhard Freiherr von König-Fachsenfeld. Daneben entstanden prachtvolle Cabriolets, Coupés und Roadster auf Adler-, BMW-, Mercedes-Benz-, Maybach-, NAG- und Wanderer-Fahrgestellen. Auch für Bugatti, Alfa Romeo, Fiat, Lancia und andere ausländische Marken baute Wendler Sondermodelle und spezielle Kleinserien.

In der Nachkriegszeit fertigte das Reutlinger Unternehmen zahlreiche Prototypen für bekannte Automobilhersteller, unter anderem 1946 den Prototyp einer Adler Trumpf-Junior-Limousine. Zu Beginn der fünfziger Jahre entstanden auch etliche Einzelstücke, meist hübsch gestylte Roadster, und Kleinserien, z.B. der NSU-Fiat 1100 als Coupé und Cabriolet sowie mehrere Versionen des Porsche Spyder. Wenig bekannt ist, daß neben Baur und Autenrieth auch Wendler 1954 ein zweitüriges BMW V8-Cabriolet aufbaute. Im Auftrag wohlhabender Privatkunden entstanden ferner diverse Sondermodelle – teilweise mit Aluminiumkarosserie – auf Basis der Mercedes-Typen 220 und 300.

Kein Erfolg beschieden war einer in jenen frühen Jahren eigentlich recht naheliegenden Idee, nämlich dem Umbau des VW Käfers und des Mercedes 170V zum Kastenwagen. Die mit einem geschlossenen Holzaufbau versehenen Fahrzeuge fanden jedoch keinen Anklang. vermutlich waren sie damals ihrer Zeit zu weit voraus. Ende der fünfziger Jahre stellte Wendler den normalen Karosseriebau ein. Heute ist das Reutlinger Unternehmen einer der wenigen deutschen Spezialbetriebe für den Bau gepanzerter Limousinen. Außerdem führt man Karosseriereparaturen durch und widmet sich der fachgerechten Restaurierung von Oldtimern.

Auf dem Fahrgestell eines Mercedes-Benz 230 aus der Vorkriegszeit entstand 1949 bei Wendler dieses Cabriolet. Hinter der Abdeckung vor der Fahrertür befand sich das Reserverad.

Ähnlichkeit mit dem Porsche 356 hatte dieses Cabriolet auf VW-Fahrgestell, von dem Wendler 1952 eine Kleinserie für den USA-Export herstellte.

Brütsch 400 von 1952. Der Motor stammte vom Lloyd LP 400, die Karosserie von Wendler.

Im Auftrag eines Augsburger Textilfabrikanten baute Wendler 1953 dieses viersitzige Cabriolet auf VW-Fahrgestell.

Prototypen, Kleinserien- und Bausatzhersteller

Der Cabriomarkt in den späten Achzigern boomte – doch der Gebrauchtwagenmarkt war leergefegt. Mit dem Triumph Spitfire war 1981 der letzte preisgünstige Roadster verschwunden. Fiat 124 und Alfa Spider liefen in viel zu geringen Stückzahlen, um auf dem Gebrauchtwagenmarkt eine große Rolle zu spielen. Und in den einschlägigen Fachblättern häuften sich Anfragen wie »Ich möchte mein Fahrzeug zum Cabriolet umbauen, wer kann helfen?«. Findige Tüftler griffen zur Selbsthilfe und zur Blechschere. Am Anfang stand – wie so oft – der Käfer, der sich wegen seines separaten Plattformrahmens besonders leicht umbauen ließ. Inzwischen gibt es eine ganze Reihe deutscher Großserienfahrzeuge, die sich mit Hilfe von Umbausätzen in ein Cabriolet verwandeln lassen. Der folgende Abschnitt gibt einen kurzen Überblick über das Angebot, ohne Anspruch auf Vollständigkeit zu erheben. Auf die wichtigsten Modelle und Varianten wird im Hauptteil des Buches eingegangen (Siehe »Sonderkarosserien«).

ABC

Die ABC Exclusive Car & Design in Bonn trat erstmals auf der IAA 1983 als Automobilveredler in Erscheinung, inzwischen hat sie sich auch als Cabriolet-Spezialist etabliert. Wer dezente Spoilersätze für sein Modell aus Untertürkheim oder München sucht, wird bei ABC ebenso fündig wie Freunde des Extrem-Tunings. Besonders spektakulär sind die meist extrem breiten ABC-Cabriolets auf Basis der BMW 6er-, Mercedes W 201- und W 126-Typen.

Aper

Ludwig Aper aus Mainz stellte auf dem Genfer Salon 1984 einen eigenwillig gestylten Roadster vor. Der Entwurf des Diplom-Designers erinnerte an einen zu kantig geratenen Lotus Seven mit einem Hauch von Buggy. Fahrwerk und

Der Aper-Roadster auf der IAA 1985: 300 PS-Porschemotor, Turbolader, weiße Polyesterkarosserie und weiße Lederausstattung.

Getriebe stammten von Porsche. Bei der Motorisierung gab es zum 3,3 Liter-Porsche-Boxer eine Alternative in Form des 2-Liter-Vierzylinders mit rund 100 PS aus der 924er-Reihe. Unter der Polyesterkarosserie verbarg sich ein solider Gitterrohrrahmen, der Frontscheibenrahmen war als Überrollbügel ausgebildet. Die Fahrzeugflanken waren im Interesse der Insassensicherheit verstärkt. Mehr der Optik dienten armdicke Sidepipes und superbreite Reifen, vorn im Format 205/50/13 und hinten 345/35/15. Bei Preisen von 84000 bzw. 160000 Mark für die Top-Version nimmt es allerdings kein Wunder, daß der kuriose Tiefflieger bald wieder in der Versenkung verschwand.

Die wichtigsten technischen Daten, Werte in Klammern jeweils für das stärkere Modell:

Länge:	3960 mm
Breite:	1820/1900 mm
Höhe:	980/960 mm
Gewicht:	680/760 kg

ASB-Tuning

Das Unternehmen in Gelsenkirchen etablierte sich 1983 mit eigenen Spoilerbausätzen, griff aber auch zur Blechschere, um das kantige Audi-Coupé in ein elegantes Cabriolet zu verwandeln. Der Umbaupreis von 18000 Mark enthielt automatisch einklappende B-Säulen, voll versenkbare hintere Seitenscheiben sowie edlere Bodenteppiche. Der Umbau dauerte rund vier Wochen. Auch ein Manta-Vollcabrio stand im Angebot.

Opel Manta Targa aus der Werkstatt von ASB, Gelsenkirchen (1984).

Auto-Becker

Auto-Becker in Düsseldorf, laut Eigenwerbung »das interessanteste Autohaus der Welt« ist Deutschlands erste Adresse für exklusive Neu- und Gebrauchtwagen. Die Angebotspalette reicht von den britischen Nobelmarken wie Rolls

Porsche 959 Speedster, ein Einzelstück, das Auto Becker auf der IAA 1987 vorstellte.

Royce und Jaguar über italienische Sportwagen bis hin zu Exoten wie Panther oder Excalibur. Die Düsseldorfer hatten – und haben es noch – immer ein großes Herz für Cabriolets. Auf ihre Initiative baute Friedrich Peter Lorenz in Koblenz zum Beispiel den Ferrari 512 BB zum Cabrio um. Mehr für den kleinen Geldbeutel gedacht war das Datsun Cherry-Vollcabriolet, das auf der IAA 1983 vorgestellt werden sollte. Das Projekt des Nippon-Cabrios zu günstigem Preis – avisiert waren rund 26000 Mark – kam jedoch nicht über das Reißbrettstadium hinaus. Ganz anders dagegen das Projekt des Porsche 959-Cabriolets, das die Düsseldorfer Mannschaft aus einem Unfallwagen errichtete. Bei dieser Version handelte es sich übrigens nicht um eine Replika, wie vielfach angenommen, sondern um einen verunfallten und wieder neu aufgebauten Original-959. Rund 6000 Arbeitsstunden steckten im Porsche-Speedster, über Auftraggeber und Kaufpreis wurde strengstes Stillschweigen bewahrt.

Auto Veri

Der Berliner Ford-Händler Auto Veri präsentierte im Juli 1985 ein schmuckes Cabriolet auf Basis des dreitürigen Sierra. Das Cabrio mit Ford-Emblem sollte ab Frühjahr 1986 für rund 37 000 Mark über das Ford-Vertriebsnetz angeboten werden. Dazu ist es allerdings nie gekommen.

Serienmäßig mit Doppelscheinwerfern und neuem Grill: Sierra Cabriolet von Auto Veri. 1986 sollte die Serienfertigung beginnen.

Kadett D-Cabrio der Firma Baumgärtner, Karlsdorf.

Baumgärtner

Unzufrieden mit der Paßgenauigkeit eines Cabriobausatzes für den D-Kadett von Opel griff der Karosseriebaumeister aus Karlsdorf bei Bruchsal selbst zur Blechschere. Den allfälligen Verwindungserscheinungen begegnete der findige Nordbadener durch massive Seitenschweller, zusätzliche Knotenbleche im vorderen Fußraum und einer Quertraverse durch den Kofferraum in Höhe der Hinterachse. Neben dem Kadett D hat Baumgärtner jetzt auch den Kadett E ins Programm aufgenommen, der nach derselben Machart in einen bügelfreien Viersitzer verwandelt werden kann.

b & b Auto

Mitten im größten Schock der automobilen Neuzeit, der Ölkrise des Jahres 1973, eröffnete Rainer Buchmann in Frankfurt seine Firma für optisches Porsche-Tuning. Dort bot er alles an, was in einen Porsche paßte – Hauptsache teuer. Allen Unkenrufen zum Trotz florierte das Geschäft mit dem Luxus. Der Aufstieg begann drei Jahre später mit dem bb Porsche turbo, einer Mischung aus Porsche 928 und Porsche 911. Zur unumstrittenen Nummer 1 unter den deutschen Edeltunern avancierte »bb« 1978 durch den CW311, ein Mitbringsel des ehemaligen Porsche-Designers Eberhard Schulz. Der Flügeltürer mit Mittelmotor blieb ein Einzelstück, Stilelemente und technisches Grundkonzept wur-

Einer der letzten: Buchmann Porsche bb 911 turbo auf dem Genfer Salon 1986.

den später bei Isdera (siehe dort) in Kleinserie verwirklicht. Mit zum guten Ruf der Frankfurter Edelschmiede haben auch die Buchmann-Cabriolets beigetragen: die 928-Vollcabrios, zu Preisen von 200000 Mark aufwärts, und das Mercedes SEC-Cabrio mit »Magic Top«, einem versenkbaren Hardtop. Im Frühjahr 1986 mußte bb Konkurs anmelden.

Bieber

Bieber-Cabrio in Borken beschäftigt sich schon seit mehr als 20 Jahren mit dem Umbau von Limousinen in Cabriolets. Am Anfang standen Buggies auf Käfer-Basis, dann erweiterte die Firma ihr Programm um Käfer-Umrüstsätze. Mit dem Erfolg wuchs auch die Angebots-Palette, die kostengünstigen Umbausätze gibt es inzwischen für die Modelle Golf I und II, Polo, die beiden Scirocco-Modelle, für Opel-Kadett D und die ersten beiden Fiesta-Generationen. Neuerdings lassen sich mit Bieber-Bausätzen auch Porsche 924 und 944 in Cabriolets verwandeln. Grundsätzlich besteht die Möglichkeit, den Rohumbau vor Ort in Borken durchführen zu lassen. Vorarbeiten wie der Abbau von Seitenverkleidungen oder das Entfernen des Teppichbodens sollten in der heimischen Garage erfolgen.

Dreimal VW: die beliebtesten Modelle aus der Umbaupalette von Bieber-Cabrio, Borken. Links Polo-, in der Mitte Scirocco II- und rechts Golf II-Cabriolet.

Bähr

Bähr-Cabrio trat Ende 1990 zum ersten Mal mit einem Cabrioumbau in Erscheinung. Bislang einziges Produkt der Karosseriebaufirma aus Hagen ist der Umbau von Mercedes/8-Coupés in Vollcabriolets. Das fertige Fahrzeug wiegt rund 100 Kilogramm mehr als sein Serien-Pendant, davon entfallen allein 70 kg auf die Chassisverstärkungen. Das Verdeckgestänge ist eine Eigenentwicklung, dabei finden Teile der originalen B-Säule Verwendung. Der Verdeckbezug besteht aus dem gleichen pflegeleichtem PVC-Material, aus dem auch die Golf-Kapuze geschneidert ist. Der Bausatz für Selbermacher kostet 4500 Mark. Wer den Rohumbau in Hagen erledigen läßt, muß noch einmal 3000 Mark dazulegen.

15 Jahre nach Produktionseinstellung des Grundmodells entstand das Bähr-Cabriolet auf Basis des Mercedes/8-Coupés.

Borbet

Im östlichen Hochsauerland baute Peter Wilhelm Borbet 1962 eine moderne Aluminium-Gießerei auf. Sie beschäftigt heute rund 300 Mitarbeiter und bietet eine breite Palette von Leichtmetallrädern und Gußteilen für die Automobilindustrie an. Auf der IAA 1991 stellte Borbet die Studie eines superflachen Clubsport-Renners vor. Der ungewöhnliche Mittelmotor-Monoposto sollte bei den Rennen zu einem noch ins Leben zu rufenden Borbet-Cup antreten. Für das Design zeichnete Gert Pollmann verantwortlich, einer der vielseitigsten deutschen Designer.

Der Borbet B-1 war ein dreieinhalb Meter langer und zwei Meter breiter Einsitzer mit Kunststoffkarosserie und Flügeltüren, auf Windschutzscheibe und Verdeck wurde verzichtet. Der Motor saß direkt hinter dem Piloten. Als Antrieb war ein Zweiliter-Vierventiler vorgesehen, der 204 PS leisten und das 420 Kilogramm schwere Fliegengewicht in 4,5 Sekunden auf 100 km/h katapultieren sollte. Die Höchstgeschwindigkeit des B-1 gaben seine Erbauer mit 290 km/h an. Auch über den Preis – ca. 92 000,– DM – herrschten bereits klare Vorstellungen. Ob der Borbet-Cup jemals ausgetragen wird, steht allerdings in den Sternen.

Borbet B-1: Clubsportrenner der anderen Art. Die auf der Art IAA 91 vorgestellte Studie war nicht fahrbereit.

Scirocco I-Cabrio von Cabrio-Design Ostermann-Germer in Kürten-Dürscheid.

Cabrio-Design

Cabrio-Design Ostermann-Germer in Kürten-Dürscheid ist eine vergleichsweise junge Firma, die Umbausätze für Großserienautos vertreibt. Vollcabrio- bzw. Targabausätze gibt es für Käfer, Golf I und II, Scirocco, Jetta, Opel Manta, Ascona A und B, Kadett C und Commodore B sowie den Ford Capri. Mit 2250 Mark ist der Targa-Bausatz für den Käfer am günstigsten, das obere Ende der Preisskala markieren die 5990 Mark für das Capri-Cabrio.

Catori

Bekannt wurde die Firma Catori aus Düsseldorf durch ihren Umbau der kleinen Mercedes-Klasse vom Typ W 201. Hergestellt allerdings wurde die Mercedes 190-Cabriolimousine von der Firma Rollmann, ebenfalls in Düsseldorf ansässig.

Classic Cabrio

Das westfälische Unternehmen hatte sich Mitte der achziger Jahre ganz dem Umbau der alten Mercedes-S-Klasse vom Typ W 111 verschrieben. Wer wollte, konnte bei Classic Cabrio in Hagen sein Mercedes-Coupé in ein Cabriolet verwandeln lassen, das optisch und technisch nicht von einem originalen Werkscabrio zu unterscheiden war.

Convertible Cars

Das Team von Convertible Cars in Neustadt/Aisch, spezialisiert auf Opel-Tuning, brachte im Herbst 1989 den ersten Kadett C als Cabrio durch den TÜV. Die Reaktion auf den einschlägigen Clubtreffen war überwältigend. Zum Deutschlandtreffen 1990 in Kaiserslautern präsentierte CC Cabrios, Targas und Pick-ups, entwickelt aus Kadett C-Coupés und -Limousinen. Noch vor dem großen Kadett-Boom hatte CC bereits Umrüstsätze für den Opel GT vorgestellt. Manta-A und B-Cabrios standen ebenfalls im Katalog, wurden jedoch überwiegend über die Firma Hintermeier Power in Kolbermoor vertrieben, eines von acht Subunternehmen, die den Vertrieb abwickeln.

Dannert Speedster (1991).

Dannert

Hochwertige Produkte aus glasfaserverstärkten Kunststoffen, in Einzelanfertigung und Kleinserie für Industrie und Automarkt – das ist laut Firmenbroschüre das Betätigungsfeld der Firma aus Solingen. Für Käfer-Freunde steht der Name Dannert für Top-chop, Top-chop Cabrio, Speedster, Cabrio 2+2 und Cabrio 4 – unverwechselbare GfK-Bausätze für sommerlich-luftiges Cabrio-Vergnügen.

Delta

Das Team von Delta-Design – Michael Conrad, Henner Werner und Detlef Unger – machte in den sechziger Jahren durch seine Design-Studien von sich reden. Im Rahmen einer Diplomarbeit an der Hochschule für Gestaltung in Ulm entstand der Delta 1, ein offenen Sportwagen mit selbsttragender Sandwich-Karosserie. Fahrwerk, Motor und Getriebe stammten von NSU, die Kunststoffkarosserie entstand mit maßgeblicher Unterstützung der Firma Metzeler. Auf der IAA 1967 zierte der rund 600 kg schwere Delta 1 den Messestand des Reifen- und Gummmiwarenherstellers. Zwei Jahre später, zur IAA 1969, präsentierte Metzeler den Delta 5, einen Kunststoff-Roadster auf VW-Basis. Beide Stylingstudien gingen nicht in Serie. Der Delta 1-Protyp existiert noch, ebenso wie die Firma Delta Design.

Delta 1 (1967).

Design + Technik

Die Design und Technik GmbH ist die Nachfolgefirma der in Konkurs gegangenen Hamburger Styling-Garage. Das Unternehmen wurde 1987 von Christian Hahn ins Leben gerufen, der den erfolgreichsten Entwurf der Styling-Garage, das SEC-Cabriolet, wieder ins Programm nahm. Darüber hinaus realisierte er in limitierter Kleinserie ein W124-Cabriolet, das in den letzten SGS-Tagen aus der Limousine entwickelt worden war. Ausgangspunkt des Biarritz getauften Cabriolets war jetzt das Mercedes-Coupé, was den Aufwand erheblich verminderte.

Die Design + Technik GmbH hat sich heute ganz der Entwicklung und Konstruktion von Industrieaufträgen und dem Prototypenbau verschrieben. So baute das Hamburger Unternehmen Toyota-, Honda- und VW-Corrado-Cabriolets. Die Entwürfe tragen die Handschrift von Hartwig Huckfeldt, einem der bekanntesten Automobildesigner Deutschlands. Die ehemalige Styling-Garage gibt es inzwischen auch wieder: Sie fungiert als Tochtergesellschaft von Design + Technik und setzt die Aufträge der Mutterfirma in die Tat um. Inzwischen unterhält das Hamburger Unternehmen eigene Ingenieurbüros in Japan, Italien, Indonesien und den USA.

Dietrich

Dietrich-Karosseriebau in Münster stellte zur Frischluftsaison 1991 einen Cabrio-Kit für den Polo II vor, der rund 3 500 Mark kostete. Der Bausatz paßt für Steilheck- und Coupé-Version.

Eller

Philipp Eller in Dieburg war der erste, der einen Mexiko-Käfer in ein Cabrio verwandelte, den TÜV-Segen erlangte und so der Idee des nachträglichen Käfer-Umbaus zu moderaten Preisen Bahn brach. Zur IAA 1987 machte Eller erneut von sich reden: Mit dem Porsche 911 Speedster. Basisfahrzeug war wahlweise 911-Cabrio oder -Targa. Der Umbau kostete 68 000 Mark.

Freier Cabrio

Die bekannteste Cabrioversion des VW Jetta der zweiten Generation stammt von Freier in Hamburg. Der Komplettumbau dauert rund sechs Wochen und kostet knapp 16 000 Mark. Bei der Verdeckkonstruktion griff man auf das Gestänge des Golf Cabriolets zurück. Ungewöhnlich: die B-Säule zum Abnehmen. Daneben gibt es auch ein Golf II-Cabriolet. Ein offener Polo ist im Entwicklungsstadium.

Frost

Frost's Speedster Center in Bretten gehört heute zu den profiliertesten Käfer-Umbauern. Die Lieferpalette umfaßt Bausätze für die Topless-, Cabrio- und Speedster-Versionen. Seit kurzem gibt es auch Porsche 924/944-Umbauten.

Gemballa

Eine der feinsten Adressen für die Veredelung von Porsche- und Mercedes-Modellen ist die Firma Gemballa, Ende der siebziger Jahre gegründet und in Stuttgart-Zuffenhausen ansässig. Kein Wunder also, daß die erste Cabrio-Kreation das »Rößle« im Waffen führt: Das Porsche 928-Cabriolet sollte in einer Serie von zehn Wagen gebaut werden, die Durchführung des Auftrags übernahm Voll in Würzburg. Bislang allerdings ist das Produktionsziel noch nicht erreicht. Die geplante Ausweitung des Programms auf ein BMW-850i-Cabrio wurde ad acta gelegt, die Firma meldete im Frühjahr 1992 Konkurs an.

GfG

Gerhard Feldevert, Chef der Firma GfG in Gronau-Epe, bietet in seinem Exklusiv-Car-Programm Cabriolets auf Mercedes-Basis an. Eine völlig eigenständige Kreation dagegen ist der Elisar, ein Sportwagen im Stil der dreißiger Jahre mit moderner Mercedes-Technik unter der Kunststoffhaut. Motor, Getriebe und Radaufhängungen stammen von der Mercedes-Mittelklasse. Die mit Kevlar verstärkte Kunststoff-Karosserie entsteht in aufwändiger Handarbeit. Die Türen dagegen sind aus Stahl. Formal orientiert sich der Elisar an den berühmten Mercedes SS- und SSK-Typen. Der Endpreis von rund 190000,– DM ist allerdings im Vergleich zum Original ein ausgesprochenes Sonderangebot.

Hammond & Thiede

Den Ascona-Cabriolets von Hammond und Thiede, gebaut bei Voll in Würzburg, wurde der offizielle Opel-Segen zuteil: Die deutsche GM-Tochter übernahm den offenen Ascona in ihr Vertriebsprogramm und bot ihn bundesweit an. Insgesamt entstanden rund 3000 Ascona-Cabriolets.

Härtel & Deeg

Die Porsche-Schmiede von Härtel&Deeg in Bad Friedrichshall bei Heilbronn offerierte Mitte der achziger Jahre ihre Interpretation des klassischen Speedster-Themas. Merkmal des H&D-Umbaus war das feste Kunststoff-Hardtop, das unter einer charakteristischen Buckelhaube verschwand. Die Verdeckkonstruktion erinnerte stark an den Treser Quattro Roadster und ging, wie bei diesem, auf Kosten der hinteren Notsitze.

Hintermeier Power

Die Firma Hintermeier Power im bayerischen Kolbermoor stellt optische und technische Zubehörteile für den Opel Manta her und bietet auch komplette Cabriolets an. Die Umbausätze dafür kommen von Convertible Cars, Neustadt/Aisch. Seit kurzem sind auch Corsa-Kits im Angebot.

Hoffmann Automobildesign

Hoffmann Automobildesign, ein Unternehmen aus Kulmbach, kündigte im Januar 1985 die Produktionsaufnahme von Porsche 924- und 944-Cabriolets an. Für den Umbau kamen sowohl Neufahrzeuge als auch Gebrauchtwagen in Frage, sofern sie nicht älter als vier Jahre waren. Die Umbaukosten beliefen sich auf rund 18000 Mark.

Hoffmann Speedster

Hoffmann Speedster in Viersen bietet in seinem 260 Seiten starken Katalog alles an, was des Käferfahrers Herz erfreut – auch Cabriolets. Das bekannteste, der Speedster II, ging 1989 als Fertigfahrzeug in Serie und wurde über ein großes Versandhaus vertrieben. Inzwischen hat Hoffmann den Käfer-Nachfolger Golf entdeckt, für den es nun ebenfalls Cabrio-Kits gibt.

Der Porsche 924-Umbau der Firma Hoffmann Automobildesign.

Hornstein

Wer ein außergewöhnliches Cabriolet sucht, ist bei Autostyling Hornstein in Volkertshausen an der richtigen Adresse. Seine Interpretation des Cabrio-Themas am Beispiel des Scirocco II weiß aus jedem Blickwinkel zu gefallen. Wie fast alle anderen Tuner-Kollegen setzt auch Hornstein bei der Neugestaltung des Fahrzeughecks auf handlaminierte GfK-Teile. In jüngster Zeit machte die Firma durch ihr Calibra-Cabrio von sich reden. Für die Verdeckkonstruktion griff man auf Teile des Audi-Cabriolets zurück.

HWS

Die Schollen Kfz-GmbH in Aachen brachte 1987 unter dem Markenzeichen HWS ein Mercedes 190-Vollcabriolet auf den Markt. Nicht minder ungewöhnlich: der Umbau des Peugeot 205 zum bügelfreien Vollcabriolet.

Hy-Tech

Die Hy-Tech-Automobilvertriebs GmbH in Stuttgart war eine Schöpfung von Jürgen G. Weber nach dem Zusammenbruch seiner Crailsheimer Firma Tropic (siehe dort). Sein neues Unternehmen vertrieb Cabriolets auf Basis der BMW 6er-Serie und der SEC-Modelle von Mercedes-Benz. Den Umbau nahm jeweils die belgische Firma EBS vor. Die Preise bewegten sich in der Region von 100 000 Mark und ließen sich durch Extras wie Lederausstattung, Verdeckfernbedienung oder Barfach fast beliebig nach oben verschieben. Dagegen richtig billig: das Ascona-Cabriolet »Playa« für rund 30 000,– DM.

Jurinek Automobile

Heribert Jurinek in Alling bei München nimmt nur vom Feinsten: Seit 1986 werden in seiner bayerischen Werkstatt Porsche 928-Modelle aller Baujahre umgebaut. Der fast 100 000 Mark teure Umbau umfaßt ein völlig neugestaltetes Heck, einen speziellen Gitterrohrrahmen, der bessere Torsionssteifigkeit garantiert und eine interessante Verdeckkonstruktion. Die saubere Arbeit überzeugt sogar die Konkurrenz: Wer z.B. bei Vittorio Strosek ein 928er Cabrio bestellt, erhält ein von Jurinek aufgeschnittenes Fahrzeug.

Kamei

Zubehör-Spezialist Kamei ist einer der größten und ältesten Hersteller von optischen Umrüstsätzen. Das 1949 von Karl Meier in Wiesbaden gegründete Unternehmen bot zunächst Käfer-Zubehör an (unvergessen: die Blumenvase fürs Armaturenbrett) und erweiterte seine Produktpalette später um Spoilersätze für praktisch alle gängigen Modelle. Den bislang einzigen Abstecher ins Cabriogeschäft unternahm die Firma Mitte der achziger Jahre, als sie auf Basis des Golf Cabriolets den bügellosen X1-Speedster vorstellte. Das rund 70 000 Mark teure Gefährt blieb ein Einzelstück.

Kamei Golf
II-Speedster, Prototyp
von 1984.

Keinath

Das Autohaus Keinath in Dettingen ist Lotus-Importeur für Deutschland, GM-Händler und Hersteller der KC3-Ascona-Cabriolets. Noch luxuriöser war der KC5, ein Vollcabriolet auf Basis des Opel Monza. Ein Einzelstück blieb der 1987 präsentierte offene Senator B. Einzelheiten zu den Keinath-Kreationen siehe unter Opel.

Klostermann

Die Firma Klostermann in Kamen wurde Anfang der achziger Jahre durch ihren Manta mit Targadach (»Florida«) bekannt. Darüber hinaus bot Klostermann auch Mercedes-Coupés mit herausnehmbarer Kunststoff-Heckscheibe an.

Leinwather & Blazek

Ganz auf Porsche eingestellt ist L&B in Recklinghausen. Angeboten werden Cabriobausätze für die Vierzylindertypen aus Stuttgart: Porsche 924, 924S, Carrera GT, 924 Turbo, 944 und 944 Turbo. Daneben liefern die Recklinghausener Karosseriebauer auch Spoiler- und Schwellerleistensätze sowie Kotflügelverbreiterungen aus GfK.

Lenner

Die Firma Lenner in Recklinghausen gehört zur großen Gruppe der kunststoffverarbeitenden Spezialbetriebe: Spoilerstoßfänger, Schwellerleisten und Kotflügelverbreiterungen verhelfen zum Beispiel auch einem Opel-Kadett-Cabrio zu einem neuen Gesicht. Noch spektakulärer und ausgesprochen exklusiv ist der Umbau von Porsche 914 zum Vollcabrio. Für diesen Umbau wird der Targabügel abgetrennt und durch einen leichteren Kunststoffbügel mit Plexiglasscheibe in Originalform ersetzt, der leicht entfernt werden kann. Ein solider Hilfsrahmen aus Vierkantrohr sorgt für ausreichende Verwindungssteifigkeit. Der Bausatz kostet 3500 Mark.

Lorenz

Friedrich Peter Lorenz, ehemaliger Leiter der Vorserienentwicklung von Ford Köln, blieb zunächst auch im Ruhestand seinen ehemaligen Arbeitgebern verbunden: Neben den Ferrari-Cabriolets für Auto-Becker und seinen Cobra-Replicas plante er den Umbau von Fiesta-Modellen in Cabriolets. Der erste Prototyp hatte noch einen schmalen Überrollbügel, spätere Exemplare sollten ganz ohne angeboten werden. Soweit kam es allerdings nicht. Lorenz gründete 1984 gemeinsam mit seinem Partner Heiner H. Rankl die gleichnamige Firma und baut unter anderem den Silver Falcon (Details siehe dort) her.

Lumma

Horst Lumma aus dem schwäbischen Winterlingen beschreitet mit seiner Veredelungsfirma eigene Wege. Er hat sich auf ein Auto konzentriert, das schon längst nicht mehr serienmäßig produziert wird: den Opel GT. Ob Flügeltürer-Umbau oder F40-Heckflügel: Erlaubt ist, was gefällt. Neben solchen Extrem-Versionen bietet die Firma auch bildschöne Opel GT-Cabrios und -Targas an.

Opel GT Targa, von der Firma Lumma 1991 umgebaut.

Michalak

Bernd Michalak aus Wiesbaden machte 1984 mit einem Corsa Spider auf sich aufmerksam. Im Gegensatz zum Irmscher-Corsa verzichtete Michalaks Corsa Spider auf die hinteren Notsitze und deckte sie mit einer GfK-Heckklappe ab, unter der sich ein versenkbares Hardtop verbarg. Den bügellosen Spider gab es schon ab 24 685 Mark.

Ostermann

Holger Ostermann in Osnabrück hat fünf Modelle auf VW-Basis in seinem Programm. Neben dem fast schon obligatorischen Speedster – Erkennungsmerkmal: das breite Heck – gibt es das nostalgische Coupé 40 im American-Graffiti-Stil sowie die Umbausätze für die ersten beiden Golf-Generationen. Ein Kapitel für sich: der GR-California, eine tief über dem Asphalt kauernde Karmann-Ghia-Replica. Dieser Kit-Car mit Kunststoffkarosserie feierte seine Premiere auf der Frankfurter IAA 1987 und kostete als Bausatz knapp 10000 Mark. Er ist jedoch in Deutschland nicht zulassungsfähig und wird daher nur für den Export produziert.

Peters

Die Firma Peters in Delbrück entwickelte Cabrio-Umbausätze für die BMW 3er-Reihe der ersten und zweiten Generation. Angeboten wurden sowohl Bausätze für Do-it-yourselfer als auch fertig umgebaute Fahrzeuge. Im Spätjahr 1991 stellte Peters auch ein Jaguar-Cabriolet auf Basis der XJ-Limousinen der dritten Serie vor.

BMW-Cabrio von Peters, Delbrück.

Piecha Automobil Design

Marcus Piecha hat bereits in Konstanz zahlreiche Cabrio-Projekte realisiert, darunter Manta-, Monza- und BMW-Umbauten. Jüngster Streich des rührigen Automobilveredlers, inzwischen in Deißlingen bei Rottweil beheimatet, ist das Calibra-Cabriolet, das auf der Essener Motor Show 1991 Premiere feierte.

Den bislang einzigen Targabausatz für den Opel Calibra liefert die Firma Piecha Automobildesign, Deißlingen.

Blieb ein Einzelstück: das Ascona B-Cabrio von Piecha, damals noch in Konstanz.

Rappold

Die Karosseriefirma Rappold in Wülfrath hat sich auf Sonderaufbauten für Bestattungswagen, auf Tauben- und Fleischtransporter spezialisiert. Zwischen 1983 und 1985 war Rappold auch im Cabriobau vertreten und bot Vollcabrios auf Basis der zweiten BMW 3er-Reihe an.

BMW-Cabrio von Rappold, Wülfrath.

Schulz

Alles, was den Stern auf dem Kühlergrill trägt, wird bei Erich Schulz umgerüstet, um Meter verlängert, zum Kombi umgebaut – oder eben seines Daches beraubt. Der Edel-Tuner aus Korschenbroich beschäftigt sich besonders mit den kleinen Mercedes-Modellen und verwandelt die viertürigen Limousinen in zweitürige Cabriolets – oder Coupés –, die je nach Wunsch motorisiert werden können, bis hin zum Fünfliter-Achtzylinder. Für etwa 100 000 Mark, rund das Doppelte dessen, was ein W201-Umbau kostet, erhält man bei Schulz auch ein Mercedes SEC-Cabriolet. BMW 6er-Cabriolet und Jaguar XJS-Cabriolet dagegen blieben Einzelstücke.

Selzer

Die Essener Motor Show, der Treffpunkt der Tuningszene in Deutschland, ist die geeignete Bühne für unkonventionelle Entwürfe wie den Aperto, der 1989 im Rampenlicht stand. Der pfiffige Roadster auf Fiesta-Basis war eine Entwicklung der Firma Selzer Automobiltechnik, Saarlouis. Dabei handelte es sich um einen Prototyp, mit dem Selzer und verschiedene Zulieferer der Automobilindustrie ihre Leistungsfähigkeit unter Beweis stellen wollten. So stammten die Breitreifen der Dimension 195/45 ZR15 von Dunlop, die sieben Zoll breiten Leichtmetallräder von Borbet, die Stoßdämpfer von Koni und die Innenausstattung von Recaro. Von einer Kleinserienfertigung war auch zwei Jahre später noch keine Rede. Gleichwohl zirkulierten erste Preisvorstellungen: Der Aperto sollte rund 40 000 Mark kosten.

Auf Fiesta-Basis: der Selzer Aperto, 1989 in Essen vorgestellt.

SKV

Die Firma SKV-Styling in Worms baute 1984 den Mercedes-Benz 190E (W201) zur Cabrio-Limousine um. Diese heute eher ungewöhnliche Lösung gehörte früher zum Standardrepertoire vieler Automobilhersteller. 1985 realisierte SKV

Offenes Vergnügen: SKV-Cabrio-Limousine auf Basis des Mercedes 190.

nach Entwürfen von Heinz Peter Schwan Cabrioversionen der Porsche-Vierzylindertypen 924 und 944. Schwan, durch seine Toyota Celica-Cabriolets bestens beleumundet, implantierte zahlreiche versteifende Elemente, so daß der offene Vorläufer des Werkscabriolets nicht weniger verwindungssteif geriet als das Coupé.

Sollath

Die Firma Sollath in Egelsbach bei Frankfurt tritt seit 1991 als Cabrio-Produzent auf. Der mittelständische Ford-Betrieb wählte als Grundlage den Ford Fiesta und stellte zwei Jahre nach Präsentation des Grundmodells seine Cabrio-Umbauten vor. Es gibt zwei Versionen: ein Cabriolet mit aufliegendem Verdeck und unverändertem Innenraum und einem Roadster mit vorverlegter Rücksitzbank und vollversenkbarem Verdeck. Das Cabriolet mit 1,1-Liter-Motor kostet 26900 Mark, der Roadster 3000 Mark mehr. Der Vertrieb erfolgt über ausgewählte Ford-Händler, rund 100 Fahrzeuge pro Jahr sollen entstehen.

Speedster Cabrio Design

Das Unternehmen in Fuldabrück bei Kassel bietet ausschließlich Bausätze für Produkte des Wolfsburger Konzerns an. Erstaunlicherweise offeriert Speedster Cabrio Design in seinem Katalog keinen Käfer-Umbausatz im Katalog, sondern begnügt sich mit Golf- und Polo-Bausätzen. (Einzelheiten im VW-Kapitel).

Gewagt: der Arrow Targa, ein Golf I-Targa von Speedster Cabrio-Design in Fuldabrück.

Styling-Garage

Die Styling-Garage, zunächst Pinneberg, heute Hamburg, war neben bb in Frankfurt einer der bekanntesten Edeltuner der frühen achziger Jahre. Erlaubt war alles, was der Kunde haben wollte: Mercedes SEC mit Flügeltüren, SEL um Meter gestreckt, mit Goldauflage und Videoanlage im Fond – es gab nichts, was die Styling-Garage – SGS – unter ihrem Chef Chris Hahn nicht erfüllt hätte. Bei so viel Exklusivität durfte natürlich ein Mercedes-Cabriolet nicht fehlen. Der SGS-Convertible basierte auf dem Mercedes-Coupé 500SEC und debütierte auf der IAA 1981. Eine Kleinserie wurde im April 1983 aufgelegt. Allein innerhalb des ersten halben Jahres entstanden 20 Cabrios, die nahezu alle in den Nahen Osten geliefert wurden. Der Umbaupreis von 74000 Mark beinhaltete nur die technischen Modifikationen am Grundmodell, Extras wie Lederausstattung oder TV-Anlage waren gesondert zu honorieren. Daneben beschäftigte sich Chris Hahn auch mit weniger exklusiven Projekten. So entwickelte man zum Beispiel ein BMW-Cabriolet auf 3er-Basis mit schmalem Überrollbügel oder den »Marco Polo Four in One«, ein VW Polo-Cabriolet, das vier verschiedene Aufbauvarianten zuließ: ganz offen, als Landaulet, als Targa und geschlossen mit Hardtop, das die originale Fahrzeugsilhouette wiederherstellte. Allerdings gingen diese Projekte nie in Serie, und so hatte die Styling-Garage keine Möglichkeit, das rückläufige Geschäft mit den Luxus-Karossen zu kompensieren. Der Gang zum Konkursrichter wurde 1986 unvermeidlich. Unter dem Dach von Chris Hahns neuer Firma Design&Technik ist die Styling-Garage als Karosseriebaufirma wiederauferstanden. Sie stellt heute nach Entwürfen und im Auftrag der Design und Technik GmbH Sonderkarosserien und Luxus-Cabriolets her. Das aktuelle Programm umfaßt ein Mercedes SEC-Cabriolet, ein W124-Cabriolet, offene Rolls-Royce und Bentley, Ferrari Testarossa und seit 1991 auch ein BMW 850i-Cabriolet.

Trasco

Diese Spezialfirma existiert seit 1971, beschränkte sich aber bis 1985 darauf, als freier Autohändler Luxuskarossen von Bremen aus in alle Welt zu verschikken. 1985 wurden die ersten eigenen Umbauten vorgestellt, allesamt auf Mercedes-Basis. Neben extra langen und gepanzerten Limousinen präsentierte Trasco auch ein Cabrio auf Mercedes SEC-Basis.

Zender

Albert Zender in Mülheim-Kärlich begann 1969 mit der Produktion von Schalensitzen. Mitte der siebziger Jahre erweiterte er sein Lieferprogramm und bot optisches Zubehör wie Spoiler für Golf und 3er-BMW an. Inzwischen liefert Zender vor allem GfK-Umrüstteile für fast alle großen Marken. Zum Unternehmen gehört auch eine Abteilung Exklusivauto, die Einzelstücke, Sonderanfertigungen (meist auf Mercedes-Basis) und Designstudien erstellt – wie den Zender Fact 4, der zur IAA 1991 vorgestellt wurde. Das vielbestaunte Schaustück

Stylingstudie auf Audi-Basis: Zender Fact 4, das Meisterstück der Automobilveredler aus Mülheim-Kärlich.

war die voll funktionstüchtige Studie eines offenen Mittelmotor-Sportwagens, der die Leistungsfähigkeit des Automobilveredlers demonstrieren sollte. Der neue Fact 4 war die Spiderversion des 1989 vorgestellten Fact 4-Coupés und basierte – wie dieses und alle vorangegangen »Vision«-Studien – auf Audi-Technik. Den Audi V8 plazierten die Zender-Techniker vor der Hinterachse in Längsrichtung, die Kraftübertragung besorgte ein mechanisches Fünfganggetriebe von ZF. Die Karosserie des keilförmigen Boliden bestand aus extrem leichtem Kohlefaser-/Aramidfaser-Verbund. Die unlackierte Fronthaube wog nur 8 Kilogramm, eine der nach vorne öffnenden Flügeltüren ganze 2,6 kg. Rennwagentechnik vom Feinsten auch bei Rahmen und Fahrwerk: solider Gitterrohrrahmen aus rechteckigem Feinkornstahl, zwei links und rechts angeordneten Gummi-Sicherheitstanks und innenbelüftete Brembo-Scheibenbremsen vorn und hinten. Die Bereifung der superbreiten Zender-Leichtmetallräder im Sterndesign stammte von Pirell: P Zero im Format 245/40 ZR17 vorn und 335/35 ZR17 hinten. Der knapp vier Meter lange Monocoque-Flitzer war TÜV-abgenommen und für den Straßenverkehr zugelassen.

Die wichtigsten technischen Daten:

Länge:	4080 mm
Breite:	2000 mm
Höhe:	1090 mm
Spurweite:	1610/1649 mm
Gewicht:	1230 kg

Technische Daten

Amphicar

Amphicar Typ 770
1961–1965

Karosserie	Selbsttragende Ganzstahlkarosserie, schwimmfähig
Motor	Reihenmotor (Triumph Herald) im Heck
Zylinder	4
Bohrung × Hub	69,3 × 76 mm
Hubraum	1147 ccm
Leistung	38 PS bei 4750 U/min
Verdichtung	1 : 8
max. Drehmoment	7,8 mkp bei 2500 U/min
Gemischaufbereitung	Solex B 30 PSEI
Ventile	hängend
Nockenwelle	ohv
Kurbelwellenlager	3
Batterie	12 V 32 Ah
Lichtmaschine	160 W
Kraftübertragung	Hinterradantrieb
Kupplung	Einscheibentrockenkupplung
Schaltung	Knüppelschaltung
Getriebe	4 Gänge, vollsynchronisiert
Übersetzungen	I. 4,50, II. 2,91, III. 1,75, IV. 1,04
Antriebsübersetzung	4,72
Fahrwerk	
Vorderradaufhängung	Gezogene Kurbellenker, Federbeine mit Schraubenfedern
Hinterradaufhängung	Gezogene Kurbellenker, Federbeine mit Schraubenfedern
Bremsanlage	Trommelbremsen vorn und hinten
Felgen	4½ K × 13
Reifen	6,40 – 13
Lenkung	Schneckenlenkung
Weitere Daten	
Abmessungen (L × B × H)	4330 × 1565 × 1520 mm
Radstand	2100 mm
Spurweite vorn/hinten	1212/1260 mm
Wendekreis	13 m
Leergewicht	1050 kg
Zuläss. Gesamtgewicht	1350 kg
Höchstgeschwindigkeit	115 km/h
Beschleunigung 0–100 km/h	50 sec
Verbrauch auf 100 km	10 Liter Normal
Tankinhalt	47 Liter
Ölwanneninhalt	4,5 Liter
Kühlsystem	7 Liter

Audi Cabriolet ab 1991

Karosserie	Ganzstahlkarosserie
Motor	Reihenmotor
Zylinder	5
Bohrung × Hub	82,5 × 86,4 mm
Hubraum	2309 cm³
Leistung	133 PS bei 5500 U/min
Verdichtung	1:10,0
max. Drehmoment	186 Nm bei 4000 U/min
Gemischaufbereitung	Bosch KE-Jetronic, Lambda-Sonde
Ventile	hängend, Hydrostößel
Nockenwelle	ohc
Kurbelwellenlager	6
Batterie	12 V 63 Ah
Lichtmaschine	1260 W
Kraftübertragung	Frontantrieb
Kupplung	Einscheibentrockenkupplung
Schaltung	Knüppelschaltung
Getriebe	5-Gang, auf Wunsch 4-Gang-Automatik
Übersetzungen	I.3,54, II.2,10, III.1,42, IV.1,0, V.0,83, R.3,5
Antriebsübersetzung	4,111
Fahrwerk	
Vorderradaufhängung	Dreiecksquerlenker, Federbeine, Schraubenfedern, Stabilisator
Hinterradaufhängung	Längslenker, Schraubenfedern, Stabilisator
Bremsanlage	Scheibenbremsen vorn (innenbelüftet) und hinten
Felgen	6J × 15
Reifen	195/65 R 15
Lenkung	Zahnstangenlenkung, servounterstützt
Weitere Daten	
Abmessungen (L × B × H)	4366 × 1716 × 1379 mm
Radstand	2545 mm
Spurweite vorn/hinten	1453/1447 mm
Wendekreis	11,1 m
Leergewicht	1350 kg
zuläss. Gesamtgewicht	1750 kg
Höchstgeschwindigkeit	198 km/h
Beschleunigung 0–100 km/h	10,8 sec
Verbrauch auf 100 km	9,2 l Super
Tankinhalt	70 l
Ölwanneninhalt	4,0 l
Kühlsystem	8,0 l

	EMW 327/2 1948–1955	IFA F9 1950–1956
Karosserie	Ganzstahlkarosserie	Ganzstahlkarosserie
Motor	Reihenmotor	Zweitakt-Reihenmotor
Zylinder	6	3
Bohrung × Hub	66 × 90 mm	70 × 78 mm
Hubraum	1971 cm^3	900 cm^3
Leistung	55 PS bei 3750 U/min	30 PS bei 3800 U/min
Verdichtung	1:6,1	1:7,1
max. Drehmoment	11,2 mkp bei 2500 U/min	7,5 mkp bei 2000 U/min
Gemischaufbereitung	2 Fallstromvergaser IFA-BVF oder Solex	IFA-BVF H32–0
Ventile	hängend	-
Nockenwelle	ohv	-
Kurbelwellenlager	4	4
Batterie	6 V 75 Ah	6 V 75 Ah
Lichtmaschine	130 W	130 W
Kraftübertragung	Frontantrieb	Frontantrieb
Kupplung	Einscheibentrockenkupplung	Einscheibentrockenkupplung
Schaltung	Knüppelschaltung	Krückstockschaltung
Getriebe	4-Gang, III. und IV. synchronisiert	4-Gang, nicht synchronisiert
Übersetzungen	I.3,84, II.2,38, III.1,54, IV.1,00, R.3,44	I.3,51, II.2,06, III.1,31, IV.0,96, R.5,13
Antriebsübersetzung	3,9	4,857
Fahrwerk	Plattformrahmen	Kastenrahmen
Vorderradaufhängung	Dreiecksquerlenker, Querblattfeder	Dreiecksquerlenker, Querblattfeder
Hinterradaufhängung	Starrachse, Halbelliptikfedern	Starrachse, Querblattfeder
Bremsanlage	Trommelbremsen vorn und hinten	Trommelbremsen vorn und hinten
Felgen		4 J × 16
Reifen	5,50–16	5,00–16
Lenkung	Zahnstangenlenkung	Zahnstangenlenkung
Weitere Daten		
Abmessungen (L × B × H)	4500 × 1600 × 1420 mm	4200 × 1600 × 1480 mm
Radstand	2750 mm	2350 mm
Spurweite vorn/hinten	1300/1300 mm	1190/1260 mm
Wendekreis	12 m	10 m
Leergewicht	1060 kg	920 kg
Zuläss. Gesamtgewicht	1600 kg	1250 kg
Höchstgeschwindigkeit	125 km/h	115 km/h
Beschleunigung 0–100 km/h	n. bekannt	40 sec
Verbrauch auf 100 km	11,5 l	8,5 l Gemisch
Tankinhalt	50 l	32 l, später 40 l
Ölwanneninhalt	4,5 l	-
Kühlsystem	10 l	10 l

Wartburg 311/313-1 Sport 1956–1959

Karosserie	Ganzstahlkarosserie
Motor	Zweitakt-Reihenmotor
Zylinder	3
Bohrung × Hub	70 × 78 mm
Hubraum	900 cm^3
Leistung	38 PS bei 4000 U/min, Sport: 50 PS bei 4200 U/min
Verdichtung	1:6,6, Sport: 1:7,8
max. Drehmoment	8,3 mkp bei 2200 U/min, Sport: 9,0 mkp bei 3200 U/min
Gemischaufbereitung	Horizontalvergaser BVF H362, Sport: 2 Horizontalvergaser BVF 362-5
Ventile	-
Nockenwelle	-
Kurbelwellenlager	4
Batterie	6 V 84 Ah
Lichtmaschine	220 W
Kraftübertragung	Frontantrieb
Kupplung	Einscheibentrockenkupplung
Schaltung	Lenkradschaltung
Getriebe	4-Gang, II. bis IV. synchronisiert
Übersetzungen	I.3,273, II.2,133, III.1,368, IV.0,956, R.4,44
	Sport: I.3,273, II.2,133, III.1,233, IV.0,826, R.4,44
Antriebsübersetzung	4,857
Fahrwerk	Kastenrahmen
Vorderradaufhängung	Dreiecksquerlenker, Querblattfeder
Hinterradaufhängung	Starrachse, Querblattfeder
Bremsanlage	Trommelbremsen vorn und hinten
Felgen	
Reifen	5,90-15
Lenkung	Zahnstangenlenkung
Weitere Daten	
Abmessungen (L × B × H)	4300 × 1570 × 1450 mm
	Sport: 4360 × 1610 × 1350 mm
Radstand	2450 mm
Spurweite vorn/hinten	1190/1260 mm
Wendekreis	10,5 m
Leergewicht	1010 kg, Sport: 875 kg
Zuläss. Gesamtgewicht	1350 kg
Höchstgeschwindigkeit	115 km/h, Sport: 140 km/h
Beschleunigung 0–100 km/h	35 sec, Sport: 27 sec
Verbrauch auf 100 km	8,7 l Gemisch
Tankinhalt	40 l
Ölwanneninhalt	-
Kühlsystem	10,7 l

Bazlen

Bazlen GT 4 ab 1991

Karosserie	Kunststoffkarosserie aus Vinylester
Motor	Reihenmotor (Hersteller: Ford)
Zylinder	4
Bohrung × Hub	90,8 × 77,0 mm
Hubraum	1994 cm^3
Leistung	220 PS bei 6000 U/min
Verdichtung	1:8
max. Drehmoment	290 Nm bei 3500 U/min
Gemischaufbereitung	Weber-Marelli
	Abgasturbolader Garrett 0.3B Ladedruck 0,7 bar, Lambda-Sonde
Ventile	4 pro Zylinder, hängend
Nockenwelle	2 ohc
Kurbelwellenlager	5
Batterie	12 V 43 Ah
Lichtmaschine	1260 W
Kraftübertragung	Hinterradantrieb
Kupplung	Einscheibentrockenkupplung
Schaltung	Knüppelschaltung
Getriebe	5-Gang
Übersetzungen	I.3,89, II.2,084, III.1,42, IV.1,0, V.0,822, R.3,51
Antriebsübersetzung	3,62
Fahrwerk	Gitterrohrrahmen
Vorderradaufhängung	Dreiecksquerlenker, Schraubenfedern, Stabilisator
Hinterradaufhängung	Schräglenker, Schraubenfedern, Stabilisator
Bremsanlage	Scheibenbremsen vorn (innenbelüftet) und hinten
Felgen	7 J × 15
Reifen	205/50 ZR 15
Lenkung	Zahnstangenlenkung
Weitere Daten	
Abmessungen (L × B × H)	3860 × 1600 × 1100 mm
Radstand	2220 mm
Spurweite vorn/hinten	1540/1590 mm
Wendekreis	n. bekannt
Leergewicht	700 kg
Zuläss. Gesamtgewicht	1000 kg
Höchstgeschwindigkeit	240 km/h
Beschleunigung 0–100 km/h	5 sec
Verbrauch auf 100 km	n. bekannt
Tankinhalt	60 l
Ölwanneninhalt	3,75 l
Kühlsystem	8 l

Bitter

Bitter SC Cabriolet
1982–1985

Karosserie	Ganzstahlkarosserie
Motor	Reihenmotor (Hersteller: Opel)
Zylinder	6
Bohrung × Hub	95 × 69,8 mm
Hubraum	2968 cm³
Leistung	180 PS bei 5800 U/min
Verdichtung	1:9,4
max. Drehmoment	24,8 mkp bei 4500 U/min
Gemischaufbereitung	Bosch L-Jetronic-Einspritzanlage
Ventile	hängend
Nockenwelle	ohc
Kurbelwellenlager	7
Batterie	12 V 55 Ah
Lichtmaschine	Drehstrom 900 W
Kraftübertragung	Hinterradantrieb
Kupplung	Einscheibentrockenkupplung
Schaltung	Knüppelschaltung
Getriebe	Automatik, wahlweise 5 Gänge, vollsynchronisiert
Übersetzungen	Automatik: I. 2,40, II. 1,48, III. 1,00
	Mechan. Getriebe: I. 3,822, II. 2,223, III. 1,398, IV. 1,000, V. 0,872
Antriebsübersetzung	3,45
Fahrwerk	
Vorderradaufhängung	McPherson-Federbeine
Hinterradaufhängung	Schräglenker
Bremsanlage	Scheibenbremsen vorn und hinten, Zweikreis-Bremssystem
Felgen	vorn 7 J × 15, hinten 8 J × 15
Reifen	vorn 215/60 VR 15, hinten 235/55 VR 15
Lenkung	Kugelumlauflenkung mit Servo
Weitere Daten	
Abmessungen (L × B × H)	4850 × 1820 × 1350 mm
Radstand	2683 mm
Spurweite vorn/hinten	1467/1514 mm
Wendekreis	10,8 m
Leergewicht	1515 (Automatik: 1535) kg
Zuläss. Gesamtgewicht	1900 kg
Höchstgeschwindigkeit	205 (Automatik: 200) km/h
Beschleunigung 0–100 km/h	10 (Automatik: 11,5) sec
Verbrauch auf 100 km	ca. 13 Liter Super
Tankinhalt	75 Liter
Ölwanneninhalt	5,5 Liter
Kühlsystem	10,2 Liter

Bitter

	Bitter SC 1985–1990	**Bitter Type 3 ab 1987**
Karosserie	Ganzstahlkarosserie	Ganzstahlkarosserie
Motor	Reihenmotor (Hersteller: Opel)	Reihenmotor (Hersteller: Opel)
Zylinder	6	6
Bohrung × Hub	95 × 90,5 mm	97 × 90 mm
Hubraum	3848 cm^3	3988 cm^3
Leistung	210 PS bei 5100 U/min	230 PS bei 5200 U/min
Verdichtung	1:8,9	1:9,2
max. Drehmoment	321 Nm bei 3400 U/min	350 Nm bei 3700 U/min
Gemischaufbereitung	Bosch L-Jetronic, ab 1985 mit Lambda-Sonde	Bosch Motronic 1.5, Lambda-Sonde
Ventile	hängend	hängend
Nockenwelle	ohc	ohc
Kurbelwellenlager	7	7
Batterie	12 V 55 Ah	12 V 66 Ah
Lichtmaschine	1050 W	1080 W
Kraftübertragung	Hinterradantrieb	Hinterradantrieb
Kupplung	Einscheibentrockenkupplung	Einscheibentrockenkupplung
Schaltung	Knüppelschaltung	Knüppelschaltung
Getriebe	5-Gang, wahlweise 3-Gang Automatik	5-Gang
Übersetzungen	I.3,822, II.2,223, III.1,398, IV.1,0, V.0,81, R.3,705	I.3,81, II.2,11, III.1,34, IV.1,00, V.0,81, R.3,40
Antriebsübersetzung	3,15	3,70
Fahrwerk		
Vorderradaufhängung	Querlenker, Zugstrebe, Schraubenfedern Federbeine, Stabilisator	Dreieckslenker Federbeine, Stabilisator
Hinterradaufhängung	Schräglenker, Schraubenfedern, Stabilisator	Querträger
Bremsanlage	Scheibenbremsen vorn (innenbelüftet) und hinten	ABS
Felgen	vorn: 7J × 15, hinten: 8J × 15	7J × 15
Reifen	vorn: 215/60 VR 15, hinten: 235/55 VR 15	225/60 VR 15
Lenkung	Kugelumlauflenkung, servounterstützt	
Weitere Daten		
Abmessungen (L × B × H)	4910 × 1820 × 1330 mm	4450 × 1760 × 1395 mm
Radstand	2685 mm	2380 mm
Spurweite vorn/hinten	1465/1515 mm	1480/1502 mm
Wendekreis	10,8 m	10,8 m
Leergewicht	1650 kg	1525 kg
Zuläss. Gesamtgewicht	1975 kg	1850 kg
Höchstgeschwindigkeit	230 km/h	240 km/h
Beschleunigung 0–100 km/h	8,6 sec	7,8 sec
Verbrauch auf 100 km	11,8 l Super	10,4 l Super
Tankinhalt	75 l	75 l
Ölwanneninhalt	6,5 l	5,5 l
Kühlsystem	10,2 l	10,2 l

BMW

	BMW 501 A / 501 Cabriolet 1954–1955	BMW 502 Cabriolet 1954–1955
Karosserie	Ganzstahlkarosserie (Baur)	Ganzstahlkarosserie (Baur)
Motor	Reihenmotor	V 8 (Leichtmetallblock)
Zylinder	6	8
Bohrung × Hub	66 × 96 (ab April 55: 68 × 96) mm	74 × 75 mm
Hubraum	1971 (ab April 55: 2077) ccm	2580 ccm
Leistung	72 PS bei 4400 (4500) U/min	100 PS bei 4800 U/min
Verdichtung	1 : 6,8 (7)	1 : 7
max. Drehmoment	13,3 (13,8) mkp bei 2500 U/min	18,4 mkp bei 2500 U/min
Gemischaufbereitung	Solex 30 PAAJ (32 PAJTA)	Solex 30 PAAJ
Ventile	hängend	hängend
Nockenwelle	ohv	ohv
Kurbelwellenlager	4	5
Batterie	12 V 50 Ah	12 V 56 Ah
Lichtmaschine	160 W	160 W
Kraftübertragung	Hinterradantrieb	Hinterradantrieb
Kupplung	Einscheibentrockenkupplung	Einscheibentrockenkupplung
Schaltung	Lenkradschaltung	Lenkradschaltung
Getriebe	4 Gänge, vollsynchronisiert	4 Gänge, vollsynchronisiert
Übersetzungen	I. 4,24, II. 2,35, III. 1,49, IV. 1,00	I. 3,78, II. 2,35, III. 1,49, IV. 1,00
Antriebsübersetzung	4,225 (ab April 55 wahlweise 4,551)	4,225
Fahrwerk		
Vorderradaufhängung	Doppelte Querlenker	Doppelte Querlenker
Hinterradaufhängung	Starrachse mit Dreiecksschublenkern	Starrachse mit Dreiecksschublenkern
Bremsanlage	Trommelbremsen vorn und hinten	Trommelbremsen vorn und hinten
Felgen	4,00 E × 16 (ab April 55 auch $4^1/_2$ K × 15)	$4^1/_2$ K × 15
Reifen	5,50 – 16 (6,40 – 15)	6,40 – 15
Lenkung	Kegelradlenkung	Kegelradlenkung
Weitere Daten		
Abmessungen (L × B × H)	4730 × 1780 × 1530 mm	4730 × 1780 × 1530 mm
Radstand	2835 mm	2835 mm
Spurweite vorn/hinten	1322/1408 mm	1330/1416 mm
Wendekreis	12 m	12 m
Leergewicht	1340 kg	1440 kg
Zuläss. Gesamtgewicht	1725 kg	1900 kg
Höchstgeschwindigkeit	145 km/h	160 km/h
Beschleunigung 0–100 km/h	23 sec	17,5 sec
Verbrauch auf 100 km	13 Liter Super	14,5 Liter Super
Tankinhalt	58 Liter	70 Liter
Ölwanneninhalt	4,5 Liter	6,5 Liter
Kühlsystem	7,25 Liter	10 Liter

BMW

	BMW 503 Cabriolet 1956–1959	BMW 507 Roadster 1956–1959
Karosserie	Leichtmetallkarosserie	
Motor	V 8 (Leichtmetallblock)	
Zylinder	8	
Bohrung × Hub	82 × 75 mm	
Hubraum	3168 ccm	
Leistung	140 PS bei 4800 U/min	150 PS bei 5000 U/min
Verdichtung	1 : 7,3	1 : 7,8
max. Drehmoment	22 mkp bei 3800 U/min	24 mkp bei 4000 U/min
Gemischaufbereitung	2 Doppelvergaser Zenith 32 NDIX	
Ventile	hängend	
Nockenwelle	ohv	
Kurbelwellenlager	5	
Batterie	12 V 56 Ah	
Lichtmaschine	200 W	
Kraftübertragung	Hinterradantrieb	Hinterradantrieb
Kupplung	Einscheibentrockenkupplung	Einscheibentrockenkupplung
Schaltung	Lenkradschaltung (ab Sept. 57: Knüppelschaltung)	Knüppelschaltung
Getriebe	4 Gänge, vollsynchronisiert	4 Gänge, vollsynchronisiert
Übersetzungen	I. 3,78, II. 2,35, III. 1,49, IV. 1,00 oder: I. 3,540, II. 2,202, III. 1,395, IV. 1,000	I. 3,387, II. 2,073, III. 1,364, IV. 1,00
Antriebsübersetzung	3,90 oder 3,42	3,90 oder 3,70 oder 3,42
Fahrwerk		
Vorderradaufhängung	Doppelte Querlenker	Doppelte Querlenker
Hinterradaufhängung	Starrachse mit Dreiecksschublenkern	Starrachse mit Zug- und Schubstreben
Bremsanlage	Servo-Trommelbremsen vorn und hinten	Servo-Trommelbremsen vorn und hinten
Felgen	4,50 E × 16	4,50 E × 16
Reifen	6,00 H 16	6,00 H 16
Lenkung	Kegelradlenkung	Kegelradlenkung
Weitere Daten		
Abmessungen (L × B × H)	4750 × 1710 × 1440 mm	4380 × 1650 × 1300 mm
Radstand	2835 mm	2480 mm
Spurweite vorn/hinten	1400/1420 mm	1445/1425 mm
Wendekreis	12 m	10,7 m
Leergewicht	1500 kg	1330 kg
Zuläss. Gesamtgewicht	1800 kg	1500 kg
Höchstgeschwindigkeit	190 km/h	je nach Hinterachse 190–225 km/h
Beschleunigung 0–100 km/h	12,5 sec	je nach Hinterachse 9–12 sec
Verbrauch auf 100 km	16 Liter Super	17 Liter Super
Tankinhalt	75 Liter	65 (wahlweise 110) Liter
Ölwanneninhalt	6,5 Liter	6,5 Liter
Kühlsystem	10 Liter	10 Liter

BMW

BMW 700 Cabriolét
1961–1964

Karosserie	Selbsttragende Ganzstahlkarosserie (Baur)
Motor	Boxermotor im Heck
Zylinder	2
Bohrung × Hub	78 × 73 mm
Hubraum	697 ccm
Leistung	40 PS bei 5700 U/min
Verdichtung	1 : 9
max. Drehmoment	5,2 mkp bei 4500 U/min
Gemischaufbereitung	2 Solex 34 PCI
Ventile	hängend
Nockenwelle	ohv
Kurbelwellenlager	3
Batterie	12 V 24 Ah
Lichtmaschine	130 W
Kraftübertragung	Hinterradantrieb
Kupplung	Einscheibentrockenkupplung
Schaltung	Knüppelschaltung
Getriebe	4 Gänge, vollsynchronisiert
Übersetzungen	I. 3,54, II. 1,94, III. 1,27, IV. 0,839
Antriebsübersetzung	5,43
Fahrwerk	
Vorderradaufhängung	Geschobene Längsschwingen mit Schraubenfedern
Hinterradaufhängung	Schräglenker mit Schraubenfedern
Bremsanlage	Trommelbremsen vorn und hinten
Felgen	3,50 × 12
Reifen	5,20–12 (ab Herbst 1963: 5,50–12)
Lenkung	Zahnstangenlenkung
Weitere Daten	
Abmessungen (L × B × H)	3540 × 1480 × 1290 mm
Radstand	2120 mm
Spurweite vorn/hinten	1270/1200 mm
Wendekreis	10,1 m
Leergewicht	685 kg
Zuläss. Gesamtgewicht	910 kg
Höchstgeschwindigkeit	135 km/h
Beschleunigung 0–100 km/h	20 sec
Verbrauch auf 100 km	7,5 Liter Super
Tankinhalt	33 Liter
Ölwanneninhalt	2 Liter
Kühlsystem	Luftkühlung

BMW

	BMW 1600 Cabriolet 1967–1971	**BMW 2002 Cabriolet** 1971–1975
Karosserie		Selbsttragende Ganzstahlkarosserie (Baur)
Motor		Reihenmotor
Zylinder	4	4
Bohrung × Hub	84 × 71 mm	89 × 80 mm
Hubraum	1573 ccm	1990 ccm
Leistung	85 PS bei 5700 U/min	100 PS bei 5500 U/min
Verdichtung	1 : 8,6	1 : 8,5
max. Drehmoment	12,6 mkp bei 3000 U/min	16 mkp bei 3500 U/min
Gemischaufbereitung	Solex 38 PDSI	Solex 40 PDSI
Ventile	hängend	hängend
Nockenwelle	ohc	ohc
Kurbelwellenlager	5	5
Batterie	12 V 36 Ah	12 V 44 Ah
Lichtmaschine	Drehstrom 490 W	Drehstrom 630 W
Kraftübertragung	Hinterradantrieb	Hinterradantrieb
Kupplung	Einscheibentrockenkupplung	Einscheibentrockenkupplung
Schaltung	Knüppelschaltung	Knüppelschaltung
Getriebe	4 Gänge, vollsynchronisiert	4 oder 5 Gänge, vollsynchronisiert
Übersetzungen	I. 3,835, II. 2,053, III. 1,345, IV. 1,000	I. 3,764, II. 2,020, III. 1,320, IV. 1,000 oder I. 3,368, II. 2,160, III. 1,579, IV. 1,241, V. 1,000
Antriebsübersetzung	4,11	3,64
Fahrwerk		
Vorderradaufhängung		McPherson-Federbeine und Schraubenfedern
Hinterradaufhängung		Schräglenker mit Schraubenfedern
Bremsanlage		vorne Scheiben-, hinten Trommelbremsen, Servo, Zweikreishydraulik
Felgen		4½ J × 13 (ab Sept. 73: 5 J × 13)
Reifen		165 SR 13
Lenkung		Schneckenlenkung
Weitere Daten		
Abmessungen (L × B × H)	4230 × 1590 × 1360 mm	4230 × 1590 × 1360 mm
Radstand	2500 mm	2500 mm
Spurweite vorn/hinten	1330/1330 mm	1330/1330 (ab Sept. 73: 1342/1342) mm
Wendekreis	10,4 m	10,4 m
Leergewicht	980 kg	1040 kg
Zuläss. Gesamtgewicht	1320 kg	1390 kg
Höchstgeschwindigkeit	160 km/h	175 km/h
Beschleunigung 0–100 km/h	13 sec	10,5 sec
Verbrauch auf 100 km	11,5 Liter Super	12 Liter Super
Tankinhalt	46 Liter	46 (ab Sept. 73: 50) Liter
Ölwanneninhalt	4,25 Liter	4,25 Liter
Kühlsystem	7 Liter	7 Liter

BMW 316 Cabriolet (Baur)

	1978–1980	1980–1982	1983–1990
Karosserie		Selbsttragende Ganzstahlkarosserie	
Motor		Reihenmotor	
Zylinder		4	
Bohrung × Hub	84 × 71 mm	89 × 71 mm	89 × 71 mm
Hubraum	1573 ccm	1766 ccm	1766 ccm
Leistung	90 PS bei 6000 U/min	90 PS bei 5500 U/min	90 PS bei 5500 U/min
Verdichtung	1 : 8,3	1 : 9,5	1 : 9,5
max. Drehmoment	12,5 mkp bei 4000 U/min	14,3 mkp bei 4000 U/min	14,3 mkp bei 4000 U/min
Gemischaufbereitung	Solex DIDTA 32/32	Solex 2 B 4	Solex 2 B 4
Ventile		hängend	
Nockenwelle		ohc	
Kurbelwellenlager		5	
Batterie		12 V 36 Ah (ab 1983: 44 Ah)	
Lichtmaschine		630 W (ab 1983: 910 W)	
Kraftübertragung		Hinterradantrieb	
Kupplung		Einscheibentrockenkupplung	
Schaltung		Knüppelschaltung	
Getriebe		4 Gänge, vollsynchronisiert	
Übersetzungen	I. 3,76, II. 2,02, III. 1,32, IV. 1,00	I. 3,76, II. 2,04, III. 1,32, IV. 1,00	I. 3,76, II. 2,04, III. 1,32, IV. 1,00
Antriebsübersetzung	4,10	3,91	3,64
Fahrwerk			
Vorderradaufhängung		Querlenker mit Federbeinen, Stabilisator	
Hinterradaufhängung		Schräglenker mit Federbeinen (ab 1983: Schraubenfedern), Stabilisator	
Bremsanlage		vorne Scheiben-, hinten Trommelbremsen, Servo, Zweikreissystem	
Felgen	5 J × 13	5½ J × 13	5 J × 14
Reifen	165 SR 13	165 SR 13	175/70 HR 14
Lenkung	Zahnstangenlenkung	Zahnstangenlenkung	Zahnstangenlenkung
Weitere Daten			
Abmessungen (L × B × H)	4355 × 1610 × 1380 mm	4355 × 1610 × 1380 mm	4325 × 1645 × 1380 mm
Radstand	2563 mm	2563 mm	2570 mm
Spurweite vorn/hinten	1364/1377 mm	1387/1396 mm	1407/1415 mm
Wendekreis	10,3 m	10,3 m	10,5 m
Leergewicht	1010 kg	1020 kg	990 kg
Zuläss. Gesamtgewicht	1440 kg	1450 kg	1450 kg
Höchstgeschwindigkeit	163 km/h	163 km/h	170 km/h
Beschleunigung 0–100 km/h	13 sec	13 sec	12,5 sec
Verbrauch auf 100 km	11 Liter Normal	10 Liter Super	9,5 Liter Super
Tankinhalt	58 Liter	58 Liter	55 Liter
Ölwanneninhalt	4,25 Liter	4,25 Liter	4,25 Liter
Kühlsystem	7 Liter	7 Liter	7 Liter

BMW

	BMW 318 Cabriolet (Baur) 1978–1980	BMW 318 i Cabriolet (Baur) 1980–1982	BMW 318 i Cabriolet (Baur) 1983–1989
Karosserie		Selbsttragende Ganzstahlkarosserie	
Motor		Reihenmotor	
Zylinder		4	
Bohrung × Hub		89 × 71 mm	
Hubraum		1766 ccm	
Leistung	98 PS bei 5800 U/min	105 PS bei 5800 U/min	105 PS bei 5800 U/min
Verdichtung	1 : 8,3	1 : 10	1 : 10
max. Drehmoment	14,5 mkp bei 4000 U/min	14,8 mkp bei 4500 U/min	14,8 mkp bei 5400 U/min
Gemischaufbereitung	Solex DIDTA 32/32	Bosch K-Jetronic	Bosch K-Jetronic
Ventile		hängend	
Nockenwelle		ohc	
Kurbelwellenlager		5	
Batterie		12 V 36 Ah (ab 1983: 44 Ah)	
Lichtmaschine		630 W (ab 1983: 910 W)	
Kraftübertragung		Hinterradantrieb	
Kupplung		Einscheibentrockenkupplung	
Schaltung		Knüppelschaltung	
Getriebe		4 Gänge, vollsynchronisiert	
Übersetzungen	I. 3,76, II. 2,02, III. 1,32, IV. 1,00	I. 3,76, II. 2,04, III. 1,32, IV. 1,00	I. 3,76, II. 2,04, III. 1,32, IV. 1,00
Antriebsübersetzung	4,10	3,91	3,64
Fahrwerk			
Vorderradaufhängung		Querlenker mit Federbeinen, Stabilisator	
Hinterradaufhängung		Schräglenker mit Federbeinen (ab 1983: Schraubenfedern), Stabilisator	
Bremsanlage		vorne Scheiben-, hinten Trommelbremsen, Servo, Zweikreis-System	
Felgen	5 J × 13	5½ J × 13	5 J × 14
Reifen	165 SR 13	165 SR 13	175/70 HR 14
Lenkung	Zahnstangenlenkung	Zahnstangenlenkung	Zahnstangenlenkung
Weitere Daten			
Abmessungen (L × B × H)	4355 × 1610 × 1380 mm	4355 × 1610 × 1380 mm	4325 × 1645 × 1380 mm
Radstand	2563 mm	2563 mm	2570 mm
Spurweite vorn/hinten	1364/1377 mm	1387/1396 mm	1407/1415 mm
Wendekreis	10,3 m	10,3 m	10,5 m
Leergewicht	1020 kg	1030 kg	1000 kg
Zuläss. Gesamtgewicht	1450 kg	1460 kg	1460 kg
Höchstgeschwindigkeit	170 km/h	172 km/h	180 km/h
Beschleunigung 0–100 km/h	12 sec	11,5 sec	11 sec
Verbrauch auf 100 km	11 Liter Normal	9,5 Liter Super	9,5 Liter Super
Tankinhalt	58 Liter	58 Liter	55 Liter
Ölwanneninhalt	4,25 Liter	4,25 Liter	4,25 Liter
Kühlsystem	7 Liter	7 Liter	10,5 Liter

BMW

	BMW 320 Cabriolet (Baur) 4-Gang 1978–1982	BMW 320 Cabriolet (Baur) 5-Gang 1980–1982	BMW 320 i Cabriolet (Baur) 1983–1991
Karosserie	Selbsttragende Ganzstahlkarosserie		
Motor	Reihenmotor		
Zylinder	6		
Bohrung × Hub	80 × 66 mm		
Hubraum	1990 ccm		
Leistung	122 PS bei 6000 U/min	122 PS bei 6000 U/min	125 PS bei 5800 U/min
Verdichtung	1:9,2	1:9,2	1:9,8
max. Drehmoment	16,3 mkp bei 4000 U/min	16,3 mkp bei 4000 U/min	17,3 mkp bei 4000 U/min
Gemischaufbereitung	Solex 4 A 1	Solex 4 A 1	Bosch LE-Jetronic
Ventile	hängend		
Nockenwelle	ohc		
Kurbelwellenlager	7		
Batterie	12 V 44 Ah		
Lichtmaschine	Drehstrom 780 W (ab 1983: 910 W)		
Kraftübertragung	Hinterradantrieb		
Kupplung	Einscheibentrockenkupplung		
Schaltung	Knüppelschaltung		
Getriebe	4 Gänge, vollsynchr.	5 Gänge, vollsynchr.	5 Gänge, vollsynchr.
Übersetzungen	I. 3,76, II. 2,02, III. 1,32, IV. 1,00	I. 3,68, II. 2,00, III. 1,33, IV. 1,00, V. 0,80 oder Sportgetriebe: I. 3,76, II. 2,32, III. 1,61, IV. 1,22, V. 1,00	I. 3,72, II. 2,02, III. 1,32, IV. 1,00, V. 0,81
Antriebsübersetzung	3,64	3,64	3,45
Fahrwerk			
Vorderradaufhängung	Querlenker mit Federbeinen, Stabilisator		
Hinterradaufhängung	Schräglenker mit Federbeinen (ab 1983: Schraubenfedern), Stabilisator		
Bremsanlage	vorne Scheiben-, hinten Trommelbremsen, Servo, Zweikreis-System		
Felgen	5½ J × 13	5½ J × 13	5½ J × 14
Reifen	185/70 HR 13	185/70 HR 13	195/60 HR 14
Lenkung	Zahnstangenlenkung	Zahnstangenlenkung	Zahnstangenlenkung
Weitere Daten			
Abmessungen (L × B × H)	4355 × 1610 × 1380 mm	4355 × 1610 × 1380 mm	4325 × 1645 × 1380 mm
Radstand	2563 mm	2563 mm	2570 mm
Spurweite vorn/hinten	1386/1399 mm	1386/1399 mm	1407/1415 mm
Wendekreis	10,3 m	10,3 m	10,4 m
Leergewicht	1150 kg	1150 kg	1120 kg
zuläss. Gesamtgewicht	1550 kg	1550 kg	1510 kg
Höchstgeschwindigkeit	181 km/h	180 (Sportgetr.: 182) km/h	195 km/h
Beschleunigung 0–100 km/h	10 sec	10,7 (Sportgetr.: 10,3) sec	9,8 sec
Verbrauch auf 100 km	13 Liter Super	13,8 (Sportgetr.: 14) Liter Super	11,5 Liter Super
Tankinhalt	58 Liter	58 Liter	55 Liter
Ölwanneninhalt	4,25 Liter	4,25 Liter	4,25 Liter
Kühlsystem	7 Liter	7 Liter	12 Liter

BMW

	4-Gang 1978–1982	BMW 323 i Cabriolet (Baur) 5-Gang 1980–1982	1983–1990
Karosserie		Selbsttragende Ganzstahlkarosserie	
Motor		Reihenmotor	
Zylinder		6	
Bohrung × Hub		80 × 76,8 mm	
Hubraum		2315 ccm	
Leistung	143 PS bei 5800 U/min	143 PS bei 5800 U/min	139 PS bei 5300 U/min
Verdichtung	1:9,5	1:9,5	1:9,8
max. Drehmoment	19,4 mkp bei 4500 U/min	19,4 mkp bei 4500 U/min	20,9 mkp bei 4000 U/min
Gemischaufbereitung	Bosch K-Jetronic	Bosch K-Jetronic	Bosch LE-Jetronic
Ventile		hängend	
Nockenwelle		ohc	
Kurbelwellenlager		7	
Batterie		12 V 55 Ah (ab 1983: 50 Ah)	
Lichtmaschine		Drehstrom 780 W (ab 1983: 910 W)	
Kraftübertragung		Hinterradantrieb	
Kupplung		Einscheibentrockenkupplung	
Schaltung		Knüppelschaltung	
Getriebe	4 Gänge, vollsynchr.	5 Gänge, vollsynchr.	5 Gänge, vollsynchr.
Übersetzungen	I. 3,76, II. 2,02, III. 1,32, IV. 1,00	I. 3,68, II. 2,00, III. 1,33, IV. 1,00, V. 0,80 oder Sportgetriebe: I. 3,76, II. 2,32, III. 1,61, IV. 1,22, V. 1,00	I. 3,83, II. 2,20, III. 1,40, IV. 1,00, V. 0,81
Antriebsübersetzung	3,45	3,45	3,25
Fahrwerk			
Vorderradaufhängung		Querlenker mit Federbeinen, Stabilisator	
Hinterradaufhängung		Schräglenker mit Federbeinen (ab 1983: Schraubenfedern), Stabilisator	
Bremsanlage		Scheibenbremsen vorn und hinten, Servo, Zweikreis-System	
Felgen	5½ J × 13	5½ J × 13	5½ J × 14
Reifen	185/70 HR 13	185/70 HR 13	195/60 VR 14
Lenkung	Zahnstangenlenkung	Zahnstangenlenkung	Zahnstangenlenkung
Weitere Daten			
Abmessungen (L × B × H)	4355 × 1610 × 1380 mm	4355 × 1610 × 1380 mm	4325 × 1645 × 1380 mm
Radstand	2563 mm	2563 mm	2570 mm
Spurweite vorn/hinten	1386/1399 mm	1386/1399 mm	1407/1415 mm
Wendekreis	10,3 m	10,3 m	10,4 m
Leergewicht	1180 kg	1180 kg	1170 kg
Zuläss. Gesamtgewicht	1570 kg	1570 kg	1540 kg
Höchstgeschwindigkeit	202 km/h	199 (Sportgetr.: 202) km/h	202 km/h
Beschleunigung 0–100 km/h	8,5 sec	8 (Sportgetr.: 8,4) sec	8,8 sec
Verbrauch auf 100 km	13 Liter Super	11,4 (Sportgetr.: 12,3) Liter Super	12 Liter Super
Tankinhalt	58 Liter	58 Liter	55 Liter
Ölwanneninhalt	4,25 Liter	4,25 Liter	4,25 Liter
Kühlsystem	7 Liter	7 Liter	10,5 Liter

BMW 315 Cabriolet (Baur)
1981–1982

Karosserie	Selbsttragende Ganzstahlkarosserie
Motor	Reihenmotor
Zylinder	4
Bohrung × Hub	84 × 71 mm
Hubraum	1573 ccm
Leistung	75 PS bei 5800 U/min
Verdichtung	1 : 9,5
max. Drehmoment	11,2 mkp bei 3200 U/min
Gemischaufbereitung	Pierburg 1 B 2
Ventile	hängend
Nockenwelle	ohc
Kurbelwellenlager	5
Batterie	12 V 36 Ah
Lichtmaschine	630 W
Kraftübertragung	Hinterradantrieb
Kupplung	Einscheibentrockenkupplung
Schaltung	Knüppelschaltung
Getriebe	4 Gänge, vollsynchronisiert
Übersetzungen	I. 3,76, II. 2,04, III. 1,32, IV. 1,00
Antriebsübersetzung	4,11
Fahrwerk	
Vorderradaufhängung	Querlenker mit Federbeinen, Stabilisator
Hinterradaufhängung	Schräglenker mit Federbeinen
Bremsanlage	vorne Scheiben-, hinten Trommelbremsen, Servo, Zweikreis-System
Felgen	5 J × 13
Reifen	165 SR 13
Lenkung	Zahnstangenlenkung
Weitere Daten	
Abmessungen (L × B × H)	4355 × 1610 × 1380 mm
Radstand	2563 mm
Spurweite vorn/hinten	1364/1377 mm
Wendekreis	10,3 m
Leergewicht	1000 kg
Zuläss. Gesamtgewicht	1440 kg
Höchstgeschwindigkeit	155 km/h
Beschleunigung 0–100 km/h	15 sec
Verbrauch auf 100 km	10 Liter Super
Tankinhalt	58 Liter
Ölwanneninhalt	4,25 Liter
Kühlsystem	7 Liter

BMW

	BMW 325i ab 1986	BMW 320i ab 1987
Karosserie	Ganzstahlkarosserie	
Motor	Reihenmotor	
Zylinder	6	
Bohrung × Hub	84 × 75 mm	80 × 66 mm
Hubraum	2494 cm³	1991 cm³
Leistung	171 PS bei 5800 U/min, ab 1/87 170 PS bei 5800 U/min	129 PS bei 6000 U/min
Verdichtung	1:9,7, ab 1/87 1:8,8	1:8,8
max. Drehmoment	226 Nm bei 4000 U/min, ab 1/87 222 m/4300 U/min	164 Nm bei 4300 U/min
Gemischaufbereitung	Bosch Motronic, ab 1/87 Lambda-Sonde	Bosch Motronic, Lambda-Sonde
Ventile	hängend	
Nockenwelle	ohc	
Kurbelwellenlager	7	
Batterie	12 V 50 Ah	
Lichtmaschine	1120 W	
Kraftübertragung	Hinterradantrieb	
Kupplung	Einscheibentrockenkupplung	
Schaltung	Knüppelschaltung	
Getriebe	5-Gang	
Übersetzungen	I.3,83, II.2,20, III.1,40, IV.1,00, V.0,81, R.3,46	I.3,72, II.2,02, III.1,32, IV.1,00, V.0,81, R.3,45
Antriebsübersetzung	3,73	4,27
Fahrwerk		
Vorderradaufhängung	Querlenker, Zugstrebe, Federbeine, Stabilisator	
Hinterradaufhängung	Schräglenker, Schraubenfedern, Stabilisator	
Bremsanlage	Scheibenbremsen vorn (innenbelüftet) und hinten	
Felgen	6J × 14	5,5J × 14
Reifen	195/65 R 14	
Lenkung	Zahnstangenlenkung, servounterstützt	
Weitere Daten		
Abmessungen (L × B × H)	4325 × 1645 × 1370 mm	
Radstand	2570 mm	
Spurweite vorn/hinten	1407/1415 mm	
Wendekreis	10,3 m	
Leergewicht	1310 kg	1280 kg
Zuläss. Gesamtgewicht	1710 kg	1680 kg
Höchstgeschwindigkeit	216 km/h	195 km/h
Beschleunigung 0–100 km/h	8,7 sec	11,5 sec
Verbrauch auf 100 km	9,7 l Super, ab 1/87 Normal	10,2 l Normal
Tankinhalt	62 l	
Ölwanneninhalt	4,75 l	4,25 l
Kühlsystem	10,5 l	

	BMW 318i ab 1990
Karosserie	Ganzstahlkarosserie
Motor	Reihenmotor
Zylinder	4
Bohrung × Hub	84 × 81 mm
Hubraum	1796 cm³
Leistung	113 PS bei 5500 U/min
Verdichtung	1:8,8
max. Drehmoment	162 Nm bei 4250 U/min
Gemischaufbereitung	Bosch Motronic, Lambda-Sonde
Ventile	hängend
Nockenwelle	ohc
Kurbelwellenlager	5
Batterie	12 V 46 Ah
Lichtmaschine	910 W
Kraftübertragung	Hinterradantrieb
Kupplung	Einscheibentrockenkupplung
Schaltung	Knüppelschaltung
Getriebe	5-Gang
Übersetzungen	I.3,72, II.2,02, III.1,32, IV.1,00, V.0,81, R.3,45
Antriebsübersetzung	4,27
Fahrwerk	
Vorderradaufhängung	Querlenker, Zugstrebe, Federbeine, Stabilisator
Hinterradaufhängung	Schräglenker, Schraubenfedern, Stabilisator
Bremsanlage	Scheibenbremsen vorn (innenbelüftet) und hinten
Felgen	5,5 J × 14
Reifen	195/65 R 14
Lenkung	Zahnstangenlenkung, servounterstützt
Weitere Daten	
Abmessungen (L × B × H)	4325 × 1645 × 1370 mm
Radstand	2570 mm
Spurweite vorn/hinten	1407/1415 mm
Wendekreis	10,3 m
Leergewicht	1220 kg
Zuläss. Gesamtgewicht	1620 kg
Höchstgeschwindigkeit	187 km/h
Beschleunigung 0–100 km/h	12,0 sec
Verbrauch auf 100 km	8,8 l Normal
Tankinhalt	55 l
Ölwanneninhalt	4,0 l
Kühlsystem	6,0 l

BMW

	BMW M3 ab 1987	BMW Z1 1989–1991
Karosserie	Ganzstahlkarosserie	Stahlblechgerippe, kunststoffbeplankt
Motor	Reihenmotor	
Zylinder	4	6
Bohrung × Hub	93,5 × 84 mm	75 × 84 mm
Hubraum	2302 cm³	2494 cm³
Leistung	194 PS bei 6750 U/min, ab 9/89: 215 PS bei 6750 U/min	170 PS bei 6750 U/min
Verdichtung	1:10,5	1:8,8
max. Drehmoment	230 Nm bei 4600 U/min	222 Nm bei 4300 U/min
Gemischaufbereitung	Bosch Motronic, Lambda-Sonde	
Ventile	4 pro Zylinder, hängend	hängend
Nockenwelle	2 ohc	ohc
Kurbelwellenlager	5	7
Batterie	12 V 65 Ah	
Lichtmaschine	1260 W	1120 W
Kraftübertragung	Hinterradantrieb	Hinterradantrieb, Sperrdifferential
Kupplung	Einscheibentrockenkupplung	
Schaltung	Knüppelschaltung	
Getriebe	5-Gang	
Übersetzungen	I.3,72, II.2,40, III.1,77, IV.1,26, V.1,00, R.4,26	I.3,83, II.2,20, III.1,40, IV.1,00, V.0,81, R.3,46
Antriebsübersetzung	3,25	3,64
Fahrwerk		
Vorderradaufhängung	Querlenker, Zugstrebe, Federbeine, Stabilisator	Dreiecksquerlenker, Federbeine, Stabilisator
Hinterradaufhängung	Schräglenker, Schraubenfedern, Stabilisator	
Bremsanlage	Scheibenbremsen vorn (innenbelüftet) und hinten, ABS	
Felgen	7 J × 15	7,5 J × 15
Reifen	205/55 ZR 15	225/45 ZR 15
Lenkung	Zahnstangenlenkung, servounterstützt	
Weitere Daten		
Abmessungen (L × B × H)	4345 × 1680 × 1370 mm	3921 × 1690 × 1277 mm
Radstand	2565 mm	2447 mm
Spurweite vorn/hinten	1412/1424 mm	1456/1470 mm
Wendekreis	10,3 m	10,1 m
Leergewicht	1360 kg	1250 kg
Zuläss. Gesamtgewicht	1720 kg	1460 kg
Höchstgeschwindigkeit	239 km/h	225 km/h
Beschleunigung 0–100 km/h	7,3 sec	7,9 sec
Verbrauch auf 100 km	8,8 l Super	9,4 l Normal
Tankinhalt	55 l	58 l
Ölwanneninhalt	5,0 l	4,75 l
Kühlsystem	9,0 l	10,5 l

Borgward

	Borgward Hansa 1500 Cabriolet 1950–1952	Borgward Hansa 1500 Sport-Cabriolet 1950–1953
Karosserie	Ganzstahlkarosserie	
Motor	Reihenmotor	
Zylinder	4	
Bohrung × Hub	72 × 92 mm	
Hubraum	1498 ccm	
Leistung	52 PS bei 4200 U/min	66 PS bei 4400 U/min
Verdichtung	1 : 6,3	1 : 7,2
max. Drehmoment	10,6 mkp bei 2300 U/min	11 mkp bei 2900 U/min
Gemischaufbereitung	Solex 32 PBJ	2 Solex 32 PBIC
Ventile	hängend	
Nockenwelle	ohv	
Kurbelwellenlager	3	
Batterie	6 V 75 Ah	
Lichtmaschine	130 W	
Kraftübertragung	Hinterradantrieb	
Kupplung	Einscheibentrockenkupplung	
Schaltung	Knüppelschaltung, ab Jan. 1951 Lenkradschaltung	
Getriebe	4 Gänge, III. und IV. synchronisiert	
Übersetzungen	I. 3,66, II. 2,30, III. 1,57, IV. 1,00	
Antriebsübersetzung	4,28 (Sport-Cabriolet: 3,75)	
Fahrwerk		
Vorderradaufhängung	Querlenker oben, 1 Querfeder unten	
Hinterradaufhängung	Pendelachse mit Schublenkern, 1 Querfeder	
Bremsanlage	Trommelbremsen vorn und hinten	
Felgen	4½ K × 15 (Sport-Cabriolet: 4 J × 15)	
Reifen	6,40 – 15 bzw. 5,90 – 15	
Lenkung	Schneckenlenkung	
Weitere Daten		
Abmessungen (L × B × H)	4450 × 1620 × 1600 mm	4175 × 1620 × 1440 mm
Radstand	2600 mm	2400 mm
Spurweite vorn/hinten	1250/1300 mm	1250/1300 mm
Wendekreis	11 m	10 m
Leergewicht	1240 kg	1155 kg
Zuläss. Gesamtgewicht	1530 kg	1415 kg
Höchstgeschwindigkeit	120 km/h	150 km/h
Beschleunigung 0–100 km/h	27 sec	nicht bekannt
Verbrauch auf 100 km	10 Liter Normal	10,5 Liter Normal
Tankinhalt	40 Liter	40 Liter
Ölwanneninhalt	4 Liter	4 Liter
Kühlsystem	7 Liter	7 Liter

Borgward

	Borgward Hansa 1800 Cabriolet 1952–1953	Borgward Hansa 1800 Sport-Cabriolet 1953–1954
Karosserie	Ganzstahlkarosserie	
Motor	Reihenmotor	
Zylinder	4	
Bohrung × Hub	78 × 92 mm	
Hubraum	1758 ccm	
Leistung	60 PS bei 4200 U/min	
Verdichtung	1 : 6,35	
max. Drehmoment	12,8 mkp bei 2100 U/min	
Gemischaufbereitung	Solex 32 PBIC	
Ventile	hängend	
Nockenwelle	ohv	
Kurbelwellenlager	3	
Batterie	6 V 75 Ah	
Lichtmaschine	130 W	
Kraftübertragung	Hinterradantrieb	Hinterradantrieb
Kupplung	Einscheibentrockenkupplung	Einscheibentrockenkupplung
Schaltung	Lenkradschaltung	Lenkradschaltung
Getriebe	3 Gänge, II. und III. synchronisiert	4 Gänge, vollsynchronisiert
Übersetzungen	I. 3,015, II. 1,470, III. 1,000	I. 4,18, II. 2,32, III. 1,47, IV. 1,00
Antriebsübersetzung	4,28	3,88
Fahrwerk		
Vorderradaufhängung	Querlenker oben, 1 Querfeder unten	
Hinterradaufhängung	Pendelachse mit Schublenkern, 1 Querfeder	
Bremsanlage	Trommelbremsen vorn und hinten	
Felgen	4½ K × 15 (Sport-Cabriolet: 4 J × 15)	
Reifen	6,40–15 bzw. 5,90–15	
Lenkung	Schneckenlenkung	
Weitere Daten		
Abmessungen (L × B × H)	4450 × 1620 × 1600 mm	4165 × 1630 × 1380 mm
Radstand	2600 mm	2400 mm
Spurweite vorn/hinten	1250/1300 mm	1250/1300 mm
Wendekreis	11 m	10 m
Leergewicht	1270 kg	1175 kg
Zuläss. Gesamtgewicht	1570 kg	1435 kg
Höchstgeschwindigkeit	135 km/h	147 km/h
Beschleunigung 0–100 km/h	24 sec	nicht bekannt
Verbrauch auf 100 km	10 Liter Normal	10 Liter Normal
Tankinhalt	40 Liter	40 Liter
Ölwanneninhalt	4 Liter	4 Liter
Kühlsystem	7 Liter	7 Liter

Borgward

	Borgward Isabella Cabriolet 1955–1957	Borgward Isabella TS Cabriolet 1955–1957	1958–1961
Karosserie	Selbsttragende Ganzstahlkarosserie		
Motor	Reihenmotor		
Zylinder	4		
Bohrung × Hub	75 × 84,5 mm		
Hubraum	1493 ccm		
Leistung	60 PS bei 4700 U/min	75 PS bei 5200 U/min	
Verdichtung	1:6,8	1:8,2	
max. Drehmoment	11 mkp bei 2400 U/min	11,7 mkp bei 3000 U/min	
Gemischaufbereitung	Solex 32 PJCB	Solex 32 PAJTA	
Ventile	hängend		
Nockenwelle	ohv		
Kurbelwellenlager	3		
Batterie	6 V 84 Ah		
Lichtmaschine	130 (ab 1957: 160) W		
Kraftübertragung			
Kupplung	Hinterradantrieb		
	Einscheibentrockenkupplung		
Schaltung	Lenkradschaltung		
Getriebe	4 Gänge, vollsynchronisiert		
Übersetzungen	I. 3,86, II. 2,15, III. 1,36, IV. 1,00		
Antriebsübersetzung	3,90		
Fahrwerk			
Vorderradaufhängung	Doppelte Querlenker mit Schraubenfedern, Stabilisator		
Hinterradaufhängung	Pendelachse mit Schubstreben und Schraubenfedern		
Bremsanlage	Trommelbremsen vorn und hinten		
Felgen	4½ K × 13		
Reifen	5,90–13		
Lenkung	Schneckenlenkung		
Weitere Daten			
Abmessungen (L × B × H)	4390 × 1705 × 1480 mm	4390 × 1705 × 1480 mm	4400 × 1760 × 1500 mm
Radstand	2600 mm	2600 mm	2600 mm
Spurweite vorn/hinten	1336/1360 mm	1336/1360 mm	1346/1370 mm
Wendekreis	11 m	11 m	11 m
Leergewicht	1060 kg	1080 kg	1110 kg
Zuläss. Gesamtgewicht	1395 kg	1395 kg	1435 kg
Höchstgeschwindigkeit	130 km/h	150 km/h	
Beschleunigung 0–100 km/h	25 sec	19 sec	
Verbrauch auf 100 km	10 Liter Normal	9,5 Liter Super	
Tankinhalt	40 Liter	40 (ab 1958: 46) Liter	
Ölwanneninhalt	4,4 Liter	4,4 Liter	
Kühlsystem	7 Liter	7 Liter	

Borgward

Borgward 1500 RS
1958

Karosserie — Leichtmetallkarosserie

Motor — Reihenmotor
Zylinder — 4
Bohrung × Hub — 80 × 74 mm
Hubraum — 1488 ccm
Leistung — 154 PS bei 7500 U/min
Verdichtung — 1 : 10,2
max. Drehmoment — 14,7 mkp bei 6500 U/min
Gemischaufbereitung — Bosch-Einspritzpumpe
Ventile — 16 Ventile, hängend
Nockenwelle — 2 ohc
Kurbelwellenlager — 5
Batterie — 12 V
Lichtmaschine — nicht bekannt

Kraftübertragung — Hinterradantrieb
Kupplung — Zweischeibentrockenkupplung
Schaltung — Knüppelschaltung
Getriebe — 5 Gänge, II.–V. synchronisiert
Übersetzungen — nicht bekannt
Antriebsübersetzung — 3,75, 4,28, 6,00 u. a.

Fahrwerk
Vorderradaufhängung — Doppelte Querlenker mit Schraubenfedern, Stabilisator
Hinterradaufhängung — De-Dion-Achse mit Längslenkern und Dreieckstrebe, Schraubenfedern
Bremsanlage — Trommelbremsen vorn und hinten, Zweikreis-System
Felgen — nicht bekannt
Reifen — vorn: 5,00 – 16   hinten: 5,90 – 15
Lenkung — Gemmerlenkung

Weitere Daten
Abmessungen (L × B × H) — 3665 × 1445 × 950 mm
Radstand — 2200 mm
Spurweite vorn/hinten — 1250/1250 mm
Wendekreis — nicht bekannt
Leergewicht — 630 kg
Zuläss. Gesamtgewicht — –
Höchstgeschwindigkeit — je nach Antriebsübersetzung bis max. 260 km/h
Beschleunigung 0 – 100 km/h — nicht bekannt
Verbrauch auf 100 km — je nach Antriebsübersetzung 20 – 30 Liter Super
Tankinhalt — nicht bekannt
Ölwanneninhalt — 10 Liter (Trockensumpf)
Kühlsystem — Wasserkühlung (Menge nicht bekannt)

Borgward

	Goliath GP 700 Cabriolet 1951–1952 Goliath GP 700 Cabrio-Limousine 1951–1955	Goliath GP 700 E Cabrio-Limousine 1953–1955
Karosserie	Ganzstahlkarosserie	
Motor	Zweitakt-Reihenmotor	
Zylinder	2	2
Bohrung × Hub	74 × 80 mm	74 × 80 mm
Hubraum	688 ccm	688 ccm
Leistung	24 PS bei 4000 U/min	29 PS bei 4000 U/min
Verdichtung	1 : 6,4	1 : 7,6
max. Drehmoment	5,2 mkp bei 2750 U/min	5,9 mkp bei 2400 U/min
Gemischaufbereitung	Solex 30 BFLH	Bosch-Einspritzpumpe
Ventile	–	–
Nockenwelle	–	–
Kurbelwellenlager	3	3
Batterie	6 V 75 Ah	6 V 84 Ah
Lichtmaschine	130 W	130 W
Kraftübertragung	Frontantrieb	Frontantrieb
Kupplung	Einscheibentrockenkupplung	Einscheibentrockenkupplung
Schaltung	Krückstockschaltung	Krückstockschaltung
Getriebe	4 Gänge, unsynchronisiert	4 Gänge, vollsynchronisiert
Übersetzungen	I. 3,33, II. 1,74, III. 1,12, IV. 0,83	I. 3,28, II. 1,86, III. 1,22, IV. 0,82
Antriebsübersetzung	6,17	6,17
Fahrwerk		
Vorderradaufhängung	2 Querfedern	
Hinterradaufhängung	Starrachse mit Halbfedern	
Bremsanlage	Trommelbremsen vorn und hinten	
Felgen	3,25 D × 16 (ab 1954: 4 J × 15)	
Reifen	5,00–16 (ab 1954: 5,60–15)	
Lenkung	Zahnstangenlenkung	
Weitere Daten		
Abmessungen (L × B × H)	4115 × 1580 × 1420 (Cabriolet: 4080 × 1500 × 1460) mm	
Radstand	2300 mm	
Spurweite vorn/hinten	1250/1250 mm	
Wendekreis	11 m	
Leergewicht	920 (Cabriolet: 925) kg	
zuläss. Gesamtgewicht	1315 (Cabriolet: 1320) kg	
Höchstgeschwindigkeit	100 km/h	110 km/h
Beschleunigung 0–100 km/h	nicht bekannt	60 sec
Verbrauch auf 100 km	8,5 Liter Gemisch	7,5 Liter Gemisch
Tankinhalt	30 Liter	30 Liter
Ölwanneninhalt	–	–
Kühlsystem	9 Liter	9 Liter

Borgward

	Goliath 1100 Cabrio-Limousine 1957–1958	Hansa 1100 Cabrio-Limousine 1958–1959

Karosserie — Ganzstahlkarosserie

Motor — Boxermotor
Zylinder — 4
Bohrung × Hub — 74 × 64 mm
Hubraum — 1093 ccm
Leistung — 40 PS bei 4250 U/min
Verdichtung — 1:7,3
max. Drehmoment — 8 mkp bei 2750 U/min
Gemischaufbereitung — Goliath: Solex 32 PICB   Hansa: Solex 28 PCI
Ventile — hängend
Nockenwelle — ohv
Kurbelwellenlager — 3
Batterie — 6 V 84 Ah
Lichtmaschine — 160 W

Kraftübertragung — Frontantrieb
Kupplung — Einscheibentrockenkupplung
Schaltung — Krückstockschaltung
Getriebe — 4 Gänge, vollsynchronisiert
Übersetzungen — I. 4,00, II. 2,30, III. 1,40, IV. 0,87

Antriebsübersetzung — 4,714

Fahrwerk
Vorderradaufhängung — 1 Querfeder oben, Querlenker unten
Hinterradaufhängung — Starrachse mit Halbfedern
Bremsanlage — Trommelbremsen vorn und hinten
Felgen — 4 J × 13
Reifen — 5,60–13
Lenkung — Zahnstangenlenkung

Weitere Daten
Abmessungen (L × B × H) — Goliath: 4020 × 1630 × 1450 mm   Hansa: 4090 × 1630 × 1450 mm
Radstand — 2270 mm
Spurweite vorn/hinten — 1290/1250 mm
Wendekreis — 10,7 m
Leergewicht — 900 kg
Zuläss. Gesamtgewicht — 1225 kg
Höchstgeschwindigkeit — 125 km/h
Beschleunigung 0–100 km/h — 26 sec
Verbrauch auf 100 km — 10 Liter Normal
Tankinhalt — 45 Liter
Ölwanneninhalt — 3 Liter
Kühlsystem — 8 Liter

Borgward

Goliath Jagdwagen

	Typ 31 1954–1956	Typ 34 1957–1960
Karosserie	Ganzstahlkarosserie	Ganzstahlkarosserie
Motor	Zweitakt-Reihenmotor	Boxermotor
Zylinder	2	4
Bohrung × Hub	84 × 80 mm	74 × 64 mm
Hubraum	886 ccm	1093 ccm
Leistung	40 PS bei 4000 U/min	50 PS bei 4000 U/min
Verdichtung	1:7,7	1:7,9
max. Drehmoment	7,5 mkp bei 2750 U/min	8,1 mkp bei 4000 U/min
Gemischaufbereitung	Bosch-Einspritzpumpe	Zenith 32 NDIX
Ventile	–	hängend
Nockenwelle	–	ohv
Kurbelwellenlager	3	3
Batterie	12 V 45 Ah	12 V 45 Ah
Lichtmaschine	160 W	160 W
Kraftübertragung	Allradantrieb (Heckantrieb abschaltbar)	permanenter Allradantrieb
Kupplung	Einscheibentrockenkupplung	Einscheibentrockenkupplung
Schaltung	Knüppelschaltung	Knüppelschaltung
Getriebe	5 Gänge, vollsynchronisiert	4 Gänge, vollsynchronisiert, mit zuschaltbarem Vorgelege
Übersetzungen	I. 7,40, II. 4,45, III. 2,75, IV. 1,73, V. 1,07	I. 4,90, II. 2,72, III. 1,50, IV. 0,97 (mit Vorgelege: I. 6,848, II. 3,290, III. 2,200, IV. 1,350)
Antriebsübersetzung	5,833	6,33
Fahrwerk		
Vorderradaufhängung	Einzelradaufhängung, unten Querlenker, oben Querfeder	
Hinterradaufhängung	Starrachse mit Halbfedern	
Bremsanlage	Trommelbremsen vorn und hinten	
Felgen	5,00 F × 16	
Reifen	6,00 – 16	
Lenkung	Zahnstangenlenkung	
Weitere Daten		
Abmessungen (L × B × H)	3780 × 1600 × 1780 mm	3735 × 1580 × 1680 mm
Radstand	2150 mm	2150 mm
Spurweite vorn/hinten	1320/1320 mm	1320/1320 mm
Wendekreis	10,8 m	10,8 m
Leergewicht	1150 kg	1150 kg
zuläss. Gesamtgewicht	1600 kg	1600 kg
Höchstgeschwindigkeit	90 km/h	95 km/h
Beschleunigung 0–100 km/h	–	–
Verbrauch auf 100 km	13 Liter Gemisch	12 Liter Super
Tankinhalt	45 Liter	45 Liter
Ölwanneninhalt	–	3 Liter
Kühlsystem	8,5 Liter	10 Liter

Borgward

	Lloyd LC 400 Cabrio-Limousine 1955–1957	Lloyd LC 600 Cabrio-Limousine 1955–1957
Karosserie	Ganzstahlkarosserie in Schalenbauweise	
Motor	Zweitakt-Reihenmotor	Viertakt-Reihenmotor
Zylinder	2	2
Bohrung × Hub	62 × 64 mm	77 × 64 mm
Hubraum	386 ccm	596 ccm
Leistung	13 PS bei 3750 U/min	19 PS bei 4500 U/min
Verdichtung	1 : 6,85	1 : 6,6
max. Drehmoment	2,9 mkp bei 2750 U/min	3,9 mkp bei 2500 U/min
Gemischaufbereitung	Solex 30 BFRH	Solex 28 VFIS
Ventile	–	hängend
Nockenwelle	–	ohc
Kurbelwellenlager	3	3
Batterie	6 V 50 Ah	6 V 50 Ah
Lichtmaschine	90 W	130 W
Kraftübertragung	Frontantrieb	
Kupplung	Einscheibentrockenkupplung	
Schaltung	Krückstockschaltung	
Getriebe	3 Gänge, unsynchronisiert	
Übersetzungen	I. 4,58, II. 2,19, III. 1,31	
Antriebsübersetzung	LC 400: 4,87 LC 600: 4,18	
Fahrwerk		
Vorderradaufhängung	2 Querfedern	
Hinterradaufhängung	Pendelachse mit Halbfedern	
Bremsanlage	Trommelbremsen vorn und hinten	
Felgen	2,50 C × 15	
Reifen	4,25 – 15	
Lenkung	Zahnstangenlenkung	
Weitere Daten		
Abmessungen (L × B × H)	3355 × 1410 × 1400 mm	
Radstand	2000 mm	
Spurweite vorn/hinten	1050/1100 mm	
Wendekreis	11 m	
Leergewicht	510 kg	540 kg
Zuläss. Gesamtgewicht	820 kg	850 kg
Höchstgeschwindigkeit	75 km/h	100 km/h
Beschleunigung 0–100 km/h	–	60 sec
Verbrauch auf 100 km	6 Liter Gemisch	7 Liter Normal
Tankinhalt	25 Liter	25 Liter
Ölwanneninhalt	–	1,8 Liter
Kühlsystem	Luftkühlung	Luftkühlung

Champion

	Champion 250/250 S Roadster 1948–1951	Champion 400 Cabrio-Limousine 1951–1952
Karosserie	Ganzstahlkarosserie	Ganzstahlkarosserie
Motor	Zweitaktmotor (Triumph)	Zweitakt-Reihenmotor (Ilo)
Zylinder	1 (250 S: Doppelkolben)	2
Bohrung × Hub	66 × 70 (250 S: 60 × 55) mm	61 × 68 mm
Hubraum	248 (250 S: 300) ccm	398 ccm
Leistung	6 PS bei 4700 (250 S: 10 PS bei 4200) U/min	14 PS bei 4000 U/min
Verdichtung	1 : 6,1 (250 S: 6,3)	1 : 6,85
max. Drehmoment	1,2 mkp bei 4200 bzw. 1,8 mkp bei 3600 U/min	3,2 mkp bei 2000 U/min
Gemischaufbereitung	Bing	Solex 26 VFIS
Ventile	–	–
Nockenwelle	–	–
Kurbelwellenlager	2	3
Batterie	6 V 18 Ah	6 V 50 Ah
Lichtmaschine	90 W	110 W
Kraftübertragung	Heckantrieb	Heckantrieb
Kupplung	Einscheibentrockenkupplung	Einscheibentrockenkupplung
Schaltung	Knüppelschaltung	Knüppelschaltung
Getriebe	3 Gänge, unsynchronisiert	3 Gänge, unsynchronisiert
Übersetzungen	I. 2,90, II. 2,20, III. 1,15	I. 3,90, II. 2,13, III. 1,30
Antriebsübersetzung	2,85	3,88
Fahrwerk		
Vorderradaufhängung	vorn und hinten gezogene Längsschwingarme mit Drehstabfederung	Doppelte Querlenker
Hinterradaufhängung		Pendelachse
Bremsanlage	Trommelbremsen vorn und hinten	Trommelbremsen vorn und hinten
Felgen	nicht bekannt	2,50 C × 15
Reifen	3,25 – 16	4,25 – 15
Lenkung	Zahnbogenlenkung	Zahnstangenlenkung
Weitere Daten		
Abmessungen (L × B × H)	2850 × 1360 × 1280 mm	3180 × 1470 × 1300 mm
Radstand	1800 mm	1800 mm
Spurweite vorn/hinten	1200/1200 mm	1200/1150 mm
Wendekreis	7,5 m	9,5 m
Leergewicht	260 kg	520 kg
zuläss. Gesamtgewicht	435 kg	750 kg
Höchstgeschwindigkeit	65 (250 S: 75) km/h	90 km/h
Beschleunigung 0–100 km/h	–	–
Verbrauch auf 100 km	4 Liter Gemisch	6 Liter Gemisch
Tankinhalt	8 Liter	24 Liter
Ölwanneninhalt	–	–
Kühlsystem	Luftkühlung	5 Liter

Champion

	Champion 400 H/Maico MC 400/H Cabrio-Limousine 1953–1956	Maico 500 Sport Cabriolet 1957–1958
Karosserie	Ganzstahlkarosserie	Kunststoffkarosserie (Beutler)
Motor	Zweitakt-Reihenmotor (Heinkel)	Zweitakt-Reihenmotor (Heinkel)
Zylinder	2	2
Bohrung × Hub	62 × 66 mm	66 × 66 mm
Hubraum	396 ccm	452 ccm
Leistung	15 PS bei 4000 U/min	20 PS bei 4500 U/min
Verdichtung	1 : 7,25	1 : 7,2
max. Drehmoment	3,2 mkp bei 2000 U/min	3,7 mkp bei 3200 U/min
Gemischaufbereitung	Solex 28 JVS	Bing 1/24
Ventile	–	–
Nockenwelle	–	–
Kurbelwellenlager	3	3
Batterie	6 V 50 Ah	12 V 24 Ah
Lichtmaschine	110 W	130 W
Kraftübertragung	Heckantrieb	Heckantrieb
Kupplung	Einscheibentrockenkupplung	Einscheibentrockenkupplung
Schaltung	Knüppelschaltung	Knüppelschaltung
Getriebe	3 Gänge, unsynchronisiert	4 Gänge, unsynchronisiert
Übersetzungen	I. 3,90, II. 2,13, III. 1,30	I. 2,07, II. 1,15, III. 0,715, IV. 0,484
Antriebsübersetzung	4,43	4,43
Fahrwerk		
Vorderradaufhängung	Doppelte Querlenker	Doppelte Querlenker
Hinterradaufhängung	Pendelachse	Pendelachse
Bremsanlage	Trommelbremsen vorn und hinten	Trommelbremsen vorn und hinten
Felgen	3,00 D × 15	3,50 × 12
Reifen	4,80–15	5,20–12
Lenkung	Zahnstangenlenkung	Schneckenlenkung
Weitere Daten		
Abmessungen (L × B × H)	3180 × 1470 × 1300 mm	3750 × 1520 × 1250 mm
Radstand	1800 mm	2070 mm
Spurweite vorn/hinten	1200/1150 mm	1200/1150 mm
Wendekreis	9,5 m	11 m
Leergewicht	520 kg	550 kg
Zuläss. Gesamtgewicht	800 kg	850 kg
Höchstgeschwindigkeit	90 km/h	110 km/h
Beschleunigung 0–100 km/h	–	ohne Angabe
Verbrauch auf 100 km	5,5 Liter Gemisch	5,5 Liter Gemisch
Tankinhalt	24 Liter	26 Liter
Ölwanneninhalt	–	–
Kühlsystem	5 Liter	3,5 Liter

Daimler Benz

Mercedes-Benz 170 DA OTP 1949–1952	Mercedes-Benz 170 S Cabriolet A 1949–1951	Mercedes-Benz 170 S Cabriolet B 1949–1951
	Ganzstahlkarosserie	Ganzstahlkarosserie
Dieselmotor	Reihenmotor	
4	4	
75 × 100 mm	75 × 100 mm	
1767 ccm	1767 ccm	
40 PS bei 3200 U/min	52 PS bei 4000 U/min	
1 : 19	1 : 6,5	
10,3 mkp bei 2000 U/min	11,4 mkp bei 1800 U/min	
Bosch-Einspritzpumpe	Solex 32 PBJ	
hängend	stehend	
ohv	ohv	
3	3	
6 V 75 Ah (2 Stück)	6 V 75 Ah	
130 W	130 W	
Hinterradantrieb	Hinterradantrieb	
Einscheibentrockenkupplung	Einscheibentrockenkupplung	
Knüppelschaltung	Knüppelschaltung	
4 Gänge, synchronisiert	4 Gänge, vollsynchronisiert	
I. 4,025, II. 2,280, III. 1,420, IV. 1,000	I. 4,025, II. 2,280, III. 1,420, IV. 1,000	
4,125	4,375	
zwei Querfedern	Doppelte Querlenker mit Schraubenfedern, Stabilisator	
Pendelachse und Schraubenfedern	Pendelachse mit doppelten Schraubenfedern	
Trommelbremsen vorn und hinten	Trommelbremsen vorn und hinten	
4,00 E – 16	4 1/2 K × 15	
6,00 – 16	6,40 – 15	
Schneckenlenkung	Schneckenlenkung	
4300 × 1630 × 1650 mm	4510 × 1684 × 1560 mm	4455 × 1684 × 1610 mm
2845 mm	2845 mm	2845 mm
1310/1342 mm	1315/1420 mm	1315/1420 mm
11,5 m	11 m	11 m
1220 kg	1270 kg	1310 kg
1700 kg	1530 kg	1605 kg
100 km/h	122 km/h	122 km/h
nicht bekannt	32 sec	32 sec
7,5 Liter Diesel	11 Liter Normal	11,5 Liter Normal
37 Liter	47 Liter	47 Liter
4 Liter	4 Liter	4 Liter
9 Liter	10 Liter	10 Liter

Daimler Benz

	Mercedes-Benz 220 Cabriolet A 1951–1955	Mercedes-Benz 220 Cabriolet B 1951–1954
Karosserie	Ganzstahlkarosserie	
Motor	Reihenmotor	
Zylinder	6	
Bohrung × Hub	80 × 72,8 mm	
Hubraum	2195 ccm	
Leistung	80 PS bei 4600 U/min	
Verdichtung	1 : 6,5	
max. Drehmoment	14,5 mkp bei 2500 U/min	
Gemischaufbereitung	Solex 30 PAAJ	
Ventile	hängend	
Nockenwelle	ohc	
Kurbelwellenlager	4	
Batterie	6 V 84 Ah	
Lichtmaschine	130 W	
Kraftübertragung	Hinterradantrieb	
Kupplung	Einscheibentrockenkupplung	
Schaltung	Lenkradschaltung	
Getriebe	4 Gänge, vollsynchronisiert	
Übersetzungen	I. 3,68, II. 2,25, III. 1,42, IV. 1,00	
Antriebsübersetzung	4,44	
Fahrwerk		
Vorderradaufhängung	Doppelte Querlenker mit Schraubenfedern, Stabilisator	
Hinterradaufhängung	Pendelachse mit doppelten Schraubenfedern	
Bremsanlage	Trommelbremsen vorn und hinten	
Felgen	$4^{1}/_{2}$ K × 15	
Reifen	6,40 – 15	
Lenkung	Schneckenlenkung	
Weitere Daten		
Abmessungen (L × B × H)	4538 × 1685 × 1560 mm	4507 × 1685 × 1610 mm
Radstand	2845 mm	2845 mm
Spurweite vorn/hinten	1315/1435 mm	1315/1435 mm
Wendekreis	11 m	11 m
Leergewicht	1440 kg	1440 kg
Zuläss. Gesamtgewicht	1680 kg	1785 kg
Höchstgeschwindigkeit	145 km/h	140 km/h
Beschleunigung 0 – 100 km/h	21 sec	21 sec
Verbrauch auf 100 km	12 Liter Normal	12 Liter Normal
Tankinhalt	65 Liter	65 Liter
Ölwanneninhalt	6 Liter	6 Liter
Kühlsystem	15,2 Liter	15,2 Liter

Daimler Benz

	Mercedes-Benz 300 Cabriolet D 1951–1954	Mercedes-Benz 300 b Cabriolet D 1954–1955
Karosserie	Ganzstahlkarosserie	
Motor	Reihenmotor	
Zylinder	6	
Bohrung × Hub	85 × 88 mm	
Hubraum	2996 ccm	
Leistung	115 PS bei 4600 U/min	125 PS bei 4500 U/min
Verdichtung	1 : 6,4	1 : 7,5
max. Drehmoment	20 mkp bei 2500 U/min	22,5 mkp bei 2600 U/min
Gemischaufbereitung	2 Solex 40 PBJC	2 Solex 32 PAJAT
Ventile	hängend	hängend
Nockenwelle	ohc	ohc
Kurbelwellenlager	7	7
Batterie	12 V 56 Ah	12 V 70 Ah
Lichtmaschine	150 W	150 W
Kraftübertragung	Hinterradantrieb	Hinterradantrieb
Kupplung	Einscheibentrockenkupplung	Einscheibentrockenkupplung
Schaltung	Lenkradschaltung	Lenkradschaltung
Getriebe	4 Gänge, vollsynchronisiert	4 Gänge, vollsynchronisiert
Übersetzungen	I. 3,68, II. 2,25, III. 1,42, IV. 1,00	I. 3,44, II. 2,30, III. 1,53, IV. 1,00
Antriebsübersetzung	4,44	4,67
Fahrwerk		
Vorderradaufhängung	Doppelte Querlenker mit Schraubenfedern, Stabilisator	
Hinterradaufhängung	Pendelachse mit doppelten Schraubenfedern	
Bremsanlage	Trommelbremsen vorn und hinten	
Felgen	5 K × 15 (ab 1954: 5½ K × 15)	
Reifen	7,10–15 Extra (ab 1954: 7,60–15 Extra)	
Lenkung	Kugelumlauflenkung	
Weitere Daten		
Abmessungen (L × B × H)	4950 × 1838 × 1640 mm	5055 × 1838 × 1640 mm
Radstand	3050 mm	3050 mm
Spurweite vorn/hinten	1480/1525 mm	1480/1525 mm
Wendekreis	12,6 m	12,6 m
Leergewicht	1820 kg	1940 kg
zuläss. Gesamtgewicht	2185 kg	2360 kg
Höchstgeschwindigkeit	155 km/h	163 km/h
Beschleunigung 0–100 km/h	18 sec	17 sec
Verbrauch auf 100 km	16,5 Liter Normal	16 Liter Super
Tankinhalt	72 Liter	72 Liter
Ölwanneninhalt	6,5 Liter	6,5 Liter
Kühlsystem	20 Liter	21 Liter

Daimler Benz

	Mercedes-Benz 300 c Cabriolet D 1955–1956	Mercedes-Benz 300 d Cabriolet D 1958–1962
Karosserie	Ganzstahlkarosserie	
Motor	Reihenmotor	
Zylinder	6	
Bohrung × Hub	85 × 88 mm	
Hubraum	2996 ccm	
Leistung	125 PS bei 4500 U/min	160 PS bei 5300 U/min
Verdichtung	1:7,5	1:8,55
max. Drehmoment	22,5 mkp bei 2600 U/min	24,2 mkp bei 4200 U/min
Gemischaufbereitung	2 Solex 32 PAJAT	Bosch-Einspritzpumpe
Ventile	hängend	hängend
Nockenwelle	ohc	ohc
Kurbelwellenlager	7	7
Batterie	12 V 70 Ah	12 V 70 Ah
Lichtmaschine	150 W	300 W
Kraftübertragung	Hinterradantrieb	
Kupplung	Einscheibentrockenkupplung	
Schaltung	Lenkradschaltung	
Getriebe	4 Gänge, vollsynchronisiert (auf Wunsch Automatik)	
Übersetzungen	I. 3,44, II. 2,30, III. 1,53, IV. 1,00	
Antriebsübersetzung	4,67	
Fahrwerk		
Vorderradaufhängung	Doppelte Querlenker mit Schraubenfedern, Stabilisator	
Hinterradaufhängung	Eingelenk-Pendelachse mit Schubstreben, doppelte Schraubenfedern	
Bremsanlage	Trommelbremsen vorn und hinten, Servohilfe	
Felgen	$5^{1}/_{2}$ K × 15	
Reifen	7,60 S 15	
Lenkung	Kegelradlenkung (ab Sept. 1958 auf Wunsch mit Servounterstützung)	
Weitere Daten		
Abmessungen (L × B × H)	5055 × 1838 × 1600 mm	5190 × 1860 × 1620 mm
Radstand	3050 mm	3150 mm
Spurweite vorn/hinten	1480/1525 mm	1480/1525 mm
Wendekreis	12,6 m	12,8 m
Leergewicht	1910 kg	2000 kg
Zuläss. Gesamtgewicht	2360 kg	2450 kg
Höchstgeschwindigkeit	160 km/h	170 km/h
Beschleunigung 0–100 km/h	17 sec	16 sec
Verbrauch auf 100 km	16 Liter Super	17 Liter Super
Tankinhalt	72 Liter	72 Liter
Ölwanneninhalt	6,5 Liter	6,5 Liter
Kühlsystem	21 Liter	21 Liter

Daimler Benz

Mercedes-Benz 300 S Cabriolet A

	1952–1955	1955–1958
Karosserie	Ganzstahlkarosserie	
Motor	Reihenmotor	
Zylinder	6	
Bohrung × Hub	85 × 88 mm	
Hubraum	2996 ccm	
Leistung	150 PS bei 5000 U/min	175 PS bei 5400 U/min
Verdichtung	1 : 7,8	1 : 8,55
max. Drehmoment	23,5 mkp bei 3800 U/min	26 mkp bei 4300 U/min
Gemischaufbereitung	3 Solex 40 PBJC	Bosch-Einspritzpumpe
Ventile	hängend	hängend
Nockenwelle	ohc	ohc
Kurbelwellenlager	7	7
Batterie	12 V 56 Ah	12 V 70 Ah
Lichtmaschine	150 W	300 W
Kraftübertragung	Hinterradantrieb	Hinterradantrieb
Kupplung	Einscheibentrockenkupplung	Einscheibentrockenkupplung
Schaltung	Lenkradschaltung	Lenkradschaltung
Getriebe	4 Gänge, vollsynchronisiert	4 Gänge, vollsynchronisiert
Übersetzungen	I. 3,68, II. 2,25, III. 1,42, IV. 1,00	I. 3,44, II. 2,30, III. 1,53, IV. 1,00
Antriebsübersetzung	4,125	4,44
Fahrwerk		
Vorderradaufhängung	Doppelte Querlenker mit Schraubenfedern, Stabilisator	
Hinterradaufhängung	Pendelachse (ab 1955: Eingelenk-Pendelachse) mit doppelten Schraubenfedern	
Bremsanlage	Trommelbremsen vorn und hinten (ab 1954 mit Servohilfe)	
Felgen	5 K × 15	
Reifen	6,70 – 15 extra (ab 1955: 6,50 – 15 extra)	
Lenkung	Kugelumlauflenkung	
Weitere Daten		
Abmessungen (L × B × H)	4700 × 1860 × 1510 mm	
Radstand	2900 mm	
Spurweite vorn/hinten	1480 / 1525 mm	
Wendekreis	12,2 m	
Leergewicht	1740 (Roadster: 1700) kg	1780 kg
zuläss. Gesamtgewicht	2000 (Roadster: 1960) kg	2040 kg
Höchstgeschwindigkeit	175 km/h	180 km/h
Beschleunigung 0–100 km/h	15 sec	14 sec
Verbrauch auf 100 km	17 Liter Super	17 Liter Super
Tankinhalt	85 Liter	85 Liter
Ölwanneninhalt	6,5 Liter	10 Liter (Trockensumpf)
Kühlsystem	19,5 Liter	20 Liter

Daimler Benz

	Mercedes-Benz 190 SL Roadster 1955–1963	Mercedes-Benz 300 SL Roadster 1957–1963
Karosserie	Ganzstahlkarosserie	Leichtbau-Stahlkarosserie
Motor	Reihenmotor	Reihenmotor
Zylinder	4	6
Bohrung × Hub	85 × 83,6 mm	85 × 88 mm
Hubraum	1897 ccm	2996 ccm
Leistung	105 PS bei 5700 U/min	215 PS bei 5800 U/min
Verdichtung	1 : 8,5 (ab Sept. 1959: 8,8)	1 : 8,55
max. Drehmoment	14,5 mkp bei 3200 U/min	28 mkp bei 4600 U/min
Gemischaufbereitung	2 Solex 44 PHH	Bosch-Einspritzpumpe
Ventile	hängend	hängend
Nockenwelle	ohc	ohc
Kurbelwellenlager	3	7
Batterie	12 V 56 Ah	12 V 56 Ah
Lichtmaschine	160 W	150 W
Kraftübertragung	Hinterradantrieb	Hinterradantrieb
Kupplung	Einscheibentrockenkupplung	Einscheibentrockenkupplung
Schaltung	Knüppelschaltung	Knüppelschaltung
Getriebe	4 Gänge, vollsynchronisiert	4 Gänge, vollsynchronisiert
Übersetzungen	I. 3,52, II. 2,32, III. 1,52, IV. 1,00	I. 3,34, II. 1,97, III. 1,385, IV. 1,00
Antriebsübersetzung	3,90	3,64 (auch 3,25, 3,42, 3,89 und 4,11)
Fahrwerk		
Vorderradaufhängung	Doppelte Querlenker mit Schraubenfedern, Stabilisator	Doppelte Querlenker mit Schraubenfedern, Stabilisator
Hinterradaufhängung	Eingelenk-Pendelachse mit Schubstreben und Schraubenfedern	Eingelenk-Pendelachse mit Schraubenfedern
Bremsanlage	Trommelbremsen vorn und hinten, ab Mai 1956 mit Servo	Trommelbremsen vorn und hinten mit Servo, ab März 1961 Scheibenbremsen vorn und hinten
Felgen	5 K × 13	5½ K × 15 B
Reifen	6,40–13 Sport	6,50/6,70–15
Lenkung	Kugelumlauflenkung	Kugelumlauflenkung
Weitere Daten		
Abmessungen (L × B × H)	4220 × 1740 × 1320 mm	4570 × 1790 × 1300 mm
Radstand	2400 mm	2400 mm
Spurweite vorn/hinten	1430/1475 mm	1398/1448 mm
Wendekreis	11 m	11,4 m
Leergewicht	1160 kg	1295 kg
Zuläss. Gesamtgewicht	1400 (ab 1961: 1440) kg	1515 kg
Höchstgeschwindigkeit	175 km/h	je nach Antriebsübersetzung zwischen 220 und 250 km/h
Beschleunigung 0–100 km/h	14,5 sec	8–10 sec
Verbrauch auf 100 km	12,5 Liter Super	17 Liter Super
Tankinhalt	65 Liter	130 Liter
Ölwanneninhalt	4 Liter	15 Liter (Trockensumpf)
Kühlsystem	10 Liter	15,5 Liter

Daimler Benz

	Mercedes-Benz 220 Cabriolet A/C 1955–1956	Mercedes-Benz 220 S Cabriolet A/C 1956–1959	Mercedes-Benz 220 SE Cabriolet A/C 1958–1960
Karosserie		Selbsttragende Ganzstahlkarosserie	
Motor		Reihenmotor	
Zylinder		6	
Bohrung × Hub		80 × 72,8 mm	
Hubraum		2195 ccm	
Leistung	85 PS bei 4800 U/min	100 PS bei 4800 U/min (ab Aug. 1957: 106 PS bei 5000 U/min)	115 PS bei 4800 U/min (ab Aug. 1959: 120 PS bei 4800 U/min)
Verdichtung	1 : 7,6	1 : 7,6 (ab Aug. 1957: 8,7)	1 : 8,7
max. Drehmoment	16 mkp bei 2400 U/min	16,5 (ab Aug. 1957: 17,5) mkp bei 3500 U/min	19 mkp bei 3800 U/min (ab Aug. 1959: 19,3 mkp bei 3900 U/min)
Gemischaufbereitung	Solex 32 PAATJ	Solex 32 PAJTA	Bosch-Einspritzpumpe
Ventile		hängend	
Nockenwelle		ohc	
Kurbelwellenlager		4	
Batterie		12 V 56 Ah (220 SE: 60 Ah)	
Lichtmaschine		160 W (220 SE: 240 W)	
Kraftübertragung		Hinterradantrieb	
Kupplung		Einscheibentrockenkupplung	
Schaltung		(ab Aug. 1957 auf Wunsch automatische Kupplung „Hydrak")	
Getriebe		Lenkradschaltung	
Übersetzungen		4 Gänge, vollsynchronisiert I. 3,52, II. 2,32, III. 1,52, IV. 1,00	
Antriebsübersetzung		4,10	
Fahrwerk			
Vorderradaufhängung		Doppelte Querlenker mit Schraubenfedern, Stabilisator	
Hinterradaufhängung		Eingelenk-Pendelachse mit Schubstreben und Schraubenfedern	
Bremsanlage		Trommelbremsen vorn und hinten mit Servohilfe	
Felgen		5 K × 13	
Reifen		6,70–13 (220 S und SE: 6,70–13 Sport)	
Lenkung		Kugelumlauflenkung	
Weitere Daten			
Abmessungen (L × B × H)		4700 × 1790 × 1530 mm	
Radstand		2700 mm	
Spurweite vorn/hinten		1430/1470 mm	
Wendekreis		10,7 m	
Leergewicht	1385 kg	1385 kg	1405 kg
Zuläss. Gesamtgewicht	1790 kg	1790 kg	1810 kg
Höchstgeschwindigkeit	155 km/h	160 km/h	165 km/h
Beschleunigung 0–100 km/h	19 sec	17 sec	15 sec
Verbrauch auf 100 km	14 Liter Super	14 Liter Super	13,5 Liter Super
Tankinhalt	64 Liter	64 Liter	62 Liter
Ölwanneninhalt	6 Liter	6 Liter	8 Liter
Kühlsystem	11,3 Liter	11,3 Liter	11,3 Liter

Daimler Benz

	Mercedes-Benz 220 SE Cabriolet 1960 – 1965	Mercedes-Benz 300 SE Cabriolet 1962 – 1965
Karosserie	Selbsttragende Ganzstahlkarosserie	
Motor	Reihenmotor	
Zylinder	6	6
Bohrung × Hub	80 × 72,8 mm	85 × 88 mm
Hubraum	2195 ccm	2996 ccm
Leistung	120 PS bei 4800 U/min	160 PS bei 5000 U/min (ab Jan. 1964: 170 PS bei 5400 U/min)
Verdichtung	1 : 8,7	1 : 8,7
max. Drehmoment	19,3 mkp bei 3900 U/min	25,6 mkp bei 3800 U/min (ab Jan. 1964: 25,4 mkp bei 4000 U/min)
Gemischaufbereitung	Bosch-Einspritzpumpe	Bosch-Einspritzpumpe
Ventile	hängend	hängend
Nockenwelle	ohc	ohc
Kurbelwellenlager	4	7
Batterie	12 V 60 Ah	12 V 66 Ah
Lichtmaschine	240 W	300 W
Kraftübertragung	Hinterradantrieb	Hinterradantrieb
Kupplung	Einscheibentrockenkupplung	Einscheibentrockenkupplung
Schaltung	Knüppelschaltung	Lenkrad- oder Knüppelschaltung
Getriebe	4 Gänge, vollsynchronisiert (auf Wunsch Automatik)	4 Gänge, vollsynchronisiert (auf Wunsch Automatik)
Übersetzungen	I. 3,64, II. 2,28, III. 1,53, IV. 1,00	I. 3,98, II. 2,52, III. 1,58, IV. 1,00
Antriebsübersetzung	4,10	3,92 oder 3,75
Fahrwerk		
Vorderradaufhängung	Doppelte Querlenker mit Schraubenfedern, Stabilisator	Doppelte Querlenker, Luftkammer-Federbälge, Stabilisator
Hinterradaufhängung	Eingelenk-Pendelachse mit Schubstreben und Schraubenfedern	Eingelenk-Pendelachse mit Schub- streben, Luftkammer-Federbälge
Bremsanlage	vorne Scheiben-, hinten Trommelbremsen, Servohilfe	Scheibenbremsen vorn und hinten, Servo, Zweikreissystem
Felgen	5 1/2 JK × 13	5 1/2 JK × 13
Reifen	7,50 – 13 Sport	7,50 H – 13
Lenkung	Kugelumlauflenkung	Kugelumlauflenkung mit Servounterstützung
Weitere Daten		
Abmessungen (L × B × H)	4880 × 1845 × 1430 mm	4880 × 1845 × 1400 mm
Radstand	2750 mm	2750 mm
Spurweite vorn/hinten	1482/1485 mm	1482/1490 mm
Wendekreis	11,9 m	11,9 m
Leergewicht	1510 kg	1665 kg
Zuläss. Gesamtgewicht	1980 kg	2135 kg
Höchstgeschwindigkeit	172 km/h	je nach Motor und Hinterachse zwischen 180 und 200 km/h
Beschleunigung 0 – 100 km/h	14 sec	12 – 13 sec
Verbrauch auf 100 km	14,5 Liter Super	17 – 19 Liter Super
Tankinhalt	65 Liter	65 (ab Jan. 1963: 82) Liter
Ölwanneninhalt	5,5 Liter	6 Liter
Kühlsystem	11,4 Liter	16,8 Liter

Daimler Benz

	Mercedes-Benz 250 SE Cabriolet 1965–1967	Mercedes-Benz 300 SE Cabriolet 1965–1967
Karosserie	Selbsttragende Ganzstahlkarosserie	
Motor	Reihenmotor	
Zylinder	6	6
Bohrung × Hub	82 × 78,8 mm	85 × 88 mm
Hubraum	2496 ccm	2996 ccm
Leistung	150 PS bei 5500 U/min	170 PS bei 5400 U/min
Verdichtung	1 : 9,3	1 : 8,8
max. Drehmoment	22,0 mkp bei 4200 U/min	25,4 mkp bei 4000 U/min
Gemischaufbereitung	Bosch-Einspritzpumpe	Bosch-Einspritzpumpe
Ventile	hängend	hängend
Nockenwelle	ohc	ohc
Kurbelwellenlager	7	7
Batterie	12 V 55 Ah	12 V 66 Ah
Lichtmaschine	Drehstrom 490 W	Drehstrom 490 W
Kraftübertragung	Hinterradantrieb	
Kupplung	Einscheibentrockenkupplung	
Schaltung	Knüppelschaltung	
Getriebe	4 Gänge, vollsynchronisiert (auf Wunsch Automatik)	
Übersetzungen	I. 4,05, II. 2,23, III. 1,42, IV. 1,00	
Antriebsübersetzung	3,92 (300 SE wahlweise auch 3,69)	
Fahrwerk		
Vorderradaufhängung	Doppelte Querlenker mit Schraubenfedern, Stabilisator	Doppelte Querlenker, Luftkammer-Federbälge, Stabilisator
Hinterradaufhängung	Eingelenk-Pendelachse mit Schubstreben und Schraubenfedern	Eingelenk-Pendelachse mit Schubstreben, Luftkammer-Federbälge, Niveau-Ausgleich
Bremsanlage	Scheibenbremsen vorn und hinten, Servohilfe	Scheibenbremsen vorn und hinten, Servohilfe
Felgen	6 J × 14	6 J × 14
Reifen	7,75 H 14/195 HR 14	7,75 H 14/195 HR 14
Lenkung	Kugelumlauflenkung	Kugelumlauflenkung mit Servounterstützung
Weitere Daten		
Abmessungen (L × B × H)	4880 × 1845 × 1435 mm	4880 × 1845 × 1435 mm
Radstand	2750 mm	2750 mm
Spurweite vorn/hinten	1482/1485 mm	1482/1490 mm
Wendekreis	11,8 m	11,8 m
Leergewicht	1575 kg	1715 kg
Zuläss. Gesamtgewicht	2045 kg	2185 kg
Höchstgeschwindigkeit	193 km/h	je nach Hinterachse 190–200 km/h
Beschleunigung 0–100 km/h	12 sec	11,5 sec
Verbrauch auf 100 km	15,5 Liter Super	18 Liter Super
Tankinhalt	82 Liter	82 Liter
Ölwanneninhalt	5,5 Liter	6 Liter
Kühlsystem	11,4 Liter	16,8 Liter

Daimler Benz

	Mercedes-Benz 280 SE Cabriolet 1968–1971	Mercedes-Benz 280 SE 3,5 Cabriolet 1969–1971
Karosserie	Selbsttragende Ganzstahlkarosserie	Selbsttragende Ganzstahlkarosserie
Motor	Reihenmotor	V 8-Motor
Zylinder	6	8
Bohrung × Hub	86,5 × 78,8 mm	92 × 65,8 mm
Hubraum	2778 ccm	3499 ccm
Leistung	160 PS bei 5500 U/min	200 PS bei 5800 U/min
Verdichtung	1:9,5	1:9,5
max. Drehmoment	24,5 mkp bei 4250 U/min	29,2 mkp bei 4000 U/min
Gemischaufbereitung	Bosch-Einspritzpumpe	Bosch-Einspritzpumpe
Ventile	hängend	hängend
Nockenwelle	ohc	je 1 × ohc
Kurbelwellenlager	7	5
Batterie	12 V 55 Ah	12 V 66 Ah
Lichtmaschine	Drehstrom 490 W	Drehstrom 770 W
Kraftübertragung	Hinterradantrieb	Hinterradantrieb
Kupplung	Einscheibentrockenkupplung	Einscheibentrockenkupplung
Schaltung	Knüppelschaltung	Knüppelschaltung
Getriebe	4 (ab Sept. 1969 auf Wunsch 5) Gänge, vollsynchronisiert	4 Gänge, vollsynchronisiert (auf Wunsch Automatik)
Übersetzungen	Bis Sept. 1969: I. 4,05, II. 2,23, III. 1,42, IV. 1,00 Ab Sept. 1969: I. 3,96, II. 2,34, III. 1,43, IV. 1,00 (V. 0,87)	I. 3,96, II. 2,34, III. 1,46, IV. 1,00
Antriebsübersetzung	3,92	3,69
Fahrwerk		
Vorderradaufhängung	Doppelte Querlenker mit Schraubenfedern, Stabilisator	
Hinterradaufhängung	Eingelenk-Pendelachse mit Schubstreben und Schraubenfedern, hydropneumatischer Niveau-Ausgleich (Typ 3,5 zusätzlich Gummi-Zusatzfedern vorn und hinten)	
Bremsanlage	Scheibenbremsen vorn und hinten mit Servohilfe, Zweikreissystem	
Felgen	6 J × 14 HB	
Reifen	185 HR 14 (3,5: 185 VR 14)	
Lenkung	Kugelumlauflenkung mit Servounterstützung	
Weitere Daten		
Abmessungen (L × B × H)	4880 × 1845 × 1435 mm	4905 × 1845 × 1420 mm
Radstand	2750 mm	2750 mm
Spurweite vorn/hinten	1482/1485 mm	1482/1485 mm
Wendekreis	11,8 m	11,8 m
Leergewicht	1590 kg	1650 kg
Zuläss. Gesamtgewicht	2055 kg	2120 kg
Höchstgeschwindigkeit	193 km/h	210 km/h
Beschleunigung 0–100 km/h	11 sec	10 sec
Verbrauch auf 100 km	16 Liter Super	17 Liter Super
Tankinhalt	82 Liter	82 Liter
Ölwanneninhalt	5,5 Liter	6,5 Liter
Kühlsystem	10,5 Liter	13,25 Liter

Daimler Benz

	Mercedes-Benz 230 SL 1963–1967	Mercedes-Benz 250 SL 1966–1968	Mercedes-Benz 280 SL 1968–1971
Karosserie		Selbsttragende Ganzstahlkarosserie	
Motor		Reihenmotor	
Zylinder	6	6	6
Bohrung × Hub	80 × 72,8 mm	82 × 78,8 mm	86,5 × 78,8 mm
Hubraum	2306 ccm	2496 ccm	2778 ccm
Leistung	150 PS bei 5500 U/min	150 PS bei 5500 U/min	170 PS bei 5750 U/min
Verdichtung	1:9,3	1:9,5	1:9,5
max. Drehmoment	20,0 mkp bei 4200 U/min	22 mkp bei 4200 U/min	24,5 mkp bei 4500 U/min
Gemischaufbereitung	Bosch-Einspritzpumpe	Bosch-Einspritzpumpe	Bosch-Einspritzpumpe
Ventile	hängend	hängend	hängend
Nockenwelle	ohc	ohc	ohc
Kurbelwellenlager	4	7	7
Batterie	12 V 55 Ah	12 V 55 Ah	12 V 55 Ah
Lichtmaschine	Drehstrom 490 W	Drehstrom 490 W	Drehstrom 490 W
Kraftübertragung		Hinterradantrieb	
Kupplung		Einscheibentrockenkupplung	
Schaltung		Knüppelschaltung	
Getriebe		4 Gänge, vollsynchronisiert (auf Wunsch Automatik)	
Übersetzungen		I. 4,05, II. 2,23, III. 1,40, IV. 1,00 (230 SL bis 1965: I. 4,42, II. 2,28, III. 1,53, IV. 1,00)	
Antriebsübersetzung		3,92 oder 3,69 (230 SL bis Aug. 1965: 3,75)	
Fahrwerk			
Vorderradaufhängung		Doppelte Querlenker mit Schraubenfedern, Stabilisator	
Hinterradaufhängung		Eingelenk-Pendelachse mit Schubstreben und Schraubenfedern	
Bremsanlage		Scheibenbremsen vorn und hinten (230 SL: hinten Trommelbremsen) mit Servohilfe, Zweikreissystem	
Felgen		6 J × 14 HB (230 SL: 5½ J × 14 H)	
Reifen		185 HR 14	
Lenkung		Kugelumlauflenkung, auf Wunsch mit Servounterstützung	
Weitere Daten			
Abmessungen (L × B × H)		4285 × 1760 × 1320 mm	
Radstand		2400 mm	
Spurweite vorn/hinten		1485/1485 mm	
Wendekreis		10,5 m	
Leergewicht	1300 kg	1360 kg	1360 kg
zuläss. Gesamtgewicht	1650 kg	1715 kg	1715 kg
Höchstgeschwindigkeit	200 km/h	195 km/h	200 km/h
Beschleunigung 0–100 km/h	11 sec	12 sec	11 sec
Verbrauch auf 100 km	15 Liter Super	16 Liter Super	16,5 Liter Super
Tankinhalt	65 Liter	82 Liter	82 Liter
Ölwanneninhalt	5,5 Liter	5,5 Liter	5,5 Liter
Kühlsystem	10,8 Liter	12,9 Liter	12,5 Liter

Daimler Benz

Mercedes-Benz 600 Pullman Landaulet
1965 – 1981

Karosserie	Selbsttragende Ganzstahlkarosserie
Motor	V 8-Motor
Zylinder	8
Bohrung × Hub	103 × 95 mm
Hubraum	6329 ccm
Leistung	250 PS bei 4000 U/min
Verdichtung	1 : 9,0
max. Drehmoment	51 mkp bei 2800 U/min
Gemischaufbereitung	Bosch-Einspritzpumpe
Ventile	hängend
Nockenwelle	2 ohc
Kurbelwellenlager	5
Batterie	12 V 88 Ah
Lichtmaschine	Drehstrom 490 W (2 Stück)
Kraftübertragung	Hinterradantrieb
Kupplung	–
Schaltung	Wählhebel am Lenkrad
Getriebe	Automatik
Übersetzungen	I. 3,98, II. 2,52, III. 1,58, IV. 1,00
Antriebsübersetzung	3,23
Fahrwerk	
Vorderradaufhängung	Doppelte Querlenker, Luftkammer-Federbälge, Gummi-Zusatzfedern, Stabilisator
Hinterradaufhängung	Eingelenk-Pendelachse mit Schubstreben, Luftkammer-Federbälge, Gummi-Zusatzfedern, Stabilisator
Bremsanlage	Scheibenbremsen vorn und hinten mit Servohilfe, Zweikreis-System
Felgen	6½ K × 15 H
Reifen	9,00 H 15 Supersport
Lenkung	Kugelumlauflenkung mit Servounterstützung
Weitere Daten	
Abmessungen (L × B × H)	6240 × 1950 × 1510 mm
Radstand	3900 mm
Spurweite vorn/hinten	1587/1575 mm
Wendekreis	14,6 m
Leergewicht	2630 kg
Zuläss. Gesamtgewicht	3280 kg
Höchstgeschwindigkeit	200 km/h
Beschleunigung 0 – 100 km/h	12 sec
Verbrauch auf 100 km	21 Liter Super
Tankinhalt	112 Liter
Ölwanneninhalt	6 Liter
Kühlsystem	23 Liter

Daimler Benz

	Mercedes-Benz 350 SL 1971–1980	Mercedes-Benz 450 SL 1971–1980
Karosserie		Selbsttragende Ganzstahlkarosserie
Motor		V 8-Motor
Zylinder	8	8
Bohrung × Hub	92 × 65,8 mm	92 × 85 mm
Hubraum	3499 ccm	4520 ccm
Leistung	200 PS bei 5800 U/min (ab März 1976: 195 PS bei 5500 U/min)	225 (ab März 1976: 217) PS bei 5000 U/min
Verdichtung	1 : 9,5 (ab März 1976: 1 : 9)	1 : 8,8
max. Drehmoment	29,2 (ab März 1976: 28) mkp bei 4000 U/min	38,5 mkp bei 3000 U/min (ab März 1976: 36,7 mkp bei 3250 U/min)
Gemischaufbereitung		Bosch-K-Jetronic
Ventile		hängend
Nockenwelle		2 ohc
Kurbelwellenlager		5
Batterie		12 V 66 Ah
Lichtmaschine		770 W
Kraftübertragung	Hinterradantrieb	Hinterradantrieb
Kupplung		Einscheibentrockenkupplung
Schaltung	Knüppelschaltung	Wählhebel auf Mittelkonsole
Getriebe	4 Gänge, synchronisiert (auf Wunsch Automatik)	Automatik
Übersetzungen	I. 3,96, II. 2,34, III. 1,43, IV. 1,00	I. 2,31, II. 1,46, III. 1,00
Antriebsübersetzung	3,46	3,07
Fahrwerk		
Vorderradaufhängung		Doppelte Querlenker, Schraubenfedern, Gummi-Zusatzfedern, Stabilisator
Hinterradaufhängung		Diagonal-Pendelachse, Schraubenfedern, Stabilisator
Bremsanlage		Scheibenbremsen vorn und hinten, Zweikreis-System, Servo
Felgen		6 1/2 J × 14
Reifen		205/70 VR 14
Lenkung		Kugelumlauflenkung mit Servounterstützung
Weitere Daten		
Abmessungen (L × B × H)		4390 × 1790 × 1300 mm
Radstand		2460 mm
Spurweite vorn/hinten		1452/1440 mm
Wendekreis		10,4 m
Leergewicht	1540 kg	1580 kg
Zuläss. Gesamtgewicht	1960 kg	2000 kg
Höchstgeschwindigkeit	210 km/h	215 km/h
Beschleunigung 0–100 km/h	9,5 sec	9,3 sec
Verbrauch auf 100 km	ca. 17 Liter Super	ca. 19 Liter Super
Tankinhalt	90 Liter	90 Liter
Ölwanneninhalt	7,5 Liter	7,5 Liter
Kühlsystem	14 Liter	15 Liter

Daimler Benz

	Mercedes-Benz 280 SL 1974–1985	Mercedes-Benz 380 SL 1980–1984	Mercedes-Benz 500 SL 1980–1989
Karosserie	Selbsttragende Ganzstahlkarosserie		
Motor	Reihenmotor	V 8-Motor	V 8-Motor
Zylinder	6	8	8
Bohrung × Hub	86 × 78,8 mm	88 × 78,9 mm	96,5 × 85 mm
Hubraum	2746 ccm	3839 ccm	4973 ccm
Leistung	185 PS bei 5800 U/min	204 PS bei 5250 U/min	231 PS bei 4750 U/min
Verdichtung	1:9	1:9,4	1:9,2
max. Drehmoment	24,5 mkp bei 4500 U/min	31,1 mkp bei 3250 U/min	41 mkp bei 3000 U/min
Gemischaufbereitung	Bosch K-Jetronic	Bosch K-Jetronic	Bosch K-Jetronic
Ventile	hängend	hängend	hängend
Nockenwelle	2 ohc	2 ohc	2 ohc
Kurbelwellenlager	7	5	5
Batterie	12 V 55 Ah	12 V 66 Ah	12 V 66 Ah
Lichtmaschine	770 W	980 W	980 W
Kraftübertragung	Hinterradantrieb	Hinterradantrieb	
Kupplung	Einscheibentrocken-kupplung		
Schaltung	Knüppelschaltung		
Getriebe	5 Gänge, vollsynchron.	4-Gang-Automatik	
Übersetzungen	I. 3,82, II. 2,20, III. 1,40, IV. 1,00, V. 0,81	I. 3,68, II. 2,41, III. 1,44, IV. 1,00	
Antriebsübersetzung	3,58	2,47 (500 SL: 2,24)	
Fahrwerk			
Vorderradaufhängung	Doppelte Querlenker, Schraubenfedern, Stabilisator		
Hinterradaufhängung	Diagonal-Pendelachse, Schraubenfedern, Stabilisator		
Bremsanlage	Scheibenbremsen vorn und hinten, Servo, Zweikreis-System, auf Wunsch ABS		
Felgen	6½ J × 14		
Reifen	205/70 VR 14 (280 SL: 195/70 HR 14)		
Lenkung	Kugelumlauflenkung mit Servounterstützung		
Weitere Daten			
Abmessungen (L × B × H)	4390 × 1790 × 1300		
Radstand	2460 mm		
Spurweite vorn/hinten	1452/1440 mm		
Wendekreis	10,4 m		
Leergewicht	1540 kg	1580 kg	1580 kg
Zuläss. Gesamtgewicht	1920 kg	1960 kg	1960 kg
Höchstgeschwindigkeit	205 km/h	205 km/h	220 km/h
Beschleunigung 0–100 km/h	9,5 sec	9,8 sec	8 sec
Verbrauch auf 100 km	ca. 13 Liter Super	ca. 15 Liter Super	ca. 17 Liter Super
Tankinhalt	85 Liter	85 Liter	85 Liter
Ölwanneninhalt	5,5 Liter	7,5 Liter	7,5 Liter
Kühlsystem	12 Liter	12,5 Liter	12,5 Liter

Daimler Benz

	Mercedes-Benz 300 SL 1985–1989	Mercedes-Benz 300 SL ab 1989	Mercedes-Benz 300 SL-24 ab 1989
Karosserie		Ganzstahlkarosserie	
Motor		Reihenmotor	
Zylinder		6	
Bohrung × Hub	88,5 × 80,3 mm		88,5 × 80,2 mm
Hubraum	2962 cm³		2960 cm³
Leistung	188 PS bei 5700 U/min (Kat.: 180 PS bei 5700 U/min)	190 PS bei 5700 U/min	231 PS bei 6300 U/min
Verdichtung		1:9,2	1:10,0
max. Drehmoment	255 Nm bei 4400 U/min	260 Nm bei 4500 U/min	272 Nm bei 4600 U/min
Gemischaufbereitung	Bosch KE-Jetronic, Lambda-Sonde	Bosch K-Jetronic, Lambda-Sonde	Bosch KE5-Jetronic, Lambda-Sonde
Ventile	hängend	hängend	4 pro Zylinder, hängend
Nockenwelle		2 ohc	
Kurbelwellenlager		7	
Batterie		12 V 62 Ah	
Lichtmaschine	980 W		1400 W
Kraftübertragung	Hinterradantrieb		
Kupplung		Einscheibentrockenkupplung	
Schaltung		Knüppelschaltung	
Getriebe	5-Gang	5-Gang, auf Wunsch 4-Gang-Automatik	5-Gang, auf Wunsch 4-/5-Gang-Automatik
Übersetzungen	I.4,15, II.2,52, III.1,69, IV.1,24, V.1,00, R.4,15	I.3,86, II.2,18, III.1,38, IV.1,00, V.0,80, R.4,15	I.4,15, II.2,52, III.1,69, IV.1,24, V.1,00, R.4,15
Antriebsübersetzung	3,46	3,92, Automatik: 3,29	3,46, Automatik 3,69
Fahrwerk			
Vorderradaufhängung	Doppelquerlenker, Schraubenfedern, Stabilisator	Dreiecks-Querlenker, Schraubenfedern, Stabilisator	Dreiecks-Querlenker, Schraubenfedern, Stabilisator
Hinterradaufhängung	Diagonal-Pendelachse, Schraubenfedern, Stabilisator	Raumlenker-Hinterachse, Schraubenfedern, Stabilisator	
Bremsanlage	Scheibenbremsen vorn (innenbelüftet) und hinten, ABS	Scheibenbremsen vorn und hinten, ABS	
Felgen	7J × 15	8J × 16	
Reifen	205/65 VR 15	225/55 ZR 16	
Lenkung		Zahnstangenlenkung, servounterstützt	
Weitere Daten			
Abmessungen (L × B × H)	4390 × 1790 × 1305 mm	4470 × 1812 × 1286 mm	
Radstand	2460 mm	2515 mm	
Spurweite vorn/hinten	1465/1466 mm	1532/1521 mm	
Wendekreis	10,6 m	10,7 m	
Leergewicht	1510 kg	1650 kg	
Zuläss. Gesamtgewicht	1930 kg	2040 kg	
Höchstgeschwindigkeit	200 km/h	228 km/h	249 km/h
Beschleunigung 0–100 km/h	9,7 sec	9,3 sec	8,4 sec
Verbrauch auf 100 km	11,2 l Super	11,4 l Super	11,8 l Super
Tankinhalt	85 l		80 l
Ölwanneninhalt	6 l	6,8 l	7,5 l
Kühlsystem	8 l	11 l	

Daimler Benz

	Mercedes-Benz 500 SL 1985–1989	Mercedes-Benz 500 SL ab 1989
Karosserie	Ganzstahlkarosserie	
Motor	V 8-Motor	
Zylinder	8	
Bohrung × Hub	95 × 85,0 mm	96,5 × 85,0 mm
Hubraum	4973 cm³	
Leistung	245 PS bei U/min 475, (Kat. ab 87: 223 PS bei 4700 U/min)	326 PS bei 5500 U/min
Verdichtung	1:9	1:10,0
max. Drehmoment	400 bei 3750 Nm bei 4000 U/min (Kat: 365 bei 3500 U/min)	450 Nm bei 4000 U/min
Gemischaufbereitung	Bosch K-Jetronic	Bosch KE 5-Jetronic
Ventile	hängend	4 pro Zylinder, hängend
Nockenwelle	2 × ohc	
Kurbelwellenlager	5	
Batterie	12 V 72 Ah	
Lichtmaschine	1400 W	
Kraftübertragung	Hinterradantrieb	
Kupplung	Einscheibentrockenkupplung	
Schaltung	Mittelschaltung	Knüppelschaltung
Getriebe	4-Gang-Automatik	
Übersetzungen	I.3,68, II.2,27, III.1,44, IV.1,00, R.5,14	I.3,87, II.2,27, III.1,44, IV.1,00, R.5,59
Antriebsübersetzung	2,24	2,65
Fahrwerk		
Vorderradaufhängung	Doppel-Querlenker, Schraubenfedern, Drehstab-Stabilisator	Dreiecks-Querlenker, Schraubenfedern, Drehstab-Stabilisator
Hinterradaufhängung	Diagonal-Pendelachse, Schraubenfedern, Drehstab-Stabilisator	Raumlenker-Hinterachse, Schraubenfedern, Drehstab-Stabilisator
Bremsanlage	Scheibenbremsen vorn und hinten	Scheibenbremsen vorn und hinten, ABS
Felgen	7 J × 15	8 J × 16
Reifen	205/65 UR 15	225/55 ZR 16
Lenkung	Zahnstangenlenkung, servounterstützt	
Weitere Daten		
Abmessungen (L × B × H)	4390 × 1790 × 1307 mm	4470 × 1812 × 1286 mm
Radstand	2455 mm	2515 mm
Spurweite vorn/hinten	1465/1466 mm	1532/1521 mm
Wendekreis	10,60 m	10,75 m
Leergewicht	1610 kg	1770 kg
Zuläss. Gesamtgewicht	2030 kg	2160 kg
Höchstgeschwindigkeit	225 km/h	250 km/h
Beschleunigung 0–100 km/h	7,9 sec	6,2 sec
Verbrauch auf 100 km	13 l Super	12,9 l Super
Tankinhalt	85 l	80 l
Ölwanneninhalt	7,5 l	8,0 l
Kühlsystem	13 l	15 l

Daimler Benz

	Mercedes-Benz 230 G 1979–1982	Mercedes-Benz 230 GE 1982–1990	Mercedes-Benz 280 GE 1979–1989
Karosserie		Ganzstahlkarosserie	
Motor		Reihenmotor	
Zylinder	4	4	6
Bohrung × Hub	93,7 × 83,6 mm	95,5 × 80,2 mm	86 × 78,8 mm
Hubraum	2307 ccm	2299 ccm	2746 ccm
Leistung	102 PS bei 5250 U/min (wahlweise 90 PS bei 5000 U/min)	125 PS bei 5000 U/min	156 PS bei 5250 U/min
Verdichtung	1:9 (1:8)	1:9	1:8
max. Drehmoment	17,5 mkp bei 3000 U/min (17 mkp bei 2500 U/min)	19,6 mkp bei 4000 U/min	23 mkp bei 4250 U/min
Gemischaufbereitung	Stromberg 175 CD	Bosch KA-Jetronic	Bosch K-Jetronic
Ventile	hängend	hängend	hängend
Nockenwelle	ohc	ohc	2 ohc
Kurbelwellenlager	5	5	5
Batterie	12 V 55 Ah (auf Wunsch: 66 Ah)	12 V 66 Ah	12 V 66 Ah
Lichtmaschine		Drehstrom 770 W	
Kraftübertragung		Allradantrieb (Vorderradantrieb abschaltbar)	
Kupplung		Einscheibentrockenkupplung	
Schaltung		Knüppelschaltung	
Getriebe		4 Gänge, vollsynchronisiert, mit Vorgelege	
Übersetzungen		I. 4,628, II. 2,462, III. 1,473, IV. 1,000 (Gelände: I. 9,903, II. 5,268, III. 3,152, IV. 2,140)	
Antriebsübersetzung		5,33 (280 GE: 4,90)	
Fahrwerk			
Vorderradaufhängung		Starrachse mit Längslenkern und Panhardstab, Schraubenfedern	
Hinterradaufhängung		Starrachse mit Längslenkern und Panhardstab, Schraubenfedern	
Bremsanlage		vorne Scheiben-, hinten Trommelbremsen, Zweikreis-System, Servo, Bremskraftregler	
Felgen		5 1/2 JK × 16	
Reifen		205 R 16	
Lenkung		Kugelumlauflenkung (auf Wunsch mit Servounterstützung)	
Weitere Daten			
Abmessungen (L × B × H)		3945 × 1700 × 2000 mm	
Radstand		2400 mm	
Spurweite vorn/hinten		1425/1425 mm	
Wendekreis		11,9 m	
Leergewicht	1820 kg	1830 kg	1895 kg
zuläss. Gesamtgewicht	2500 kg	2500 kg	2500 kg
Höchstgeschwindigkeit	130 km/h	143 km/h	155 km/h
Beschleunigung 0–100 km/h	23 sec	ca. 20 sec	15 sec
Verbrauch auf 100 km	ca. 19 Liter Normal (102-PS-Version: Super)	15 Liter Super	22 Liter Normal
Tankinhalt	70 (auf Wunsch: 85 oder 100) Liter	70 (auf Wunsch: 85 oder 100) Liter	85 (auf Wunsch: 100) Liter
Ölwanneninhalt	7,5 Liter	6,5 Liter	5,5 Liter
Kühlsystem	10,5 Liter	9,5 Liter	10,5 Liter

Daimler Benz

	Mercedes-Benz 240 GD 1979–1988	Mercedes-Benz 300 GD 1980–1989
Karosserie	Ganzstahlkarosserie	
Motor	Reihenmotor (Diesel)	
Zylinder	4	5
Bohrung × Hub	90,9 × 92,4 mm	90,9 × 92,4 mm
Hubraum	2399 ccm	2998 ccm
Leistung	72 PS bei 4400 U/min	88 PS bei 4400 U/min
Verdichtung	1 : 21	1 : 21
max. Drehmoment	14 mkp bei 2400 U/min	17,5 mkp bei 2400 U/min
Gemischaufbereitung	Bosch-Vierstempelpumpe	Bosch-Fünfstempelpumpe
Ventile	hängend	
Nockenwelle	ohc	
Kurbelwellenlager	5 (300 GD: 6)	
Batterie	12 V 88 Ah	
Lichtmaschine	Drehstrom 770 W	
Kraftübertragung		
	Allradantrieb (Vorderradantrieb abschaltbar)	
Kupplung	Einscheibentrockenkupplung	
Schaltung	Knüppelschaltung	
Getriebe	4 Gänge, vollsynchronisiert, mit Vorgelege	
Übersetzungen	I. 4,628, II. 2,462, III. 1,473, IV. 1,000 (Gelände: I. 9,903, II. 5,268, III. 3,152, IV. 2,140)	
Antriebsübersetzung	5,33	
Fahrwerk		
Vorderradaufhängung	Starrachse mit Längslenkern und Panhardstab, Schraubenfedern	
Hinterradaufhängung	Starrachse mit Längslenkern und Panhardstab, Schraubenfedern	
Bremsanlage	vorne Scheiben-, hinten Trommelbremsen, Zweikreis-System, Servo, Bremskraftregler	
Felgen	5½ JK × 16	
Reifen	205 R 16	
Lenkung	Kugelumlauflenkung (auf Wunsch mit Servounterstützung)	
Weitere Daten		
Abmessungen (L × B × H)	3945 × 1700 × 2000 mm	
Radstand	2400 mm	
Spurweite vorn/hinten	1425/1425 mm	
Wendekreis	11,9 m	
Leergewicht	1850 kg	1885 kg
Zuläss. Gesamtgewicht	2500 kg	2500 kg
Höchstgeschwindigkeit	115 km/h	130 km/h
Beschleunigung 0–100 km/h	38 sec	26 sec
Verbrauch auf 100 km	16 Liter Diesel	15 Liter Diesel
Tankinhalt	70 (auf Wunsch: 85 oder 100) Liter	70 (auf Wunsch: 85 oder 100) Liter
Ölwanneninhalt	6,5 Liter	7 Liter
Kühlsystem	10,5 Liter	10,5 Liter

Daimler Benz

	Mercedes-Benz 300 GD ab 1990	Mercedes-Benz 300 GE ab 1990
Karosserie	Ganzstahlkarosserie	
Motor	Reihenmotor (Diesel)	Reihenmotor
Zylinder	6	
Bohrung × Hub	87,0 × 84,0 mm	88,5 × 80,2 mm
Hubraum	2996 cm³	2960 cm³
Leistung	113 PS bei 4600 U/min	170 PS bei 5500 U/min
Verdichtung	1:22,0	1:9,2
max. Drehmoment	191 Nm bei 2700 U/min	235 Nm bei 4500 U/min
Gemischaufbereitung	6-Stempel-Einspritzpumpe	Bosch KE-Jetronic, Lambda-Sonde
Ventile	hängend	
Nockenwelle	ohc	
Kurbelwellenlager	7	
Batterie	12 V 88 Ah	12 V 66 Ah
Lichtmaschine	770 W	770 W
Kraftübertragung	permanenter Allradantrieb, Differential per Knopfdruck sperrbar	
Kupplung	Einscheiben-Trockenkupplung	
Schaltung	Knüppelschaltung	
Getriebe	5-Gang mit Vorgelege	5-Gang mit Vorgelege
Übersetzungen	I.3,85, II.2,18, III.1,37, IV.1,00, V.0,79, R.3,70	I.3,85, II.2,18, III.1,37, IV.1,00, V.0,79, R.3,70
Antriebsübersetzung	6,17	4,86
Fahrwerk	Kastenrahmen	
Vorderradaufhängung	Starrachse, Längs- und Querlenker, Schraubenfedern, Stabilisator	Starrachse, Längs- und Querlenker, Schraubenfedern, Stabilisator
Hinterradaufhängung	Starrachse, Längs- und Querlenker, Schraubenfedern	Starrachse, Längs- und Querlenker, Schraubenfedern
Bremsanlage	Scheibenbremsen vorn, Trommelbremsen hinten	Scheibenbremsen vorn, Trommelbremsen hinten
Felgen	5,5 JK × 16 H2	5,5 JK × 16 H2
Reifen	205/55 R 16	205/55 R 16
Lenkung	Kugelumlauflenkung, servounterstützt	
Weitere Daten		
Abmessungen (L × B × H)	4125 × 1690 × 1908 mm	4125 × 1690 × 1908 mm
Radstand	2400 mm	2400 mm
Spurweite vorn/hinten	1425/1425 mm	1425/1425 mm
Wendekreis	11,40 m	11,40 m
Leergewicht	2035 kg	2030 kg
zuläss. Gesamtgewicht	2620 kg	2620 kg
Höchstgeschwindigkeit	135 km/h	165 km/h
Beschleunigung 0–100 km/h	22,2 sec	14,6 sec
Verbrauch auf 100 km	13,9 l Super	16,6 l Super
Tankinhalt	96 l	96 l
Ölwanneninhalt	8,0 l	6,5 l
Kühlsystem	8,5 l	10,7 l

IL

Daimler Benz

	Mercedes-Benz 250 GD ab 1990	Mercedes-Benz 250 GD 1987–1992
Karosserie	Ganzstahlkarosserie	
Motor	Reihenmotor (Diesel)	
Zylinder	5	
Bohrung × Hub	87,0 × 84,0 mm	
Hubraum	2497 cm³	
Leistung	94 PS bei 4600 U/min	84 PS bei 4600 U/min
Verdichtung	1:22,0	
max. Drehmoment	158 Nm bei 2600 U/min	154 Nm bei 2600 U/min
Gemischaufbereitung	5-Stempel-Einspritzpumpe	
Ventile	hängend	
Nockenwelle	ohc	
Kurbelwellenlager	6	
Batterie	12 V 88 Ah	
Lichtmaschine	770 W	
Kraftübertragung	permanenter Allradantrieb, Differential per Knopfdruck sperrbar	zuschaltbarer Allradantrieb, Differentialsperre Vorder-/Hinterachse
Kupplung	Einscheibentrockenkupplung	
Schaltung	Knüppelschaltung	
Getriebe	5-Gang mit Vorgelege	
Übersetzungen	I.3,85, II.2,18, III.1,37, IV.1,00, V.0,79, R.3,70	
Antriebsübersetzung	6,17	
Fahrwerk		
Vorderradaufhängung	Starrachse, Längs- und Querlenker, Schraubenfedern, Drehstab-Stabilisator	
Hinterradaufhängung	Starrachse, Längs- und Querlenker, Schraubenfedern	
Bremsanlage	Scheibenbremsen vorn, Trommelbremsen hinten	
Felgen	5,5 JK × 16 H2	
Reifen	205/55 R 16	
Lenkung	Zahnstangenlenkung, servounterstützt	
Weitere Daten		
Abmessungen (L × B × H)	4125 × 1690 × 1908 mm	3955 × 1700 × 1945 mm
Radstand	2400 mm	
Spurweite vorn/hinten	1425/1425 mm	
Wendekreis	11,40 m	
Leergewicht	2015 kg	1830 kg
Zuläss. Gesamtgewicht	2620 kg	2600 kg
Höchstgeschwindigkeit	125 km/h	
Beschleunigung 0–100 km/h	28,1 sec	
Verbrauch auf 100 km	13 l Diesel	
Tankinhalt	96 l	81,5 l
Ölwanneninhalt	7,5 l	7,0 l
Kühlsystem	10,7 l	

L

Daimler Benz

Mercedes-Benz 300 CE-24 Cabriolet
ab 1991

Karosserie	Ganzstahlkarosserie
Motor	Reihenmotor
Zylinder	6
Bohrung × Hub	88,5 × 80,2 mm
Hubraum	2960 cm³
Leistung	220 PS bei 6400 U/min
Verdichtung	1 : 10,0
max. Drehmoment	265 Nm bei 4600 U/min
Gemischaufbereitung	Bosch KE 5-Jetronic, Lambda-Sonde
Ventile	4 pro Zylinder, hängend
Nockenwelle	2 ohc
Kurbelwellenlager	7
Batterie	12 V 62 Ah
Lichtmaschine	980 W
Kraftübertragung	Hinterradantrieb
Kupplung	Einscheibentrockenkupplung
Schaltung	Knüppelschaltung
Getriebe	5-Gang, auf Wunsch Automatik
Übersetzungen	I.4,15, II.2,52, III.1,69, IV.1,24, V.1,00, R.4,15
Antriebsübersetzung	3,27 (Automatik 3,69)
Fahrwerk	
Vorderradaufhängung	Federbeine, Schraubenfedern, Dreiecksquerlenker, Stabilisator
Hinterradaufhängung	Raumlenker-Hinterachse, Schraubenfedern, Stabilisator
Bremsanlage	Scheibenbremsen vorn und hinten, ABS
Felgen	6,5 J × 15
Reifen	195/65 ZR 15
Lenkung	Zahnstangenlenkung, servounterstützt
Weitere Daten	
Abmessungen (L × B × H)	4655 × 1740 × 1395 mm
Radstand	2715 mm
Spurweite vorn/hinten	1497/1488 mm
Wendekreis	10,9 m
Leergewicht	1710 kg
zuläss. Gesamtgewicht	2160 kg
Höchstgeschwindigkeit	230 km/h
Beschleunigung 0–100 km/h	8,5 sec
Verbrauch auf 100 km	9,2 l Super
Tankinhalt	70 l
Ölwanneninhalt	7,5 l
Kühlsystem	10,7 l

DKW

	DKW Meisterklasse Cabriolet 1950–1952	DKW Sonderklasse Cabriolet 1953–1955	DKW 3 = 6 Cabriolet 1955–1956
Karosserie		Ganzstahlkarosserie	
Motor		Zweitakt-Reihenmotor	
Zylinder	2		3
Bohrung × Hub	76 × 76 mm		71 × 76 mm
Hubraum	684 cm^3		896 cm^3
Leistung	23 PS bei 4200 U/min	34 PS bei 4000 U/min	38 PS bei 4200 U/min
Verdichtung		1:6,5	
max. Drehmoment	4,6 mkp bei 2500 U/min	7 mkp bei 2000 U/min	7,25 mkp bei 3000 U/min
Gemischaufbereitung	Solex 32 PBJ	Solex 40 PBIC	Solex 40 JCB
Ventile	–	–	–
Nockenwelle	–	–	–
Kurbelwellenlager	3		4
Batterie		6 V 75 Ah	
Lichtmaschine	150 W	130 W	160 W
Kraftübertragung		Frontantrieb	
Kupplung	Ölbad-Mehrscheiben-kupplung	Einscheibentrockenkupplung	
Schaltung	Krückstockschaltung	Lenkradschaltung	
Getriebe	3 Gänge, unsynchronisiert	4 Gänge, II.–IV. synchronisiert	
Übersetzungen	I. 3,44, II. 1,69, III. 1,00	I. 3,82, II. 2,22, III. 1,31	I. 3,82, II. 2,22, III. 1,31, IV. 0,913
Antriebsübersetzung	5,72	4,72	
Fahrwerk			
Vorderradaufhängung		Querlenker unten, 1 Querfeder oben	
Hinterradaufhängung		Starrachse, 1 hochliegende Querfeder	
Bremsanlage		Trommelbremsen vorn und hinten	
Felgen	3,50 D × 16 (Sonderklasse: 4 J × 15)		4 J × 15
Reifen	5,50–16 (Sonderklasse: 5,60–15)		5,60–15
Lenkung		Zahnstangenlenkung	
Weitere Daten			
Abmessungen (L × B × H)	4200 × 1600 × 1435 mm		4225 × 1695 × 1465 mm
Radstand		2350 mm	
Spurweite vorn/hinten	1190/1250 mm		1290/1350 mm
Wendekreis	11 m		11,6 m
Leergewicht	Viersitzer: 865 kg, Zweisitzer: 825 kg	940 kg	950 kg
Zuläss. Gesamtgewicht	Viersitzer: 1230 kg, Zweisitzer: 1185 kg	1260 kg	1305 kg
Höchstgeschwindigkeit	100 km/h	120 km/h	123 km/h
Beschleunigung 0–100 km/h	55 sec	34 sec	29 sec
Verbrauch auf 100 km	7 l Gemisch	8,5 l Gemisch	10 l Gemisch
Tankinhalt	32 l		45 l
Ölwanneninhalt	–	–	–
Kühlsystem	8 l	9 l	8 l

DKW

Auto-Union Munga

	1954–1957	1958–1968
Karosserie	Ganzstahlkarosserie	
Motor	Zweitakt-Reihenmotor	
Zylinder	3	3
Bohrung × Hub	71 × 76 mm	74 × 76 mm
Hubraum	896 ccm	980 ccm
Leistung	38 PS bei 4200 U/min (ab Januar 1957: 40 PS bei 4250 U/min)	44 PS bei 4500 U/min
Verdichtung	1 : 6,5 (ab Januar 1957: 1 : 7)	1 : 7,25
max. Drehmoment	7,25 mkp bei 3000 U/min (ab Januar 1957: 7,5 mkp bei 3500 U/min)	8 mkp bei 3000 U/min
Gemischaufbereitung	Zenith 32 NDIX	
Ventile	–	
Nockenwelle	–	
Kurbelwellenlager	4	
Batterie	12 V 45 Ah (auf Wunsch 2 Stück)	
Lichtmaschine	160, 300 oder 600 W	
Kraftübertragung	Allradantrieb (Hinterradantrieb bis 1956 abschaltbar)	
Kupplung	Einscheibentrockenkupplung	
Schaltung	Knüppelschaltung	
Getriebe	4 Gänge + Vorgelege, II.–IV. synchronisiert	
Übersetzungen	I. 3,818, II. 2,411, III. 1,478, IV. 0,915	
Antriebsübersetzung	6,333	
Fahrwerk		
Vorderradaufhängung	Querlenker unten, 1 Querfeder oben	
Hinterradaufhängung	Querlenker unten, 1 Querfeder oben	
Bremsanlage	Trommelbremsen vorn und hinten	
Felgen	5,00 F × 16	
Reifen	6,00 – 16	
Lenkung	Zahnstangenlenkung	
Weitere Daten		
Abmessungen (L × B × H)	3456 × 1500 × 1735 (ab 1958: 3595 × 1671 × 1937) mm	
Radstand	2000 mm	
Spurweite vorn/hinten	1206/1206 mm	
Wendekreis	11,7 m	
Leergewicht	1110 kg	
zuläss. Gesamtgewicht	1450 kg	
Höchstgeschwindigkeit	100 km/h	
Beschleunigung 0–100 km/h	–	
Verbrauch auf 100 km	13 Liter Gemisch	
Tankinhalt	45 Liter	
Ölwanneninhalt	–	
Kühlsystem	9,5 Liter (ab 1963: 12 Liter)	

DKW

Auto-Union 1000 Sp
Roadster
1961–1965

Karosserie	Ganzstahlkarosserie
Motor	Zweitakt-Reihenmotor
Zylinder	3
Bohrung × Hub	74 × 76 mm
Hubraum	980 ccm
Leistung	55 PS bei 4500 U/min
Verdichtung	1 : 8,2
max. Drehmoment	9 mkp bei 3500 U/min
Gemischaufbereitung	Zenith 32/36 NDIX
Ventile	–
Nockenwelle	–
Kurbelwellenlager	4
Batterie	6 V 75 Ah
Lichtmaschine	160 W
Kraftübertragung	Frontantrieb
Kupplung	Einscheibentrockenkupplung
Schaltung	Lenkradschaltung
Getriebe	4 Gänge, vollsynchronisiert
Übersetzungen	I. 3,82, II. 2,22, III. 1,31, IV. 0,913
Antriebsübersetzung	4,375
Fahrwerk	
Vorderradaufhängung	Querlenker unten, 1 Querfeder oben
Hinterradaufhängung	Starrachse, 1 hochliegende Querfeder
Bremsanlage	Trommelbremsen vorn und hinten (ab März 1963: Scheibenbremsen vorn)
Felgen	$4^{1}/_{2}$ J × 15
Reifen	155 SR 15
Lenkung	Zahnstangenlenkung
Weitere Daten	
Abmessungen (L × B × H)	4170 × 1680 × 1325 mm
Radstand	2350 mm
Spurweite vorn/hinten	1290/1350 mm
Wendekreis	11,5 m
Leergewicht	950 kg
Zuläss. Gesamtgewicht	1200 kg
Höchstgeschwindigkeit	140 km/h
Beschleunigung 0–100 km/h	23 sec
Verbrauch auf 100 km	10,5 Liter Gemisch
Tankinhalt	50 Liter
Ölwanneninhalt	–
Kühlsystem	7,5 Liter

DKW F 12
Roadster
1964–1965

Karosserie	Ganzstahlkarosserie in Schalenbauweise
Motor	Zweitakt-Reihenmotor
Zylinder	3
Bohrung × Hub	74,5 × 68 mm
Hubraum	889 ccm
Leistung	45 PS bei 4500 U/min
Verdichtung	1 : 7,25
max. Drehmoment	8 mkp bei 2500 U/min
Gemischaufbereitung	Solex 40 CIB
Ventile	–
Nockenwelle	–
Kurbelwellenlager	4
Batterie	6 V 56 Ah
Lichtmaschine	200 W
Kraftübertragung	Frontantrieb
Kupplung	Einscheibentrockenkupplung
Schaltung	Lenkradschaltung
Getriebe	4 Gänge, vollsynchronisiert
Übersetzungen	I. 3,75, II. 2,23, III. 1,42, IV. 0,94
Antriebsübersetzung	4,125
Fahrwerk	
Vorderradaufhängung	Doppelte Querlenker, längsliegende Federstäbe, Stabilisator
Hinterradaufhängung	Starrachse mit Längslenkern, querliegender Federstab, Panhard-Stab
Bremsanlage	vorne Scheiben-, hinten Trommelbremsen
Felgen	4 J × 13
Reifen	5,50 – 13
Lenkung	Zahnstangenlenkung
Weitere Daten	
Abmessungen (L × B × H)	3968 × 1575 × 1375 mm
Radstand	2250 mm
Spurweite vorn/hinten	1200/1280 mm
Wendekreis	11 m
Leergewicht	735 kg
Zuläss. Gesamtgewicht	1020 kg
Höchstgeschwindigkeit	130 km/h
Beschleunigung 0–100 km/h	23 sec
Verbrauch auf 100 km	10 Liter Gemisch
Tankinhalt	35 Liter
Ölwanneninhalt	Ölbehälter: 3,8 Liter
Kühlsystem	7,25 Liter

DKW

NSU-Fiat 500 C
Cabrio-Limousine
1950–1955

Karosserie	Ganzstahlkarosserie
Motor	Reihenmotor
Zylinder	4
Bohrung × Hub	52 × 67 mm
Hubraum	570 ccm
Leistung	16,5 PS bei 4400 U/min
Verdichtung	1 : 6,45
max. Drehmoment	2,95 mkp bei 2000 U/min
Gemischaufbereitung	Weber 22 DRS oder Solex 22 IAC-4
Ventile	hängend
Nockenwelle	ohv
Kurbelwellenlager	2
Batterie	12 V 38 Ah
Lichtmaschine	150 W
Kraftübertragung	Hinterradantrieb
Kupplung	Einscheibentrockenkupplung
Schaltung	Knüppelschaltung
Getriebe	4 Gänge, III. + IV. synchronisiert
Übersetzungen	I. 4,480, II. 2,730, III. 1,766, IV. 1,000
Antriebsübersetzung	5,125
Fahrwerk	
Vorderradaufhängung	Querlenker unten, 1 Querfeder oben
Hinterradaufhängung	Starrachse mit Halbfedern, Stabilisator
Bremsanlage	Trommelbremsen vorn und hinten
Felgen	2,50 C × 15
Reifen	4,25–15
Lenkung	Schneckenlenkung
Weitere Daten	
Abmessungen (L × B × H)	3350 × 1288 × 1375 mm
Radstand	2000 mm
Spurweite vorn/hinten	1116/1083 mm
Wendekreis	8,7 m
Leergewicht	625 kg
Zuläss. Gesamtgewicht	850 kg
Höchstgeschwindigkeit	95 km/h
Beschleunigung 0–100 km/h	–
Verbrauch auf 100 km	6 Liter Normal
Tankinhalt	21,5 Liter
Ölwanneninhalt	2,2 Liter
Kühlsystem	4,5 Liter

NSU-Fiat 1400 Cabriolet
1951/52

Karosserie	Selbsttragende Ganzstahlkarosserie
Motor	Reihenmotor
Zylinder	4
Bohrung × Hub	82 × 66 mm
Hubraum	1395 ccm
Leistung	44 PS bei 4400 U/min
Verdichtung	1 : 6,7
max. Drehmoment	9,3 mkp bei 2000 U/min
Gemischaufbereitung	Weber 32 DR 6 SP oder Solex 32 BI
Ventile	hängend
Nockenwelle	ohv
Kurbelwellenlager	3
Batterie	12 V 38 Ah
Lichtmaschine	300 W
Kraftübertragung	Hinterradantrieb
Kupplung	Einscheibentrockenkupplung
Schaltung	Lenkradschaltung
Getriebe	4 Gänge, II.–IV. synchronisiert
Übersetzungen	I. 3,86, II. 2,38, III. 1,57, IV. 1,00
Antriebsübersetzung	4,45
Fahrwerk	
Vorderradaufhängung	Doppelte Querlenker mit Schraubenfedern, Stabilisator
Hinterradaufhängung	Starrachse mit Schraubenfedern, Stabilisator
Bremsanlage	Trommelbremsen vorn und hinten
Felgen	4 J × 14
Reifen	5,90–14
Lenkung	Schneckenlenkung
Weitere Daten	
Abmessungen (L × B × H)	4305 × 1655 × 1530 mm
Radstand	2650 mm
Spurweite vorn/hinten	1307/1300 mm
Wendekreis	10,7 m
Leergewicht	1240 kg
Zuläss. Gesamtgewicht	1550 kg
Höchstgeschwindigkeit	120 km/h
Beschleunigung 0–100 km/h	35 sec
Verbrauch auf 100 km	11 Liter Normal
Tankinhalt	48 Liter
Ölwanneninhalt	5,4 Liter
Kühlsystem	9,3 Liter

DKW

NSU-Fiat Neckar Sport
Cabriolet
1954–1956

Karosserie	Selbsttragende Ganzstahlkarosserie
Motor	Reihenmotor
Zylinder	4
Bohrung × Hub	68 × 75 mm
Hubraum	1082 ccm
Leistung	50 PS bei 5400 U/min
Verdichtung	1 : 7,6
max. Drehmoment	nicht bekannt
Gemischaufbereitung	nicht bekannt
Ventile	hängend
Nockenwelle	ohv
Kurbelwellenlager	3
Batterie	12 V 28 Ah
Lichtmaschine	180 W
Kraftübertragung	Hinterradantrieb
Kupplung	Einscheibentrockenkupplung
Schaltung	Lenkradschaltung
Getriebe	4 Gänge, II.–IV. synchronisiert
Übersetzungen	I. 3,86, II. 2,38, III. 1,57, IV. 1,00
Antriebsübersetzung	4,30
Fahrwerk	
Vorderradaufhängung	Doppelte Querlenker mit Schraubenfedern und Stabilisator
Hinterradaufhängung	Starrachse mit Blattfedern und Stabilisator
Bremsanlage	Trommelbremsen vorn und hinten
Felgen	3,00 D × 14
Reifen	5,20–14
Lenkung	Schneckenlenkung
Weitere Daten	
Abmessungen (L × B × H)	nicht bekannt
Radstand	2340 mm
Spurweite vorn/hinten	1229/1212 mm
Wendekreis	10,9 m
Leergewicht	nicht bekannt
Zuläss. Gesamtgewicht	nicht bekannt
Höchstgeschwindigkeit	135 km/h
Beschleunigung 0–100 km/h	ca. 24 sec
Verbrauch auf 100 km	9 Liter Super
Tankinhalt	40 Liter
Ölwanneninhalt	3 Liter
Kühlsystem	5,6 Liter

FMR

	FMR KR 201 Roadster 1957–1964	FMR Tg 500 Roadster 1959–1964
Karosserie	Ganzstahlkarosserie	Ganzstahlkarosserie
Motor	Zweitaktmotor (Fichtel & Sachs)	Zweitakt-Reihenmotor (Fichtel & Sachs)
Zylinder	1	2
Bohrung × Hub	65 × 58 mm	67 × 70 mm
Hubraum	192 ccm	494 ccm
Leistung	9,7 PS bei 5000 U/min	24,5 PS bei 5000 U/min
Verdichtung	1 : 6,3	1 : 6,5
max. Drehmoment	1,53 mkp bei 4000 U/min	3,4 mkp bei 4000 U/min
Gemischaufbereitung	Bing-Vergaser	Bing 7/28/10
Ventile	–	–
Nockenwelle	–	–
Kurbelwellenlager	2	2
Batterie	12 V 14 Ah	12 V 24 Ah
Lichtmaschine	90 W	160 W
Kraftübertragung	Heckantrieb	Heckantrieb
Kupplung	Lamellenkupplung im Ölbad	Zweischeibentrockenkupplung
Schaltung	Ratschenschaltung rechts vom Fahrer	Ratschenschaltung rechts vom Fahrer
Getriebe	4 Gänge	4 Gänge
Übersetzungen	I. 3,22, II. 1,85, III. 1,24, IV. 0,95	I. 2,67, II. 1,45, III. 0,83, IV. 0,59
Antriebsübersetzung	2,31	3,12
Fahrwerk		
Vorderradaufhängung	Dreiecksquerlenker, Gummifederung	Dreiecksquerlenker, Gummifederung
Hinterradaufhängung	Kettenkasten als Schwinge	Pendelachse mit Schraubenfedern
Bremsanlage	Trommelbremsen vorn und hinten	Trommelbremsen vorn und hinten
Felgen	nicht bekannt	nicht bekannt
Reifen	4,40–8	4,40–10
Lenkung	Achsschenkellenkung	Achsschenkellenkung
Weitere Daten		
Abmessungen (L × B × H)	2820 × 1220 × 1200 mm	3000 × 1270 × 1245 mm
Radstand	2030 mm	1885 mm
Spurweite vorn/hinten	vorn 1080 mm	1110/1040 mm
Wendekreis	9 m	9,5 m
Leergewicht	230 kg	350 kg
Zuläss. Gesamtgewicht	430 kg	560 kg
Höchstgeschwindigkeit	100 km/h	130 km/h
Beschleunigung 0–100 km/h	nicht bekannt	25 sec
Verbrauch auf 100 km	3,5 Liter Gemisch	5,7 Liter Gemisch
Tankinhalt	14 Liter	30 Liter
Ölwanneninhalt	–	–
Kühlsystem	Luftkühlung	Luftkühlung

Ford

Ford Taunus Cabriolet
1949 – 1951

Karosserie	Ganzstahlkarosserie
Motor	Reihenmotor
Zylinder	4
Bohrung × Hub	63,5 × 92,5 mm
Hubraum	1172 ccm
Leistung	34 PS bei 4250 U/min
Verdichtung	1 : 6,6
max. Drehmoment	7,25 mkp bei 2200 U/min
Gemischaufbereitung	Solex 26 VFJ
Ventile	stehend
Nockenwelle	ohv
Kurbelwellenlager	3
Batterie	6 V 75 Ah
Lichtmaschine	130 W
Kraftübertragung	Hinterradantrieb
Kupplung	Einscheibentrockenkupplung
Schaltung	Knüppelschaltung (ab Mai 1950 Lenkradschaltung)
Getriebe	3 Gänge, II. und III. synchronisiert
Übersetzungen	I. 3,41, II. 1,76, III. 1,00
Antriebsübersetzung	4,857
Fahrwerk	
Vorderradaufhängung	Starrachse, Blattfeder quer
Hinterradaufhängung	Starrachse, Blattfeder quer
Bremsanlage	Trommelbremsen vorn und hinten
Felgen	3,50 D × 16 (ab Mai 1950: 4 J × 15)
Reifen	5,50 – 16 (ab Mai 1950: 5,90 – 15)
Lenkung	Schneckenlenkung
Weitere Daten	
Abmessungen (L × B × H)	4060 × 1485 × 1600 mm
Radstand	2387 mm
Spurweite vorn/hinten	1186/1220 mm
Wendekreis	10 m
Leergewicht	Zweisitzer: 1030, Viersitzer: 1040 kg
Zuläss. Gesamtgewicht	Zweisitzer: 1200, Viersitzer: 1350 kg
Höchstgeschwindigkeit	105 km/h
Beschleunigung 0 – 100 km/h	45 sec
Verbrauch auf 100 km	9 Liter
Tankinhalt	38 Liter
Ölwanneninhalt	3 Liter
Kühlsystem	7,7 Liter

Ford

Ford Taunus 12 M Cabriolet
1953 – 1954

Karosserie	Selbsttragende Ganzstahlkarosserie
Motor	Reihenmotor
Zylinder	4
Bohrung × Hub	63,5 × 92,5 mm
Hubraum	1172 ccm
Leistung	38 PS bei 4250 U/min
Verdichtung	1 : 6,8
max. Drehmoment	7,6 mkp bei 2200 U/min
Gemischaufbereitung	Solex 28 VFIS
Ventile	stehend
Nockenwelle	ohv
Kurbelwellenlager	3
Batterie	6 V 75 Ah
Lichtmaschine	130 W
Kraftübertragung	Hinterradantrieb
Kupplung	Einscheibentrockenkupplung
Schaltung	Lenkradschaltung
Getriebe	3 oder 4 Gänge, II. und III. bzw. II. – IV. synchronisiert
Übersetzungen	I. 3,410, II. 1,765, III. 1,000 oder I. 3,70, II. 2,16, III. 1,40, IV. 1,00
Antriebsübersetzung	4,375 oder 4,57
Fahrwerk	
Vorderradaufhängung	Doppelte Querlenker mit Schraubenfedern
Hinterradaufhängung	Starrachse mit Halbfedern
Bremsanlage	Trommelbremsen vorn und hinten
Felgen	4 J × 13
Reifen	5,60 – 13 oder 5,90 – 13
Lenkung	Schneckenlenkung
Weitere Daten	
Abmessungen (L × B × H)	4070 × 1580 × 1550 mm
Radstand	2489 mm
Spurweite vorn/hinten	1220/1220 mm
Wendekreis	11,5 m
Leergewicht	Zweisitzer: 915, Viersitzer: 935 kg
Zuläss. Gesamtgewicht	1250 kg
Höchstgeschwindigkeit	112 km/h
Beschleunigung 0–100 km/h	38 sec
Verbrauch auf 100 km	9,5 Liter Normal
Tankinhalt	34 Liter
Ölwanneninhalt	2,5 Liter
Kühlsystem	7,1 Liter

Ford

Ford Taunus 15 M Cabriolet
1955–1957

Karosserie	Selbsttragende Ganzstahlkarosserie
Motor	Reihenmotor
Zylinder	4
Bohrung × Hub	82 × 70,9 mm
Hubraum	1498 ccm
Leistung	55 PS bei 4250 U/min
Verdichtung	1 : 7
max. Drehmoment	11,3 mkp bei 2400 U/min
Gemischaufbereitung	Solex 32 PICB
Ventile	hängend
Nockenwelle	ohv
Kurbelwellenlager	3
Batterie	6 V 84 Ah
Lichtmaschine	130 W
Kraftübertragung	Hinterradantrieb
Kupplung	Einscheibentrockenkupplung
Schaltung	Lenkradschaltung
Getriebe	3 Gänge, II. und III. synchronisiert oder 4 Gänge, vollsynchronisiert
Übersetzungen	I. 3,27, II. 1,69, III. 1,00 oder I. 3,39, II. 1,98, III. 1,33, IV. 1,00
Antriebsübersetzung	3-Gang: 4,11 4-Gang: 3,90
Fahrwerk	
Vorderradaufhängung	Doppelte Querlenker mit Schraubenfedern
Hinterradaufhängung	Starrachse mit Halbfedern
Bremsanlage	Trommelbremsen vorn und hinten
Felgen	4 J × 13
Reifen	5,60–13
Lenkung	Schneckenlenkung
Weitere Daten	
Abmessungen (L × B × H)	4060 × 1580 × 1550 mm
Radstand	2489 mm
Spurweite vorn/hinten	1220/1220 mm
Wendekreis	11,5 m
Leergewicht	Zweisitzer: 960, Viersitzer: 980 kg
Zuläss. Gesamtgewicht	1300 kg
Höchstgeschwindigkeit	128 km/h
Beschleunigung 0–100 km/h	25 sec
Verbrauch auf 100 km	10,5 Liter Normal
Tankinhalt	34 Liter
Ölwanneninhalt	2,5 Liter
Kühlsystem	7 Liter

Ford

Ford Taunus 12 M Cabriolet
1959 – 1962

	1,2 Liter	1,5 Liter
Karosserie	Selbsttragende Ganzstahlkarosserie	
Motor	Reihenmotor	
Zylinder	4	4
Bohrung × Hub	63,5 × 92,5 mm	82 × 70,9 mm
Hubraum	1172 ccm	1498 ccm
Leistung	38 PS bei 4250 U/min	55 PS bei 4250 U/min
Verdichtung	1 : 7,4	1 : 6,8
max. Drehmoment	7,8 mkp bei 2200 U/min	11,3 mkp bei 2400 U/min
Gemischaufbereitung	Solex 28 PCJ	Solex 32 PICBA
Ventile	stehend	hängend
Nockenwelle	ohv	
Kurbelwellenlager	3	
Batterie	6 V 84 Ah	
Lichtmaschine	160 (ab Sept. 1961: 180) W	
Kraftübertragung	Hinterradantrieb	
Kupplung	Einscheibentrockenkupplung	
Schaltung	Lenkradschaltung	
Getriebe	3 oder 4 Gänge, vollsynchronisiert	
Übersetzungen	I. 3,48, II. 1,80, III. 1,00 oder: I. 3,60, II. 2,10, III. 1,41, IV. 1,00	I. 3,27, II. 1,69, III. 1,00 oder: I. 3,39, II. 1,98, III. 1,33, IV. 1,00
Antriebsübersetzung	3-Gang: 4,11 od. 4,44, 4-Gang: 4,11, 3,9 od. 4,44	3,9
Fahrwerk		
Vorderradaufhängung	Doppelte Querlenker mit Schraubenfedern, Stabilisator	
Hinterradaufhängung	Starrachse mit Halbfedern	
Bremsanlage	Trommelbremsen vorn und hinten	
Felgen	4 J × 13	
Reifen	5,60 – 13	
Lenkung	Schneckenlenkung	
Weitere Daten		
Abmessungen (L × B × H)	4060 × 1570 × 1520 mm	
Radstand	2489 mm	
Spurweite vorn/hinten	1220/1220 mm	
Wendekreis	11,5 m	
Leergewicht	935 kg	960 kg
Zuläss. Gesamtgewicht	1300 kg	1300 kg
Höchstgeschwindigkeit	112 km/h	128 km/h
Beschleunigung 0–100 km/h	38 sec	25 sec
Verbrauch auf 100 km	9,5 Liter Normal	10,5 Liter Normal
Tankinhalt	34 Liter	34 Liter
Ölwanneninhalt	2,5 Liter	2,85 Liter
Kühlsystem	7 Liter	7 Liter

Ford

	Ford Taunus 12 M Cabriolet (1,2 Liter) 1963–1966	Ford Taunus 12 M Cabriolet (1,5 Liter) 1963–1966	Ford Taunus 12 M/TS Cabriolet (1,5 Liter) 1963–1966
Karosserie		Selbsttragende Ganzstahlkarosserie	
Motor		V4-Motor	
Zylinder		4	
Bohrung × Hub	80 × 58,8 mm	90 × 58,8 mm	90 × 58,8 mm
Hubraum	1183 ccm	1498 ccm	1498 ccm
Leistung	40 PS bei 4500 U/min	50 PS bei 4500 U/min	65 PS bei 4500 U/min
Verdichtung	1 : 7,8	1 : 8	1 : 9
max. Drehmoment	8 mkp bei 2400 U/min	10,5 mkp bei 2100 U/min	11,5 mkp bei 2300 U/min
Gemischaufbereitung	Solex 28 PDSIT-7	Solex 28 PDSIT-7	Solex 32 PDSIT-7
Ventile		hängend	
Nockenwelle		ohv	
Kurbelwellenlager		3	
Batterie		6 V 77 Ah	
Lichtmaschine		200 W	
Kraftübertragung		Frontantrieb	
Kupplung		Einscheibentrockenkupplung	
Schaltung		Lenkradschaltung	
Getriebe		4 Gänge, vollsynchronisiert	
Übersetzungen		I. 4,06, II. 2,33, III. 1,48, IV. 1,00	
Antriebsübersetzung		3,78 (1,5-Liter-Modelle: 3,56)	
Fahrwerk			
Vorderradaufhängung		Querlenker unten, 1 Querfeder oben	
Hinterradaufhängung		Starrachse, Halbfedern	
Bremsanlage		vorne Scheiben-, hinten Trommelbremsen	
Felgen		4 J × 13	
Reifen		5,60 – 13	
Lenkung		Kugelumlauflenkung	
Weitere Daten			
Abmessungen (L × B × H)		4322 × 1594 × 1458 mm	
Radstand		2527 mm	
Spurweite vorn/hinten		1245/1245 mm	
Wendekreis		11,2 m	
Leergewicht		nicht bekannt	
Zuläss. Gesamtgewicht		nicht bekannt	
Höchstgeschwindigkeit	120 km/h	130 km/h	140 km/h
Beschleunigung 0–100 km/h	30 sec	20 sec	17 sec
Verbrauch auf 100 km	9 Liter Normal	9,5 Liter Normal	9,5 Liter Super
Tankinhalt		38 Liter	
Ölwanneninhalt		3,25 Liter	
Kühlsystem		6,5 Liter	

Gutbrod

	Gutbrod Superior 600 1950–1954	Gutbrod Superior 700 Luxus 1952–1954	
Karosserie		Ganzstahlkarosserie	
Motor		Zweitakt-Reihenmotor	
Zylinder	2	2	2
Bohrung × Hub	71 × 75 mm	75 × 75 mm	75 × 75 mm
Hubraum	593 ccm	663 ccm	663 ccm
Leistung	20 PS bei 4000 U/min	26 PS bei 4300 U/min	30 PS bei 4300 U/min
Verdichtung	1:6,6	1:6,8	1:8
max. Drehmoment	4,3 mkp bei 3250 U/min	4,7 mkp bei 2700 U/min	4,9 mkp bei 3500 U/min
Gemischaufbereitung	Solex 32 PBJ	Solex 32 PBJ	Bosch-Einspritzpumpe
Ventile	–	–	–
Nockenwelle	–	–	–
Kurbelwellenlager	5	5	5
Batterie	6 V 75 Ah	6 V 75 Ah	6 V 75 Ah
Lichtmaschine	130 W	130 W	130 W
Kraftübertragung		Frontantrieb	
Kupplung		Einscheibentrockenkupplung	
Schaltung		Knüppelschaltung	
Getriebe		3 Gänge, unsynchronisiert (700 Luxus: 2. und 3. Gang synchronisiert)	
Übersetzungen		I. 4,68 II. 2,01 III. 1,17	
Antriebsübersetzung		4,15	
Fahrwerk			
Vorderradaufhängung		Doppelte Querlenker, Schraubenfedern	
Hinterradaufhängung		Pendelachse, Schraubenfedern	
Bremsanlage		Trommelbremsen vorn und hinten	
Felgen	2,50 C × 15	2,50 C × 15	3 1/2 J × 15
Reifen	4,25–15	4,25–15	4,80–15
Lenkung	Zahnstangenlenkung	Zahnstangenlenkung	Zahnstangenlenkung
Weitere Daten			
Abmessungen (L × B × H)	3560 × 1490 × 1365 mm	3560 × 1490 × 1365 mm	3560 × 1490 × 1365 mm
Radstand	2000 mm	2000 mm	2000 mm
Spurweite vorn/hinten	1130/1160 mm	1130/1160 mm	1130/1160 mm
Wendekreis	9,7 m	9,7 m	9,7 m
Leergewicht	710 kg	740 kg	760 kg
Zuläss. Gesamtgewicht	900 kg	950 kg	975 kg
Höchstgeschwindigkeit	100 km/h	105 km/h	115 km/h
Beschleunigung 0–100 km/h	ca. 100 sec	ca. 45 sec	ca. 35 sec
Verbrauch auf 100 km	7 Liter Gemisch	7 Liter Gemisch	7 Liter Gemisch
Tankinhalt	27 Liter	40 Liter	40 Liter
Ölwanneninhalt	–	–	–
Kühlsystem	8 Liter	8 Liter	8 Liter

Kleinschnittger

Kleinschnittger F 125
1950 – 1957

Karosserie	Aluminiumkarosserie
Motor	Zweitaktmotor (Ilo)
Zylinder	1
Bohrung × Hub	52 × 58 mm
Hubraum	123 ccm
Leistung	4,5 (ab 1951: 5,5) PS bei 5000 U/min (ab 1953: 6 PS bei 5500 U/min)
Verdichtung	1 : 6,8
max. Drehmoment	1,2 mkp bei 4500 U/min
Gemischaufbereitung	Bing 1/21 (ab 1953: Bing 1/17/2)
Ventile	–
Nockenwelle	–
Kurbelwellenlager	nicht bekannt
Batterie	6 V 14 Ah
Lichtmaschine	25 W
Kraftübertragung	Frontantrieb
Kupplung	Lamellenkupplung
Schaltung	Schalthebel unter der Lenksäule
Getriebe	3 Gänge, unsynchronisiert
Übersetzungen	I. 2,84, II. 1,53, III. 1,00
Antriebsübersetzung	3,23
Fahrwerk	
Vorderradaufhängung	Querlenker, geschobene Längsschwingarme
Hinterradaufhängung	gezogene Längsschwingarme
Bremsanlage	Trommelbremsen vorn und hinten
Felgen	1,85 – B
Reifen	2,25 – 20
Lenkung	Zahnstangenlenkung
Weitere Daten	
Abmessungen (L × B × H)	2895 × 1185 × 1220 mm
Radstand	1700 mm
Spurweite vorn/hinten	1010/1010 mm
Wendekreis	7,5 m
Leergewicht	150 kg
Zuläss. Gesamtgewicht	330 kg
Höchstgeschwindigkeit	70 km/h
Beschleunigung 0 – 100 km/h	–
Verbrauch auf 100 km	2,5 Liter Gemisch
Tankinhalt	7,5 Liter
Ölwanneninhalt	–
Kühlsystem	Luftkühlung

NSU Wankel-Spider
1964–1967

Karosserie	Selbsttragende Ganzstahlkarosserie
Motor	Kreiskolbenmotor
Zylinder	1 Scheibe
Bohrung × Hub	–
Hubraum	Kammervolumen: 498 ccm
Leistung	50 PS bei 6000 U/min
Verdichtung	1 : 8,6
max. Drehmoment	7,2 mkp bei 2500 U/min
Gemischaufbereitung	Solex 18/32 HHD
Ventile	–
Nockenwelle	–
Kurbelwellenlager	2
Batterie	12 V 55 Ah
Lichtmaschine	240 W
Kraftübertragung	Heckantrieb
Kupplung	Einscheibentrockenkupplung
Schaltung	Knüppelschaltung
Getriebe	4 Gänge, vollsynchronisiert
Übersetzungen	I. 3,083, II. 1,778, III. 1,174, IV. 0,852
Antriebsübersetzung	4,428
Fahrwerk	
Vorderradaufhängung	Doppelte Querlenker mit Schraubenfedern
Hinterradaufhängung	Pendelachse mit Schräglenkern und Schraubenfedern
Bremsanlage	vorne Scheiben-, hinten Trommelbremsen
Felgen	4 × 12
Reifen	5,00 – 12
Lenkung	Zahnstangenlenkung
Weitere Daten	
Abmessungen (L × B × H)	3580 × 1520 × 1260 mm
Radstand	2020 mm
Spurweite vorn/hinten	1246/1227 mm
Wendekreis	9,5 m
Leergewicht	700 kg
Zuläss. Gesamtgewicht	950 kg
Höchstgeschwindigkeit	153 km/h
Beschleunigung 0–100 km/h	16 sec
Verbrauch auf 100 km	10 Liter Normal
Tankinhalt	35 Liter
Ölwanneninhalt	3,5 Liter
Kühlsystem	10,5 Liter

Isdera

Isdera Spyder 036i ab 1989

Karosserie	GfK-Kunststoff
Motor	Reihenmotor (Mercedes-Benz MB 104.981) in Mittelmotoranordnung
Zylinder	6
Bohrung × Hub	88,5 × 80,2 mm
Hubraum	2960 cm³
Leistung	231 PS bei 6400 U/min
Verdichtung	1:10,0
max. Drehmoment	272 Nm bei 4600 U/min
Gemischaufbereitung	Bosch KE-Jetronic, Lambda-Sonde
Ventile	4 pro Zylinder, hängend
Nockenwelle	2 ohc
Kurbelwellenlager	7
Batterie	12 V 60 Ah
Lichtmaschine	1400 W
Kraftübertragung	Hinterradantrieb
Kupplung	Einscheibentrockenkupplung
Schaltung	Knüppelschaltung
Getriebe	5-Gang
Übersetzungen	I.2,58, II.1,52, III.1,04, IV.0,84, V.0,704
Antriebsübersetzung	4,00
Fahrwerk	Gitterrohrrahmen
Vorderradaufhängung	Dreiecksquerlenker, McPherson-Federbeine, Stabilisator
Hinterradaufhängung	Raumlenker-Hinterachse, Gasdruck-Stoßdämpfer, Schraubenfedern, Stabilisator
Bremsanlage	Scheibenbremsen vorn (innenbelüftet) und hinten, ABS
Felgen	Vorn: 6J×15, hinten: 7J×15
Reifen	vorn: 195/50 VR 15, hinten: 205/50 VR 15
Lenkung	Zahnstangenlenkung
Weitere Daten	
Abmessungen (L × B × H)	4160 × 1710 × 1130 mm
Radstand	2516 mm
Spurweite vorn/hinten	1430/1400 mm
Wendekreis	8,9 m
Leergewicht	920 kg
Zuläss. Gesamtgewicht	1200 kg
Höchstgeschwindigkeit	252 km/h
Beschleunigung 0–100 km/h	5,9 sec
Verbrauch auf 100 km	11,2 l Super
Tankinhalt	65 l
Ölwanneninhalt	8,0 l
Kühlsystem	11 l

Lorenz & Rankl

Lorenz & Rankl Silver Falcon ab 1986

Karosserie	Aluminiumkarosserie
Motor	V 8
Zylinder	8
Bohrung × Hub	92,0 × 78,9 mm
Hubraum	4196 cm^3
Leistung	204 PS bei 5200 U/min
Verdichtung	1:9,0
max. Drehmoment	310 Nm bei 3600 U/min
Gemischaufbereitung	Bosch KE-Jetronic, Lambda-Sonde
Ventile	hängend
Nockenwelle	2 × ohc
Kurbelwellenlager	5
Batterie	12 V 66 Ah
Lichtmaschine	980 W
Kraftübertragung	Hinterradantrieb
Kupplung	Einscheibentrockenkupplung
Schaltung	Wählhebel auf Mittelkonsole
Getriebe	4-Gang-Automatik
Übersetzungen	I.3,68, II.2,41, III.1,44, IV.5,14, R.4,15
Antriebsübersetzung	2,470
Fahrwerk	Edelstahl-Gitterrohrrahmen
Vorderradaufhängung	Doppelquerlenker, Schraubenfedern, Gasdruck-Stoßdämpfer, Stabilisator
Hinterradaufhängung	Diagonal-Pendelachse, Gasdruck-Stoßdämpfer, Schraubenfedern, Stabilisator
Bremsanlage	Scheibenbremsen vorn (innenbelüftet) und hinten, ABS
Felgen	8 J × 15
Reifen	vorn: 225/50 VR 15, hinten: 245/50 VR 15
Lenkung	Zahnstangenlenkung, servounterstützt
Weitere Daten	
Abmessungen (L × B × H)	4424 × 1976 × 1168 mm
Radstand	2400 mm
Spurweite vorn/hinten	1700/1700 mm
Wendekreis	10,6 m
Leergewicht	1150 kg
Zuläss. Gesamtgewicht	1600 kg
Höchstgeschwindigkeit	205 km/h
Beschleunigung 0–100 km/h	9,0 sec
Verbrauch auf 100 km	12,5 l Super
Tankinhalt	85 l
Ölwanneninhalt	7,5 l
Kühlsystem	13 l

Opel

	Opel Olympia Cabrio-Limousine 1950	Opel Olympia Cabrio-Limousine 1951–1952
Karosserie	Selbsttragende Ganzstahlkarosserie	
Motor	Reihenmotor	
Zylinder	4	
Bohrung × Hub	80 × 74 mm	
Hubraum	1488 ccm	
Leistung	37 PS bei 3500 U/min (ab 1951: 39 PS bei 3700 U/min)	
Verdichtung	1 : 6,15	
max. Drehmoment	9,0 mkp bei 2000 U/min	
Gemischaufbereitung	Opel-Vergaser (Lizenz Carter)	
Ventile	hängend	
Nockenwelle	ohv	
Kurbelwellenlager	4	
Batterie	6 V 75 Ah	
Lichtmaschine	130 W	
Kraftübertragung	Hinterradantrieb	
Kupplung	Einscheibentrockenkupplung	
Schaltung	Lenkradschaltung	
Getriebe	3 Gänge, II. + III. synchronisiert	
Übersetzungen	I. 3,584, II. 1,675, III. 1,000	
Antriebsübersetzung	4,556	4,30
Fahrwerk		
Vorderradaufhängung	Doppelte Querlenker u. Schraubenfedern	Doppelte Querlenker u. Schraubenfedern
Hinterradaufhängung	Starrachse	Starrachse
Bremsanlage	vorn und hinten Trommelbremsen	vorn und hinten Trommelbremsen
Felgen	3,25 D × 16	4 J × 15
Reifen	5,00–16	5,60–15
Lenkung	Schneckenlenkung	Schneckenlenkung
Weitere Daten		
Abmessungen (L × B × H)	4050 × 1564 × 1580 mm	4050 × 1564 × 1580 mm
Radstand	2395 mm	2395 mm
Spurweite vorn/hinten	1192/1250 mm	1203/1262 mm
Wendekreis	11 m	11 m
Leergewicht	910 kg	920 kg
Zuläss. Gesamtgewicht	1260 kg	1270 kg
Höchstgeschwindigkeit	112 km/h	
Beschleunigung 0–100 km/h	43 sec	
Verbrauch auf 100 km	10 Liter Normal	
Tankinhalt	35 Liter	
Ölwanneninhalt	3,25 Liter	
Kühlsystem	8,8 Liter	

Opel

	Opel Olympia Rekord Cabrio-Limousine 1954–1955	Opel Olympia Rekord Cabrio-Limousine 1956
Karosserie	Selbsttragende Ganzstahlkarosserie	
Motor	Reihenmotor	
Zylinder	4	4
Bohrung × Hub	80 × 74 mm	80 × 74 mm
Hubraum	1488 ccm	1488 ccm
Leistung	40 PS bei 3800 U/min	45 PS bei 3900 U/min
Verdichtung	1 : 6,3	1 : 6,9
max. Drehmoment	9,6 mkp bei 1900 U/min	10 mkp bei 2300 U/min
Gemischaufbereitung	Opel-Vergaser (Lizenz Carter)	
Ventile	hängend	
Nockenwelle	ohv	
Kurbelwellenlager	4	
Batterie	6 V 84 Ah	
Lichtmaschine	130 W (1956: 160 W)	
Kraftübertragung		
	Hinterradantrieb	
Kupplung	Einscheibentrockenkupplung	
Schaltung	Lenkradschaltung	
Getriebe	3 Gänge, II. + III. synchronisiert	
Übersetzungen	I. 3,57, II. 1,68, III. 1,00	
Antriebsübersetzung	3,90	
Fahrwerk		
Vorderradaufhängung	Doppelte Querlenker mit Schraubenfedern	
Hinterradaufhängung	Starrachse mit Blattfedern	
Bremsanlage	Trommelbremsen vorn und hinten	
Felgen	4 J × 13	
Reifen	5,60 – 13	
Lenkung	Schneckenlenkung	Kugelumlauflenkung
Weitere Daten		
Abmessungen (L × B × H)	4240 × 1625 × 1550 mm	4210 × 1625 × 1550 mm
Radstand	2487 mm	2487 mm
Spurweite vorn/hinten	1200/1268 mm	1200/1268 mm
Wendekreis	11 m	11 m
Leergewicht	920 kg	920 kg
zuläss. Gesamtgewicht	1235 kg	1235 kg
Höchstgeschwindigkeit	120 km/h	122 km/h
Beschleunigung 0–100 km/h	35 sec	30 sec
Verbrauch auf 100 km	10 Liter Normal	10 Liter Normal
Tankinhalt	31 Liter	35 Liter
Ölwanneninhalt	3,25 Liter	3,25 Liter
Kühlsystem	7,5 Liter	8,3 Liter

Opel

	Opel Olympia Rekord (P) Cabriolet 1959–1960	Opel Rekord (P II) Cabriolet 1961–1963
Karosserie	Selbsttragende Ganzstahlkarosserie	
Motor	Reihenmotor	
Zylinder	4	4
Bohrung × Hub	80 × 74 oder 85 × 74 mm	85 × 74 mm
Hubraum	1488 oder 1680 ccm	1680 ccm
Leistung	50 bzw. 55 PS bei 4000 U/min	60 PS bei 4100 U/min
Verdichtung	1 : 7,25	1 : 8
max. Drehmoment	10,8 bzw. 12,2 mkp bei 2100 U/min	12,8 mkp bei 2000 U/min
Gemischaufbereitung	Opel-Vergaser (Lizenz Carter)	Opel-Vergaser (Lizenz Carter)
Ventile	hängend	hängend
Nockenwelle	ohv	ohv
Kurbelwellenlager	4	4
Batterie	6 V 77 Ah	6 V 77 Ah
Lichtmaschine	200 W	200 W
Kraftübertragung	Hinterradantrieb	Hinterradantrieb
Kupplung	Einscheibentrockenkupplung	Einscheibentrockenkupplung
Schaltung	Lenkradschaltung	Lenkradschaltung
Getriebe	3 Gänge, vollsynchronisiert	3 oder 4 Gänge, vollsynchronisiert
Übersetzungen	I. 3,235, II. 1,681, III. 1,000	3-Gang: I. 3,235, II. 1,681, III. 1,000 4-Gang: I. 3,571, II. 2,043, III. 1,324, IV. 1,000
Antriebsübersetzung	3,90	3,55
Fahrwerk		
Vorderradaufhängung	Doppelte Querlenker mit Schraubenfedern	Doppelte Querlenker mit Schraubenfedern
Hinterradaufhängung	Starrachse mit Blattfedern	Starrachse mit Blattfedern
Bremsanlage	Trommelbremsen vorn und hinten	Trommelbremsen vorn und hinten
Felgen	4 J × 13	4½ J × 13
Reifen	5,90–13	5,90–13
Lenkung	Kugelumlauflenkung	Kugelumlauflenkung
Weitere Daten		
Abmessungen (L × B × H)	4433 × 1616 × 1490 mm	4515 × 1632 × 1405 mm
Radstand	2541 mm	2541 mm
Spurweite vorn/hinten	1260/1270 mm	1265/1280 mm
Wendekreis	11,6 m	11,5 m
Leergewicht	920 kg	930 kg
Zuläss. Gesamtgewicht	1300 kg	1260 kg
Höchstgeschwindigkeit	128 (1700: 132) km/h	140 km/h
Beschleunigung 0–100 km/h	24 bzw. 20 sec	20 sec
Verbrauch auf 100 km	9,5 Liter Normal	9,5 Liter Super
Tankinhalt	40 Liter	40 Liter
Ölwanneninhalt	3,25 Liter	3,25 Liter
Kühlsystem	8 Liter	8 Liter

Opel

	Opel Rekord (A) 1700 S Cabriolet 1963–1965	Opel Rekord-6 2600 Cabriolet 1964–1966
Karosserie	Selbsttragende Ganzstahlkarosserie	
Motor	Reihenmotor	
Zylinder	4	6
Bohrung × Hub	85 × 74 mm	85 × 76,5 mm
Hubraum	1680 ccm	2605 ccm
Leistung	67 PS bei 4400 U/min	100 PS bei 4600 U/min
Verdichtung	1 : 8	1 : 8,2
max. Drehmoment	12,8 mkp bei 2900 U/min	18,5 mkp bei 2400 U/min
Gemischaufbereitung	Opel-Vergaser (Lizenz Carter)	Opel-Vergaser (Lizenz Carter)
Ventile	hängend	hängend
Nockenwelle	ohv	ohv
Kurbelwellenlager	4	4
Batterie	6 V 77 Ah	12 V 44 Ah
Lichtmaschine	200 W	Drehstrom 490 W
Kraftübertragung		
Kupplung	Hinterradantrieb	Hinterradantrieb
Schaltung	Einscheibentrockenkupplung	Einscheibentrockenkupplung
Getriebe	Knüppel-, auf Wunsch Lenkradschaltung	Knüppelschaltung
Übersetzungen	4 Gänge, vollsynchronisiert	4 Gänge, vollsynchronisiert
Antriebsübersetzung	I. 3,572, II. 2,043, III. 1,324, IV. 1,000	I. 3,428, II. 2,156, III. 1,366, IV. 1,000
	3,89	3,20
Fahrwerk		
Vorderradaufhängung	Doppelte Querlenker mit Schraubenfedern	Doppelte Querlenker mit Schraubenfedern
Hinterradaufhängung	Starrachse mit Blattfedern	Starrachse mit Blattfedern
Bremsanlage	Trommelbremsen vorn und hinten, auf Wunsch Scheibenbremsen vorn	vorn Scheiben-, hinten Trommelbremsen
Felgen	4¹/₂ J × 13	4¹/₂ J × 14
Reifen	5,90–13	165 SR 14
Lenkung	Kugelumlauflenkung	Kugelumlauflenkung
Weitere Daten		
Abmessungen (L × B × H)	4512 × 1696 × 1400 mm	4512 × 1696 × 1418 mm (ab Sept. 1965: 4551 × 1690 × 1418 mm)
Radstand	2639 mm	2639 mm
Spurweite vorn/hinten	1321/1276 mm	1325/1279 mm (ab Sept. 1965: 1325/1356 mm)
Wendekreis	11,6 m	11,6 m
Leergewicht	980 kg	1115 kg
zuläss. Gesamtgewicht	1300 kg	1470 kg
Höchstgeschwindigkeit	144 km/h	168 km/h
Beschleunigung 0–100 km/h	17 sec	13 sec
Verbrauch auf 100 km	10 Liter Super	12 Liter Super
Tankinhalt	45 Liter	45 Liter
Ölwanneninhalt	3,25 Liter	4,5 Liter
Kühlsystem	7,6 Liter	10 Liter

Opel

	Opel Rekord C Cabriolet 1967–1971	Opel Commodore A Cabriolet 1967–1971
Karosserie	Selbsttragende Ganzstahlkarosserie	
Motor	Reihenmotor	
Zylinder	4	6
Bohrung × Hub	93 × 69,8 mm	87 × 69,8 mm
Hubraum	1897 ccm	2490 ccm
Leistung	90 PS bei 5100 U/min	115 PS bei 5200 U/min
Verdichtung	1 : 9	1 : 9,5
max. Drehmoment	14,9 mkp bei 2800 U/min	17,7 mkp bei 3800 U/min
Gemischaufbereitung	Solex 32/35 DIDTA – 4	Solex 32/35 DIDTA – 4
Ventile	hängend	hängend
Nockenwelle	im Zylinderkopf	im Zylinderkopf
Kurbelwellenlager	5	7
Batterie	12 V 44 Ah	12 V 44 Ah
Lichtmaschine	350 (ab 1969: 390) W	350 (ab 1968: 390) W
Kraftübertragung		
Kupplung	Hinterradantrieb	
	Einscheibentrockenkupplung	
Schaltung	Knüppelschaltung	
Getriebe	4 Gänge, vollsynchronisiert	
Übersetzungen	I. 3,428, II. 2,156, III. 1,366, IV. 1,000	
Antriebsübersetzung	3,89 (Commodore A: 3,56)	
Fahrwerk		
Vorderradaufhängung	Doppelte Querlenker, Schraubenfedern, Drehstab-Stabilisator	
Hinterradaufhängung	Starrachse mit Längslenkern, Panhardstab, Schraubenfedern, Drehstab-Stabilisator	
Bremsanlage	vorne Scheiben-, hinten Trommelbremsen, Zweikreis-System, Servo	
Felgen	5 J × 13	5 J × 14
Reifen	6,40 – 13	165 SR 14
Lenkung	Kugelumlauflenkung	Kugelumlauflenkung
Weitere Daten		
Abmessungen (L × B × H)	4574 × 1754 × 1460 mm	4574 × 1754 × 1445 mm
Radstand	2668 mm	2668 mm
Spurweite vorn/hinten	1412/1410 mm	1410/1410 mm
Wendekreis	11,7 m	12 m
Leergewicht	nicht bekannt	nicht bekannt
Zuläss. Gesamtgewicht	nicht bekannt	nicht bekannt
Höchstgeschwindigkeit	155 km/h	170 km/h
Beschleunigung 0–100 km/h	16 sec	14 sec
Verbrauch auf 100 km	12 Liter Super	12,5 Liter Super
Tankinhalt	55 Liter	55 (ab Aug. 1969: 70) Liter
Ölwanneninhalt	3,6 Liter	4,5 Liter
Kühlsystem	5,7 Liter	9,5 Liter

Opel

	Opel Kadett Aero 1,2 S 1976–1978	Opel Kadett Aero 1,6 S 1977–1978
Karosserie	Selbsttragende Ganzstahlkarosserie	
Motor	Reihenmotor	
Zylinder	4	
Bohrung × Hub	79 × 61 mm	85 × 69,8 mm
Hubraum	1196 ccm	1566 ccm
Leistung	60 PS bei 5400 U/min	75 PS bei 5200 U/min
Verdichtung	1 : 9	1 : 8,8
max. Drehmoment	9,0 mkp bei 3400 U/min	11,5 mkp bei 4000 U/min
Gemischaufbereitung	Solex 32 PDSI	Solex 32/32 DIDTA–4
Ventile	hängend	hängend
Nockenwelle	ohv	im Zylinderkopf
Kurbelwellenlager	3	5
Batterie	12 V 44 Ah	
Lichtmaschine	Drehstrom 630 W	
Kraftübertragung	Hinterradantrieb	
Kupplung	Einscheibentrockenkupplung	
Schaltung	Knüppelschaltung	
Getriebe	4 Gänge, vollsynchronisiert	
Übersetzungen	I. 3,733, II. 2,243, III. 1,432, IV. 1,000	I. 3,428, II. 2,156, III. 1,366, IV. 1,000
Antriebsübersetzung	4,11	3,70
Fahrwerk		
Vorderradaufhängung	Doppelte Querlenker, Schraubenfedern, Stabilisator	
Hinterradaufhängung	Zentralgelenk-Starrachse mit Längslenkern, Panhardstab, Schraubenfedern, Stabilisator	
Bremsanlage	vorne Scheiben-, hinten Trommelbremsen, Servo, Zweikreis-System	
Felgen	5 J × 13	
Reifen	175/70 SR 13	
Lenkung	Zahnstangenlenkung	
Weitere Daten		
Abmessungen (L × B × H)	4124 × 1580 × 1375 mm	
Radstand	2395 mm	
Spurweite vorn/hinten	1300/1299 mm	
Wendekreis	10 m	
Leergewicht	820 kg	920 kg
Zuläss. Gesamtgewicht	1220 kg	1320 kg
Höchstgeschwindigkeit	148 km/h	157 km/h
Beschleunigung 0–100 km/h	16 sec	13 sec
Verbrauch auf 100 km	9,5 Liter Super	10 Liter Super
Tankinhalt	43 Liter	43 Liter
Ölwanneninhalt	2,8 Liter	3,8 Liter
Kühlsystem	4,6 Liter	6,5 Liter

Opel

	Opel Kadett E 1,6 S 1987–1989	Opel Kadett GSi 1987–1989
Karosserie	Ganzstahlkarosserie	
Motor	Reihenmotor	
Zylinder	4	
Bohrung × Hub	79 × 81,5 mm	86 × 86 mm
Hubraum	1598 cm^3	1984 cm^3
Leistung	82 PS bei 5400 U/min	112 PS bei 5600 U/min
Verdichtung	1:10,2	1:92
max. Drehmoment	130 Nm bei 2600 U/min	175 Nm bei 3000 U/min
Gemischaufbereitung	Registervergaser Pierburg 2 E3	Bosch Motronic M1.5
Ventile	hängend	
Nockenwelle	ohc	
Kurbelwellenlager	5	
Batterie	12 V 55 Ah	
Lichtmaschine	770 W	
Kraftübertragung	Frontantrieb	
Kupplung	Einscheibentrockenkupplung	
Schaltung	Knüppelschaltung	
Getriebe	5-Gang	
Übersetzungen	I.3,55, II.1,96, III.1,30, IV.0,89, V.0,71, R.3,31	I.3,42, II.2,16, III.1,48, IV.1,12, V.0,89, R.3,33
Antriebsübersetzung	3,94	3,55
Fahrwerk		
Vorderradaufhängung	McPherson-Federbeine, untere Querlenker, Schraubenfedern, Stabilisator	
Hinterradaufhängung	Verbundlenker-Achse, doppelkonische Miniblockfedern	
Bremsanlage	Scheibenbremsen vorn, Trommelbremsen hinten	
Felgen	5,5 J × 13	5,5 J × 14
Reifen	175/70 R 13	185/60 R 14
Lenkung	Zahnstangenlenkung	
Weitere Daten		
Abmessungen (L × B × H)	3998 × 1663 × 1385 mm	3998 × 1663 × 1380 mm
Radstand	2520 mm	
Spurweite vorn/hinten	1400/1406 mm	1406/1406 mm
Wendekreis	10,5 m	
Leergewicht	970 kg	1045 kg
Zuläss. Gesamtgewicht	1405 kg	1460 kg
Höchstgeschwindigkeit	172 km/h	195 km/h
Beschleunigung 0–100 km/h	13,0 sec	10,0 sec
Verbrauch auf 100 km	6,8 Super	8,3 l Super
Tankinhalt	52 l	
Ölwanneninhalt	3,25 l	4,0 l
Kühlsystem	7,5 l	6,4 l

	Opel Kadett GSi 2,0i ab 1987*	Opel Kadett 1,6i ab 1987 1,6i Edition II ab 1990**
Karosserie	Ganzstahlkarosserie	
Motor	Reihenmotor	
Zylinder	4	
Bohrung × Hub	86 × 86 mm	79 × 81,5 mm
Hubraum	1984 cm³	1598 cm³
Leistung	115 PS bei 5400 U/min	75 PS bei 5200 U/min
Verdichtung	1:9,2	1:8,6, ab 9/88: 1:9,2
max. Drehmoment	170 Nm bei 3000 U/min	121 Nm bei 3400 U/min, ab 9/88 125 Nm/3200 U/min)
Gemischaufbereitung	Bosch Motronic M1.5, Lambda-Sonde	Rochester-Einspritzanlage, Lambda-Sonde
Ventile	hängend	
Nockenwelle	ohc	
Kurbelwellenlager	5	
Batterie	12 V 55 Ah	12 V 44 Ah
Lichtmaschine	770 W	
Kraftübertragung	Frontantrieb	
Kupplung	Einscheibentrockenkupplung	
Schaltung	Knüppelschaltung	
Getriebe	5-Gang	
Übersetzungen	I.3,42, II.2,16, III.1,48, IV.1,12, V.0,89, R.3,33	I.3,55, II.1,96, III.1,30, IV.0,89, V.0,71, R.3,31
Antriebsübersetzung	3,55	3,94
Fahrwerk		
Vorderradaufhängung	McPherson-Federbeine, untere Querlenker, Schraubenfedern, Stabilisator	
Hinterradaufhängung	Verbundlenker-Achse, doppelkonische Miniblockfedern	
Bremsanlage	Scheibenbremsen vorn, Trommelbremsen hinten	
Felgen	5,5J × 14	5,5J × 13
Reifen	185/60 R 14	175/70 R 13
Lenkung	Zahnstangenlenkung (ab 1990 Servounterstützt)	Zahnstangenlenkung
Weitere Daten		
Abmessungen (L × B × H)	3998 × 1663 × 1380 mm	3998 × 1663 × 1385 mm
Radstand	2520 mm	
Spurweite vorn/hinten	1406/1406 mm	1400/1406 mm
Wendekreis	10,5 m	
Leergewicht	1055 kg	980 kg, ab 9/88: 985 kg
Zuläss. Gesamtgewicht	1460 kg	1405 kg, ab 9/88: 1420 kg
Höchstgeschwindigkeit	195 km/h	167 km/h
Beschleunigung 0–100 km/h	10,0 sec	14,0 sec, ab 9/88: 13,5 sec
Verbrauch auf 100 km	8,3 l Super	7,9 l Super
Tankinhalt	52 l	
Ölwanneninhalt	4,0 l	3,25 l
Kühlsystem	6,4 l	7,5 l

* Ab 1990 »GSi Edition II«, ab 1991 »GSi Edition«
** Ab 1991 »Edition«

Porsche

	Porsche 356 1100 Cabriolet 1950–1954	Porsche 356 1300 Cabriolet 1951–1954	Porsche 356 1500 Cabriolet 1951–1952
Karosserie		Ganzstahlkarosserie	
Motor		Boxermotor im Heck	
Zylinder	4	4	4
Bohrung × Hub	73,5 × 64 mm	80 × 64 mm	80 × 74 mm
Hubraum	1086 ccm	1286 ccm	1488 ccm
Leistung	40 PS bei 4000 U/min	44 PS bei 4200 U/min	60 PS bei 4800 U/min
Verdichtung	1:7	1:6,5	1:7
max. Drehmoment	7,3 mkp bei 3300 U/min	8,3 mkp bei 2500 U/min	10,2 mkp bei 3250 U/min
Gemischaufbereitung	2 Solex 32 PBI	2 Solex 32 PBI	2 Solex 32 PBI
Ventile	hängend	hängend	hängend
Nockenwelle	ohv	ohv	ohv
Kurbelwellenlager	4	4	4
Batterie	6 V 84 Ah	6 V 84 Ah	6 V 84 Ah
Lichtmaschine	130 W	130 W	160 W
Kraftübertragung		Heckantrieb	
Kupplung		Einscheibentrockenkupplung	
Schaltung		Knüppelschaltung	
Getriebe		4 Gänge, unsynchronisiert (ab Oktober 1952 vollsynchronisiert)	
Übersetzungen		Bis Okt. 1952: I. 3,60, II. 2,07, III. 1,25, IV. 0,80 Ab Okt. 1952: I. 3,18, II. 1,76, III. 1,13, IV. 0,815	
Antriebsübersetzung		4,430 (ab Oktober 1952: 4,375)	
Fahrwerk			
Vorderradaufhängung		Kurbellenker oben und unten	
Hinterradaufhängung		Pendelachse mit Längslenkern	
Bremsanlage		Trommelbremsen vorn und hinten	
Felgen		3,25 D × 16	
Reifen		5.00–16	
Lenkung		Spindellenkung	
Weitere Daten			
Abmessungen (L × B × H)		3870 (ab Okt. 1952: 3950) × 1660 × 1300 mm	
Radstand		2100 mm	
Spurweite vorn/hinten		1290/1250 mm	
Wendekreis		10,3 m	
Leergewicht	800 kg	800 kg	820 kg
Zuläss. Gesamtgewicht	1100 kg	1100 kg	1100 kg
Höchstgeschwindigkeit	140 km/h	145 km/h	165 km/h
Beschleunigung 0–100 km/h	24 sec	22 sec	16 sec
Verbrauch auf 100 km	9 Liter Super	10 Liter Super	11 Liter Super
Tankinhalt	50 Liter	50 Liter	50 Liter
Ölwanneninhalt	3,5 Liter	3,5 Liter	3,5 Liter
Kühlsystem	Luftkühlung	Luftkühlung	Luftkühlung

Porsche

	Porsche 356 1300 A Cabriolet 1954–1955	Porsche 356 1300 Super Cabriolet 1953–1955
Karosserie	Ganzstahlkarosserie	

	Porsche 356 1300 A Cabriolet 1954–1955	Porsche 356 1300 Super Cabriolet 1953–1955
Karosserie	Ganzstahlkarosserie	
Motor	Boxermotor im Heck	
Zylinder	4	4
Bohrung × Hub	74,5 × 74 mm	74,5 × 74 mm
Hubraum	1290 ccm	1290 ccm
Leistung	44 PS bei 4200 U/min	60 PS bei 5500 U/min
Verdichtung	1 : 6,5	1 : 8,2
max. Drehmoment	8,25 mkp bei 2800 U/min	8,8 mkp bei 3600 U/min
Gemischaufbereitung	2 Solex 32 PBIC	2 Solex 40 PBIC
Ventile	hängend	hängend
Nockenwelle	ohv	ohv
Kurbelwellenlager	4	4
Batterie	6 V 84 Ah	6 V 84 Ah
Lichtmaschine	160 W	160 W
Kraftübertragung	Heckantrieb	Heckantrieb
Kupplung	Einscheibentrockenkupplung	Einscheibentrockenkupplung
Schaltung	Knüppelschaltung	Knüppelschaltung
Getriebe	4 Gänge, vollsynchronisiert	4 Gänge, vollsynchronisiert
Übersetzungen	I. 3,18, II. 1,76, III. 1,13, IV. 0,815	I. 3,18, II. 1,76, III. 1,13 od. 1,22, IV. 0,815 od. 0,885
Antriebsübersetzung	4,375	4,375
Fahrwerk		
Vorderradaufhängung	Kurbellenker oben und unten	
Hinterradaufhängung	Pendelachse mit Längslenkern	
Bremsanlage	Trommelbremsen vorn und hinten	
Felgen	3,25 D × 16	
Reifen	5.00 – 16	
Lenkung	Spindellenkung	
Weitere Daten		
Abmessungen (L × B × H)	3950 × 1660 × 1300 mm	
Radstand	2100 mm	
Spurweite vorn/hinten	1290/1250 mm	
Wendekreis	10,3 m	
Leergewicht	800 kg	840 kg
Zuläss. Gesamtgewicht	1100 kg	1200 kg
Höchstgeschwindigkeit	145 km/h	160 km/h
Beschleunigung 0–100 km/h	22 sec	17 sec
Verbrauch auf 100 km	10 Liter Super	11 Liter Super
Tankinhalt	50 Liter	50 Liter
Ölwanneninhalt	4,5 Liter	3,5 (ab Nov. 1954: 4,5) Liter
Kühlsystem	Luftkühlung	Luftkühlung

Porsche

	Porsche 356 1500 Cabriolet/Speedster 1952–1955	**Porsche 356** 1500 Super Cabriolet/Speedster 1952–1955
Karosserie		Ganzstahlkarosserie

Motor — Boxermotor im Heck

	1500 Cabriolet/Speedster	1500 Super Cabriolet/Speedster
Zylinder	4	4
Bohrung × Hub	80 × 74 mm	80 × 74 mm
Hubraum	1488 ccm	1488 ccm
Leistung	55 PS bei 4400 U/min	70 PS bei 5000 U/min
Verdichtung	1 : 6,5	1 : 8,2
max. Drehmoment	10,5 mkp bei 2500 U/min	10,4 mkp bei 3500 U/min
Gemischaufbereitung	2 Solex 32 PBI	2 Solex 40 PBIC
Ventile	hängend	
Nockenwelle	ohv	
Kurbelwellenlager	4	
Batterie	6 V 84 Ah	
Lichtmaschine	160 W	

Kraftübertragung

- Heckantrieb
- Kupplung: Einscheibentrockenkupplung
- Schaltung: Knüppelschaltung
- Getriebe: 4 Gänge, vollsynchronisiert
- Übersetzungen: I. 3,18, II. 1,76, III. 1,13 od. 1,22, IV. 0,815 od. 0,885
- Antriebsübersetzung: 4,375

Fahrwerk

- Vorderradaufhängung: Kurbellenker oben und unten
- Hinterradaufhängung: Pendelachse mit Längslenkern
- Bremsanlage: Trommelbremsen vorn und hinten
- Felgen: 3,25 D × 16
- Reifen: 5,00 – 16 Sport
- Lenkung: Spindellenkung

Weitere Daten

	1500 Cabriolet/Speedster	1500 Super Cabriolet/Speedster
Abmessungen (L × B × H)		3950 × 1660 × 1300 mm
Radstand		2100 mm
Spurweite vorn/hinten		1290/1250 mm
Wendekreis		10,3 m
Leergewicht		Cabriolet 840 kg, Speedster 770 kg
Zuläss. Gesamtgewicht		Cabriolet 1200 kg, Speedster 1050 kg
Höchstgeschwindigkeit	160 km/h	175 km/h
Beschleunigung 0–100 km/h	17 sec	14 sec
Verbrauch auf 100 km	10 Liter Super	11 Liter Super
Tankinhalt	50 Liter	50 Liter
Ölwanneninhalt	3,5 (ab Nov. 1954: 4,5) Liter	3,5 (ab Nov. 1954: 4,5) Liter
Kühlsystem	Luftkühlung	Luftkühlung

Porsche

	Porsche 356 A 1500 GS Carrera Cabriolet 1955–1958	Porsche 356 A 1600 GS Carrera Cabriolet 1958–1959
Karosserie	Ganzstahlkarosserie	
Motor	Boxermotor im Heck	
Zylinder	4	4
Bohrung × Hub	85 × 66 mm	87,5 × 66 mm
Hubraum	1498 ccm	1588 ccm
Leistung	100 PS bei 6200 U/min (ab Mai 1957 wahlweise 110 PS)	105 PS bei 6500 U/min
Verdichtung	1:9	1:9,5
max. Drehmoment	12,1 mkp bei 5200 U/min	12,3 mkp bei 5000 U/min
Gemischaufbereitung	2 Solex 40 PJJ	2 Solex 40 PJJ
Ventile	hängend	hängend
Nockenwelle	2 × 2 ohc (Antrieb üb. Königswellen)	2 × 2 ohc (Antrieb üb. Königswellen)
Kurbelwellenlager	4	4
Batterie	6 V 84 Ah	6 V 84 Ah (wahlweise 12 V 50 Ah)
Lichtmaschine	160 W	160 W
Kraftübertragung	Heckantrieb	
Kupplung	Einscheibentrockenkupplung	
Schaltung	Knüppelschaltung	
Getriebe	4 Gänge, vollsynchronisiert	
Übersetzungen	I. 3,09, II. 1,76, III. 1,23, IV. 0,96 oder I. 3,18, II. 1,94, III. 1,13, IV. 0,815 oder I. 2,54, II. 1,63, III. 1,04, IV. 0,885	
Antriebsübersetzung	4,428 (wahlweise 4,38, 4,857 oder 5,167)	
Fahrwerk		
Vorderradaufhängung	Kurbellenker oben und unten	
Hinterradaufhängung	Pendelachse mit Längslenkern	
Bremsanlage	Trommelbremsen vorn und hinten	
Felgen	4½ J × 15	
Reifen	5,90–15 Supersport	
Lenkung	Spindellenkung (ab Mai 57 Schneckenlenkung)	Schneckenlenkung
Weitere Daten		
Abmessungen (L × B × H)	3950 × 1670 × 1310 (Speedster: 1220) mm	3950 × 1670 × 1310 mm
Radstand	2100 mm	2100 mm
Spurweite vorn/hinten	1306/1272 mm	1306/1272 mm
Wendekreis	11 m	11 m
Leergewicht	900 (ab Mai 57: 950) kg/Speedster: 835 bzw. 885 kg	950 kg
Zuläss. Gesamtgewicht	1200 (Speedster: 1100) kg	1250 kg
Höchstgeschwindigkeit	200 km/h	200 km/h
Beschleunigung 0–100 km/h	12 sec	11 sec
Verbrauch auf 100 km	13 Liter Super	13 Liter Super
Tankinhalt	52 Liter	52 Liter
Ölwanneninhalt	8 Liter (Trockensumpf)	8 Liter (Trockensumpf)
Kühlsystem	Luftkühlung	Luftkühlung

Porsche

	Porsche 356 A 1300 Cabriolet 1955–1957	Porsche 356 A 1300 Super Cabriolet 1955–1957
Karosserie	Ganzstahlkarosserie	
Motor	Boxermotor im Heck	
Zylinder	4	4
Bohrung × Hub	74,5 × 74 mm	74,5 × 74 mm
Hubraum	1290 ccm	1290 ccm
Leistung	44 PS bei 4200 U/min	60 PS bei 5500 U/min
Verdichtung	1 : 6,5	1 : 8,2
max. Drehmoment	8,25 mkp bei 2800 U/min	9,0 mkp bei 3600 U/min
Gemischaufbereitung	2 Solex 32 PBIC	2 Solex 40 PBIC
Ventile	hängend	
Nockenwelle	ohv	
Kurbelwellenlager	4	
Batterie	6 V 84 Ah	
Lichtmaschine	160 W	
Kraftübertragung	Heckantrieb	
Kupplung	Einscheibentrockenkupplung	
Schaltung	Knüppelschaltung	
Getriebe	4 Gänge, vollsynchronisiert	
Übersetzungen	I. 3,18, II. 1,76, III. 1,13, IV. 0,815 oder: I. 3,09, II. 1,94, III. 1,23, IV. 0,885 oder: I. 2,54, II. 1,63, III. 1,04, IV. 0,96	
Antriebsübersetzung	4,42 (wahlweise 4,38, 4,857 oder 5,167)	
Fahrwerk		
Vorderradaufhängung	Kurbellenker oben und unten	
Hinterradaufhängung	Pendelachse mit Längslenkern	
Bremsanlage	Trommelbremsen vorn und hinten	
Felgen	4½ J × 15	
Reifen	5,60 – 15 oder 5,90 – 15	
Lenkung	Spindellenkung	
Weitere Daten		
Abmessungen (L × B × H)	3950 × 1670 × 1310 mm	
Radstand	2100 mm	
Spurweite vorn/hinten	1306/1272 mm	
Wendekreis	11 m	
Leergewicht	880 kg	
Zuläss. Gesamtgewicht	1200 kg	
Höchstgeschwindigkeit	145 km/h	160 km/h
Beschleunigung 0 – 100 km/h	22 sec	17 sec
Verbrauch auf 100 km	10 Liter Super	11 Liter Super
Tankinhalt	52 Liter	52 Liter
Ölwanneninhalt	4,5 Liter	4,5 Liter
Kühlsystem	Luftkühlung	Luftkühlung

Porsche

	Porsche 356 A 1600 Cabriolet 1955–1959	Porsche 356 A 1600 Super Cabriolet 1955–1959
Karosserie	Ganzstahlkarosserie	
Motor	Boxermotor im Heck	
Zylinder	4	4
Bohrung × Hub	82,5 × 74 mm	82,5 × 74 mm
Hubraum	1582 ccm	1582 ccm
Leistung	60 PS bei 4500 U/min	75 PS bei 5000 U/min
Verdichtung	1:7,5	1:8,5
max. Drehmoment	11,2 mkp bei 2800 U/min	11,9 mkp bei 3700 U/min
Gemischaufbereitung	2 Solex 32 PBIC (ab Sept. 1957: 2 Zenith 32 NDIX)	2 Solex 40 PBIC (ab Sept. 1957: 2 Zenith 32 NDIX)
Ventile	hängend	
Nockenwelle	ohv	
Kurbelwellenlager	4	
Batterie	6 V 84 Ah	
Lichtmaschine	160 W	
Kraftübertragung		
Kupplung	Heckantrieb	
Schaltung	Einscheibentrockenkupplung	
Getriebe	Knüppelschaltung	
Übersetzungen	4 Gänge, vollsynchronisiert	
	I. 3,18, II. 1,76, III. 1,13, IV. 0,815 oder: I. 3,09, II. 1,94, III. 1,23, IV. 0,885 oder: I. 2,54, II. 1,63, III. 1,04, IV. 0,96	
Antriebsübersetzung	4,42 (wahlweise 4,38, 4,857 oder 5,167)	
Fahrwerk		
Vorderradaufhängung	Kurbellenker oben und unten	
Hinterradaufhängung	Pendelachse mit Längslenkern	
Bremsanlage	Trommelbremsen vorn und hinten	
Felgen	4½ J × 15	
Reifen	5,60–15 oder 5,90–15	
Lenkung	Spindellenkung (ab Sept. 1957: Schneckenlenkung)	
Weitere Daten		
Abmessungen (L × B × H)	3950 × 1670 × 1310 mm (Speedster: 3950 × 1670 × 1220 mm)	
Radstand	2100 mm	
Spurweite vorn/hinten	1306/1272 mm	
Wendekreis	11 m	
Leergewicht	880 (ab Sept. 1958: 905) kg	Speedster: 760 kg
Zuläss. Gesamtgewicht	1200 (ab Sept. 1958: 1250) kg	Speedster: 1100 kg
Höchstgeschwindigkeit	160 km/h	175 km/h
Beschleunigung 0–100 km/h	16 sec	14 sec
Verbrauch auf 100 km	10 Liter Super	11 Liter Super
Tankinhalt	52 Liter	52 Liter
Ölwanneninhalt	4,5 Liter	4,5 Liter
Kühlsystem	Luftkühlung	Luftkühlung

Porsche

	Porsche 356 B 1600 Cabriolet 1959–1963	Porsche 356 B 1600 Super 75 Cabriolet 1959–1963	Porsche 356 B 1600 Super 90 Cabriolet 1960–1963
Karosserie		Ganzstahlkarosserie	
Motor		Boxermotor im Heck	
Zylinder	4	4	4
Bohrung × Hub	82,5 × 74 mm	82,5 × 74 mm	82,5 × 74 mm
Hubraum	1582 ccm	1582 ccm	1582 ccm
Leistung	60 PS bei 4500 U/min	75 PS bei 5000 U/min	90 PS bei 5500 U/min
Verdichtung	1:7,5	1:8,5	1:9
max. Drehmoment	11,2 mkp bei 2800 U/min	11,9 mkp bei 3700 U/min	12,3 mkp bei 4300 U/min
Gemischaufbereitung		2 Zenith 32 NDIX	
Ventile		hängend	
Nockenwelle		ohv	
Kurbelwellenlager		4	
Batterie		6 V 84 Ah	
Lichtmaschine		200 W	
Kraftübertragung		Heckantrieb	
Kupplung		Einscheibentrockenkupplung	
Schaltung		Knüppelschaltung	
Getriebe		4 Gänge, vollsynchronisiert	
Übersetzungen		I. 3,09, II. 1,765, III. 1,13, IV. 0,815 oder 0,852	
Antriebsübersetzung		4,428	
Fahrwerk			
Vorderradaufhängung		Kurbellenker oben und unten	
Hinterradaufhängung		Pendelachse mit Längslenkern	
Bremsanlage		Trommelbremsen vorn und hinten	
Felgen		4½ J × 15	
Reifen		5,60–15 Sport/Supersport	
Lenkung		Schneckenlenkung	
Weitere Daten			
Abmessungen (L × B × H)		4010 × 1670 × 1330 (Roadster: 1310) mm	
Radstand		2100 mm	
Spurweite vorn/hinten		1306/1272 mm	
Wendekreis		10,3 m	
Leergewicht	925 (ab Sept. 61: 955) kg Roadster: 875 kg	925 (ab Sept. 61: 955) kg Roadster: 875 kg	940 (ab Sept. 61: 970) kg Roadster: 890 kg
Zuläss. Gesamtgewicht	1250 kg	1250 kg	1250 kg
Höchstgeschwindigkeit	160 km/h	175 km/h	190 km/h
Beschleunigung 0–100 km/h	16 sec	15 sec	13,5 sec
Verbrauch auf 100 km	10 Liter Super	11 Liter Super	12 Liter Super
Tankinhalt	50 Liter	50 Liter	50 Liter
Ölwanneninhalt	4,5 Liter	4,5 Liter	4,5 Liter
Kühlsystem	Luftkühlung	Luftkühlung	Luftkühlung

Porsche

	Porsche 356C 1600 C Cabriolet 1963–1965	Porsche 356C 1600 SC Cabriolet 1963–1965	Porsche 356B/356C 2000 GS Carrera 2 1961–1964
Karosserie		Ganzstahlkarosserie	
Motor		Boxermotor im Heck	
Zylinder	4	4	4
Bohrung × Hub	82,5 × 74 mm	82,5 × 74 mm	92 × 74 mm
Hubraum	1582 ccm	1582 ccm	1966 ccm
Leistung	75 PS bei 5200 U/min	95 PS bei 5800 U/min	130 PS bei 6200 U/min
Verdichtung	1:8,5	1:9,5	1:9,5
max. Drehmoment	12,5 mkp bei 3600 U/min	12,6 mkp bei 4200 U/min	16,5 mkp bei 4600 U/min
Gemischaufbereitung	2 Zenith 32 NDIX	2 Solex 40 PJJ	2 Solex 40 PJJ
Ventile		hängend	hängend
Nockenwelle		ohv	2 × 2 ohc (Antrieb über Königswellen)
Kurbelwellenlager		4	4
Batterie		6 V 84 Ah	12 V 50 Ah
Lichtmaschine		200 W	300 W
Kraftübertragung		Heckantrieb	Heckantrieb
Kupplung		Einscheibentrockenkupplung	Einscheibentrocken-kupplung
Schaltung		Knüppelschaltung	Knüppelschaltung
Getriebe		4 Gänge, vollsynchronisiert	4 Gänge, vollsynchronisiert
Übersetzungen	I. 3,091, II. 1,765, III. 1,13, IV. 0,82	I. 3,091, II. 1,765, III. 1,13, IV. 0,852	I. 3,09, II. 1,765, III. 1,13 od. 1,227, IV. 0,852 od. 0,885
Antriebsübersetzung	4,428	4,428	4,428
Fahrwerk			
Vorderradaufhängung	Kurbellenker oben u. unten	Kurbellenker oben u. unten	Kurbellenker oben u. unten
Hinterradaufhängung	Pendelachse mit Längslenkern	Pendelachse mit Längslenkern	Pendelachse mit Längslenkern
Bremsanlage	Scheibenbremsen vorn und hinten	Scheibenbremsen vorn und hinten	Trommelbremsen (bis April 1962, danach Scheibenbremsen vorn und hinten)
Felgen	4½ J × 15	4½ J × 15	4½ J × 15
Reifen	5.60–15 Sport	165 HR 15	165 HR 15
Lenkung		Schneckenlenkung	Schneckenlenkung
Weitere Daten			
Abmessungen (L × B × H)		4010 × 1670 × 1315 mm	4010 × 1670 × 1315 mm
Radstand		2100 mm	2100 mm
Spurweite vorn/hinten		1306/1272 mm	1306/1272 mm
Wendekreis		10,3 m	10,3 m
Leergewicht		955 kg	1040 kg
zuläss. Gesamtgewicht		1250 kg	1360 kg
Höchstgeschwindigkeit	175 km/h	190 km/h	200 km/h
Beschleunigung 0–100 km/h	14 sec	12 sec	9 sec
Verbrauch auf 100 km	11 Liter Super	12 Liter Super	14 Liter Super
Tankinhalt	50 Liter	50 Liter	50 Liter
Ölwanneninhalt	4,5 Liter	4,5 Liter	8 Liter (Trockensumpf)
Kühlsystem	Luftkühlung	Luftkühlung	Luftkühlung

Porsche

Porsche 597

	1954–1955	1955–1958

Karosserie	Selbsttragende Ganzstahlkarosserie	
Motor	Boxermotor im Heck	
Zylinder	4	
Bohrung × Hub	80 × 74 mm	82,5 × 74 mm
Hubraum	1488 ccm	1582 ccm
Leistung	50 PS bei 4000 U/min	50 PS bei 4200 U/min
Verdichtung	1:7	1:6,5
max. Drehmoment	10,2 mkp bei 2300 U/min	10,7 mkp bei 2400 U/min
Gemischaufbereitung	Zenith 32 NDIX	
Ventile	hängend	
Nockenwelle	ohv	
Kurbelwellenlager	4	
Batterie	2 × 12 V 45 Ah	
Lichtmaschine	600 W	
Kraftübertragung	Allradantrieb mit abschaltbarem Frontantrieb	
Kupplung	Einscheibentrockenkupplung	
Schaltung	Knüppelschaltung	
Getriebe	5 Gänge, II.–V. synchronisiert	
Übersetzungen	I. 5,00, II. 3,15, III. 1,70, IV. 1,07, V. 0,80	
Antriebsübersetzung	6,50	
Fahrwerk		
Vorderradaufhängung	Kurbellenker oben und unten, zwei querliegende Vierkant-Federstäbe	
Hinterradaufhängung	Längslenker, je 1 runder Federstab	
Bremsanlage	Trommelbremsen vorn und hinten	
Felgen	5½ F × 16	
Reifen	6,00–16 M	
Lenkung	Spindellenkung	
Weitere Daten		
Abmessungen (L × B × H)	3700 × 1560 × 1580 mm	
Radstand	2060 mm	
Spurweite vorn/hinten	1340/1385 mm	
Wendekreis	11 m	
Leergewicht	1090 kg	
Zuläss. Gesamtgewicht	1500 kg	
Höchstgeschwindigkeit	100 km/h	
Beschleunigung 0–100 km/h	nicht bekannt	
Verbrauch auf 100 km	ca. 13 Liter Normal	
Tankinhalt	60 Liter	
Ölwanneninhalt	5 Liter	
Kühlsystem	Luftkühlung	

Porsche

	Porsche Spyder 550/1500 RS 1953–1955	**Porsche Spyder 550 A/1500 RS** 1956–1957
Karosserie	Aluminiumkarosserie (Wendler)	
Motor	Boxermotor im Heck	
Zylinder	4	
Bohrung × Hub	85 × 66 mm	
Hubraum	1498 ccm	
Leistung	110 PS bei 6200 U/min	135 PS bei 7200 U/min
Verdichtung	1 : 8,5	1 : 9,8
max. Drehmoment	13 mkp bei 5400 U/min	14,8 mkp bei 5900 U/min
Gemischaufbereitung	2 Solex 40 PJJ oder 2 Weber 40 DCM	2 Solex 40 PJJ-4 oder 2 Weber 40 DCM
Ventile	hängend	hängend
Nockenwelle	4 ohc	4 ohc
Kurbelwellenlager	4	4
Batterie	6 V 70 Ah	12 V 18 Ah
Lichtmaschine	160 W	160 W
Kraftübertragung	Heckantrieb	Heckantrieb
Kupplung	Einscheibentrockenkupplung	Einscheibentrockenkupplung
Schaltung	Knüppelschaltung	Knüppelschaltung
Getriebe	4 Gänge, vollsynchronisiert	5 Gänge, II.–V. synchronisiert
Übersetzungen	I. 3,18, II. 1,76, III. 1,13, IV. 0,815	I. 3,09, II. 2,12, 1,93, 1,76 od. 1,61, III. 1,47 od. 1,35, IV. 0,815, 1,13 od. 1,04, V. 0,96 od. 0,88
Antriebsübersetzung	4,375 oder 4,430 oder 4,850	4,428 oder 4,857 oder 5,167
Fahrwerk		
Vorderradaufhängung	Längsliegende Traghebel, 2 querliegende Federstäbe, Stabilisator	
Hinterradaufhängung	Pendelachse mit Längslenkern, 2 querliegende Drehstäbe	
Bremsanlage	Trommelbremsen vorn und hinten (550 A mit Zweikreis-System)	
Felgen	3,50 D × 16	
Reifen	5,00 – 16/5,25 – 16	
Lenkung	Spindellenkung	Einfingerlenkung
Weitere Daten		
Abmessungen (L × B × H)	3600 × 1550 × 1015 mm	3700 × 1610 × 980 mm
Radstand	2100 mm	2100 mm
Spurweite vorn/hinten	1290/1250 mm	1290/1250 mm
Wendekreis	11 m	11 m
Leergewicht	685 kg	610 kg
Zuläss. Gesamtgewicht	900 kg	900 kg
Höchstgeschwindigkeit	ca. 220 km/h	ca. 240 km/h
Beschleunigung 0–100 km/h	nicht bekannt	nicht bekannt
Verbrauch auf 100 km	nicht bekannt	nicht bekannt
Tankinhalt	90 Liter	90 Liter
Ölwanneninhalt	8 Liter (Trockensumpf)	8 Liter (Trockensumpf)
Kühlsystem	Luftkühlung	Luftkühlung

Porsche

	Porsche 912 Targa 1966–1969	Porsche 911/911 L Targa 1966–1968
Karosserie	Selbsttragende Ganzstahlkarosserie	Selbsttragende Ganzstahlkarosserie
Motor	Boxermotor im Heck	Boxermotor im Heck
Zylinder	4	6
Bohrung × Hub	82,5 × 74 mm	80 × 66 mm
Hubraum	1582 ccm	1991 ccm
Leistung	90 PS bei 5800 U/min	130 PS bei 6100 U/min
Verdichtung	1:9,3	1:9
max. Drehmoment	12,4 mkp bei 3500 U/min	17,8 mkp bei 4200 U/min
Gemischaufbereitung	2 Solex 40 PJJ	2 Dreifach-Solex 40 PI (ab März 66: 2 Dreifach-Weber 40 IDS)
Ventile	hängend	hängend
Nockenwelle	ohv	2 × 1 ohc
Kurbelwellenlager	4	8
Batterie	12 V 45 Ah	12 V 45 Ah
Lichtmaschine	200/300/420 W	Drehstrom 490 W
Kraftübertragung	Heckantrieb	Heckantrieb
Kupplung	Einscheibentrockenkupplung	Einscheibentrockenkupplung
Schaltung	Knüppelschaltung	Knüppelschaltung
Getriebe	4 od. 5 Gänge, vollsynchronisiert	5 Gänge, vollsynchronisiert
Übersetzungen	I. 3,091, II. 1,684, III. 1,125, IV. 0,857 oder: I. 3,091, II. 1,889, III. 1,318, IV. 1,040, V. 0,857	I. 3,091, II. 1,889, III. 1,318, IV. 1,040, V. 0,857
Antriebsübersetzung	4,428	4,428
Fahrwerk		
Vorderradaufhängung	Querlenker unten und Längsfederstäbe	
Hinterradaufhängung	Längslenker und Querfederstäbe	
Bremsanlage	Scheibenbremsen vorn und hinten	
Felgen	4½ J × 15 (ab August 1967: 5½ J × 15)	
Reifen	165 HR 15	
Lenkung	Zahnstangenlenkung	
Weitere Daten		
Abmessungen (L × B × H)	4163 × 1610 × 1320 mm	
Radstand	2211 mm	
Spurweite vorn/hinten	1353/1321 mm (ab August 1967: 1367/1335 mm)	
Wendekreis		
Leergewicht	995 kg	1095 kg
Zuläss. Gesamtgewicht	1290 kg	1400 kg
Höchstgeschwindigkeit	185 km/h	210 km/h
Beschleunigung 0–100 km/h	13,5 sec	9 sec
Verbrauch auf 100 km	12 Liter Super	15 Liter Super
Tankinhalt	62 Liter	62 Liter
Ölwanneninhalt	4,5 Liter	9 Liter (Trockensumpf)
Kühlsystem	Luftkühlung	Luftkühlung

Porsche

	Porsche 911 T Targa 1967–1968	Porsche 911 S Targa 1966–1968
Karosserie	Selbsttragende Ganzstahlkarosserie	
Motor	Boxermotor im Heck	
Zylinder	6	6
Bohrung × Hub	80 × 66 mm	80 × 66 mm
Hubraum	1991 ccm	1991 ccm
Leistung	110 PS bei 5800 U/min	160 PS bei 6600 U/min
Verdichtung	1 : 8,6	1 : 9,8
max. Drehmoment	16,0 mkp bei 4200 U/min	18,2 mkp bei 5200 U/min
Gemischaufbereitung	2 Dreifach-Weber 40 IDS	2 Dreifach-Weber 40 IDS
Ventile	hängend	hängend
Nockenwelle	2 × 1 ohc	2 × 1 ohc
Kurbelwellenlager	8	8
Batterie	12 V 45 Ah	12 V 45 Ah
Lichtmaschine	Drehstrom 490 W	Drehstrom 490 W
Kraftübertragung	Heckantrieb	Heckantrieb
Kupplung	Einscheibentrockenkupplung	Einscheibentrockenkupplung
Schaltung	Knüppelschaltung	Knüppelschaltung
Getriebe	4 od. 5 Gänge, vollsynchronisiert auf Wunsch Halbautomatik	5 Gänge, vollsynchronisiert auf Wunsch Halbautomatik
Übersetzungen	I. 3,091, II. 1,632, III. 1,040, IV. 0,794 oder: I. 3,091, II. 1,889, III. 1,318, IV. 1,040, V. 0,857	I. 3,091, II. 1,889, III. 1,318, IV. 1,040, V. 0,857
Antriebsübersetzung	4,428	4,428
Fahrwerk		
Vorderradaufhängung	Querlenker unten und Längsfederstäbe	
Hinterradaufhängung	Längslenker und Querfederstäbe	
Bremsanlage	Scheibenbremsen vorn und hinten	
Felgen	5½ J × 15	
Reifen	165 HR 15/165 VR 15	
Lenkung	Zahnstangenlenkung	
Weitere Daten		
Abmessungen (L × B × H)	4163 × 1610 × 1320 mm	4163 × 1610 × 1320 mm
Radstand	2211 mm	2211 mm
Spurweite vorn/hinten	1367/1335 mm	1353/1325 (ab Aug. 1967: 1367/1335) mm
Wendekreis	10,3 m	10,3 m
Leergewicht	1095 kg	1085 kg
Zuläss. Gesamtgewicht	1400 kg	1400 kg
Höchstgeschwindigkeit	200 km/h	220 km/h
Beschleunigung 0–100 km/h	10 sec	8 sec
Verbrauch auf 100 km	14,5 Liter Super	15,5 Liter Super
Tankinhalt	62 Liter	62 Liter
Ölwanneninhalt	9 Liter (Trockensumpf)	9 Liter (Trockensumpf)
Kühlsystem	Luftkühlung	Luftkühlung

IC

Porsche

	Porsche 911 T Targa 1968–1969	Porsche 911 E Targa 1968–1969	Porsche 911 S Targa 1968–1969
Karosserie		Selbsttragende Ganzstahlkarosserie	
Motor		Boxermotor im Heck	
Zylinder		6	
Bohrung × Hub		80 × 66 mm	
Hubraum		1991 ccm	
Leistung	110 PS bei 5800 U/min	140 PS bei 6500 U/min	170 PS bei 6800 U/min
Verdichtung	1 : 8,6	1 : 9,1	1 : 9,9
max. Drehmoment	16,0 mkp bei 4200 U/min	17,8 mkp bei 4500 U/min	18,5 mkp bei 5500 U/min
Gemischaufbereitung	2 Dreifach-Weber 40 IFS	Bosch-Einspritzpumpe	Bosch-Einspritzpumpe
Ventile		hängend	
Nockenwelle		2 × 1 ohc	
Kurbelwellenlager		8	
Batterie		2 × 12 V 36 Ah	
Lichtmaschine		Drehstrom 770 W	
Kraftübertragung		Heckantrieb	
Kupplung		Einscheibentrockenkupplung	
Schaltung		Knüppelschaltung	
Getriebe	4 Gänge, voll- synchronisiert, auf Wunsch Halbautomatik	4 od. 5 Gänge, voll- synchronisiert, auf Wunsch Halbautomatik	5 Gänge, voll- synchronisiert, auf Wunsch Halbautomatik
Übersetzungen	I. 3,091, II. 1,632, III. 1,040, IV. 0,793	I. 3,091, II. 1,632, III. 1,040, IV. 0,793 oder: I. 3,091, II. 1,889, III. 1,318, IV. 1,040, V. 0,793	I. 3,091, II. 1,889, III. 1,318, IV. 1,040, V. 0,793
Antriebsübersetzung	4,428	4,428	4,428
Fahrwerk			
Vorderradaufhängung	Querlenker unten mit Längsfederstäben	Hydropneumat. Federbeine	Querlenker unten mit Längsfederstäben
Hinterradaufhängung	Längslenker mit Querfederstäben	Längslenker mit Querfederstäben	Längslenker mit Querfederstäben
Bremsanlage	Scheibenbremsen vorn und hinten	Scheibenbremsen vorn und hinten	Scheibenbremsen vorn und hinten
Felgen	5½ J × 15	6 J × 15	6 J × 15
Reifen	165 HR 15	185/70 VR 15	185/70 VR 15
Lenkung	Zahnstangenlenkung	Zahnstangenlenkung	Zahnstangenlenkung
Weitere Daten			
Abmessungen (L × B × H)	4163 × 1610 × 1320 mm	4163 × 1610 × 1320 mm	4163 × 1610 × 1320 mm
Radstand	2268 mm	2268 mm	2268 mm
Spurweite vorn/hinten	1362/1343 mm	1374/1355 mm	1374/1355 mm
Wendekreis	10,7 m	10,7 m	10,7 m
Leergewicht	1110 kg	1110 kg	1110 kg
Zuläss. Gesamtgewicht	1400 kg	1400 kg	1400 kg
Höchstgeschwindigkeit	200 km/h	210 km/h	220 km/h
Beschleunigung 0–100 km/h	10 sec	9 sec	8 sec
Verbrauch auf 100 km	14,5 Liter Super	15,5 Liter Super	16 Liter Super
Tankinhalt	62 Liter	62 Liter	62 Liter
Ölwanneninhalt	9 Liter (Trockensumpf)	9 Liter (Trockensumpf)	9 Liter (Trockensumpf)
Kühlsystem	Luftkühlung	Luftkühlung	Luftkühlung

Porsche

	Porsche 911 T (2.2) 1969–1971	Porsche 911 E (2.2) 1969–1971	Porsche 911 S (2.2) 1969–1971
Karosserie	Selbsttragende Ganzstahlkarosserie		
Motor		Boxermotor im Heck	
Zylinder		6	
Bohrung × Hub		84 × 66 mm	
Hubraum		2195 ccm	
Leistung	125 PS bei 5800 U/min	155 PS bei 6200 U/min	180 PS bei 6500 U/min
Verdichtung	1 : 8,6	1 : 9,1	1 : 9,8
max. Drehmoment	18 mkp bei 4200 U/min	19,5 mkp bei 4500 U/min	20,3 mkp bei 5200 U/min
Gemischaufbereitung	2 Solex/Zenith 40 TIN	Bosch-Einspritzanlage	Bosch-Einspritzanlage
Ventile		hängend	
Nockenwelle		2 × ohc	
Kurbelwellenlager		8	
Batterie		2 × 12 V 36 Ah	
Lichtmaschine		Drehstrom 770 W	
Kraftübertragung		Heckantrieb	
Kupplung		Einscheibentrockenkupplung	
Schaltung		Knüppelschaltung	
Getriebe	4 od. 5 Gänge, vollsynchronisiert	5 Gänge, vollsynchronisiert	
Übersetzungen	I. 3,091, II. 1,632, III. 1,040, IV. 0,759 oder: I. 3,091, II. 1,778, III. 1,218, IV. 0,926, V. 0,759	I. 3,091, II. 1,778, III. 1,218, IV. 0,926, V. 0,759	
Antriebsübersetzung	4,429	4,429	
Fahrwerk			
Vorderradaufhängung	Querlenker unten, Längsfederstäbe (911 S: Stabilisator)		
Hinterradaufhängung	Längslenker, Querfederstäbe (911 S: Stabilisator)		
Bremsanlage	Scheibenbremsen vorn und hinten, Zweikreis-System		
Felgen	5½ J × 15	6 J × 15	6 J × 15
Reifen	165 HR 15	185/70 VR 15	185/70 VR 15
Lenkung	Zahnstangenlenkung	Zahnstangenlenkung	Zahnstangenlenkung
Weitere Daten			
Abmessungen (L × B × H)	4163 × 1610 × 1320 mm	4163 × 1610 × 1320 mm	4163 × 1610 × 1320 mm
Radstand	2268 mm	2268 mm	2268 mm
Spurweite vorn/hinten	1362/1343 mm	1374/1355 mm	1374/1355 mm
Wendekreis	10,7 m	10,7 m	10,7 m
Leergewicht	1110 kg	1110 kg	1110 kg
Zuläss. Gesamtgewicht	1400 kg	1400 kg	1400 kg
Höchstgeschwindigkeit	205 km/h	215 km/h	225 km/h
Beschleunigung 0–100 km/h	10 sec	9 sec	8 sec
Verbrauch auf 100 km	14 Liter Super	15 Liter Super	16 Liter Super
Tankinhalt	62 Liter	62 Liter	110 Liter
Ölwanneninhalt	9 Liter (Trockensumpf)	9 Liter (Trockensumpf)	9 Liter (Trockensumpf)
Kühlsystem	Luftkühlung	Luftkühlung	Luftkühlung

Porsche

	Porsche 911 T (2.4) 1971–1973	Porsche 911 E (2.4) 1971–1973	Porsche 911 S (2.4) 1971–1973
Karosserie	Selbsttragende Ganzstahlkarosserie		
Motor	Boxermotor im Heck		
Zylinder	6		
Bohrung × Hub	84 × 70,4 mm		
Hubraum	2341 ccm		
Leistung	130 PS bei 5600 U/min	165 PS bei 6200 U/min	190 PS bei 6500 U/min
Verdichtung	1 : 7,5	1 : 8,0	1 : 8,5
max. Drehmoment	20 mkp bei 4000 U/min	21 mkp bei 4500 U/min	22 mkp bei 5200 U/min
Gemischaufbereitung	2 Solex/Zenith 40 TIN	Bosch-Einspritzanlage	Bosch-Einspritzanlage
Ventile	hängend		
Nockenwelle	2 × ohc		
Kurbelwellenlager	8		
Batterie	2 × 12 V 36 Ah		
Lichtmaschine	Drehstrom 770 W		
Kraftübertragung	Heckantrieb		
Kupplung	Einscheibentrockenkupplung		
Schaltung	Knüppelschaltung		
Getriebe	colspan: 4 od. 5 Gänge, vollsynchronisiert		
Übersetzungen	I. 3,18, II. 1,78, III. 1,13, IV. 0,82 oder I. 3,18, II. 1,83, III. 1,26, IV. 0,96, V. 0,76		
Antriebsübersetzung	4,429		
Fahrwerk			
Vorderradaufhängung	Querlenker unten, Längsfederstäbe (911 S: Stabilisator)		
Hinterradaufhängung	Längslenker, Querfederstäbe (911 S: Stabilisator)		
Bremsanlage	Scheibenbremsen vorn und hinten, Zweikreis-System		
Felgen	5½ J × 15	6 J × 15	6 J × 15
Reifen	165 HR 15	185/70 VR 15	185/70 VR 15
Lenkung	Zahnstangenlenkung	Zahnstangenlenkung	Zahnstangenlenkung
Weitere Daten			
Abmessungen (L × B × H)	4147 × 1610 × 1320 mm	4147 × 1610 × 1320 mm	4147 × 1610 × 1320 mm
Radstand	2271 mm	2271 mm	2271 mm
Spurweite vorn/hinten	1360/1342 mm	1372/1354 mm	1372/1354 mm
Wendekreis	10,7 m	10,7 m	10,7 m
Leergewicht	1110 kg	1110 kg	1110 kg
Zuläss. Gesamtgewicht	1400 kg	1400 kg	1400 kg
Höchstgeschwindigkeit	205 km/h	220 km/h	230 km/h
Beschleunigung 0–100 km/h	10 sec	8,5 sec	7,5 sec
Verbrauch auf 100 km	15 Liter Normal	16 Liter Normal	16,5 Liter Normal
Tankinhalt	62 Liter	62 (ab Aug. 72: 80) Liter	62 (ab Aug. 72: 80) Liter
Ölwanneninhalt	9 Liter (Trockensumpf)	9 Liter (Trockensumpf)	10 Liter (Trockensumpf)
Kühlsystem	Luftkühlung	Luftkühlung	Luftkühlung

Porsche

	Porsche 911 (2.7) 1973–1975	Porsche 911 S (2.7) 1973–1975	Porsche Carrera (2.7) 1973–1975
Karosserie		Selbsttragende Ganzstahlkarosserie	
Motor		Boxermotor im Heck	
Zylinder		6	
Bohrung × Hub		90 × 70,4 mm	
Hubraum		2687 ccm	
Leistung	150 PS bei 5700 U/min	175 PS bei 5800 U/min	210 PS bei 6300 U/min
Verdichtung	1 : 8,0	1 : 8,5	1 : 8,5
max. Drehmoment	24 mkp bei 3800 U/min	24 mkp bei 4000 U/min	26 mkp bei 5100 U/min
Gemischaufbereitung	Bosch K-Jetronic	Bosch K-Jetronic	Mechan. Saugrohreinspritzung mit Bosch-Einspritzpumpe
Ventile		hängend	
Nockenwelle		2 × ohc	
Kurbelwellenlager		8	
Batterie		12 V 66 Ah	
Lichtmaschine		Drehstrom 770 W	
Kraftübertragung		Heckantrieb	
Kupplung		Einscheibentrockenkupplung	
Schaltung		Knüppelschaltung	
Getriebe		4 oder 5 Gänge, vollsynchronisiert	
Übersetzungen		I. 3,18, II. 1,60, III. 1,04, IV. 0,724 oder I. 3,18, II. 1,83, III. 1,26, IV. 0,925, V. 0,724	
Antriebsübersetzung		4,429	
Fahrwerk			
Vorderradaufhängung		Querlenker unten, Längsfederstäbe, Stabilisator	
Hinterradaufhängung		Längslenker, Querfederstäbe, auf Wunsch Stabilisator (Carrera serienmäßig)	
Bremsanlage		Scheibenbremsen vorn und hinten, Zweikreis-System	
Felgen	5½ J × 15	6 J × 15	vorn 6 J × 15, hinten 7 J × 15
Reifen	165 HR 15	185/70 VR 15	vorn 185/70 VR 15, hinten 215/60 VR 15
Lenkung	Zahnstangenlenkung	Zahnstangenlenkung	Zahnstangenlenkung
Weitere Daten			
Abmessungen (L × B × H)	4291 × 1610 × 1320 mm	4291 × 1610 × 1320 mm	4291 × 1652 × 1320 mm
Radstand	2271 mm	2271 mm	2271 mm
Spurweite vorn/hinten	1360/1342 mm	1372/1354 mm	1372/1380 mm
Wendekreis	10,7 m	10,7 m	10,7 m
Leergewicht	1110 kg	1110 kg	1110 kg
Zuläss. Gesamtgewicht	1400 kg	1400 kg	1400 kg
Höchstgeschwindigkeit	210 km/h	225 km/h	240 km/h
Beschleunigung 0–100 km/h	9 sec	8 sec	6,5 sec
Verbrauch auf 100 km	13 Liter Normal	14 Liter Normal	16 Liter Normal
Tankinhalt	80 Liter	80 Liter	80 Liter
Ölwanneninhalt	11 Liter (Trockensumpf)	13 Liter (Trockensumpf)	13 Liter (Trockensumpf)
Kühlsystem	Luftkühlung	Luftkühlung	Luftkühlung

Porsche

	Porsche 911 (2.7) 1975–1977	Porsche Carrera (3.0) 1975–1977	Porsche 911 SC Targa 1977–1979
Karosserie	Selbsttragende Ganzstahlkarosserie		
Motor	Boxermotor im Heck		
Zylinder	6		
Bohrung × Hub	90 × 70,4 mm	95 × 70,4 mm	95 × 70,4 mm
Hubraum	2687 ccm	2994 ccm	2994 ccm
Leistung	165 PS bei 5800 U/min	200 PS bei 6000 U/min	180 PS bei 5500 U/min
Verdichtung	1 : 8,5	1 : 8,5	1 : 8,5
max. Drehmoment	24 mkp bei 4000 U/min	26 mkp bei 6200 U/min	27 mkp bei 4100 U/min
Gemischaufbereitung	Bosch K-Jetronic		
Ventile	hängend		
Nockenwelle	2 × ohc		
Kurbelwellenlager	8		
Batterie	12 V 66 Ah		
Lichtmaschine	980 W		
Kraftübertragung	Heckantrieb		
Kupplung	Einscheibentrockenkupplung		
Schaltung	Knüppelschaltung		
Getriebe	4 oder 5 Gänge (SC: 5 Gänge), vollsynchronisiert		
Übersetzungen	I. 3,18, II. 1,60, III. 1,08, IV. 0,82 oder I. 3,18, II. 1,83, III. 1,26, IV. 1,00, V. 0,82	I. 3,18, II. 1,60, III. 1,04, IV. 0,72 oder I. 3,18, II. 1,83, III. 1,26, IV. 0,92, V. 0,72	I. 3,18, II. 1,83, III. 1,26, IV. 1,00, V. 0,82
Antriebsübersetzung	3,875		
Fahrwerk			
Vorderradaufhängung	Querlenker unten, Längsfederstäbe, Stabilisator		
Hinterradaufhängung	Längslenker, Querfederstäbe, Stabilisator		
Bremsanlage	Scheibenbremsen vorn und hinten, Zweikreis-System		
Felgen	6 J × 15	vorn 6 J × 15, hinten 7 J × 15	
Reifen	185/70 VR 15	vorn 185/70 VR 15, hinten 215/60 VR 15	
Lenkung	Zahnstangenlenkung	Zahnstangenlenkung	
Weitere Daten			
Abmessungen (L × B × H)	4291 × 1610 × 1320 mm	4291 × 1652 × 1320 mm	
Radstand	2271 mm	2271 mm	
Spurweite vorn/hinten	1372/1354 mm	1372/1380 mm	
Wendekreis	10,7 m	10,7 m	
Leergewicht	1120 kg	1120 kg	1160 kg
Zuläss. Gesamtgewicht	1440 kg	1440 kg	1500 kg
Höchstgeschwindigkeit	218 km/h	235 km/h	220 km/h
Beschleunigung 0–100 km/h	8 sec	7 sec	7 sec
Verbrauch auf 100 km	14 Liter Normal	16 Liter Normal	12 Liter Normal
Tankinhalt	80 Liter	80 Liter	80 Liter
Ölwanneninhalt	13 Liter (Trockensumpf)	13 Liter (Trockensumpf)	13 Liter (Trockensumpf)
Kühlsystem	Luftkühlung	Luftkühlung	Luftkühlung

Porsche

	Porsche 911 SC Targa 1979–1980	Porsche 911 SC Targa 1980–1983	Porsche 911 SC Cabriolet 1983
Karosserie		Selbsttragende Ganzstahlkarosserie	
Motor		Boxermotor im Heck	
Zylinder		6	
Bohrung × Hub		95 × 70,4 mm	
Hubraum		2994 ccm	
Leistung	188 PS bei 5500 U/min		204 PS bei 5900 U/min
Verdichtung	1 : 8,6		1 : 9,8
max. Drehmoment	27 mkp bei 4200 U/min		27 mkp bei 4300 U/min
Gemischaufbereitung		Bosch K-Jetronic	
Ventile		hängend	
Nockenwelle		2 × ohc	
Kurbelwellenlager		8	
Batterie		12 V 66 Ah	
Lichtmaschine		980 (ab 1982: 1050) W	
Kraftübertragung		Heckantrieb	
Kupplung		Einscheibentrockenkupplung	
Schaltung		Knüppelschaltung	
Getriebe		5 Gänge, vollsynchronisiert	
Übersetzungen		I. 3,18, II. 1,83, III. 1,26, IV. 1,00, V. 0,78	
Antriebsübersetzung		3,875	
Fahrwerk			
Vorderradaufhängung		Querlenker unten, Längsfederstäbe, Stabilisator	
Hinterradaufhängung		Längslenker, Querfederstäbe, Stabilisator	
Bremsanlage		Scheibenbremsen vorn und hinten, Zweikreis-System, Servounterstützung	
Felgen		vorn 6 J × 15, hinten 7 J × 15	
Reifen		vorn 185/70 VR 15, hinten 215/60 VR 15	
Lenkung		Zahnstangenlenkung	
Weitere Daten			
Abmessungen (L × B × H)		4291 × 1652 × 1320 mm	
Radstand		2271 mm	
Spurweite vorn/hinten		1369/1379 mm	
Wendekreis		10,9 m	
Leergewicht		1160 kg	
zuläss. Gesamtgewicht		1500 kg	
Höchstgeschwindigkeit	225 km/h		235 km/h
Beschleunigung 0–100 km/h	7 sec		6,5 sec
Verbrauch auf 100 km	12,6 Liter Normal		10,5 Liter Super
Tankinhalt	80 Liter		80 Liter
Ölwanneninhalt	13 Liter (Trockensumpf)		13 Liter (Trockensumpf)
Kühlsystem	Luftkühlung		Luftkühlung

CV

Porsche

Porsche 911 Carrera/Porsche 911 Carrera Turbo 1983–1989

Karosserie	Ganzstahlkarosserie
Motor	Boxermotor
Zylinder	6
Bohrung × Hub	95 × 74,4 mm
Hubraum	3164 cm^3, Turbo: 3299 cm^3
Leistung	231 PS bei 5900 U/min (Kat: 217 PS), Turbo: 300 PS bei 5500 U/min
Verdichtung	1:10,3 (Kat: 9,5), Turbo: 1:7,0
max. Drehmoment	284 Nm bei 4800 U/min (Kat: 265 Nm), Turbo: 430 Nm bei 4000 U/min
Gemischaufbereitung	Bosch L-Jetronic (Kat: Bosch K-Jetronic), Turbo: Abgas-Turbolader KKK3 LDZ mit Ladeluftkühlung, Ladedruck 0,8 bar
Ventile	hängend
Nockenwelle	2 × ohc
Kurbelwellenlager	8
Batterie	12 V 72 Ah
Lichtmaschine	980 W, Turbo: 1050 W
Kraftübertragung	Heckantrieb
Kupplung	Einscheibentrockenkupplung
Schaltung	Knüppelschaltung
Getriebe	5-Gang, Turbo: 4-Gang
Übersetzungen	I.3,50, II.2,059, III.1,409, IV.1,074, V.0,861, R.2,857 Turbo: I.2,25, II.1,30, III.0,89, IV.0,62, R.2,43
Antriebsübersetzung	3,444, Turbo: 4,222
Fahrwerk	
Vorderradaufhängung	Dreiecksquerlenker, Schraubenfedern, Federbeine, Stabilisator
Hinterradaufhängung	Schräglenker, Federbeine, Schraubenfedern, Stabilisator
Bremsanlage	Innenbelüftete Scheibenbremsen vorn und hinten, Bremskraftverstärker und -regler, Turbo: ABS
Felgen	vorn: 6J × 15, hinten: 7J × 15 Turbo: vorn 7J × 16, hinten 9J × 16
Reifen	vorn: 185/70 VR 15, ab 1987: 195/65 VR 15, hinten: 215/60 VR 15 Turbo: 205/55 VR 16 vorn, hinten 245/45 VR 16
Lenkung	Zahnstangenlenkung, servounterstützt
Weitere Daten	
Abmessungen (L × B × H)	4291 × 1652 × 1320 mm, Turbo: 4291 × 1775 × 1310 mm
Radstand	2272 mm
Spurweite vorn/hinten	1398/1405 mm, Turbo: 1432/1492 mm
Wendekreis	10,95 m
Leergewicht	1210 kg, Turbo: 1335 kg
Zuläss. Gesamtgewicht	1530 kg, Turbo: 1680 kg
Höchstgeschwindigkeit	245 km/h (Kat: 240 km/h), Turbo: 260 km/h
Beschleunigung 0–100 km/h	6,1 sec (Kat: 6,3 sec), Turbo: 5,5 sec
Verbrauch auf 100 km	9,8 l, Turbo: 12,3 l Super
Tankinhalt	80 l, ab 1985: 85 l
Ölwanneninhalt	13 l
Kühlsystem	Luftkühlung

Porsche Carrera 2/Porsche Carrera 4 ab 1989

Karosserie	Ganzstahlkarosserie
Motor	Boxermotor
Zylinder	6
Bohrung × Hub	100 × 76,4 mm
Hubraum	3600 cm³
Leistung	250 PS bei 6100 U/min
Verdichtung	1 : 11,3
Max. Drehmoment	310 Nm bei 4800 U/min
Gemischaufbereitung	Bosch Motronic M 2.1, Lambda-Sonde
Ventile	hängend
Nockenwelle	2 × ohc
Kurbelwellenlager	8
Batterie	12 V 72 Ah
Lichtmaschine	1610 W
Kraftübertragung	Heckantrieb (Carrera 4: permanenter Allradantrieb)
Kupplung	Einscheibentrockenkupplung
Schaltung	Knüppelschaltung
Getriebe	5-Gang
Übersetzungen	I.3,500, II.2,059, III.1,407, IV.1,086, V.0,868, R.2,857 (Carrera 4: 3,500/2,118/1,444/1,086/0,868/R.2,857)
Antriebsübersetzung	3,444
Fahrwerk	
Vorderradaufhängung	Dreiecksquerlenker, Schraubenfedern, Federbeine, Stabilisator
Hinterradaufhängung	Schräglenker, Federbeine, Schraubenfedern, Stabilisator
Bremsanlage	Innenbelüftete Scheibenbremsen vorn und hinten, ABS
Felgen	vorn: 6J × 16, hinten: 8J × 16
Reifen	vorn: 205/55 ZR 16, hinten: 225/50 ZR 16
Lenkung	Zahnstangenlenkung, servounterstützt
Weitere Daten	
Abmessungen (L × B × H)	4250 × 1652 × 1320 mm
Radstand	2272 mm
Spurweite vorn/hinten	1380/1374 mm
Wendekreis	11,95 m
Leergewicht	1350 kg, Carrera 4: 1450 kg
Zuläss. Gesamtgewicht	1690 kg, Carrera 4: 1790 kg
Höchstgeschwindigkeit	260 km/h
Beschleunigung 0–100 km/h	5,7 sec, Carrera 4: 5,9 sec
Verbrauch auf 100 km	11,5 l Super, Carrera 4: 11,8 l
Tankinhalt	77 l
Ölwanneninhalt	11,5 l
Kühlsystem	Luftkühlung

Porsche

Porsche 944 S2/Porsche 944 Turbo 1989–1991

Karosserie	Ganzstahlkarosserie
Motor	Reihenmotor
Zylinder	4
Bohrung × Hub	104 × 88 mm
Hubraum	2990 cm³, Turbo: 2479 cm³
Leistung	211 PS bei 5800 U/min, Turbo: 250 PS bei 6000 U/min
Verdichtung	1:10,9, Turbo: 1:8,0
max. Drehmoment	280 Nm bei 4100 U/min, Turbo: 350 Nm bei 4000 U/min
Gemischaufbereitung	Bosch L-Jetronic, Lambda-Sonde, Turbo: Abgasturbolader KKK K26/70 mit Ladeluftkühler, Ladedruck 0,75 bar
Ventile	4 pro Zylinder, hängend, Turbo: 2, hängend
Nockenwelle	2 ohc, Turbo: ohc
Kurbelwellenlager	5
Batterie	12 V 63 Ah
Lichtmaschine	1610 W
Kraftübertragung	Hinterradantrieb
Kupplung	Einscheibentrockenkupplung
Schaltung	Knüppelschaltung
Getriebe	5-Gang
Übersetzungen	I.3,500, II.2,059, III.1,400, IV.1,034, V.0,829, R.3,500
Antriebsübersetzung	3,875, Turbo: 3,375
Fahrwerk	
Vorderradaufhängung	Querlenker, Federbeine, Stabilisator
Hinterradaufhängung	Schräglenker, je eine querliegende Drehstabfeder im Achsquerrohr,
Bremsanlage	Innenbelüftete Scheibenbremsen vorn und hinten, Bremskraftverstärker, ABS
Felgen	7J × 16 vorn, 8J × 16 hinten Turbo: 7,5J × 16 vorn, 9J × 16 hinten
Reifen	205/55 ZR 16 vorn, 225/50 ZR 16 hinten Turbo: 225/50 ZR 16 vorn, 245/45 ZR 16 hinten
Lenkung	Zahnstangenlenkung, servounterstützt
Weitere Daten	
Abmessungen (L × B × H)	4230 × 1735 × 1275 mm
Radstand	2400 mm
Spurweite vorn/hinten	1472/1451, Turbo: 1457/1451 mm
Wendekreis	10,75 m
Leergewicht	1390 kg, Turbo: 1450 kg
Zuläss. Gesamtgewicht	1710 kg, Turbo: 1740 kg
Höchstgeschwindigkeit	240 km/h, Turbo: 260 km/h
Beschleunigung 0–100 km/h	7,1 sec, Turbo: 5,9 sec
Verbrauch auf 100 km	10,3 l, Turbo: 9,9 l Super
Tankinhalt	80 l
Ölwanneninhalt	7 l
Kühlsystem	8 l, Turbo: 8,5 l

Porsche

Porsche 968 Cabriolet ab 1991

Karosserie	Ganzstahlkarosserie
Motor	Reihenmotor
Zylinder	4
Bohrung × Hub	104 × 88 mm
Hubraum	2990 cm³
Leistung	240 PS bei 6200 U/min
Verdichtung	1:11,0
Max. Drehmoment	305 Nm bei 4100 U/min
Gemischaufbereitung	Bosch Motronic, Lambda-Sonde
Ventile	4 pro Zylinder, hängend
Nockenwelle	2 ohc, variable Nockenwellenverstellung
Kurbelwellenlager	5
Batterie	12 V 63 Ah
Lichtmaschine	1610 W
Kraftübertragung	Hinterradantrieb
Kupplung	Einscheibentrockenkupplung
Schaltung	Knüppelschaltung
Getriebe	6-Gang, auf Wunsch Tiptronic
Übersetzungen	I.3,182, II.2,00, III.1,435, IV. 1,111, V.0,912, VI.0,778, R.3,455
	Tiptronic: 2,57/1,407/1,00/0,742/R.2,882
Antriebsübersetzung	3,778, Tiptronic: 3,250
Fahrwerk	
Vorderradaufhängung	Querlenker, Federbeine, Stabilisator
Hinterradaufhängung	Schräglenker, je eine querliegende Drehstabfeder im Achsquerrohr
Bremsanlage	Innenbelüftete Scheibenbremsen vorn und hinten, Bremskraftverstärker, ABS
Felgen	7 J × 16 vorn, 8 J × 16 hinten
Reifen	205/55 ZR 16 vorn, 225/50 ZR 16 hinten
Lenkung	Zahnstangenlenkung, servounterstützt
Weitere Daten	
Abmessungen (L × B × H)	4320 × 1735 × 1275 mm
Radstand	2400 mm
Spurweite vorn/hinten	1472/1450 mm
Wendekreis	10,75 m
Leergewicht	1440 kg
Zuläss. Gesamtgewicht	1760 kg
Höchstgeschwindigkeit	252 km/h
Beschleunigung 0–100 km/h	6,5 sec
Verbrauch auf 100 km	10,3 l Super
Tankinhalt	74 l
Ölwanneninhalt	7 l
Kühlsystem	8 l

Veritas

	Veritas Scorpion **Cabriolet** **1950**	**Veritas Nürburgring** **Cabriolet** **1951–1953**
Karosserie	Leichtbaukarosserie mit Gitterrohrgerippe	Ganzstahlkarosserie
Motor		Reihenmotor (Heinkel)
Zylinder		6
Bohrung × Hub		75 × 75 mm
Hubraum		1988 ccm
Leistung		100 PS bei 5000 U/min
Verdichtung		1:7,7 (ab 1951: 1:7,2)
max. Drehmoment		14,5 mkp bei 3000 U/min
Gemischaufbereitung		3 Solex 35 APJ (ab 1951: 32 PBI)
Ventile		hängend
Nockenwelle		ohc
Kurbelwellenlager		7
Batterie		12 V
Lichtmaschine		130 (ab 1951: 150) W
Kraftübertragung		Hinterradantrieb
Kupplung		Einscheibentrockenkupplung
Schaltung		Lenkradschaltung (ab 1951 wahlweise Knüppelschaltung)
Getriebe		5 Gänge, II.–V. synchronisiert
Übersetzungen		I. 2,75, II. 1,93, III. 1,51, IV. 1,18, V. 1,00
Antriebsübersetzung		4,35
Fahrwerk		
Vorderradaufhängung		Doppelte Querlenker mit Längsfederstäben
Hinterradaufhängung		De Dion-Doppelgelenkachse mit Längsfederstäben
Bremsanlage		Trommelbremsen vorn und hinten, Zweikreis-System
Felgen		nicht bekannt
Reifen		5,50–16 (ab 1951 auch 6,00–16)
Lenkung		Zahnstangenlenkung
Weitere Daten		
Abmessungen (L × B × H)	4250 × 1515 × 1350 mm	Langer Radstand: 4900 × 1700 × 1460 mm Kurzer Radstand: 4350 × 1700 × 1460 mm
Radstand	2600 mm	2900 bzw. 2500 mm
Spurweite vorn/hinten	1280/1300 mm	1280/1300 mm
Wendekreis	12,5 m	12,5 bzw. 12 m
Leergewicht	1100 kg	1250 bzw. 1050 kg
Zuläss. Gesamtgewicht	1390 kg	1550 bzw. 1450 kg
Höchstgeschwindigkeit	165 km/h	150 bzw. 165 km/h
Beschleunigung 0–100 km/h	nicht bekannt	nicht bekannt
Verbrauch auf 100 km	13 Liter Normal	13–14 Liter Normal
Tankinhalt	80 Liter	80 bzw. 65 Liter
Ölwanneninhalt	7 Liter (Trockensumpf)	7 Liter (Trockensumpf)
Kühlsystem	14 Liter	14 Liter

Veritas

Dyna-Veritas
1950–1952

Karosserie	Ganzstahlkarosserie
Motor	Boxermotor
Zylinder	2
Bohrung × Hub	79,5 × 75 mm
Hubraum	744 ccm
Leistung	32 PS bei 5000 U/min
Verdichtung	1 : 7,5
max. Drehmoment	5,5 mkp bei 3200 U/min
Gemischaufbereitung	Solex 32 PBI
Ventile	hängend
Nockenwelle	ohv
Kurbelwellenlager	2
Batterie	12 V 40 Ah
Lichtmaschine	185 W
Kraftübertragung	Frontantrieb
Kupplung	Einscheibentrockenkupplung
Schaltung	unterhalb des Armaturenbretts
Getriebe	4 Gänge, III. + IV. synchronisiert
Übersetzungen	I. 2,59, II. 1,66, III. 1,00, IV. 0,68
Antriebsübersetzung	6,93
Fahrwerk	2 Querfedern
Vorderradaufhängung	Halbstarre Rohrachse, V-Strebe, Querfederstäbe
Hinterradaufhängung	Trommelbremsen vorn und hinten
Bremsanlage	nicht bekannt
Felgen	4,50 – 16
Reifen	Zahnstangenlenkung
Lenkung	
Weitere Daten	
Abmessungen (L × B × H)	3900 × 1450 × 1380 mm
Radstand	2180 mm
Spurweite vorn/hinten	1220/1220 mm
Wendekreis	9,5 m
Leergewicht	720 kg
zuläss. Gesamtgewicht	1100 kg
Höchstgeschwindigkeit	115 km/h
Beschleunigung 0–100 km/h	41 sec
Verbrauch auf 100 km	7,5 Liter Normal
Tankinhalt	44 Liter
Ölwanneninhalt	3 Liter
Kühlsystem	Luftkühlung

Treser

	Treser Roadster T1 1987–1989
Karosserie	Aluminium-Kunststoff-Verbundkarosserie
Motor	Reihenmotor (Hersteller VW) in Mittelmotoranordnung
Zylinder	4
Bohrung × Hub	81 × 86,4 mm
Hubraum	1781 cm^3
Leistung	130 PS bei 5800 U/min
Verdichtung	1:10,0
max. Drehmoment	172 Nm bei 4300 U/min
Gemischaufbereitung	Bosch KE-Jetronic, Lambda-Sonde
Ventile	4 pro Zylinder, hängend
Nockenwelle	2 ohc
Kurbelwellenlager	5
Batterie	12 V 45 Ah
Lichtmaschine	910 W
Kraftübertragung	Hinterradantrieb
Kupplung	Einscheibentrockenkupplung
Schaltung	Knüppelschaltung
Getriebe	5-Gang
Übersetzungen	I.3,455, II.2,118, III.1,444, IV.1,29, V.0,912, R.3,167
Antriebsübersetzung	3,667
Fahrwerk	Aluminium-Kunststoff-Struktur
Vorderradaufhängung	Querlenker, Federbeine, Schraubenfedern, Stabilisator
Hinterradaufhängung	Schräglenker, Schraubenfedern, Stabilisator
Bremsanlage	innenbelüftete Scheibenbremsen vorn und hinten
Felgen	7 J × 15
Reifen	vorn: 220/45 VR 15, hinten: 230/45 VR 15
Lenkung	Zahnstangenlenkung
Weitere Daten	
Abmessungen (L × B × H)	4045 × 1730 × 1250 mm
Radstand	2500 mm
Spurweite vorn/hinten	1455/1490 mm
Wendekreis	n. bekannt
Leergewicht	1030 kg
Zuläss. Gesamtgewicht	1350 kg
Höchstgeschwindigkeit	210 km/h
Beschleunigung 0–100 km/h	8,7 sec
Verbrauch auf 100 km	8,9 l Super
Tankinhalt	72 l
Ölwanneninhalt	4,0 l
Kühlsystem	6,5 l

VEB Sachsenring

IFA F8 Front Luxus 1948–1955

Karosserie	Ganzstahlkarosserie
Motor	Zweitakt-Reihenmotor
Zylinder	2
Bohrung × Hub	76 × 76 mm
Hubraum	690 cm³
Leistung	20 PS bei 3500 U/min
Verdichtung	1 : 5,9
max. Drehmoment	5 mkp bei 2500 U/min
Gemischaufbereitung	Horizontalvergaser IFA oder Flachstromvergaser BVF
Ventile	-
Nockenwelle	-
Kurbelwellenlager	3
Batterie	6 V 70 Ah
Lichtmaschine	150 W
Kraftübertragung	Frontantrieb
Kupplung	Mehrscheibenkupplung im Ölbad
Schaltung	Krückstockschaltung
Getriebe	3-Gang, nicht synchronisiert
Übersetzungen	I.3,44, II.1,69, III.1,00, R.4,72
Antriebsübersetzung	3,05 (Achsantrieb mit Kette)
Fahrwerk	Kastenrahmen
Vorderradaufhängung	Dreiecksquerlenker, obere Querblattfeder
Hinterradaufhängung	Starrachse, Querblattfeder
Bremsanlage	Trommelbremsen vorn und hinten
Felgen	4 J × 16
Reifen	5,00–16
Lenkung	Zahnstangenlenkung
Weitere Daten	
Abmessungen (L × B × H)	4000 × 1480 × 1480 mm
Radstand	2600 mm
Spurweite vorn/hinten	1190/1250 mm
Wendekreis	10,5 m
Leergewicht	830 kg
Zuläss. Gesamtgewicht	1170 kg
Höchstgeschwindigkeit	85 km/h
Beschleunigung 0–100 km/h	n. bekannt
Verbrauch auf 100 km	8,5 l Gemisch
Tankinhalt	32 l
Ölwanneninhalt	-
Kühlsystem	5 l

Trabant

	Trabant 601 Tramp 1967–1989	Trabant 601 Tramp 1,1 1990–1991
Karosserie	Selbsttragende Duroplast-Karosserie mit Stahlblechgerippe	
Motor	Zweitaktmotor	Reihenmotor (Hersteller: VW)
Zylinder	2	4
Bohrung × Hub	72 × 73 mm	75 × 59 mm
Hubraum	595 cm³	1043 cm³
Leistung	26 PS bei 4200 U/min	40 PS bei 5500 U/min
Verdichtung	1:7,8	1:9,5
max. Drehmoment	5,2 mkg bei 3000 U/min	74 Nm bei 3000 U/min
Gemischaufbereitung	Horizontalvergaser BVF 28 H 1-1	Fallstromvergaser Weber 32 TLA oder Solex 35 PICT–5
Ventile	-	hängend, Hydrostößel
Nockenwelle	-	ohc
Kurbelwellenlager	3	5
Batterie	12 V 38 Ah	12 V 44 Ah
Lichtmaschine	588 W	740 W
Kraftübertragung	Frontantrieb	
Kupplung	Einscheibentrockenkupplung	
Schaltung	Krückstockschaltung	Knüppelschaltung
Getriebe	4-Gang, Freilauf im 4. Gang	4-Gang, vollsynchronisiert
Übersetzungen	I.4,08, II.2,32, III.1,52, IV.1,103, R.3,83	I.3,25, II.2,053, III.1,342, IV.0,955, R.3,08
Antriebsübersetzung	3,95	4,267
Fahrwerk		Plattformrahmen
Vorderradaufhängung	Dreieckquerlenker, Querblattfeder	Federbeine, untere Querlenker, Stabilisator, Schraubenfedern
Hinterradaufhängung	Längslenker, Querlenker, Schraubenfedern	
Bremsanlage	Trommelbremsen	vorne Scheibenbremsen, hinten Trommelbremsen
Felgen	4J × 13	
Reifen	5,20–135	145 SR 13
Lenkung	Zahnstangenlenkung	
Weitere Daten		
Abmessungen (L × B × H)	3480 × 1505 × 1465 mm	
Radstand	2020 mm	
Spurweite vorn/hinten	1205/1255 mm	
Wendekreis	10 m	
Leergewicht	645 kg	730 kg
Zuläss. Gesamtgewicht	1020 kg	1115 kg
Höchstgeschwindigkeit	100 km/h	125 km/h
Beschleunigung 0–80 km/h	18 sec	20,7 sec
Verbrauch auf 100 km	6,8 l Gemisch	7,5 l Normal
Tankinhalt	26 l	28 l
Ölwanneninhalt	-	3,5 l
Kühlsystem	Luftkühlung mit Gebläse	6,5 l

Verona

	Verona 2,5/3,5
Karosserie	GfK-Kunststoff
Motor	Reihenmotor (Hersteller BMW)
Zylinder	6
Bohrung × Hub	84 × 75 mm, Verona 3,5: 92 × 86 mm
Hubraum	2494 cm^3, Verona 3,5: 3430 cm^3
Leistung	192 PS bei 5800 U/min, Verona 3,5: 211 PS bei 5700 U/min
Verdichtung	1:8,8, Verona 3,5: 1:9,0
max. Drehmoment	222 Nm bei 4300 U/min, Verona 3,5: 305 Nm bei 4000 U/min
Gemischaufbereitung	Bosch Motronic M1.1
Ventile	hängend
Nockenwelle	ohc
Kurbelwellenlager	7
Batterie	12 V 65 Ah
Lichtmaschine	1260 W
Kraftübertragung	Hinterradantrieb
Kupplung	Einscheibentrockenkupplung
Schaltung	Knüppelschaltung
Getriebe	5-Gang
Übersetzungen	I.3,83, II.2,20, III.1,40, IV.1,00, V.0,81, R.3,46
Antriebsübersetzung	3,91, Verona 3,5: 4,26
Fahrwerk	Gitterrohrrahmen
Vorderradaufhängung	Querlenker, McPherson-Federbeine, Querstabilisator
Hinterradaufhängung	Schräglenker, McPherson-Federbeine, Schraubenfedern
Bremsanlage	Scheibenbremsen vorn (innenbelüftet) und hinten, Bremskraftverstärker
Felgen	6,5 J × 15
Reifen	205/70 VR 15, Verona 3,5: 225/70 VR 15
Lenkung	Zahnstangenlenkung
Weitere Daten	
Abmessungen (L × B × H)	4230 × 1700 × 1280 mm
Radstand	2590 mm
Spurweite vorn/hinten	1496/1487 mm
Wendekreis	n. bekannt
Leergewicht	1220 kg
Zuläss. Gesamtgewicht	1450 kg
Höchstgeschwindigkeit	215 km/h, Verona 3,5: 222 km/h
Beschleunigung 0–100 km/h	7,2 sec, Verona 3,5: 6,4 sec
Verbrauch auf 100 km	12 l Normal
Tankinhalt	70 l
Ölwanneninhalt	4,0 l
Kühlsystem	6,5 l

Victoria

	Victoria Spatz 1956–1957	**Victoria 250** 1957–1958
Karosserie	Kunststoffkarosserie	
Motor	Zweitaktmotor	
Zylinder	1	1
Bohrung × Hub	65 × 58 mm	67 × 70 mm
Hubraum	192 ccm	248 ccm
Leistung	10,2 PS bei 5250 U/min	14 PS bei 5200 U/min
Verdichtung	1:6,6	1:7,5
max. Drehmoment	2,3 mkp bei 4250 U/min	2,03 mkp bei 4650 U/min
Gemischaufbereitung	Bing-Vergaser	Bing 1/26/60
Ventile	–	–
Nockenwelle	–	–
Kurbelwellenlager	2	2
Batterie	12 V 14 Ah	12 V 24 Ah
Lichtmaschine	90 W	90 W
Kraftübertragung	Heckantrieb	Heckantrieb
Kupplung	Vierscheiben-Lamellenkupplung im Ölbad	Einscheibentrockenkupplung
Schaltung	Ratschenschaltung am Lenkrad	Vorwahlhebel am Armaturenbrett
Getriebe	4 Gänge	5 Gänge mit elektromagnetischer Vorwahl
Übersetzungen	I. 3,62, II. 1,85, III. 1,24, IV. 0,86	I. 3,020, II. 1,588, III. 0,957, IV. 0,700, V. 0,552
Antriebsübersetzung	4,56	4,125
Fahrwerk		
Vorderradaufhängung	Einzelradaufhängung mit Kurbellenkern, Federbeine	
Hinterradaufhängung	Pendelachse mit Dreieckslenkern, Federbeine	
Bremsanlage	Trommelbremsen vorn und hinten	
Felgen	3,00 D × 12	
Reifen	4,40 – 12	
Lenkung	Zahnstangenlenkung	
Weitere Daten		
Abmessungen (L × B × H)	3300 × 1400 × 1240 mm	3360 × 1450 × 1240 mm
Radstand	1950 mm	1950 mm
Spurweite vorn/hinten	1160/1160 mm	1160/1200 mm
Wendekreis	9,5 m	9,5 m
Leergewicht	290 kg	425 kg
Zuläss. Gesamtgewicht	410 kg	690 kg
Höchstgeschwindigkeit	75 km/h	97 km/h
Beschleunigung 0–100 km/h	–	–
Verbrauch auf 100 km	4,5 Liter Gemisch	5,3 Liter Gemisch
Tankinhalt	15 Liter	23 Liter
Ölwanneninhalt	–	–
Kühlsystem	Luftkühlung	Luftkühlung

VM Nardo 200 GT/200 GT Turbo ab 1991

Karosserie	GfK-Kunststoff
Motor	Reihenmotor (Hersteller: Ford)
Zylinder	4
Bohrung × Hub	86 × 86 mm, Turbo: 90,8 × 77 mm
Hubraum	1998 cm^3, Turbo: 1994 cm^3
Leistung	120 PS bei 5500 U/min, Turbo: 220 PS bei 6000 U/min
Verdichtung	1:10,3, Turbo: 1:8,0
max. Drehmoment	172 Nm bei 2500 U/min, Turbo: 290 Nm bei 3500 U/min
Gemischaufbereitung	Bosch L-Jetronic, Lambda-Sonde, Turbo: Abgasturbolader Garrett T3 mit Ladeluftkühler, Ladedruck 0,55 bar
Ventile	4 pro Zylinder, hängend
Nockenwelle	2 ohc
Kurbelwellenlager	5
Batterie	12 V 43 Ah
Lichtmaschine	1260 W
Kraftübertragung	Hinterradantrieb
Kupplung	Einscheibentrockenkupplung
Schaltung	Knüppelschaltung
Getriebe	5-Gang
Übersetzungen	I.3,80, II.2,084, III.1,342, IV.1,0, V.0,822, R.3,51
Antriebsübersetzung	3,64
Fahrwerk	
Vorderradaufhängung	Dreiecksquerlenker, Federbeine, Stabilisator
Hinterradaufhängung	Verbundlenker, Schraubenfedern
Bremsanlage	Scheibenbremsen vorn (innenbelüftet) und hinten
Felgen	vorn 8 J × 15, hinten 10 J × 15
Reifen	vorn 205/50 ZR 15, hinten 284/40 ZR 15
Lenkung	Zahnstangenlenkung
Weitere Daten	
Abmessungen (L × B × H)	3750 × 1600 × 980 mm
Radstand	2150 mm
Spurweite vorn/hinten	1290/1320 mm
Wendekreis	n. bekannt
Leergewicht	710 kg, Turbo: 750 kg
zuläss. Gesamtgewicht	990 kg
Höchstgeschwindigkeit	210 km/h, Turbo: 230 km/h
Beschleunigung 0–100 km/h	5,2 sec
Verbrauch auf 100 km	9,5 l, Turbo: 11,5 l Super bleifrei
Tankinhalt	63 l
Ölwanneninhalt	5,2 l, Turbo: 5,5 l
Kühlsystem	8 l

VW

VW Cabriolet (Typ 15)
1949 – 1953

Karosserie	Ganzstahlkarosserie
Motor	Boxermotor im Heck
Zylinder	4
Bohrung × Hub	75 × 64 mm
Hubraum	1131 ccm
Leistung	25 PS bei 3300 U/min
Verdichtung	1 : 5,8
max. Drehmoment	6,8 mkp bei 2000 U/min
Gemischaufbereitung	Solex 26 VFJ (bis April 1950) Solex 26 VFJS (ab April 1950) Solex 28 PCI (ab Oktober 1952)
Ventile	hängend
Nockenwelle	ohv
Kurbelwellenlager	4
Batterie	6 V 75 Ah
Lichtmaschine	130 W
Kraftübertragung	Heckantrieb
Kupplung	Einscheibentrockenkupplung
Schaltung	Knüppelschaltung
Getriebe	4 Gänge, unsynchronisiert (ab Okt. 1952: 2.–4. Gang synchronisiert)
Übersetzungen	I. 3,60, II. 2,07, III. 1,25, IV. 0,80 (ab Okt. 1952: I. 3,60, II. 1,88, III. 1,22, IV. 0,79)
Antriebsübersetzung	4,43
Fahrwerk	
Vorderradaufhängung	Kurbellenker oben und unten, 2 Federstäbe quer
Hinterradaufhängung	Pendelachse mit Längslenkern, Federstäbe quer
Bremsanlage	Seilzug-Trommelbremsen vorn und hinten, ab Mai 1950 hydraulisch
Felgen	3,00 D × 16 (ab Okt. 1952: 4,00 J × 15)
Reifen	5,00 – 16 (ab Okt. 1952: 5,60 – 15)
Lenkung	Spindellenkung
Weitere Daten	
Abmessungen (L × B × H)	4050 × 1540 × 1500 mm
Radstand	2400 mm
Spurweite vorn/hinten	1290/1250 mm
Wendekreis	11,5 m
Leergewicht	800 kg (Hebmüller-Cabriolet: 775 kg)
Zuläss. Gesamtgewicht	1160 kg (Hebmüller-Cabriolet: 1110 kg)
Höchstgeschwindigkeit	105 km/h
Beschleunigung 0 – 100 km/h	ca. 50 sec
Verbrauch auf 100 km	7,5 Liter Normal
Tankinhalt	40 Liter
Ölwanneninhalt	2,5 Liter
Kühlsystem	Luftkühlung

VW

	VW 1200 Cabriolet 1954–1960	VW 1200 Cabriolet 1960–1965
Karosserie	Ganzstahlkarosserie	
Motor	Boxermotor im Heck	
Zylinder	4	4
Bohrung × Hub	77 × 64 mm	77 × 64 mm
Hubraum	1192 ccm	1192 ccm
Leistung	30 PS bei 3400 U/min	34 PS bei 3600 U/min
Verdichtung	1 : 6,6	1 : 7
Max. Drehmoment	7,7 mkp bei 2000 U/min	8,4 mkp bei 2000 U/min
Gemischaufbereitung	Solex 28 PCI	Solex 28 PICT
Ventile	hängend	hängend
Nockenwelle	ohv	ohv
Kurbelwellenlager	4	4
Batterie	6 V 66 Ah	6 V 66 Ah
Lichtmaschine	160 (ab Aug. 1959: 180) W	180 W
Kraftübertragung	Heckantrieb	Heckantrieb
Kupplung	Einscheibentrockenkupplung	Einscheibentrockenkupplung
Schaltung	Knüppelschaltung	Knüppelschaltung
Getriebe	4 Gänge, II.–IV. synchronisiert	4 Gänge, vollsynchronisiert
Übersetzungen	I. 3,60, II. 1,88, III. 1,23, IV. 0,82	I. 3,80, II. 2,06, III. 1,32, IV. 0,89
Antriebsübersetzung	4,43 oder 4,375	4,375
Fahrwerk		
Vorderradaufhängung	Kurbellenker oben und unten, 2 Federstäbe quer	
Hinterradaufhängung	Pendelachse mit Längslenkern, Federstäbe quer	
Bremsanlage	Trommelbremsen vorn und hinten	
Felgen	4 J × 15	
Reifen	5,60–15	
Lenkung	Spindellenkung, ab August 1961: Schneckenlenkung	
Weitere Daten		
Abmessungen (L × B × H)	4070 × 1540 × 1500 mm	4070 × 1540 × 1500 mm
Radstand	2400 mm	2400 mm
Spurweite vorn/hinten	1290/1250 (ab Okt. 57: 1305/1250) mm	1305/1288 mm
Wendekreis	11,5 m	11,2 m
Leergewicht	800 kg	810 kg
Zuläss. Gesamtgewicht	1160 kg	1170 kg
Höchstgeschwindigkeit	110 km/h	115 km/h
Beschleunigung 0–100 km/h	38 sec	33 sec
Verbrauch auf 100 km	8 Liter Normal	8,5 Liter Normal
Tankinhalt	40 Liter	40 Liter
Ölwanneninhalt	2,5 Liter	2,5 Liter
Kühlsystem	Luftkühlung	Luftkühlung

VW

	VW 1300 Cabriolet 1965–1966	VW 1500 Cabriolet 1966–1970
Karosserie	Ganzstahlkarosserie	
Motor	Boxermotor im Heck	
Zylinder	4	4
Bohrung × Hub	77 × 69 mm	83 × 69 mm
Hubraum	1285 ccm	1493 ccm
Leistung	40 PS bei 4000 U/min	44 PS bei 4000 U/min
Verdichtung	1 : 7,3	1 : 7,5
max. Drehmoment	8,9 mkp bei 2000 U/min	10,2 mkp bei 2000 U/min
Gemischaufbereitung	Solex 30 PICT	Solex 30 PICT
Ventile	hängend	hängend
Nockenwelle	ohv	ohv
Kurbelwellenlager	4	4
Batterie	6 V 66 Ah	6 V 66 Ah (ab Aug. 1967: 12 V 36 Ah)
Lichtmaschine	180 W	180 (ab Aug. 1967: 360) W
Kraftübertragung	Heckantrieb	
Kupplung	Einscheibentrockenkupplung	
Schaltung	Knüppelschaltung	
Getriebe	4 Gänge, vollsynchronisiert	
Übersetzungen	I. 3,80, II. 2,06, III. 1,32, IV. 0,89 (ab September 1967 auf Wunsch Automatik)	
Antriebsübersetzung	4,375	
Fahrwerk		
Vorderradaufhängung	Kurbellenker oben und unten	Kurbellenker oben und unten
Hinterradaufhängung	Pendelachse mit Längslenkern	Pendelachse mit Längslenkern (Automatik-Modell: Doppelgelenkachse mit Schräglenkern)
Bremsanlage	Trommelbremsen vorn und hinten	Scheibenbremsen vorn, Trommelbremsen hinten
Felgen	4 J × 15	4 J × 15
Reifen	5,60 – 15	5,60 – 15
Lenkung	Schneckenlenkung	Schneckenlenkung
Weitere Daten		
Abmessungen (L × B × H)	4070 × 1540 × 1500 mm	4030 × 1550 × 1500 mm
Radstand	2400 mm	2400 mm
Spurweite vorn/hinten	1305/1300 mm	1316/1350 mm
Wendekreis	11,2 m	11,1 m
Leergewicht	820 kg	870 kg
Zuläss. Gesamtgewicht	1180 kg	1230 kg
Höchstgeschwindigkeit	122 km/h	128 km/h
Beschleunigung 0 – 100 km/h	28 sec	23 sec
Verbrauch auf 100 km	9,5 Liter Normal	10 Liter Normal
Tankinhalt	40 Liter	40 Liter
Ölwanneninhalt	2,5 Liter	2,5 Liter
Kühlsystem	Luftkühlung	Luftkühlung

VW

	VW 1302 LS Cabriolet 1970–1972	VW 1303 LS Cabriolet 1972–1980
Karosserie	Ganzstahlkarosserie	
Motor	Boxermotor im Heck	
Zylinder	4	
Bohrung × Hub	85,5 × 69 mm	
Hubraum	1584 ccm	
Leistung	50 PS bei 4000 U/min	
Verdichtung	1 : 7,5	
Max. Drehmoment	10,8 mkp bei 2800 U/min	
Gemischaufbereitung	Solex 34 PICT-3	
Ventile	hängend	
Nockenwelle	ohv	
Kurbelwellenlager	4	
Batterie	12 V 36 Ah oder 45 Ah	
Lichtmaschine	360 W (ab September 1973: Drehstrom 700 W)	
Kraftübertragung	Heckantrieb	
Kupplung	Einscheibentrockenkupplung	
Schaltung	Knüppelschaltung	
Getriebe	4 Gänge, vollsynchronisiert, auf Wunsch Halbautomatik	
Übersetzungen	I. 3,78, II. 2,06, III. 1,26, IV. 0,93	
Antriebsübersetzung	3,875 (Automatik: 4,125)	
Fahrwerk		
Vorderradaufhängung	McPherson-Federbeine	
Hinterradaufhängung	Doppelgelenkachse mit Schräglenkern	
Bremsanlage	Scheibenbremsen vorne, Trommelbremsen hinten, Zweikreis-System	
Felgen	4 J × 15	4 1/2 J × 15 (auf Wunsch: 5 1/2 J × 15)
Reifen	5,60–15	6,00–15 (175/70 SR 15)
Lenkung	Schneckenlenkung	Schneckenlenkung (ab August 1979 Zahnstangenlenkung)
Weitere Daten		
Abmessungen (L × B × H)	4080 × 1585 × 1500 mm	4140 × 1585 × 1500 mm
Radstand	2420 mm	2420 mm
Spurweite vorn/hinten	1379/1352 mm	1394/1349 mm
Wendekreis	10,5 m	10,5 m
Leergewicht	920 kg	940 kg
Zuläss. Gesamtgewicht	1280 kg	1300 kg
Höchstgeschwindigkeit	132 km/h	132 km/h
Beschleunigung 0–100 km/h	20 sec	20 sec
Verbrauch auf 100 km	11,5 Liter Normal	11,5 Liter Normal
Tankinhalt	41,5 Liter	41,5 Liter
Ölwanneninhalt	2,5 Liter	2,5 Liter
Kühlsystem	Luftkühlung	Luftkühlung

VW

	VW Karmann-Ghia Cabriolet 1957–1960	VW 1200 Karmann-Ghia Cabriolet 1960–1965
Karosserie	Ganzstahlkarosserie	
Motor	Boxermotor im Heck	
Zylinder	4	4
Bohrung × Hub	77 × 64 mm	77 × 64 mm
Hubraum	1192 ccm	1192 ccm
Leistung	30 PS bei 3400 U/min	34 PS bei 3600 U/min
Verdichtung	1 : 6,6	1 : 7
max. Drehmoment	7,7 mkp bei 2000 U/min	9,4 mkp bei 2000 U/min
Gemischaufbereitung	Solex 28 PCI	Solex 28 PICT
Ventile	hängend	hängend
Nockenwelle	ohv	ohv
Kurbelwellenlager	4	4
Batterie	6 V 66 Ah	6 V 66 Ah
Lichtmaschine	160 (ab Aug. 1959: 180) W	180 W
Kraftübertragung	Heckantrieb	Heckantrieb
Kupplung	Einscheibentrockenkupplung	Einscheibentrockenkupplung (auf Wunsch Saxomat)
Schaltung	Knüppelschaltung	Knüppelschaltung
Getriebe	4 Gänge, II.–IV. synchronisiert	4 Gänge, vollsynchronisiert
Übersetzungen	I. 3,60, II. 1,88, III. 1,23, IV. 0,82	I. 3,80, II. 2,06, III. 1,32, IV. 0,89
Antriebsübersetzung	4,43 oder 4,37	4,375
Fahrwerk		
Vorderradaufhängung	Kurbellenker oben und unten, 2 Federstäbe quer	
Hinterradaufhängung	Pendelachse mit Längslenkern	
Bremsanlage	Trommelbremsen vorn und hinten	
Felgen	4 J × 15	
Reifen	5,60–15	
Lenkung	Spindellenkung (ab August 1961: Schneckenlenkung)	
Weitere Daten		
Abmessungen (L × B × H)	4140 × 1634 × 1330 mm	4140 × 1634 × 1330 mm
Radstand	2400 mm	2400 mm
Spurweite vorn/hinten	1305/1250 mm	1305/1288 mm
Wendekreis	11,3 m	11,3 m
Leergewicht	810 kg	810 kg
Zuläss. Gesamtgewicht	1110 kg	1110 kg
Höchstgeschwindigkeit	118 km/h	122 km/h
Beschleunigung 0–100 km/h	33 sec	31 sec
Verbrauch auf 100 km	8 Liter Normal	8,5 Liter Normal
Tankinhalt	40 Liter	40 Liter
Ölwanneninhalt	2,5 Liter	2,5 Liter
Kühlsystem	Luftkühlung	Luftkühlung

VW

	VW 1300 Karmann-Ghia Cabriolet 1965–1966	VW 1500 Karmann-Ghia Cabriolet 1966–1970	VW Karmann-Ghia Cabriolet 1970–1974
Karosserie		Ganzstahlkarosserie	
Motor		Boxermotor im Heck	
Zylinder	4	4	4
Bohrung × Hub	77 × 69 mm	83 × 69 mm	85,5 × 69 mm
Hubraum	1285 ccm	1493 ccm	1584 ccm
Leistung	40 PS bei 4000 U/min	44 PS bei 4000 U/min	50 PS bei 4000 U/min
Verdichtung	1:7,3	1:7,5	1:7,5
max. Drehmoment	8,9 mkp bei 2000 U/min	10,2 mkp bei 2000 U/min	10,8 mkp bei 2800 U/min
Gemischaufbereitung	Solex 30 PICT-1	Solex 30 PICT-1 (ab Sept. 1967: Solex 30 PICT-2)	Solex 34 PICT-3
Ventile	hängend	hängend	hängend
Nockenwelle	ohv	ohv	ohv
Kurbelwellenlager	4	4	4
Batterie	6 V 66 Ah	6 V 66 Ah (ab Sept. 1967: 12 V 36 Ah)	12 V 36 Ah (wahlweise 45 Ah)
Lichtmaschine	180 W	180 W (ab Sept. 1967: 360 W)	360 W
Kraftübertragung		Heckantrieb	
Kupplung		Einscheibentrockenkupplung	
Schaltung		Knüppelschaltung	
Getriebe		4 Gänge, vollsynchronisiert (ab 1970 auf Wunsch Halbautomatik)	
Übersetzungen		I. 3,80, II. 2,06, III. 1,32 (1500 und 1600 : 1,26), IV. 0,89	
Antriebsübersetzung	4,375	4,125	3,875
Fahrwerk			
Vorderradaufhängung		Kurbellenker oben und unten, 2 Federstäbe quer	
Hinterradaufhängung		Pendelachse mit Längslenkern (1600 Automatik: Doppelgelenkachse mit Schräglenkern)	
Bremsanlage		Trommelbremsen vorn und hinten (ab 1966: Scheibenbremsen vorn, Zweikreis-System)	
Felgen	4 J × 15	4 J × 15	4½ J × 15
Reifen	5,60–15	5,60–15	5,60 S 15 (ab August 1972: 6,00 S 15)
Lenkung		Schneckenlenkung	
Weitere Daten			
Abmessungen (L × B × H)	4140 × 1634 × 1330 mm	4140 × 1634 × 1330 mm	4140 × 1634 × 1330 mm
Radstand	2400 mm	2400 mm	2400 mm
Spurweite vorn/hinten	1305/1300 mm	1305 (ab Sept. 1967: 1316)/1350 mm	1316/1350 mm
Wendekreis	11,3 m	11,3 m	11,3 m
Leergewicht	830 kg	850 (ab Sept. 1967: 870) kg	870 kg
Zuläss. Gesamtgewicht	1160 kg	1170 (ab Sept. 1967: 1200) kg	1200 kg
Höchstgeschwindigkeit	128 km/h	136 km/h	140 km/h
Beschleunigung 0–100 km/h	27 sec	23 sec	21 sec
Verbrauch auf 100 km	9,5 Liter Normal	10 Liter Normal	11,5 Liter Normal
Tankinhalt	40 Liter	40 Liter	40 Liter
Ölwanneninhalt	2,5 Liter	2,5 Liter	2,5 Liter
Kühlsystem	Luftkühlung	Luftkühlung	Luftkühlung

VW

VW 1500 Cabriolet (Typ 3) Prototyp
1961–1963

Karosserie	Ganzstahlkarosserie
Motor	Boxermotor im Heck
Zylinder	4
Bohrung × Hub	83 × 69 mm
Hubraum	1493 ccm
Leistung	45 PS bei 3800 U/min
Verdichtung	1 : 7,8
max. Drehmoment	10,8 mkp bei 2000 U/min
Gemischaufbereitung	Solex 32 PHN
Ventile	hängend
Nockenwelle	ohv
Kurbelwellenlager	4
Batterie	6 V 77 Ah
Lichtmaschine	200 W
Kraftübertragung	Heckantrieb
Kupplung	Einscheibentrockenkupplung
Schaltung	Knüppelschaltung
Getriebe	4 Gänge, vollsynchronisiert
Übersetzungen	I. 3,80, II. 2,06, III. 1,32, IV. 0,89
Antriebsübersetzung	4,125
Fahrwerk	
Vorderradaufhängung	Kurbellenker oben und unten, 2 gekreuzte Federstäbe quer, Drehstab-Stabilisator
Hinterradaufhängung	Pendelachse mit Längslenkern, 2 Federstäbe quer
Bremsanlage	Trommelbremsen vorn und hinten
Felgen	4½ J × 15
Reifen	6,00 – 15
Lenkung	Schneckenlenkung
Weitere Daten	
Abmessungen (L × B × H)	4225 × 1605 × 1475 mm
Radstand	2400 mm
Spurweite vorn/hinten	1310/1346 mm
Wendekreis	11,1 m
Leergewicht	930 kg
Zuläss. Gesamtgewicht	1280 kg
Höchstgeschwindigkeit	125 km/h
Beschleunigung 0 – 100 km/h	25 sec
Verbrauch auf 100 km	9 Liter Normal
Tankinhalt	40 Liter
Ölwanneninhalt	2,5 Liter
Kühlsystem	Luftkühlung

	VW 181 1969–1970	VW 181 1970–1973	VW 181 1973–1978
Karosserie		Ganzstahlkarosserie	
Motor		Boxermotor im Heck	
Zylinder	4	4	4
Bohrung × Hub	83 × 69 mm	85,5 × 69 mm	85,5 × 69 mm
Hubraum	1493 ccm	1584 ccm	1584 ccm
Leistung	44 PS bei 4000 U/min	44 PS bei 3800 U/min	48 PS bei 4000 U/min
Verdichtung	1:7,5	1:6,6	1:7,3
max. Drehmoment	10,2 mkp bei 2000 U/min	10,0 mkp bei 2000 U/min	10,2 mkp bei 2000 U/min
Gemischaufbereitung	Solex 30 PICT-2	Solex 34 PICT-3	Solex 34 PICT-3
Ventile		hängend	
Nockenwelle		ohv	
Kurbelwellenlager		4	
Batterie		12 V 36 Ah oder 45 Ah	
Lichtmaschine		280 W (auf Wunsch mit 2 Batterien und 2 Lichtmaschinen lieferbar)	
Kraftübertragung		Heckantrieb (auf Wunsch Sperrdifferential)	
Kupplung		Einscheibentrockenkupplung	
Schaltung		Knüppelschaltung	
Getriebe		4 Gänge, vollsynchronisiert	
Übersetzungen		I. 3,80, II. 2,06, III. 1,22, IV. 0,82 (ab August 1974: I. 3,78, II. 2,25, III. 1,26, IV. 0,88)	
Antriebsübersetzung		3,975 + Vorgelege 1,39 (ab März 1971: 1,26)	
Fahrwerk			
Vorderradaufhängung		Kurbellenker oben und unten, 2 Federstäbe quer	
Hinterradaufhängung		Pendelachse mit Längslenkern (ab März 1973: Doppelgelenkachse mit Schräglenkern)	
Bremsanlage		Trommelbremsen vorn und hinten, Zweikreis-System	
Felgen		4½ K × 15 (ab März 1971: 5 JK × 14)	
Reifen		165 SR 15 M+S (ab März 1971: 185 SR 14 M+S)	
Lenkung		Schneckenlenkung	
Weitere Daten			
Abmessungen (L × B × H)		3780 × 1640 × 1620 mm	
Radstand		2400 mm	
Spurweite vorn/hinten		1324/1346 (ab März 1971: 1354/1385) mm	
Wendekreis		11,1 m	
Leergewicht		910 kg	
Zuläss. Gesamtgewicht		1340 kg	
Höchstgeschwindigkeit		115 km/h (mit 48 PS-Motor: 120 km/h)	
Beschleunigung 0–100 km/h		34 sec (mit 48 PS-Motor: 30 sec)	
Verbrauch auf 100 km		12 Liter Normal	
Tankinhalt		40 Liter	
Ölwanneninhalt		2,5 Liter	
Kühlsystem		Luftkühlung	

VW

VW Iltis
1978–1981

Karosserie	Selbsttragende Ganzstahlkarosserie
Motor	Reihenmotor
Zylinder	4
Bohrung × Hub	79,5 × 86,4 mm
Hubraum	1714 ccm
Leistung	75 PS bei 5500 U/min
Verdichtung	1 : 8,2
max. Drehmoment	13,5 mkp bei 2800 U/min
Gemischaufbereitung	Solex-Geländevergaser 1 B1
Ventile	hängend
Nockenwelle	ohc
Kurbelwellenlager	
Batterie	12 V 45 Ah (2 Stück)
Lichtmaschine	770 W
Kraftübertragung	Allradantrieb, Frontantrieb abschaltbar
Kupplung	Einscheibentrockenkupplung
Schaltung	Knüppelschaltung
Getriebe	5 Gänge, vollsynchronisiert
Übersetzungen	I. 7,603, II. 3,909, III. 2,277, IV. 1,458, V. 1,086
Antriebsübersetzung	5,286
Fahrwerk	
Vorderradaufhängung	vorn und hinten Einzelradaufhängung an
Hinterradaufhängung	Querlenkern und Querblattfedern
Bremsanlage	Trommelbremsen vorn und hinten, Servo, Zweikreis-System
Felgen	5½ F × 16
Reifen	7,50 R 16
Lenkung	Zahnstangenlenkung
Weitere Daten	
Abmessungen (L × B × H)	3885 × 1520 × 1835 mm
Radstand	2017 mm
Spurweite vorn/hinten	1230/1260 mm
Wendekreis	11 m
Leergewicht	1300 kg
Zuläss. Gesamtgewicht	2000 kg
Höchstgeschwindigkeit	130 km/h
Beschleunigung 0–100 km/h	24 sec
Verbrauch auf 100 km	ca. 15 Liter Normal
Tankinhalt	85 Liter
Ölwanneninhalt	4 Liter
Kühlsystem	8 Liter

VW

	VW Golf GLS Cabriolet 1979–1983	VW Golf GLI Cabriolet 1979–1988	
Karosserie		Selbsttragende Ganzstahlkarosserie	
Motor		Reihenmotor	
Zylinder	4	4	
Bohrung × Hub	79,5 × 73,4 mm	79,5 × 80 mm	ab September 1982: 81 × 86,4 mm
Hubraum	1457 ccm	1588 ccm	1781 ccm
Leistung	70 PS bei 5600 U/min	110 PS bei 6100 U/min	112 PS bei 5800 U/min
Verdichtung	1 : 8,2	1 : 9,5	1 : 10
max. Drehmoment	11 mkp bei 2500 U/min	14 mkp bei 5000 U/min	15,6 mkp bei 3500 U/min
Gemischaufbereitung	Solex 34 PICT-5	Bosch-K-Jetronic	
Ventile	hängend	hängend	
Nockenwelle	ohc	ohc	
Kurbelwellenlager	5	5	
Batterie	12 V 36 Ah	12 V 36 Ah	
Lichtmaschine	630 W	630 W	
Kraftübertragung		Frontantrieb	
Kupplung		Einscheibentrockenkupplung	
Schaltung		Knüppelschaltung	
Getriebe	4 Gänge, vollsynchronisiert	5 Gänge, vollsynchronisiert	
Übersetzungen	I. 3,45, II. 1,94, III. 1,28, IV. 0,96	I. 3,45, II. 2,12, III. 1,44, IV. 1,13, V. 0,91	
Antriebsübersetzung	3,89	3,89 (ab September 1982: 3,65)	
Fahrwerk			
Vorderradaufhängung		Dreiecksquerlenker, Federbeine, Schraubenfedern	
Hinterradaufhängung		Längslenker, Querträger mit Stabilisatorwirkung, Schraubenfedern	
Bremsanlage		vorne Scheiben-, hinten Trommelbremsen, Zweikreis-Sysem, Servo	
Felgen		5 J × 13 (GLI: 5½ J × 13)	
Reifen		155 SR 13 (GLI: 175/70 HR 13)	
Lenkung		Zahnstangenlenkung	
Weitere Daten			
Abmessungen (L × B × H)	3815 × 1610 × 1410 mm	3815 × 1630 × 1395 mm	
Radstand	2398 mm	2398 mm	
Spurweite vorn/hinten	1390/1358 mm	1404/1372 mm	
Wendekreis	10,5 m	10,5 m	
Leergewicht	910 kg	910 kg	
Zuläss. Gesamtgewicht	1270 kg	1270 kg	ab Sept. 1982: 1300 kg
Höchstgeschwindigkeit	150 km/h	172 km/h	178 km/h
Beschleunigung 0–100 km/h	14,3 sec	10,2 sec	9,2 sec
Verbrauch auf 100 km	9,5 Liter Normal	10 Liter Super	9,5 Liter Super
Tankinhalt	40 Liter		40 Liter
Ölwanneninhalt	3,5 Liter		3,5 Liter
Kühlsystem	6,5 Liter		6,5 Liter

VW

	VW Golf 1,6 GL 1983–1989	VW Golf 1,8 GL/GLI* (ab 1986: Quartett) 1984–1989	VW Golf GL (1985–86)/ Quartett (ab 1986)
Karosserie		Ganzstahlkarosserie	
Motor			
Zylinder		Reihenmotor 4	
Bohrung × Hub	81 × 77,4 mm		81 × 86,4 mm
Hubraum	1595 cm³		1781 cm³
Leistung	75 PS bei 5000 U/min, ab 1986 Euro-Kat: 72 PS bei 5200 U/min	90 PS bei 5200 U/min, GLI: 112 PS bei 5800 U/min	95 PS bei 5500 U/min, ab 8/89: 98 PS bei 5400 U/min
Verdichtung	1:9,0	1:10,0	1:8,5, ab 8/89: 1:10,0
max. Drehmoment	125 Nm bei 2500 U/min, Kat: 120 Nm bei 2700 U/min	145 Nm bei 3300 U/min, GLI: 153 Nm bei 3500 U/min	142 Nm bei 3000 U/min
Gemischaufbereitung	Registervergaser Pierburg 2 E2	Registervergaser Pierburg 2 E2, GLI: Bosch K-Jetronic	Bosch KA-Jetronic, Lambda-Sonde, ab 8/89: Digifant
Ventile		hängend	
Nockenwelle		ohc	
Kurbelwellenlager		5	
Batterie	12 V 36 Ah	12 V 36 Ah	12 V 45 Ah
Lichtmaschine		910 W	
Kraftübertragung			
Kupplung		Frontantrieb	
Schaltung		Einscheibentrockenkupplung	
Getriebe	4-Gang, wahlweise 5-Gang	Knüppelschaltung 5-Gang	
Übersetzungen	I.3,45, II.1,94, III.1,28, IV.0,90, (V.0,71) R.3,167	I.3,45, II.1,94, III.1,28, IV.0,9, V.0,74 R.3,167, GLI: 1,45/2,19/1,44/1,13	I.3,45, II.2,11, III.1,44, IV.1,29, V.0,89, R.3,167; ab 8/89: 3,46/2,12/1,44/1,13/0,89
Antriebsübersetzung	3,647, 5-Gang: 3,895	3,66, GLI: 3,895	3,66, ab 8/89: 3,67
Fahrwerk			
Vorderradaufhängung		Dreiecksquerlenker, Schraubenfedern, Federbeine	
Hinterradaufhängung		Längslenker, Querträger als Stabilisator, Federbeine	
Bremsanlage		vorne Scheibenbremsen, hinten Trommelbremsen, Bremskraftverstärker	
Felgen	5 J × 13, ab 1985 5,5 J × 13		5,5 J × 13
Reifen	155 R 13, ab 1985 175/70 R 13		175/70 R 13
Lenkung		Zahnstangenlenkung	
Weitere Daten			
Abmessungen (L × B × H)	3815 × 1610 × 1410 mm	3815 × 1630 × 1395 mm	3890 × 1640 × 1395 mm
Radstand		2400 mm	
Spurweite vorn/hinten		1404/1372 mm	
Wendekreis		10,5 m	10,3 m
Leergewicht	910 kg	945 kg	1015 kg
Zuläss. Gesamtgewicht	1270 kg	1330 kg	1375 kg
Höchstgeschwindigkeit	154 km/h	164 km/h, GLI: 173 km/h	166 km/h
Beschleunigung 0–100 km/h	13,2 sec	11,0 sec, GLI: 9,4 sec	11,2 sec
Verbrauch auf 100 km	8,0 l Normal	7,7 l Super, GLI: 9,5 l	10,1 l Normal
Tankinhalt	40 l, ab 2/84 55 l		55 l
Ölwanneninhalt		3,5 l (ab 8/85: 4,0 l)	
Kühlsystem		6,5 l	

* Ab 1987 entfällt Typbezeichnung »GLI«

VW

	VW-Porsche 914		
	1,7 l-Motor 1969–1973	1,8 l-Motor 1973–1975	2 l-Motor 1972–1975
Karosserie		Selbsttragende Ganzstahlkarosserie	
Motor		Boxermotor in Mittelmotoranordnung	
Zylinder	4	4	4
Bohrung × Hub	90 × 66 mm	93 × 66 mm	94 × 71 mm
Hubraum	1679 ccm	1795 ccm	1971 ccm
Leistung	80 PS bei 4900 U/min	85 PS bei 5000 U/min	100 PS bei 5000 U/min
Verdichtung	1:8,2	1:8,6	1:8
max. Drehmoment	13,6 mkp bei 2700 U/min	13,8 mkp bei 3400 U/min	16 mkp bei 3500 U/min
Gemischaufbereitung	Bosch L-Jetronic	2 Solex 40 PDSIT	Bosch L-Jetronic
Ventile		hängend	
Nockenwelle		ohv	
Kurbelwellenlager		4	
Batterie		12 V 45 Ah	
Lichtmaschine		700 W (Drehstrom)	
Kraftübertragung		Heckantrieb	
Kupplung		Einscheibentrockenkupplung	
Schaltung		Knüppelschaltung	
Getriebe		5 Gänge, vollsynchronisiert	
Übersetzungen		I. 3,091, II. 1,889, III. 1,261, IV. 0,926, V. 0,710	
Antriebsübersetzung		4,429	
Fahrwerk			
Vorderradaufhängung		Querlenker unten und Längs-Federstäbe	
Hinterradaufhängung		Schräglenker mit Schraubenfedern	
Bremsanlage		Scheibenbremsen vorn und hinten, Zweikreis-System	
Felgen		5½ J × 15 (1,7 Liter auch 4½ J × 15)	
Reifen		165 SR 15 (2 Liter: 165 HR 15)	
Lenkung		Zahnstangenlenkung	
Weitere Daten			
Abmessungen (L × B × H)		3985 × 1650 × 1230 mm	
Radstand		2450 mm	
Spurweite vorn/hinten	4½″-Felgen: 1337/1374 mm 5½″-Felgen: 1339/1380 mm	1343/1383 mm	1343/1383 mm
Wendekreis	11 m	11 m	11 m
Leergewicht	940 kg	970 kg	970 kg
Zuläss. Gesamtgewicht	1220 kg	1220 kg	1220 kg
Höchstgeschwindigkeit	175 km/h	180 km/h	190 km/h
Beschleunigung 0–100 km/h	13,5 sec	12,5 sec	10,5 sec
Verbrauch auf 100 km	12 Liter Super	12 Liter Super	13 Liter Super
Tankinhalt		62 Liter	
Ölwanneninhalt		3,5 Liter	
Kühlsystem		Luftkühlung	

VW

VW-Porsche 914/6
1969-1972

Karosserie	Selbsttragende Ganzstahlkarosserie
Motor	Boxermotor in Mittelmotoranordnung
Zylinder	6
Bohrung × Hub	80 × 66 mm
Hubraum	1991 ccm
Leistung	110 PS bei 5800 U/min
Verdichtung	1 : 8,6
max. Drehmoment	16 mkp bei 4200 U/min
Gemischaufbereitung	2 Weber 40 IDT
Ventile	hängend
Nockenwelle	2 × ohc
Kurbelwellenlager	8
Batterie	12 V 45 Ah
Lichtmaschine	700 W (Drehstrom)
Kraftübertragung	Heckantrieb
Kupplung	Einscheibentrockenkupplung
Schaltung	Knüppelschaltung
Getriebe	5 Gänge, vollsynchronisiert
Übersetzungen	I. 3,091, II. 1,778, III. 1,218, IV. 0,926, V. 0,759
Antriebsübersetzung	4,429
Fahrwerk	
Vorderradaufhängung	Querlenker unten und Längs-Federstäbe
Hinterradaufhängung	Schräglenker mit Schraubenfedern
Bremsanlage	Scheibenbremsen vorn und hinten, Zweikreis-System
Felgen	5½ J × 15 oder 5½ J × 14
Reifen	165 HR 15 oder 185 HR 14
Lenkung	Zahnstangenlenkung
Weitere Daten	
Abmessungen (L × B × H)	3985 × 1650 × 1230 mm
Radstand	2450 mm
Spurweite vorn/hinten	1361/1382 mm
Wendekreis	11 m
Leergewicht	980 kg
Zuläss. Gesamtgewicht	1260 kg
Höchstgeschwindigkeit	201 km/h
Beschleunigung 0–100 km/h	10 sec
Verbrauch auf 100 km	13 Liter Super
Tankinhalt	62 Liter
Ölwanneninhalt	9 Liter (Trockensumpf)
Kühlsystem	Luftkühlung

Wiesmann

Wiesmann Roadster MF25/MF35 ab 1991

Karosserie	GfK-Kunststoff
Motor	Reihenmotor (Hersteller: BMW)
Zylinder	6
Bohrung × Hub	84 × 75 mm, MF35: 92,2 × 86 mm
Hubraum	2494 cm³, MF35: 3430 cm³
Leistung	170 PS bei 5800 U/min, MF35: 211 PS bei 5700 U/min
Verdichtung	1:8,8, MF35: 1:9,0
max. Drehmoment	222 Nm bei 4300 U/min, MF35: 305 Nm bei 4000 U/min
Gemischaufbereitung	Bosch KE-Jetronic, Lambda-Sonde
Ventile	hängend
Nockenwelle	ohc
Kurbelwellenlager	7
Batterie	12 V 65 Ah
Lichtmaschine	1120 W
Kraftübertragung	Hinterradantrieb
Kupplung	Einscheibentrockenkupplung
Schaltung	Knüppelschaltung
Getriebe	5-Gang
Übersetzungen	I.3,83, II.2,20, III.1,40, IV.1,00, V.0,81, R.3,46
Antriebsübersetzung	3,64
Fahrwerk	Gitterrohrrahmen, aluminiumbeplankt
Vorderradaufhängung	Querlenker, McPherson-Federbeine, Stabilisator
Hinterradaufhängung	Querlenker, McPherson-Federbeine, Schraubenfedern, Stabilisator
Bremsanlage	Scheibenbremsen vorn (innenbelüftet) und hinten, Bremskraftverstärker
Felgen	7J × 15
Reifen	vorn: 205/60 VR 15, hinten: 225/60 VR 15
Lenkung	Zahnstangenlenkung
Weitere Daten	
Abmessungen (L × B × H)	3900 × 1765 × 1160 mm
Radstand	2275 mm
Spurweite vorn/hinten	1480/1520 mm
Wendekreis	9,70 m
Leergewicht	840 kg, MF35: 895 kg
zuläss. Gesamtgewicht	1200 kg
Höchstgeschwindigkeit	210 km/h, MF35: 225 km/h
Beschleunigung 0–100 km/h	5,8 sec, MF35: 5,0 sec
Verbrauch auf 100 km	9,4 l Normal
Tankinhalt	60 l
Ölwanneninhalt	4,0 l
Kühlsystem	6,5 l

Literatur- und Bildnachweis

Automobil- und Motorradchronik, München (verschiedene Jahrgänge)
auto katalog, Stuttgart (verschiedene Jahrgänge)
auto, motor und Sport, Stuttgart (verschiedene Jahrgänge)
autosalon, Bonn (verschiedene Jahrgänge)
Cabrio-Magazin, (verschiedene Jahrgänge 1983-1987)
Katalog der Automobil Revue, Bern (verschiedene Jahrgänge)
mot – die Autozeitschrift, Stuttgart (verschiedene Jahrgänge)
Motor Klassik, Stuttgart (verschiedene Jahrgänge)
VDA-Kraftfahrzeug-Typenblätter

Boschen/Barth:»Das große Buch der Porsche-Typen«, Stuttgart
H.C. Graf von Seherr-Thoss: »Die deutsche Automobil-Industrie«. Stuttgart
Michael Dünnebier und Eberhard Kittler: »Pkw sozialistischer Länder«, Berlin
Peter Kirchberg: »Horch, Audi, DKW, IFA«, Berlin
Peter Kirchberg: »Bildatlas Auto-Union«, Berlin
Werner Oswald: »Deutsche Autos 1920-1945«, Stuttgart
Werner Oswald: »Deutsche Autos 1945-1966«, Stuttgart
Werner Oswald: »Deutsche Autos 1945-1975«, Stuttgart
Werner Oswald: »Kraftfahrzeuge und Panzer der Reichswehr, Wehrmacht und Bundeswehr«, Stuttgart
Werner Oswald: »Kraftfahrzeuge der DDR«, Stuttgart
Werner Oswald: »Mercedes-Benz-Personenwagen 1886-1986«, Stuttgart
Hanns-Peter Rosellen: »BMW – Portrait einer großen Marke«, Gerlingen
Hanns-Peter Rosellen: »Deutsche Kleinwagen«, Gerlingen
Claus Benter und Halwart Schrader: »Deutsche Automobil-Karosserien«, München
Karl E. Ludvigsen/Paul Frere: »Opel – Räder für die Welt«

Fotos:
ASB, Autenrieth, Audi, Auto-Union, Auto-Veri, auto katalog, Baur, Bähr, Bazlen, Baumgärtner, Bieber, Bitter, BMW, Borbet, Borgward, Buchmann, Convertible Cars, Cronos, Daimler-Benz, Dannert, Design + Technik, Deutsch, Eller, Fiat, Ford, Freier, GfG, Glas, Hofmann, Hoffmann, Hornstein, Irmscher, Jurinek, Kamei, Karmann, Karosseriewerke Weinsberg, Keinath, Leinwather & Blazek, Lorenz & Rankl, Luhof, Lumma, NSU, Opel, Peters, Piecha, Porsche, Ostermann Ostermann-Germer, Rappold, Schulz, Selzer, SKV, Styling-Garage, Sürth, Treser, Tropic, Verona, VDA, VM, Voll, VW, Wendler, Wiesmann, Zender.
Helmut Auschra, Karl-Heinz Bädeker, Eckhart Bartels, Reinhard Bogena, Carsten Dietrich Brink, Heinz-Otto Bruchhäuser, Stefan Dierks, Udo Hall, Manfred Helmstetter, Fritz Jüttner, Peter Kirchberg, Hans Joachim Klersy, Karl E. Ludvigsen, Siegfried Maier, Hans W. Mayer, Siegfried Rauch, Erich Reckel, Wolfgang Reimann, Hanns-Peter Rosellen, Heinz Schramm, Helmut Schwandner, Karl-Heinz Stöcker, Hans Thudt, Hans-J. Tücherer, Hans-Martin Weber, Henning Zaiss.